한국전쟁에서 싸운 일본인

일급비밀 공개로 드러난 일본인의 한국전쟁 참전 기록

후지와라 가즈키 藤原和樹, Fujiwara Kazuki

2009년 NHK에 입사했으며 현재 보도국 사회프로그램부 디렉터이다. 주요 담당 프로그램으로는 NHK 스페셜 〈김정은의 야망 1집 — 폭군인가 전략가인가 금단의 실상〉, 〈클로즈업 현대+ 시리즈 — 미국 중간 선거 ① 알려지지 않은 트럼프식 SNS 전략〉, 〈NEXT 미래를 위하여 — 헌화 그 앞에서 가와사키 중학교 1학년 남자 살인 사건〉 등을 기획했다. 공저로 『AI vs. 민주주의』(NHK출판 신서), 『사토미 자본론』(카도가와 신서)를 펴냈다.

옮긴이

박용준 朴龍準, Park Yong-jun

2013년 한국교원대학교 역사교육과를 졸업하였다. 이후 문화체육관광부의 영화인문학 교육을 수료하고 역사와 관련된 책, 영화 등 다양한 미디어를 소재로 연구 및 집필 활동을 계속하였다. 전라남도에서 첫 교편을 잡았으며, 현재는 광주광역시에서 중등 역사 교원으로 근무하면서 한국과 일본 간의 역사교육 교류, 주변국과의 역사 분쟁에 관심을 갖고 관련 연구회 및 관계기관에서 활동하고 있다.

한국전쟁에서 싸운 일본인 일급비밀 공개로 드러난 일본인의 한국전쟁 참전 기록

초판인쇄 2023년 5월 10일 초판발행 2023년 5월 20일
지은이 후지와라 가즈키 옮긴이 박용준 펴낸이 박성모 펴낸곳 소명출판 출판등록 제1998-000017호
주소 서울시 서초구 사임당로14길 15 서광빌딩 2층
전화 02-585-7840 팩스 02-585-7848
전자우편 somyungbooks@daum.net 홈페이지 www.somyong.co.kr

값 27,500원 ⓒ 소명출판, 2023
ISBN 979-11-5905-754-0 03910

한국전쟁에서 싸운

에서 싸운

일급비밀 공개로 드러난
일본인의 한국전쟁 참전 기록

일본인

후지와라 가즈키 지음
박용준 옮김

FORGOTTEN WARRIORS
Japanese Combatants in Korean War

차례

프롤로그	**그들은 역사로부터 지워졌다**	7
제1장	**1,033쪽의 극비 심문 기록**	15
	한국전쟁의 간략한 역사	17
	한국전쟁은 일본에서 어떻게 알려졌는가	20
	퍼즐 같은 1,033쪽	22
	미군 기지의 섬, 일본	26
	다카쓰 겐조 발견	27
	남겨진 회고록	31
	소년 시절 일본군에게 품은 불신	35
	세계 최빈국, 일본	39
	미군 장병은 상냥했다	41
	점령군 기지에서 보낸 나날	42
	밀항하여 한반도로	44
	"많은 사람이 총에 맞아 죽었습니다"	46
	장진호 전투	49
	퇴각, 그리고 귀국	52
	"다시 한번 한반도에 가고 싶나?"	54
	'최고 기밀'이 된 일본인들	56
	누락된 역사	58
제2장	**대전 전투**	
	후쿠오카에서 한반도로 향한 사나이들	61
	가장 많은 일본인이 참가한 대전 전투	63
	우에노 다모쓰를 찾아서	65
	군사도시, 고쿠라	68
	아들과의 해후	69
	캠프 코쿠라에서 일한 두 남자	71
	대전에서 살아남은, 두 사람의 전직 미군 장병	75
	대전은 '완전한 카오스'였다	80
	싸워야 할 이유는 동료의 죽음에서 생겨난다	86
	"피난민을 죽였다" 전직 미군 병사의 증언	88
	제34보병연대의 궤멸	90

대전에 있었던 니시토자키의 일본인들 92
히라쿠라 요시오 "이렇게 죽는구먼" 95
이노우에 준이치 "미군과 똑같이 취급받았다" 98
아리요시 다케오 "대전에서 함정에 빠졌다" 102
아리요시 다케오 "구사일생으로 살아남았다" 104
야마사키 마사토 "전쟁…… 무섭습니다." 108
우에노의 그 후, 딘 소장과의 재회 110
아들은 무엇을 이야기했는가? 112

제3장 **고아들은 미국을 동경했다** ──── 115

일본의 고아들 117
열두 살에 전장에 선 일본인 120
두 차례의 대전에 농락당한 소년 123
"그는 공산주의자를 증오했습니다" 126
여동생과 생이별, 그리고 귀국 128
다시 한반도로 133
일본인 포로, 쓰쓰이 기요히토 135
쓰쓰이가 귀국한 사실은 어떻게 보도되었는가? 138
너무도 상냥했던 오빠 139
특공 훈련생 142
"미국, 이 새끼들" 149
'모험심'으로 갔다 150
수용소에서 벌어진 학살 152
수용소에서 보낸 편지 155
귀국 후에 기다리고 있었던 것 157
쓰쓰이는 미국인이 되었다 159
어머니를 향한 마음 162

제4장 **그들은 왜 이용되었는가**
일본 · 미국 · 한국의 의도 ──── 165

전부 미국의 오산으로부터 시작되었다 167
실전 경험 없는 젊은이들 170
통역 사와가시라 로쿠조 173
상관의 권유를 거절할 수는 없었다 175
"당신들이 처음이랍니다" 178
인원 부족 메우기 179
일본인도 '공식으로' 표창받았다 181

미군 통역이 밝힌, 심문이 행해진 이유   182
전승국의 교만   186
"정신적으로 협력한다"-비공식적인 일본의 전쟁 협력   187
점령군을 위해서인가, 유엔군을 위해서인가   190
경찰예비대로 오라는 권유   192
해상보안청에 의한 기뢰 소해   194
"전투에 종사한 것이 아니라, 소해에 종사했다"   198
일본의 독립과 조선 특수   200
일본에 남은 유엔군 후방사령부   203
북한·소련의 항의   205
일본에서 행해진 한국군 병사의 극비훈련   207
일본의 전쟁 협력을 인정할 수 없었던 한국   210
새로운 한일관계를 위하여   213
북한과 국교 정상화를 할 수 없는 이유   215

제5장

평화헌법하의 해상수송

선원들의 전후사 ———————————— 217

22개의 빈 유골함   219
LT636호의 리더, 가토 게이지   221
두 차례의 침몰과 공습에도 살아남다   223
LT636호에 승선   225
은폐된 아버지의 죽음   228
위령제의 조사弔辭   230
생존자, 마쓰시타 아키라   233
그리고, LT636호는 침몰했다   235
남겨진 선원명부   238
일·미 당국은 어떻게 인식했는가   239
가나가와현의 갈등   243
유골 없는 무덤   245
LST 선원, 산노미야 가쓰미   247
허허벌판이 돼 버린 고향, 한국   250
"일본인이 여기에 있잖아!"   253
해상 수송은 베트남전쟁에서도 행해졌다   255
"헌법 9조 위반이 아니다"   259
베트남전쟁에서도 일본인 선원이 희생되었다   261
활용되지 못한 한국전쟁의 교훈   264
이라크 파견-'비전투지역'이라는 궤변   267

자위대와 민간 페리   270

제6장 어느 일본인의 전사 ──────────── 273

'Killed in action'   275
그 사진 속에서는 총을 들고 있었다   278
가족의 자랑이었던 히라쓰카 시게하루   279
죽어도 돌아오지 못하는 뉴기니   281
페인트공 네오 히라쓰카   284
부고-맥클레인 대위의 방문   286
다카쓰의 발견과 히라쓰카의 전사   289
범죄자 취급을 당한 아들   291
일·미합동위원회 각서   295
봉인해두었던 형에 대한 마음   300
행방불명자, 요시하라 미네후미   302
일본인 취사병 셋   303
만철에 있었던 세키 마사하루   306
요시하라의 죽음에 보이는, 은폐의 구도   307
"전쟁이라는 것은, 좋지 않아"   311
'성벽으로 둘러싸인 마을'은 어디인가?   313
히라쓰카와 같은 부대원이었던 제이 히다노   319
맥클레인 대위의 수기   322
9월 4일에 무슨 일이 일어났는가   324
"그는 범죄자 따위가 아니야"   327
한국으로-형의 유골을 찾아서   328
69년만의 재회   333
역사에 묻힌 '최초의 전쟁 협력'   336

후기   339
연표   344
번역자의 말   347
주석   382

6

프롤로그

그들은 역사로부터 지워졌다

약속 장소로 정한 곳에 왠지 모를 인연이 느껴졌다.

롯폰기六本木 5초메*의 길모퉁이를 도요에이와여학원東洋英和女学院 쪽으로 돌아 5분쯤 걸으면 가파른 오르막이 나오는데, 여기가 국제문화회관의 입구이다. 2018년** 7월, 나는 호주로부터 일본을 방문한 어느 연구자를 만나고자 이곳을 방문했다. 국제문화회관은 태평양전쟁으로 단절된 일·미 교류를 부활시키는 것을 목적으로 1952년에 건설되었다. 석유로 부를 쌓은 미국의 록펠러재단이 찬조하고 가와바타 야스나리川端康成 등 문인이 지원하는 등 일·미의 유지들이 설립하여 국제 문화 이해를 위한

---

* 일본의 행정구역은 먼저 광역 행정구역으로 도쿄도(東京都), 홋카이도(北海道), 교토부(京都府)·오사카부(大阪府), 그 외 현(県)이 있다. 그 아래에는 기초행정구역으로 시(市), 초(町, '마치'로도 발음), 무라(村, '손'으로도 발음) 등이 있다. 주로 시, 초(마치)는 도시 지역, 무라(손)는 농어촌 지역에 분포하는데, 시, 초(마치), 무라(손) 간의 뚜렷한 위계는 나타나지 않는다. 초메(丁目)은 시, 초(마치), 무라(손)의 하위 행정구역으로, 대한민국의 가(街)와 유사한 점이 있다. 그러나 일본의 행정구역은 대한민국의 행정구역과는 체계상 반드시 일치하지는 않는 점 등 번역하기가 어려우므로 원음을 살려 번역하였다.
** 일본은 연도(年度)를 표기할 때 서기와 함께, 천황의 치세를 나타내는 연호를 함께 사용한다. 메이지 유신 이후 일본에서는 차례로 메이지(明治, 1868~1912), 다이쇼(大正, 1912~1926), 쇼와(昭和, 1926~1989), 헤이세이(平成, 1989~2019) 연호를 사용했고, 지금은 레이와(令和, 2019~)에 이른다.

거점이 되어 온 곳이다.

원래 이 회관은 미쓰비시 재벌三菱財閥의 제4대 총수 이와사키 고야타岩崎小弥太의 저택이었다. 약속 장소인 1층 레스토랑의 자리에 앉으니 창문에서 기복이 있는 정원이 바라보였다. 이와사키가 교토의 조원가造園家, 정원 설계자−역자주였던 제7대 오가와 지혜에小川治兵衛에게 의뢰하여 조성한 근대 일본 정원의 걸작이다. 태평양전쟁 후 일·미 관계의 산실이던 이 장소에서 나는 그날로부터 2년 가까이 마주하게 될 일·미의 '수수께끼'를 만나게 되었다.

약속보다 조금 이르게 호주국립대 명예교수 테사 모리스−스즈키Tessa Morris-Suzuki가 나타났다. 동아시아 및 일본의 근현대사가 전공으로, 국제적으로도 평가가 높다. 영어로 인사해야 할지 망설이고 있으니, 유창한 일본어로 "후지와라 씨입니까?"라고 말을 걸었다. '괜히 걱정했구나'라고 생각하며 정신을 차린 다음, 바쁜 와중에도 시간을 내어 면담을 승낙해 준 데에 다시 한번 감사 말씀을 드렸다.

스즈키 교수에게 연락을 한 계기는 그녀가 쓴 논문을 읽어서였다. 2012년에 저술된 「전후戰後의 군인−한국전쟁*에서 싸운 일본인 전사戰士」이다.[1] 논문에서, **한국전쟁에 갔다**는 일본인 심문 기록이 인용되어 있었다. 미군 조사관이 일본인에게 한반도에서 무엇을 하고 있었는지를 확인하는 내용이었다. 심문받은 일본인은 "미군과 동일한 총이나 장비를 지급받았습니다", "총을 몇 번이나 쐈는지는 모르겠습니다" 등이라고 대답했다.

한국전쟁이 개전한 1950년, 일본은 연합국의 점령하에 있어 국가로

---

*   원문은 '조선전쟁(朝鮮戦争)'이었으나, 직접 인용이 아닌 경우 '한국전쟁'으로 표기하였다.

서의 주권이 없었고, 미국을 위시한 유엔군에도 참가하지 않았다. 덧붙여 1947년에 시행된 일본국헌법 제9조*에서는 '국권의 발동에 따른 전쟁과, 무력에 의한 위협 또는 무력 행사는, 국제 분쟁을 해결하는 수단으로서는, 영구히 이를 포기한다'라고 규정하고 있다.

일본이 참전하지 않았던 한국전쟁에서 무기를 지니고 싸운 일본인이 있었다. 전쟁 포기를 표방하는 일본에 앞 논문에서 드러낸 사태는 일어났을 리가 없는 일이었다.

사실이라면 큰 뉴스였겠지만 그 논문은 이번 취재 때보다도 6년이나 이전에 쓰여졌으며, 인터넷에 공개되었음에도 불구하고 일본에서는 화제가 되지 않았다. 그야말로 일본인과 전쟁을 둘러싼 알려지지 않은 전후사**라고 말해야 할 것이다. 나는 심문을 받았던 일본인들을 취재하여 다큐멘터리 방송을 제작해야겠다고 마음먹었다.

원자료를 확인하려고 했으나 인터넷으로는 찾아낼 수 없었다. 어쩌면 이것이 화제가 되지 않은 이유 중 하나일지도 모른다.

직접 이야기를 듣고 싶다고 스즈키 교수에게 메일을 보냈더니 '7월에 학회에 참가하러 일본을 방문한다'라는 답장이 와서 약속을 잡았던 것이다. 나는 일본인에 대한 심문에 관해서 처음 알게 된 이야기라 무척이나 놀랐다며 말을 꺼냈다.

"일본에서는 태평양전쟁에 대한 연구는 많이 있지만 한국전쟁에는 그다지 관심이 많지 않은 탓이 아닐까요? 그렇지만 당시 이 문서가 공개되었다면 큰 문제가 되었을 겁니다."

---

* 　이와 같은 헌법 9조로 인해 일본 헌법을 평화헌법이라 부르기도 한다. 이 조항은 1928년 체결된 켈로그-브리앙 조약(부전조약)의 정신을 잇는 것으로 평가되기도 한다.
** 　일본에서 '전후사'란, 태평양전쟁 이후의 역사를 가리키는 고유명사화되어 있다.

스즈키 교수가 심문 기록을 발견하게 된 것은 그야말로 우연이었다. 한국전쟁을 계기로 생겨난 특별수요, 이른바 '조선특수'로 이익을 거둔 일본 기업에 대해 조사하고 있던 스즈키 교수는 미국 메릴랜드주 칼리지파크에 있는 미 국립공문서관The U.S. National Archives and Records Administration, 약칭 NARA—역자주 별관을 방문했다.

스즈키 교수는 한국전쟁 관련 문서에 대해 닥치는 대로 자료를 청구하여 조사하고 있었다. 그러다 "Japan Logistical Command AG Section Formally Top Secret File 1950~1951"이라는 제목의 자료가 목록에 기재되어 있다는 것을 알아챘다.

자료명을 번역하면 '재일병참사령부 고급부관부 공식 극비 문서'쯤 될까. '재일병참사령부Japan Logistical Command'는 한국전쟁 발발 직후인 1950년 8월 25일에 요코하마橫浜에 설치된 기관이다. 미 극동해군 및 극동공군, 그리고 GHQ연합군 최고사령관 총사령부 등과 제휴하여 한국전쟁에서 싸우는 유엔군, 그리고 주일미군의 병참을 담당했다.[2] 1952년 샌프란시스코 강화조약이 발효되면서 폐쇄되었으며, 시설은 요코하마시로 반환되었다.

자료명만으로는 내용을 짐작조차 할 수 없었다. 자료를 청구한 스즈키에게 낡은 골판지 상자 두 개가 도착했다. 뚜껑을 열자 어수선하게 담겨 있는 문서에 'TOP SECRET1급 비밀' 도장이 찍혀 있었다. 이것이 바로 일본인 심문 기록이 들어 있는 극비 문서였다.

주로 군수품 조달 등을 실시하고 있던 재일병참사령부 문서에, 살아 있는 듯이 생생한 인간에 대한 기록이 있을 것이라고는 생각지도 않았다고 한다. 미군 입장에서는 일본인 요원 확보도 조달의 일부였으리라. 누군가 목적을 갖고 조사를 했어도 여기까지는 손이 닿지 않았던 것이다.

(문서가 ─역자주) 기밀 지정에서 해제된 것은 1994년. 그러나 스즈키가 발견하기 전까진 누군가 본 흔적은 없었다고 한다. 미 국립공문서관에서 기밀 자료는 일정한 보호기간이 지나 기밀 지정이 해제되어 열람이 가능하다. 이렇게 우연히 발견되기만을 기다리는 자료도 적지 않다고 스즈키 교수는 말한다.

　"전혀 예상도 못 했습니다. 매우 놀랐던 것으로 기억합니다. 문서 속에서 한국전쟁에 간 일본인이 한반도에서 무엇을 하고 있었는지를 선명하게 말하고 있었던 것입니다."

　그리고, 스즈키 교수는 마음에 걸리는 점을 털어놓았다.

　"제가 증언을 인용했던 일본인들은, 당시 10대 후반에서 20대 전반이었습니다. 만약 지금도 살아 있다면, 80대 후반에서 90대가 되었을 것입니다. 논문을 집필할 때 그들에 관해 찾아봤지만 아무도 찾아낼 수 없었습니다."

　극비 문서에는 일본인의 이름이나 연령뿐만 아니라 주소도 적혀 있었다고 한다. 주소라고는 해도 70년 가까이 지난 것이지만, 커다란 단서임엔 틀림없다. 나는 스즈키에게 정확한 자료 청구 번호를 듣고 메모했다.

　"이것은 전후 일본의 큰 수수께끼입니다. 틀림없이 그들은 존재했지만 역사로부터 지워져 버렸던 것입니다."

　역사로부터 지워졌다.

　그때 나는 이 말이 무엇을 의미하는지, 아직 알 도리가 없었다.

　이 책은, NHK BS1 스페셜 〈隠された"戦争協力" 朝鮮戦争と日本人(숨겨진 '전쟁 협력' ─ 조선전쟁과 일본인)〉(2019년 8월 18일 방송)의 내용을 토대로, 추가 취재를 실시하여 새롭게 쓴 논픽션입니다.

일러두기

1. 본문 중에 역자 주 등의 표기가 되어있지 않은 채 ( )로 보충한 기술, 인용문 중 [ ] 안의 표기는, 필자 및 편집부에 의한 주기이다.
   번호가 매겨진 미주는 권말에 보충 해설이나 참고문헌을 기재하고 있음을 가리킨다.(이상은 원서의 범례)

2. 원서의 범례 중 일본어의 표기 방식 등에 대한 내용은 한글로 번역되면서 불필요해졌으므로 생략하였다.

3. 이 책은 일본인이 일본인을 예상 독자로 하여 쓰여진 책이므로, 한국인에게는 생소한 표현이 적지 않다. 이 때문에 국내 독자가 이해할 수 있도록 필요한 설명을 보충하였다. 설명이 짧을 경우, ' – 역자주'로 표시하였다. 설명이 길 경우, 각주 처리(* 표시)하였다.

4. 오늘날 일본인들은 6 · 25전쟁(한국전쟁)을 '조선전쟁(朝鮮戦争)'이라 부른다. 이 용어는 원서의 제목 및 일부 일본인들의 인용문에도 등장한다. 한편, 일본 제국의 패망 및 한국인들의 해방 이후에도 일본은 식민지 시기의 연장선에서 한반도와 한국인을 바라보는 의식을 드러내곤 하였다. 이런 점을 고려하여, 당시 및 현대 일본인들의 인식을 그대로 드러내고자 '조선전쟁'이란 용어를 사용하였다.

5. '조선전쟁'이란 용어 이외에도, 태평양전쟁 전후 시기의 일본인들의 발언이 그대로 인용되었으므로 현대의 의식에 비추면 부적절하다고 생각되는 표현이 포함되고 있다. 당시의 시대 배경과 인식 수준을 고려하여 그대로 사용하기로 했다.
   (조선(朝鮮), 남선(南鮮), 북선(北鮮) 등)

6. 이 책은 한국전쟁을 다루었으나, 이는 태평양전쟁 패전 이후 일본인의 삶과 무관하지 않았다. 일본에서는 태평양전쟁 패전 후를 '전후(戦後)'라고 표현하나, 그대로 번역할 경우 태평양전쟁 후를 가리키는 것인지, 한국전쟁 후를 가리키는 것인지 모호한 경우가 있었다. 혼란을 피하고자, 전후(戦後)라는 표현을 필요에 따라 태평양전쟁 후 또는 한국전쟁 후로 명시하였다.

7. 음영 처리한 인용문은 미국립공문서관에 보관되어 있던 극비 문서를 원저자가 일본어로 번역했으며, 번역자는 이를 한글로 번역했다.

8. 원서에는 한국전쟁 당시 참전한 중국군을 '중국인민의용군'이라는 명칭으로 표기했으나, 번역서에서는 이를 공식 명칭인 '중국인민지원군'으로 표기하였다.

9. 대한민국에 주둔한 미합중국 군대는 주한미군이라고 칭하지만, 일본은 자국에 주둔한 미군을 재일미군이라 부른다. 국내에서는 주일미군이라는 표현이 많이 쓰이므로, 재일미군은 주일미군으로 번역하되, 그 외 명칭은 그대로 사용하기로 한다.(재일병참사령부)

10. 국내에서 일반적으로 일본과 미국 관계를 다룰 때는 '미 · 일'이라고 표기하나, 저자가 일본인인 점을 고려, 일본인의 시각에서 쓰여졌다는 점을 강조하기 위하여 원문 그대로 '일 · 미'라고 표기하였다.

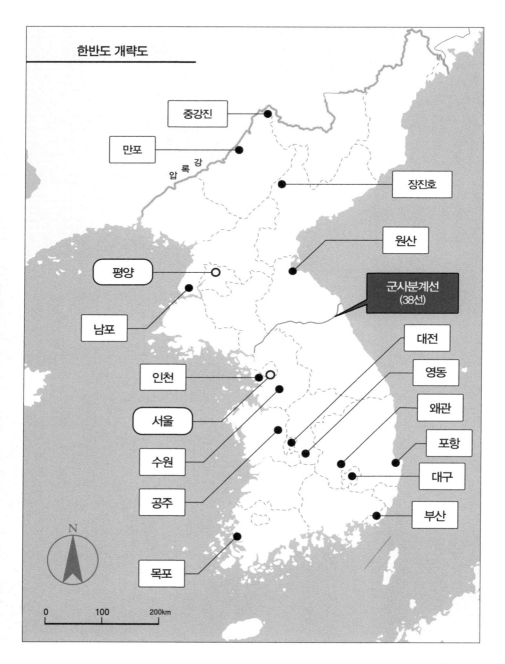

한반도 개략도

중강진

만포

압 록 강

장진호

원산

평양

남포

군사분계선
(38선)

대전

영동

인천

서울

왜관

수원

포항

공주

대구

부산

N

목포

0   100   200km

1,033쪽의 극비 심문 기록

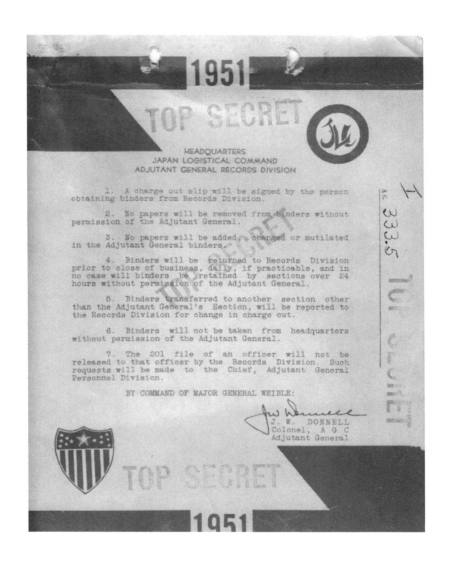

1951

TOP SECRET

HEADQUARTERS
JAPAN LOGISTICAL COMMAND
ADJUTANT GENERAL RECORDS DIVISION

1. A charge out slip will be signed by the person obtaining binders from Records Division.

2. No papers will be removed from binders without permission of the Adjutant General.

3. No papers will be added, changed or mutilated in the Adjutant General binders.

4. Binders will be returned to Records Division prior to close of business, daily, if practicable, and in no case will binders be retained by sections over 24 hours without permission of the Adjutant General.

5. Binders transferred to another section other than the Adjutant General's Section, will be reported to the Records Division for change in charge out.

6. Binders will not be taken from headquarters without permission of the Adjutant General.

7. The 201 file of an officer will not be released to that officer by the Records Division. Such requests will be made to the Chief, Adjutant General Personnel Division.

BY COMMAND OF MAJOR GENERAL WEIBLE:

J. W. DONNELL
Colonel, A G C
Adjutant General

TOP SECRET

1951

극비 문서의 첫 장. 상부에 'TOP SECRET' 도장이 찍혀 있다.

한국전쟁의 간략한 역사

한국전쟁에 승자는 없다. 그렇다면 대체 무엇을 위한 전쟁이었던 것일까? 같은 민족끼리 남과 북으로 갈려 죽고 죽였던 비참한 전쟁은 일본의 역사와도 떼어 놓을 수 없다.

한반도는 1910년 한국 병합으로 일본의 영토가 되었고, 이후 태평양전쟁이 종결될 때까지 일본의 식민지였다. 일본의 항복 후 미국은 북위 38도에 선을 그어 반도를 분할 점령하자고 제안하였으며, 소련은 이를 받아들였다. 독립 국가를 세우려던 한반도 사람들의 염원은 이뤄지지 않았고, 도리어 나라는 둘로 분단된다.

그 후 한반도는 강대국의 의도에 농락당한다. 1948년 8월, 미국의 지원을 받은 이승만 대통령이 남쪽에 대한민국^{이하 한국}을 건국했다. 한편, 같은 해 9월에는 소련의 후원을 받은 김일성 수상이 북쪽에 조선민주주의인민공화국^{이하 북조선, 이후 북한으로 표기}을 건국했다.[1] 저명한 한국전쟁 연구자로 도쿄대학 명예교수인 와다 하루키和田春樹는 이 상태를 '한반도 전부를 영토로 삼는 국가라고 주장하며, 상대방을 자기 영토 일부를 점거한 외국의 괴뢰로 보는 국가가 대항적으로 두 개 생겨났다'라고 설명한다.[2]

한국과 북한이 성립되자마자 분할 통치로 유지되었던 균형이 무너져 갔다. 그해 10월 소련은 한반도에 주둔하고 있던 군대의 철수를 개시하였으며, 12월 말에는 철군 완료를 발표했다. 이때 미군도 철군을 시작하여 다음 해인 1949년 6월에는 철군을 완료했다. 미·소의 철수로 힘의 공백이 생겨나자 오히려 남북의 긴장은 높아졌으며, 분할 점령선에 지나지 않았을 뿐인 38도선은 점점 '국경선'의 의미가 짙어졌다.

미국은 한반도의 앞날을 낙관한 듯하다. 미 국무부가 발행하는 *Foreign Relations of the United States*미국 외교 문서 사료집. 이하, FRUS라고 약기. 인터넷으로 열람 가능에는 국무부가 미 육군성으로부터 수령한 1949년 6월 27일 자 문서가 남아 있다.[3]

거기에는 '한국의 치안 부대는 충분히 조직화되었고 훈련되었다. 북한군에 의한 외부 공격에 대응할 준비는 갖춘 듯하다'라고 하여 한국의 군사력을 과대평가하였다. 한편 북한군에 대해서는 중국이나 소련의 원조가 없으면 '지속적이고도 포괄적인 군사작전 능력을 거의 보유하지 않았다'라고 하였다. 또한 전략적 가치가 낮은 한국에서 미군 단독으로 군사력을 사용하는 것은 '잘못되었으며 현실적이지도 않다'라는 결론을 내렸다.

당시 미국이 한반도에 관심을 잃었음을 상징하는 사건이 1950년 1월 딘 애치슨 미 국무장관의 연설이었다. 극동이 침략당할 경우에 미국이 반격에 나서는 '불후퇴 방위선'은 알류산열도－일본－오키나와沖縄－필리핀이라고 하여, 한국은 대만과 함께 방위선 밖에 놓였다. 이른바 '애치슨 라인'이다.

개전 준비를 진행하고 있던 북한의 김일성 수상은 소련의 스탈린에게 군사 원조를 요청했다. 스탈린은 당초 신중한 입장이었으나 애치슨의 연설에 더욱 안심하게 되었다. 또한 소련이 전년도 8월에 원자폭탄 실험에 성공하여 미국에 대해 더욱 자신감을 가지는 요인이 되었다.

1950년 6월 25일 북한은 무력 통일을 노리고 갑자기 남북의 경계선이었던 38도선을 돌파한다. 3일 후 서울이 함락되었다. 북한군은 한국군을 남쪽으로 밀어붙이듯이 진격을 계속했다. 당시 미국 대통령 트루먼은 미국을 중심으로 유엔군을 결성하여 한국군 응원에 서둘러 뛰어

들었다. 트루먼은 '이것은 전쟁이 아니다'라는 견해를 보이며 치안 유지 활동이라고 하였다.

유엔군은 한국 남동부의 부산 부근까지 밀려났으나, 거기서부터 반격하여 9월 15일의 인천 상륙작전으로 북한군을 격퇴했다. 한국군과 유엔군은 38도선을 넘어 북진하여 10월 20일에는 평양을 함락시켰다. 한국, 유엔 측의 무력 통일이 이뤄지기 직전이었다. 그러나 그때 중국인민지원군중공군-역자주*이 북한군을 지원하기 위해 중국과 북한 국경의 강, 압록강을 넘었다. 그 결과 한국군과 유엔군은 패주한다.

1951년 여름 무렵부터 유엔군미국, 북한, 중국 사이에 휴전 협의가 시작되었다. 그러나 38도선 북쪽까지 진출해 있던 유엔군이 휴전선은 양군의 접촉선을 따라 정해져야 한다고 주장한 것에 대해, 공산주의 진영은 38도선으로 되돌리자고 고집하여 대립했다.

또한 회담장이 습격당하는 등의 말썽도 끊이지 않아서 협의는 중단된다. 이후에도 포로 교섭 방법 등을 둘러싸고 대립하여, 휴전 협의는 지지부진하여 진전되지 못하였으나, 1952년 11월 미국에서는 아이젠하워가 대통령에 당선되고, 1953년 3월 5일에 소련의 스탈린이 사망한 것을 계기로 다시 휴전 회담이 시작되어 그해 7월 27일, 휴전 협정 서명이 이루어졌다.

다대한 피해를 입은 것은 한반도의 시민이었다. 38도선을 경계로 양

---

* 원문은 중국인민의용군(中国人民義勇軍)으로 되어 있으나, 이는 영문 명칭인 People's Volunteer Army(PVA)를 번역한 것으로 보인다. 한국전쟁에 참전한 중국 군대의 공식 명칭은 중국인민지원군(中国人民志愿军)이며, 이는 그들이 남긴 각종 표식, 선전물 등에도 나타나 있다. 이에 따라 원문의 '중국인민의용군'을 '중국인민지원군'으로 변경하였으며 정식 명칭을 표기해야 할 분명한 이유가 없다면, 한국전쟁에 참전한 중국 군대를 가리키는 보편적 표현이었던 중공군이라 표기하였다.

군이 교차하면서, 반도는 포화에 휘말리고 군홧발에 짓밟혔다. 거리와 마을은 잿더미가 되었다.

확실한 숫자는 불명이지만, 중국인민지원군은 90만 명, 북한군 52만 명이 사상했다고 추정된다. 유엔군 사상자로 전해지는 약 40만 명 중 거의 3분의 2가 한국군이나 한국 경찰이었다. 한국전쟁은 시민의 사상자가 최대 300만 명 이상을 넘는 처참한 전쟁이 되었다. 이 전쟁으로 남북으로 나뉘게 된 이산가족은 1,000만 명이나 된다고도 한다.

개전으로부터 3년이 지난 때 38도선에 남은 것은 두 개의 나라를 가로막은 철조망과 지뢰밭이었다.

한국전쟁은 일본에서 어떻게 알려졌는가

2018년 4월, 70년 가까이 경직된 이 휴전 상태가 종전을 향해 움직이기 시작하는 기운이 고조되었다. 2000년 6월, 2007년 10월에 이어 10년 만에 세 번째의 남북 수뇌회담이 판문점에서 행해졌다.

이때 발표된 「판문점 선언」에는 '한국전쟁의 종전'에 대해 다음과 같이 언급되어 있다.

남과 북은 정전협정 체결 65년이 되는 올해에 종전을 선언하고 정전협정을 평화협정으로 전환하며 항구적이고 공고한 평화체제 구축을 위한 남·북·미 3자 또는 남·북·미·중 4자회담 개최를 적극 추진해 나가기로 하였다.[*]

---

[*] 「한반도의 평화와 번영, 통일을 위한 판문점 선언」 3조 3항, 2018. 4. 27.

한국전쟁이 끝날지도 모른다. 그것은 일본과 어떤 관련이 있었던 것일까?

개전한 1950년은 태평양전쟁의 패전으로부터 겨우 5년밖에 지나지 않은 시기였다. 국내 여론의 반전 기운도 높아져서, 국회에서는 때때로 전쟁에 휘말릴 우려는 없는가, 하고 거센 논전이 펼쳐졌다고 한다.

지금까지 한국전쟁과 일본의 관계는 어떻게 전해져 왔을까. 한국전쟁을 다룬 과거 NHK의 방송을 열람하고 관련 서적을 여기저기 훑던 중 신경 쓰이는 점이 있었다. 방송이나 서적 대부분이 일본과의 관계에 대해 진술한 1차 자료는 당사자의 증언에 근거했기 때문이었다.

예를 들면, 일본이 극비리에 해상보안청海上保安庁을 한반도 해역에 파견하여, 기뢰의 소해를 시켰던 내막을 폭로한 NHK 특집 〈일본 특별소해대日本特別掃海隊 조선전쟁비사〉1978.9.11 방송는, 해상보안청 초대 장관인 오쿠보 다케오大久保武雄 씨의 증언을 토대로 한 것이었다제4장에서 상술. 또한 한국전쟁 당시 해상 수송을 담당한 일본인 선원이 써 두었던 수기도 많이 발견되었다제5장에서 상술. 한국전쟁에서 미 육군에 종군한 것으로 보이는 일본인의 증언이나 신문 기사도 조금이나마 발견되었다.

당사자의 증언이 귀중한 점은 분명하지만 그것만으로는 전체상을 파악할 수 없다. 왜 공적 자료가 나오지 않는 것일까? 점령하에서 주권이 없었던 일본에는 점령 정책에 관한 기록이 별로 남아 있지 않기 때문이었다.

기록이 보관된 곳은 점령군의 중심이었던 미국. 이번에 접한 극비 문서도 그 기록 중 하나였다.

퍼즐 같은 1,033쪽

미 국립 공문서관에 소장된 극비 문서에 무엇이 쓰여 있었던 것일까?

나는 미국에 사는 야나기하라 미도리柳原綠에게 연락했다. 야나기하라는 NHK의 리서치 업무를 청부받아 수많은 방송 제작에 관여해왔다. 그중에서도 제2차 세계대전기나 전후의 미군에 관한 지식으로는 손꼽히는 인물이었다. 전쟁을 취재하는 것은, 취재 대상이 같은 미군이라도 육, 해, 공군인지 또는 전쟁 중인지 점령기인지에 따라 얻을 수 있는 지식도 달라진다. 군 조직의 실정이나 전문 용어에 정통하지 않으면 자료 수집이나 인터뷰는 뜻대로 되지 않는다.

전화로 한국전쟁을 취재하려 한다고 말하자 야나기하라의 목소리가 밝아졌다.

"거기까지는 NHK도 별로 다루지 않았군요. 재밌을 것 같아요."

나는 스즈키테사·모리스·스즈키-역자주에게서 얻은 자료 정보를 전해 그 모든 것을 사진으로 담아 달라고 의뢰했다. 2주일 후 사진이 PDF 파일 형식으로 도착했다. 파일을 열자 문서에 'TOP SECRET' 도장이 찍혀 있다. 틀림없다.

야나기하라가 보낸 메일에는 '이 자료는 대단히 난해합니다'라고 덧붙여 있었다. 문서는 한국전쟁에서 싸운 미군의 병참을 담당한 재일병참사령부가 작성한 것으로, 점령군 본부에 보고 형식으로 보내진 전문 교신 내용이었다. 총 쪽수는 1,033쪽. 해독은 극히 난항을 겪었다.

최대의 난점은, 순번이 뒤죽박죽일 뿐만 아니라 같은 교신 내용이 몇 번이나 중복되어 있는 것이었다고 한다. 조사관이 상대에게 답신할 때 이제까지의 교신 내용을 알 수 있도록 그 전부를 첨부하여 보냈기 때문

이다. PC로 메일을 보낼 때 인용 답장 기능을 활용하면 편리하지만, 이 문서는 그 전부가 종이로, 번번이 순번이 뒤바뀌어 있었다.

1,033조각으로 나뉜 퍼즐이 연상되는 자료를 앞에 두고서 나는 어찌 할 바를 몰랐다.

처음으로 맞부딪친 것이 자료를 출력하여 쪽 번호를 매기는 작업이었다. 신경 쓰이는 문서에는 포스트잇을 붙였다. 이때 만든 문서철을 들고 나중에는 현장으로 가게 되었는데, 취재에 빼놓을 수 없는 것이 되었다. 다음으로, 쪽 번호를 따라 쪽의 내용을 엑셀로 정리하는 것이었다. 하나하나 쪽의 종류, 날짜, 제목, 내용을 썼다. 또 "총을 지급받았다", "쏘았다" 등의 중요한 심문 내용도 뽑아 메모화했다. 이 작업에 따라 어느 쪽과 또 어느 쪽이 같은 내용이고, 어디에 이어지는 내용이 있는지 알 수 있게 되었다.

전체 내용의 6할을 차지하는 것은 일본인의 심문 기록이다. "출신은 어디였나?", "왜 한반도에 갔나?", "총은 지급받았나?" 등을 질문했고, 일본인이 거기에 대답했다. 심문 마지막에 일본인들은 진술 내용이 틀림없다는 확인 서명을 했다.

그다음으로 그 인물의 건강 상태를 나타낸 진단서가 약 1할이었다. 그리고, 심문 기록 내용을 전문으로 보낸 편지는 약 2할. 전체에 비해 1할도 되지 않지만, 본인의 지문이나 사진도 있었다.

그리고 그 수는 적지만 간과할 수 없는 것이, **전사**한 일본인이 있었던 사실을 기록한 「증명서」라는 문서가 남아 있다는 점이다. 이 「증명서」에 대해서는 제6장에서 다루어 보겠다.

여기까지 정리한 후 나는 일본에서 리서치를 하는 이타바시 고타로^{板橋}^{孝太郎}에게 협력을 의뢰했다. 일본군 자료 수집 전문가로 영어 군사용어에

도 정통한 적임자였다. 이타바시는 앞서 작성된 목록에서 일본인의 이름과 주소를 뽑아 엑셀 시트로 정리해 보내 주었다. 본인이 서명한 경우도 있었는데, 그 서명이 일본어였을 경우는 한자도 확인할 수 있었다.

그러나 여기서 문제가 발생한다. 일본인의 이름은 미 육군이 청취한 것으로 미묘하게 다른 표기가 발견된 것이다. 예를 들면, 고다하다 야시오^{Kodahada Yashio}라고 표기된 것이 있는가 하면, 고다하다 요시오^{Kodahada Yoshio}라고 쓰여진 것도 있다. 야시오인가, 요시오인가. 통역을 거쳐 심문이 이뤄진 것도 있지만, 일본어 이름의 발음을 판별하는 것은 어려웠을 것이다. 이러한 것은 주소 등을 참고하여 동일 인물로 취급했다. 또한 'Kanxe Tirta' 등 어떻게 발음해야 할지 알 수 없는 것도 있었다. 이러한 경우에는 주소가 일본으로 확인할 수 있는 경우 일본인이라고 집계했다.

일본 국적을 갖고 있는가 아닌가, 라는 문제도 있다. 전후에도 일본에 머무르고 있었던 재일조선인은* 64만 7,006명^{1946년 3월 시점}.[4] 그 후 1952년 4월 28일의 샌프란시스코 강화조약이 발효되자 일본 정부는 옛 식민지 출신자는 '일본 국적을 상실'하고 '외국인'이 되었다는 견해를 제출한다(이 조치로 옛 식민지 출신자는 아예 전후 보상을 받을 수 없게 되었다).[5] 심문이 행해진 1951년 시점까지는 재일조선인도 일본 국적을 보유하고 있었으므로 일본인으로 집계하기로 했다.

예를 들어, 한 용혜^{한용해, 혹은 한용혜로 추정-역자주}는 부산에서 태어났고, 종상테(일본어로, 오오타 미쓰야스라고 서명이 되어 있다)^{정상태로 추정-역자}는 나가사

---

* 일제강점기 일본으로 이주한 한반도 출신자들 중, 해방 이후에도 일본에 거주한 이들을 구분하기 위해 '조선적'이 부여되었다. 이렇게 조선적을 부여받은 이들을 재일조선인이라고 부르나, 조선적은 국적으로 인정되지 않았으므로, 일본 국적, 대한민국 국적, 또는 북한 국적을 택한 이들이 적지 않았다. 오늘날 재일조선인이란, 여전히 국적을 택하지 않은 이들을 가리킨다.

키長崎에서 태어났지만 각각 일본의 주소가 있으며, "나는 일본인이다"라고 심문에서 답했다. 또한 오카무라 히데아키는, 심문에서는 "일본인이 아니다"라고 답했지만, 오사카大阪 주소가 기록되어 있었으므로 국적상 일본인으로 집계했다. 마찬가지로 도요오카 마모루도 "조선에서 태어났다"라고 심문에서 답했지만, 도쿄東京에 주소가 있어서 같은 이유로 국적상의 일본인으로 집계했다.

한국전쟁에는 재일본대한민국민단在日本大韓民国民団, 통칭 민단을 통해 재일한국인*이 지원병으로 참가한 사실이 알려져 있다. 그들 중 다수는 한국군의 편에 서서 함께 싸웠다. 여기에 대해서는 재일 2세 논픽션 작가인 김찬정金贊汀의 저서『在日義勇軍兵帰還せず재일 의용병 귀환하지 못하고』에 자세히 나와 있다.[6] 그러나 이번의 극비 문서에서 주요 심문 대상이 된 것은 '미군과 함께 행동한 일본인'이었다.

주소나 이름이 애매하여 일본인이라고 확신하기 어려운 자는 생략하기로 했다. 이타바시가 작성해 준 표를 이번엔 스스로 다시 한번 원자료와 맞춰가며 점검해 갔다.

한국전쟁에 나간 일본인 일람이 완성되었다. 일본인의 수는 확인 가능한 것만으로도 70명에 달했다. 적어도 이만큼의 일본인이 한국전쟁의 전장에 있었던 것이다.

---

* 재일조선인들 중 대한민국 국적을 택한 이들을 가리킨다.

미군 기지의 섬, 일본

일본인의 심문이 행해진 것은 앞서 언급했듯이 다수가 1951년의 1월부터 2월에 걸쳐 있었다. 개전은 1950년 6월 25일. 즉, 일본인이 전장에 있었던 것은 개전부터 반년이 되지 않은 때에 집중되어 있었다고 추정된다.

모든 일본인의 연령이 명기된 것은 아니지만, 심문 기록에 기재된 내용에 한해서는 20세 전후가 가장 많다고 할 수 있다. 그중 대부분은 일본 거주 시에는 점령군 기지에서 일하고 있었으며, 하사관 등의 집에서 가사 등 잡무를 맡은 하우스보이 또는 KP^{Kitchen Police의 약칭, 취사병} 등의 일에 취직해 있었다.

전체 경향을 파악하기 위해 그들의 출신지를 지도상에 나타내었다. 그러자 규슈^{九州}가 30명으로 가장 많았고, 그중에서도 후쿠오카^{福岡}는 21명으로 발군이었다. 그밖에는 홋카이도^{北海道}나 도호쿠^{東北} 지방, 도쿄에도 여기저기 흩어져 있다. 오키나와^{沖繩}는 한국전쟁의 병참, 출격 기지의 하나였지만, 심문기록에는 오키나와 출신자에 의한 공술은 없었다. 연합국의 신탁통치하에 놓였기 때문에 집계하지 않았던 것뿐이었을까?

다음으로, 점령군 기지의 소재지였다. 당초 점령군의 부대가 각각 일본의 어느 기지에 주둔하고 있었는가를 정리한 자료는 거의 발견하지 못했다. 부대는 기지 간 이동을 번번이 반복했으므로 그 발자취를 파악하는 것은 매우 곤란했지만, 리서치 도중에 문화인류학자 아오키 신^{青木深}의 논문 「일본 '본토'의 미군기지 분포와 변천 – 점령기로부터 베트남전쟁 종결까지^{日本『本土』における米軍基地の分布と変遷 – 占領期からベトナム戦争終結まで}」를 발견하게 되었다.[7]

아오키는 당시의 기지 소재지를 상세히 조사했다. 예를 들어, 미 육군 제24보병사단은 후쿠오카의 캠프 코쿠라Camp Kokura, 캠프 죠노Camp 城野 Jono—역자주, 캠프 하카타Camp Hakata, 나가사키·사세보佐世保의 캠프 마우어 Camp Mower, 오이타大分·벳푸別府의 캠프 치카모가Camp Chikamauga, 구마모토 熊本의 캠프 우드Camp Wood에 나누어 주둔하고 있었다.

논문을 참고하여 기지의 정보를 지도상에 놓아 갔다. 전국 대부분의 도도부현에 점령군 기지가 존재하였기 때문에, 지도를 보고 있으면 일본 전체가 마치 거대한 '기지의 섬'과 같이 생각된다. 이렇게 만든 지도를 통해 한반도에 건너간 인원수가 가장 많았던 규슈 출신자의 태반이, 조금 전 언급한 제24보병사단의 소속이었다고 추측된다.

또한 도쿄 출신자는 제1기병사단, 도호쿠나 홋카이도의 출신자는 제7보병사단 소속이 많았다고 여겨진다.

심문 기록, 그리고 작성한 일람과 지도로부터 알게 된 것들을 정리하면 다음과 같다.

일본인이 한국전쟁에 간 것은 개전으로부터 반년도 되지 않은 기간. 규슈 출신자가 많았고, 미 육군과 함께 행동하고 있었다. 그리고 그 대부분이 20세 전후의 기지 노동자였다.

다카쓰 겐조 발견

어떤 일본인이 심문을 받았던 것인가, 어렴풋이나마 그 윤곽이 보였다. 그러나 도대체 심문은 언제, 어떠한 이유로 시작된 것일까? 중요한 부분을 알 수 없다.

이러한 기밀 자료는 그 첫머리에 조사를 시작한 이유나 목적이 쓰여 있는 경우가 많다. 그러나 이 극비 문서에는 개요 같은 것은 전혀 존재하지 않는다. 전문 교신 내용이 갑자기 끝난 것도 있으므로 어쩌면 빠진 부분이 있었을지도 모른다.

극비 문서가 작성된 목적에 대해 야나기하라와 의논한 다음날이었다. 야나기하라로부터 생각난 게 있습니다라고 흥분한 분위기의 메일이 왔다.

"대부분의 문서는 어느 보고서로 귀결됩니다."

'보고서'라는 것은, 1950년 12월 20일 자 「한반도로의 무허가 도항과 일본인의 이용」이라는 문서를 말한다. 확실히 전문 교신에 첨부된 보고서 중에서는 가장 날짜가 오래된 것이다. 이 보고서는 오사카에 설치된 점령군 남서사령부南西司令部 본부 소속의 J.E. 해리스 소장으로부터 요코하마의 재일병참사령부의 R.R. 투어텔롯 대령에게 보내졌다. 남서사령부란 당시 일본의 점령 정책을 담당했던 부서이다.

「한반도로의 무허가 도항과 일본인의 이용」은 다카쓰 겐조라는 19세의 젊은이에 관한 보고서였다. 맨 처음으로 조사가 행해진 탓일까. 다른 일본인에 관한 보고서보다도 상세하게 작성되어 있다.

예를 들면, 다음과 같은 기술이 있다.

> 수집된 증거를 보면 겐조는 고아 소년으로 제57포병대대와 함께 행동하였으며, 부대에서 보살핌을 받았음을 알 수 있었다. 그는 혹독한 전투를 경험했다. 그는 도로 봉쇄를 당했을 때 트럭을 지키려다 머리에 경미한 부상을 입었다. 철수 중에 손이나 발, 귀에 동상을 입었다.

그리고, 같은 부대에 소속되어 있던 조지 S. 월러 중사라는 인물이 "다카

쓰는 거짓말을 하지 않고 스파이도 아니란 것을 알게 되었다"라고 한 증언도 기재되어 있다. 또한, 이러한 보고에 이른 근거로서 다카쓰의 심문 기록도 첨부되어 있다. 심문을 담당한 사람은 폴 H. 제이콥 중령. 장소는 오사카시大阪市 주오구中央区의 오사카육군병원大阪陸軍病院, 현재는 국가공무원 공제조합 연합회 오테마에병원(国家公務員共済組合連合会大手前病院)이 되어 있다으로 되어 있으며, 다카쓰가 동상 치료를 받는 중에 심문이 이뤄졌던 것을 파악할 수 있었다.

날짜는 보고서가 작성되기 2일 전 1950년 12월 18일이었다.

중령	자네는 양심에 따라 아무것도 숨기는 일 없이 진실만을 말할 것을 선서하겠나?
다카쓰	예. 선서합니다.
중령	만약 선서에 반하여 진실을 말하지 않았을 경우 처벌을 받아야 한다고 이해하고 있나?
다카쓰	예. 이해하고 있습니다.
중령	풀네임, 주소, 현재의 근무지를 말하라.
다카쓰	다카쓰 겐조입니다. 닉네임은 베니입니다. 현재 입원 중입니다.
중령	베니, 충고하는데 내 질문에 따라 자네가 불리해지거나 자신에게 불리한 증언 내용이 있다면 답할 의무는 없다. 이해하고 있나?
다카쓰	예.

제이콥 중령은 다카쓰의 권리를 친절히 설명하면서 심문을 시작했다. 어딘가 재판 첫머리 절차에서 묵비권을 고지하는 듯이 생각되는 부분이

있다. 물론 현장의 상세한 분위기는 알 수 없지만, 심문은 군의 규정에 따라 행해진 것 같다. 중령이 다카쓰를 닉네임으로 부르는 등, 긴장을 누그러뜨리려고 한 의도가 느껴진다.

중령　베니, 얼마 동안 일본에 살았나?

다카쓰　19년입니다.

중령　연령은?

다카쓰　19세입니다.

중령　일본 내 주소는?

다카쓰　홋카이도의 삿포로札幌입니다.

중령　부친과 모친은 계신가?

다카쓰　아닙니다. 이미 돌아가셨습니다. 아버지가 먼저 돌아가시고, 어머니도 그 뒤 돌아가셨습니다.

중령　양친의 사인은 알고 있나?

다카쓰　아닙니다. 저는 아직 어린애였기 때문입니다.

그 뒤, 다카쓰는 삿포로의 지인 이름을 언급했다. 삿포로에 정말로 거주했는지 확인하는 것이 목적인 것 같았다. 공산주의 진영의 스파이라는 의심을 받고 있었던 것일까, "자네는 중국인인가, 일본인인가?"라고 집요한 질문이 이어져, 다카쓰는 "저는 일본인입니다"라고 확실히 증언했다.

남겨진 회고록

일본인 다카쓰 겐조는 왜 한국전쟁에 가게 되었던 것일까?

심문 기록 중에는 그것을 직접 물어 본 질문은 없다. 그 물음에 대한 답에 가장 가까운 것이 이하의 문답이다.

중령	한반도에 가고 싶다고 누구에게 부탁했나?
다카쓰	몇 명한테 들었습니다. 조선에 가면, 그 후 미국에 갈 수 있을지도 모른다고.
중령	그렇게 말한 것은 누구였나?
다카쓰	기억나지 않습니다. 그로부터 몇 명하고 이야기하고, 트럭 안에서 기다렸다가 배에 탈 수 있었습니다.

진술에서는 다카쓰가 미국에 가려고 생각한 이유를 추측할 수는 없다. 행간에 숨은 다카쓰의 생각에 다다르기 위해서는 그의 인생을 알 필요가 있을 것이다.

심문 기록에는 주소 그대로는 쓰여 있진 않지만 삿포로 인근에서 태어나고 자랐다는 것은 심문으로 추측할 수 있다. 이름은 당연히 알파벳으로 표기되어 있으며, 또한 본인의 일본어 서명도 없었기 때문에 한자를 유추하여 조사하기로 했다.

'홋카이도 다카쓰 겐조高津健三'로 과거의 신문을 검색해 보니 동명의 인물이 『홋카이도신문北海道新聞』의 취재를 받았던 것을 알 수 있었다. 기사는 1999년 4월 25일 자 조간신문에 게재되었으며, 일·미 방위협력을 위한 신지침관련법안日米防衛のための新指針関連法案, 신가이드라인관련법안(新ガイドライン関

連法案)의 시비를 묻는 것이었다.

1978년, 소련의 침공을 염두에 두고 일·미 가이드라인日米ガイドライン이 제정되었다. 그 후, 1997년에 한반도에서의 전쟁을 상정하고 개정. 그 다음 해 8월에는 북한이 발사한 탄도미사일 '대포동 1호'가 일본 상공을 넘어 태평양에 착탄한 사태도 일어나, 동북아시아 정세를 둘러싸고 일·미 동맹은 어떻게 될 것인지 하는 의논이 점차 가속화되었다. 기사에 쓰인 1999년 4월은 신 지침 관련 법안 중 하나인 주변사태법周辺事態法의 심의가 진행되고 있었던 무렵이다. 주변사태법이란 일본의 평화와 안전에 중요한 영향을 미치는 무력 분쟁 등의 사태를 '주변사태'라고 하여, 자위대가 미군에 협력하기 위해 행하는 후방 지원의 내용을 정한 법률이다.

기사 내용에서 다카쓰는 한국전쟁에 참가한 체험을 바탕으로 관련 법안의 심의에 대해 솔직한 생각을 말하고 있었다.

> (다카쓰는) 왓카나이稚内, 삿포로에서 음식점을 운영하다가 지금은 닫고, **회고록을 집필 중**이다. 가이드라인에 대해서는 "정치가가 결정한 것이니까"라고 부정도 긍정도 하지 않았다. 그러나, "보급부라는 병참 부문 등이므로 안전하다고 생각하고 있지만 결국은 전투에 휘말렸다. 역시 전쟁은 현실. 정말로 안전한 후방지원 같은 건 없다"라고 말했다. "평화를 다하는 책임도 정치가에게 있을 터"라고 조용히 덧붙였다.강조-인용자

'회고록을 집필중'이라 되어 있다. 대체 무엇을 쓴 것일까? 기사에 쓰인 다카쓰의 연령은 67세. 생존해 있다면 내가 다카쓰에 대해 취재를 진행한 2019년 4월 시점으로 87세 전후이다. 부디 만나서 이야기를 듣고 싶다. 기사에 '삿포로시札幌市 히가시구東区 거주'라고 쓰여 있는 것을

발견하고 주소 등록이 되어 있진 않은지 조사해 봤지만, 그러한 인물과 맞아떨어지지 않았다.

다음으로 삿포로시 히가시 구내에 있는 요양 시설에 모조리 전화를 했다. 몇 군데쯤 연락이 닿은 참에 어느 시설장이 조사해 보겠습니다, 하고 의뢰를 맡아 주었다. 몇 분 뒤 전화가 돌아왔는데, 확실히 다카쓰는 그 시설에 있었지만 시설장이 부임하기 수년 전에 사망했다고 한다. 친족에 대해서 물었지만 "프라이버시에 관한 것이니까"라며 답변을 완곡하게 거절당했다. 그래서 취재 의도를 쓴 편지를 보내고는, 만약 친족이 있으시면 건네 달라고 부탁했다.

편지를 보낸 지 며칠 뒤 휴대전화가 울렸다.

"편지를 읽었습니다. 다카쓰의 여동생입니다."

전화를 해 준 것은 시노지마 미야코篠島都 씨. 다카쓰의 친여동생이라고 한다. 다카쓰의 아내가 같은 시설에 지금도 입소해 있지만, 인지증을 앓아서 이야기는 할 수 없다고 한다. 요양시설에 긴급 연락처로서 등록되어 있었던 것이 미야코 씨였던 것 같다. 나는 다시 한번 다카쓰의 이야기를 듣고 싶다고 전했다.

"오빠가 조선전쟁에 갔던 이야기는 본인으로부터 그다지 들은 적이 없었습니다. 그래서 저도 자세한 것은 알지 못합니다만……."

다카쓰와 미야코 씨는 태평양전쟁 중 양친을 잃고 친척집에 따로따로 맡겨졌다. 전후 다카쓰가 점령군 기지에서 일하고 있다는 것은 들었다. 다카쓰가 삿포로에 돌아 온 뒤에는, 한 달에 몇 번인가는 얼굴을 마주하고 양친의 성묘에 함께 갔던 적도 있었다. 그러나 다카쓰는 한국전쟁에 대해서 미야코 씨에게 자세한 이야기를 한 적은 없었다. 미야코 씨가 그 상세한 내용을 알게 된 것은 다카쓰가 남긴 회고록을 통해서였다. 회고

록은 영어로 쓰여져 있어서 손자가 번역해줘서 읽었다고 한다.

"회고록을 읽어 주세요. 거기에 오빠가 전하고 싶었던 것들이 적혀 있을 거에요."

나는 미야코 씨가 보낸 회고록이나, 다카쓰가 보관하고 있었던 자료, 편지를 받았다.

회고록은 2006년에 인쇄, 제본된 것이었다. 40쪽 정도로, 드문드문 사진이 삽입되어 있다. 표지에는 다음과 같이 인쇄되어 있다. DECEPTION AND DECENCY BY BENNY KENZO TAKATSU. 일본어로 번역하면 '기만과 양심'이 되는 것일까. 첫머리에 '이 책은, 텍사스주 샌 안토니오의 제57야포병대대의 재회의 모임에서 행해진 연설을 바탕으로 한다'라고 되어 있다. 다카쓰는 전후에도 한국전쟁에서 행동을 함께 했던 전 미군 장병들과 교류를 이어가고 있었던 것 같다.

취재를 거듭하는 중에 다카쓰 겐조라는 인간의 인생이 구체적으로 세부를 동반하여 드러나자 그가 한국전쟁에 간 이유가 보였다. 이제부터 심문 기록에 남은 공술, 회고록, 미야코 씨에 대한 취재, 본인이 남긴 지인과 주고받은 편지 등을 토대로 다카쓰의 인생과 그가 목격한 가열한 전장을 그려 보자.

소년 시절 일본군에게 품은 불신

다카쓰 겐조는 1931년 6월 9일 삿포로시에서 태어났다. 삼남매 중 둘째로, 두 살 많은 형 겐지健次 씨, 두 살 어린 여동생 미야코 씨가 있었다. 아버지 쓰요시健 씨는 도쿄에 있었던 메이지약학전문학교明治薬学専門学校. 메이지약과대학(明治薬科大学)의 구제 전신 학교 중 하나를 졸업 후 시립삿포로병원에 근무하고 있었다.

회고록의 권두에 게재된 다카쓰 가의 가족 사진을 보면 한눈에 집안 형편이 좋았다는 것이 느껴진다. 아버지는 너무나도 고급스런 수트를 입었고, 어머니 아야燦 씨도 잘 지은 기모노를 입었다. 가정부도 함께 찍었다. 가족의 한가운데에 서 있는 다카쓰는 서너 살쯤일까. 세일러복 같은 여름옷을 입고 있다. 미야코 씨에 따르면, 양친은 병약한 다카쓰를 지극정성으로 길러 겨울에는 외출도 못하게 했다고 한다.

그러나 다카쓰가 5세 무렵 아버지가 병으로 사망하여 생활은 완전히 바뀌었다. 모아 둔 돈이 바닥을 드러내자 어머니는 자녀 세 명을 키우기 위해 필사적으로 일하지 않으면 안 되었다. 기모노 입히기*나 꽃꽂이 선생을 하며 봉제의 부업으로 일당을 모았다.

1938년 다카쓰는 심상소학교尋常小学校**에 입학한다. 마침 일본이 군국주의로 한창 내닫기 시작할 때였다. 다니던 학교는 국민학교国民学校***라

---

*	전통 기모노 중에는 혼자 입기 어려운 옷이 있어 이를 입도록 전문적으로 도와 주는 직업을 가리킨다.
**	메이지 유신 이후 일본의 초등교육 기관. 태평양전쟁 직전 국민학교로 개칭되었으며, 태평양전쟁 패전 이후 학제 개혁에 따라 다시 소학교로 개칭되어 지금에 이르고 있다. 한국의 초등학교에 해당한다.
***	일본은 국민의 기초교육을 실시한다는 취지로 1941년 소학교를 국민학교로 개편하였다. 일본에서는 전후 소학교라는 명칭으로 복구되었다. 한국에서는 1995년까지

불리게 되었으며, 학비도 올라갔다. 동급생은 병정놀이를 하며 놀았지만 다카쓰는 그러한 분위기에 맞지 않았다고 한다.

어느 날 다카쓰가 길가에서 놀고 있을 때 일본군 장병 집단이 지나갔다. 다카쓰는 그중 한 사람을 천진난만하게 불러세우고는 집에서 가져온 좋아하는 비스킷과 치즈를 건넸다. 그 병사는 빈속이었는지 인사도 없이 그것을 게걸스레 먹어치웠다.

다카쓰는 학교에서 황국皇国을 위해 싸우는 일본군 장병은 위대하다고 들었는데, 기묘하게 느꼈다고 한다. 그 의문을 어머니에게 말 꺼냈을 때 두 번 다시 그런 이야기를 해서는 안 된다고 주의를 받았다.

회고록 속에서 다카쓰는 중일전쟁의 전선 확대와 함께 식량의 배급이 줄어 간다고 돌아보았다.

1944년 후생성厚生省, 현 후생노동성(厚生労働省)이 정리한 국민생활조사에 따르면, 20세 이하의 아이들은 매일 하루에 필요한 칼로리의 57%밖에 섭취하지 못했다. 특히 5세 이하의 아이가 있는 가정의 상황은 '빈궁은 극단으로 심각하여 이것들은 거의 성인, 특히 모친의 희생으로 헤어나오고 있다'라는 것이 실정이었다.[8]

그러던 중 다카쓰의 어머니는 결핵으로 몸져눕는 일이 잦아졌다. 오늘날의 코로나 바이러스 감염증과 마찬가지로 결핵은 지정 감염병이었으므로 치료를 위해 요양소에 들어가게 되었다. 다카쓰와 미야코 씨는 형과 떨어져 삿포로에 있었던 철도사무소현 JR홋카이도(北海道)에서 일하는 숙부의 집에 맡겨졌다. 그 후, 다카쓰의 집은 매각되어 돌아갈 집은 없어졌다.

국민학교라는 명칭을 계속 사용하였으나, '국민'이 '황국신민'을 뜻하는 것이라는 지적이 제기되는 등을 이유로 초등학교로 변경되어 현재에 이르고 있다.

태평양전쟁이 시작되자 식량 사정은 악화일로를 걸었다. 숙부의 집에도 딸이 두 명 있어서 다카쓰 남매에게 주어진 식사는 충분하지 않았다. 쌀이나 보리의 대용식인 튀김가루에 물을 섞어서 부피를 늘려도 충분한 양이 되지 않아서 아이들은 항상 빈 배를 움켜쥐고 있었다. 가족끼리 살고 있었던 날들이 그리워서 미야코 씨와 함께 생가가 있었던 곳을 방문해 쓸쓸함을 달래려 한 적도 있었다. 그러나 어머니의 건강은 회복되지 않았고 1943년 다카쓰가 소학교 6학년 생일 때 사망했다.

미야코 씨는 어머니의 장례식에서의 다카쓰의 모습을 기억하고 있다.

"엉엉 울고 있었습니다. 오빠는 자기 힘으로 요양소를 찾아가서 어머니의 침대에서 한 밤 자고 오기도 했던 것 같습니다. 어린 시절부터 몸이 약해서 소중하게 돌봄을 받아서 그랬을까, 어머니에 대한 마음이 컸던 것 같다고 생각합니다."

그 후 미야코 씨가 다른 집에 맡겨져 삼남매는 떨어져서 살게 되었다. 이 무렵 다카쓰는 어머니를 잃은 슬픔을 보이지 않기 위해 학교에서는 당시의 인기 배우를 흉내 내는 등 밝은 체하며 행동했다고 한다. 그러나 겉으로는 애써 넘길 수 있었어도 속으로는 쌓여 있는 울적한 심정이 사라지는 일은 없었다.

졸업 후 진학한 중학교에서 학도 동원学徒動員에 의해 재목 공장에서 일하게 되었을 때의 일. 공장에는 영양실조에 걸린 학생이 많이 일하고 있었지만 지시를 내리고 있었던 일본군 장병들은 달랐다. 그때의 일을 회고록에 썼다.

나는 일본군 장병들을 볼 기회가 많이 있었습니다. 금욕적인 생활을 하고 있는 우리들과 비교하여 장병들은 적절한 식량과 물자를 지급받고 있다는 것

을 알았습니다. 나는 어머니의 병을 치료할 약도 손에 넣지 못했습니다. 이 괴로움 때문에 무엇인가가 잘못되어 있다고 느꼈습니다. 가슴 속에 반항심이 솟아오르고 있었습니다. (…중략…)

표면적으로는 어른들은 '나라를 위해, 천황을 위해'라고 말하고 있었지만, 나는 그들이 말하는 것과 실제로 믿는 것의 차이에 신경질적이 되지 않을 수 없었습니다.

자신들이 '나라를 위해'라고 믿으며 참고 견디고 있었던 것은 일본군 장병들의 식료를 마련하기 위한 것이었다. 어머니를 구하지 못했다는 자책감은 아이의 마음에 남아 일본군이나 어른들에 대한 '반항심'으로 변해 갔다.

1945년 8월 15일. 라디오로부터 옥음방송玉音放送*이 흘러나와서 다카쓰는 전쟁이 끝났다는 것을 알게 되었다. 일찍이 군에 협력을 호소한 교사들이 평화를 희구하는 것 같은 말을 내세웠다. 다카쓰는 '모든 것이 거짓으로 생각되고, 누구도 믿지 않게' 되어 학교에도 가지 않게 되었다. 전시 중에 품고 있었던 일본군에 대한 반항심은, 이때 일본에 대한 불신감으로 모습을 바꾸어 갔다.

일련의 경험은 다카쓰의 인격 형성에 큰 영향을 미쳤다. 어쩌면 이 불신감이 다카쓰가 한반도로 건너간 이유의 하나가 되었을지도 모른다.

---

* 일본 천황의 목소리(玉音)가 담긴 방송으로, 역사상 '옥음방송'이라고 하면 쇼와 천황의 태평양전쟁 종전 조서를 가리킨다. 이 방송은 이 책의 원서를 발행한 일본방송협회(NHK)의 라디오 방송을 거쳐 일본 본토 및 그 식민지 등으로 방송되었다.

세계 최빈국, 일본

전쟁이 끝났어도 시민의 살림살이가 갑자기 좋아진 것은 아니다. 그 무렵의 가혹한 생활을 상상하게 하는 이야기를, 다카쓰는 심문 중에 언급했다.

> **다카쓰** (…중략…) 계속 조선에 있을까, 하고 생각했습니다. 일본
> 에 있는 것보다 나았습니다.
>
> **중령** 그 이유는?
>
> **다카쓰** 일본에 있어도 집은 없습니다. 일자리는 구할 수 있을지도
> 모르겠습니다만 어딘가에 방을 구하지 않으면 안 됩니다.
> 달마다 5~6,000엔을 모은다고 해도 그것만 가지고는 먹을
> 거리나 의복을 살 수 없습니다.

다카쓰가 차라리 전장 쪽이 나았다고 평가한 당시 일본. 패전 직후의 뼈아픈 현실을 확인해 보자. 공습의 피해는 심대했다. 1945년의 내무성의 집계에서는, 전소 전괴한 가옥이 233만 3,388호, 반소 반괴가 11만 928호에 이르렀다(오키나와를 제외함).[9]

전시 중으로부터 이어져 온 식량난은 더욱 악화되었다. 지방의 농촌은 전쟁으로 일손을 빼앗겨 노동력이 부족한 상태에 빠졌다. 1945년의 쌀 생산량은 전년의 7할에 지나지 않았다. 그 후 쌀 생산량 그 자체는 회복할 조짐을 보이기 시작하긴 했지만, 구 식민지로부터의 귀환자引き揚げ者[*]나

---

[*] 원문에서 '히키아게샤(引き揚げ者)'로 표현되었다. 귀환을 뜻하는 '히키아게(引き揚げ)', 귀환자를 뜻하는 히키아게샤라는 용어는 태평양전쟁 종전 후 일본의 식민지 및

복원復員*의 증가 등에 의하여, 전국에서 영양실조자가 속출했다.

도시부의 식량난은 특히 심각했는데, 1945년 11월 18일 자의 『아사히신문』에는 「시작되는 '죽음의 행진' - 아사는 이미 전국의 거리에始まっている『死の行進』－餓死はすでに全国の街に」라는 제목이 등장한다. 기사에 따르면, 아사자는 우에노 역上野駅 주변에서만도, 많을 때는 하루에 6명 발견되었다. 도쿄나 오사카 같은 대도시뿐만이 아니었다. 고후甲府나 교토京都, 고베神戸 등의 지방 도시에서도 수 명에서 수십 명의 아사자가 매월 확인된다고 보도되었다.

경제에 대한 타격도 컸다. 경제안정본부経済安定本部, 1946년에 설치된 경제부흥을 위한 정책을 행한 관청. 후신은 경제기획청(経済企画庁)의 조사에 따르면, 공업용 기계의 34%를 잃었으며, 철강업 생산량은 종전 직후에는 1935년의 불과 8.5%까지 떨어졌다.[10]

게다가 전쟁 중에 투입된 거액의 임시군사비臨時軍事費**의 청구서도 돌아왔다. 생산이 정체된 중에 일본은행日本銀行은 화폐를 증쇄했고, 초인플레이션이 발생했다. 암시장에서는 쌀이 공정가격의 약 10배라는 법외의 가치로 거래되었다.

일본은 그야말로 세계 최빈국이 되었다. 요약하자면, 일본 전국에서 미국을 중심으로 한 점령군의 주둔이 시작된 때, 국민의 생활이나 경제는 나락으로 떨어진 것이다.

사실상의 '피보호국', 일본군 주둔지로부터 귀환한 민간인 및 군인을 가리킨다. 이후, 태평양전쟁 종전과 관련된 귀환을 언급할 경우, 전후 '귀환(引き揚げ)', 전후 '귀환자(引き揚げ者)'로 번역하였다.

* 전쟁 종료 등에 따라 평시로 복귀하면서 병력을 동원 상태에서 해제하는 것으로, 주로 태평양전쟁 패전 후 일본 육해군 장병이 사회로 복귀하는 것을 가리킨다.

** 태평양전쟁 이전 임시군사비 특별회계법에 의해 성립한 전시 특별 회계로, 일반 회계와는 별도로 운영되었다. 전쟁이라는 특성상 육해군이 자의적으로 운영하는 경우가 많았다.

미군 장병은 상냥했다

초인플레이션은 국민생활을 직격하여 커다란 그림자를 드리웠다. 다카쓰를 둘러싼 환경에 대해서도 예외는 아니었다. 아버지의 유족연금은 휴지조각처럼 폭락하여 숙부의 집에서의 생활도 더욱 괴로운 것이 되었다.

다카쓰는 홋카이도 서부에 위치한 호설지대, 굿찬초俱知安町에 사는 또 한 사람의 숙부에게 맡겨졌다. 숙부 부부 그리고 6명의 사촌과 함께 한 지붕 아래에서 생활하며 벽장 속에서 사촌 두 명과 함께 잤다고 한다. 다카쓰는 굿찬역俱知安駅에 다니며 생선 기름으로 만든 석면을 팔아 일당을 벌었다.

그즈음 홋카이도 각지에서는 점령군의 지프나 트럭이 다니게 되었다. 잔혹하고 무섭다던 미군 장병은 막상 만나 보니 쉽게 친해졌고 상냥했다. 다카쓰의 유일한 즐거움은 미군 장병들로부터 초콜릿이나 껌 등의 과자를 받는 것이었다. 굿찬역은 미군 장병들이 환승하려고 일시 하차하는 일이 많아서, 아이들은 "기브 미 초코레또"라고 과자를 졸랐다고 한다.

굿찬역에서 삿포로로 향하는 전차를 몇 번이고 그냥 보내는 중에, 다카쓰의 마음 속에는 고향 삿포로에 돌아가고 싶다는 마음이 커져만 간다.

어느 날 숙부가 담배를 암시장에서 팔고 오라고 하자, 다카쓰는 아무에게도 알리지 않고 삿포로행 전차에 올랐다. 삿포로에서 담배를 돈으로 바꾼 다음 쌀을 구입해 가지고 돌아가면 불평을 듣지 않을 것이라 생각했다. 그러나 농가에서 쌀을 구입했지만 중학교를 나왔을 뿐인 다카쓰가 옮길 수 있는 무게가 아니었다. 경찰에게 발견되자 암시장에서 손에 넣은 것으로 오해되어 쌀은 몰수당하고 말았다.

점령군 기지에서 보낸 나날

아무튼 다카쓰는 그 이후 삿포로에 그대로 살게 되었다.

마루이丸井나 미쓰코시백화점三越百貨店이 접수되어, 점령군 본부로서 사용되었던 삿포로에서 그 무렵 점령군 기지의 건설 계획이 세워졌다. 삿포로는 전에 없던 기지 경제로 끓어오르고 있었다. 점령군은 현지 기업에 건설 관련 사업을 발주하였고, 기지에서 일하는 노동자를 모집했다. 고용이 발생하자 조금씩 경제가 돌아가기 시작했다. 미군 장병이 환락가에서 뿌리고 간 돈으로 현지 경제는 윤택해졌다.

1947년 점령군 기지 노동자는 전국에서 25만 명을 넘었다. 이것은 일본 정부를 통해 고용된 자들만을 추계한 수치로, 미군 장병에 의해 직접 고용된 인원수를 포함하면 최대 그 약 1.5배의 기지 노동자가 있었던 것으로 보인다. 기지 노동자는 그 후에도 계속 늘어나 한국전쟁이 시작되는 1950년에는 전국에서 약 27만 1천 명을 넘었다.[11]

점령군 장병과 관계가 깊어진 다카쓰는 기지에서 일자리를 찾아냈다.

> **다카쓰** 처음엔, 크로포드에서 5~6마일9~10km 거리에 있는 또 다른 기지에서 일했고, 그 후 캠프 크로포드에 갔습니다. 캠프 크로포드에서 약 2년 일했습니다.

캠프 크로포드Camp Crawford란, 삿포로 미나미구南区 마코마나이真駒内에 한때 존재했던 기지로, 현재는 육상자위대陸上自衛隊의 마코마나이 주둔지가 설치되어 있다. 기지의 이름은 홋카이도 최초의 철도인 관영 호로마이 철도官営幌舞鉄道를 부설한 미국인 기사 조셉 U. 크로포드에서 유래하였

다. 이 기지에는 1946년부터 제11공정사단이 주둔하고 있었다.

다카쓰가 얻은 일자리는 부서 간을 오가며 우편을 배송하는 배달부 일이었다. 기지 내의 미군 장병용으로 발행되는 『성조지星條紙, The Stars and Stripes 』미국 국방부에서 발행하는 일간지-역자주도 수많은 부서에 배달했다. 이 때 코즈라는 부사령관의 눈에 들어 '베니'라는 닉네임이 붙었다. 다카쓰는 매일 코즈 부사령관의 집무실에 다녔다.

급료는 좋았다. 점령군 장병의 가족도 친절하게 대해 줘서 다카쓰는 이 때가 "가장 행복했다"라고 회고록에서 추억했다. 그러나 그 '행복'도 그리 오래는 이어지지 않았다.

1949년 5월이 되자 제11공정사단이 귀국하게 되면서 다카쓰는 해고되었다. 기지를 떠나자마자 다카쓰의 생활은 한순간에 불안정해졌다. 일정한 직업이 보이지 않아 다카쓰는 삿포로의 상점가를 구역으로 삼은 데키야テキヤ* 조직에 들어갔다. 축제 등에서 아이들을 상대로 제비뽑기하는 노점을 여는 것이 일이었지만, 잘 맞추지 못하게 속임수가 들어 있었다. 야쿠자가 되기 일보 직전 똘마니 일이었다. 다른 조직과의 구역 경쟁으로 번번히 폭력 사태가 일어나는 데다가, 축제가 없는 겨울은 일자리가 전혀 없어졌다. 돌봐 주는 형님들이 경찰에 체포되었을 때 다카쓰는 발을 씻고 조직에서 떨어져나왔다.

그 후 지인에게 일자리를 소개받아 수개월을 연명해 오다가 다카쓰는 다시 캠프 크로포드를 찾아갔다. 이 기지에는 제11공정사단과 교대하여 제7보병사단이 주둔하고 있었다1949.2~1950.7. 기지의 식당에서 제7보병사단 제57야포병대대대포로 보병을 후방에서 지원하는 부대의 프린스라는 중사에게

---

* 일본에서 인파가 많이 몰리는 곳 중심으로 소매업, 오락 등을 해서 돈을 벌었던 행상의 일종. 일부 야쿠자나 폭력단이 데키야의 형태를 띠고 존재하기도 함.

말을 걸어 일자리가 필요하다고 부탁했다. 다카쓰는 프린스 중사 전속의 하우스보이가 되었다. 점차 다른 장병들과도 친해져서 담배나 초콜릿을 보수로 받으며 구두닦기 등 잡무를 맡았다. 청바지를 선물로 준 사람도 있었다.

이때 다카쓰는 19세. 의지할 데 없었던 다카쓰에게 점령군과의 유대는 생명줄이 되었다. 한국전쟁이 발발한 것은 그런 때의 일이었다. 기지에서는 프린스 중사가 소속된 제57야포병대대도 출병한다는 소문이 퍼졌다.

이전에 제11공정사단이 귀국하면서 일자리를 잃었던 일이 머릿속을 스쳐갔을 것이다. 다카쓰는 생각지도 못했던 행동을 취한다. 부대의 이동이 시작되었을 때 차량 속에 숨어서 부대와 동행한 것이다. 그러나 예상과는 달리 부대가 향한 것은 한반도가 아니었다.

밀항하여 한반도로

> **다카쓰** 캠프 크로포드에서 캠프 벤더로 왔고, 그리고 나서 조선으로 출발했습니다.

제57야포병대대가 향한 곳은 군마현 오타시의 캠프 벤더Camp Bender. 나카지마 비행기中島飛行機의 오타太田 공장 옛 부지에 세워진 점령군 기지이다. 나카지마 비행기란 현재의 자동차 메이커 SUBARU스바루-역자주의 전신이다. 전쟁태평양전쟁-역자주 중에는 일본 유수의 비행기 메이커로서 육군기, 해군기 제작을 동시에 청부받아 연간 최대 3,500기를 제조하고 있었다. 그러나 오타 공장은 1945년 2월 10일에 미군의 공습을 받아 파괴

되었고, 그 부지가 점령군 기지로서 다시 태어났다(캠프 벤더는 1950년 7월까지 미 육군 제1기병사단이 주둔하였고, 그 후 의료품 창고로도 사용되었다. 1958년 일본에 반환됨).

무단으로 동행했지만 다카쓰는 부대에 받아들여졌다. 회고록에는 오타에서 찍은 사진이라는 다카쓰의 사진이 게재되어 있다. 제복을 입은 다카쓰의 표정은 왠지 자랑스러워하는 듯이 보인다. 이때 이미 미군과 함께 한반도에 간다는 의사를 굳히고 있었던 걸지도 모르겠다.

1950년 9월이 되자 드디어 부대의 출병이 시작되었다. 다카쓰는 또다시 과감한 결단을 한다.

이번에는 캠프 크로포드 시절부터 알고 지낸 미군 장병에게 부탁해 무기를 수송하는 트럭의 짐칸에 숨어 배에 올라탄 것이다.

요코하마 항구를 떠나자마자 다카쓰는 발견되었지만, 미국으로서도 다카쓰의 존재는 딱 알맞은 것이었다. 마침 그즈음 미국은 이제까지 열세였던 한국전쟁의 전황을 반전시킨 인천상륙작전을 성공시키고 있었다. 인천이 유엔군의 상륙지점이 되어 일본의 항만노동자가 보내졌다고 한다(유엔군이 일본인 노동자를 한반도에서 이용한 사실에 대해서는 제4장에서 다시 다룬다. 여기서는 유엔군이 전쟁을 수행한 데다, 일본인 노동자는 불가결한 존재였다는 것을 지적하는 것으로 그치고 글을 진행하고자 한다). 그들 대부분은 영어를 모른다. 다카쓰의 신병을 인도받은 해군 수송선의 선장은 다카쓰가 영어를 할 수 있다는 것을 알고 통역으로서 다카쓰를 데리고 가기로 결정했다.

다카쓰는 일자리를 잃어버리지 않게 되었다. 안도감에 휩싸인 다카쓰는 한국으로 향하는 배에서 보이는 광경이 "무척이나 아름다웠다"라고 써 두었다.

앞서 소개한 공술의 내용에서 알 수 있듯이, 밀항의 최종적인 목적은 '미국에 가는 것'이었다. 패전으로부터 불과 5년. 나라 전체가 극히 곤궁해진 일본으로부터 도망쳐 나온 듯이 하여 다카쓰는 자신의 의사로 한반도로 향했다.

"많은 사람이 총에 맞아 죽었습니다"

인천에 도착하자 북한군의 전차가 거리의 도처에 남아 있었으며, 격렬한 전투의 흔적이 보였다. 이 때 유엔군의 반격으로 전선은 38도선을 넘어 북한의 영토까지 밀어붙이고 있었다.

다카쓰는 배에서 통역 일을 마치고는 인천에서 남동쪽으로 약 35km 떨어진 수원으로 향했다. 수원의 항공기지에서 제57야포병대대에 합류했다. 부대의 미군 장병들은 맥주를 가져다 주는 등 다카쓰를 따뜻하게 받아주었다. 다카쓰는 취사병으로 부대의 식사를 담당하게 되었다. 군복을 지급받아 입고서 부대와 동행했다. 제57야포병대대는 일단 부산에서 준비를 마친 뒤 배로 한국 중부의 신창新昌에 파견되었다. 그 후 육로로 북으로 이동하여 서울과 인천 사이에 있는 부천으로 갔다. 부대는 그대로 북상을 계속하여 38도선을 돌파한다.

가을이 깊어지자 겨울이 다가오고 있었다. 나날이 추위는 심해져서 뼈에 사무쳤다. 난로가 있는 집에 사는 현지 주민에 비하여 미군 장병들은 참호 속에서 2인용 텐트에 서로 몸을 눕히고는 추위를 견뎠다. 그리고 현재의 북한 함경남도 서북면에 있는 호수, 장진호 부근에 도착했다.

다카쓰 겐조, 19세(회고록에서)

중령	전투에서 '38도선을 넘어' 북쪽으로 향했나?
다카쓰	예. 장진호로 갔습니다. 조선에 3개월 정도 있었습니다.

드디어 목적지에 도착해 "내일 아침은 핫케익으로 축하하자"라는 조리장의 목소리가 들려 왔다. 모두가 텐트에서 평온하게 잠에 들었다.

그러나 다음날 아침, 그들을 두들겨 깨운 것은 요란한 총성이었다. 크게 외치는 소리도 들렸다. "중사가 맞았다!" 적의 습격을 받은 것이 분명했다.

중령	거기서 무슨 일이 일어났나?
다카쓰	처음에 있었던 장소의 지명은 기억하지 못하지만, 11월 25일경이었던 것 같습니다. 처음으로 중국인이 습격하여 해 뜰 무렵 4시부터 5시에 총을 쏘기 시작했습니다. 사령부와 대대장이 맞았습니다. 사령부는 오후 3시경에 이동을 개시하여 전투 지역으로 향했습니다. 그 후 장소는 모르겠지만 4일간 정도 지났습니다. A~C까지의 포병대도 있었습니다. 매일 밤 마찬가지로 중국인의 습격을 받았고 싸웠습니다. 많은 사람이 총에 맞아 죽었습니다. 트럭 대부분을 잃었습니다. 저는 총에 맞은 사람들을 트럭에 싣는 것을 도왔습니다.

처음엔 상황을 파악하지 못하고 어리둥절한 다카쓰였지만, 몸의 안전을 꾀하기 위해 참호에 들어갔다. 총성이 멎지 않아 참호로부터 나가면 주위에는 중공군 장병의 사체가 뒹굴고 있었다. 근처의 집 곁에는 미군 장병이 쓰러져 있었다. 거기에 위생병이 다가가려고 하자 다카쓰의 눈 앞에서 중공군 저격수에게 저격당했다.

다카쓰가 급히 참호까지 돌아왔을 때 동료 미군 장병이 "빨리 트럭에 타!"라고 외쳤다. 다카쓰는 트럭에 뛰어올라 퇴각했다. 뒤에는 총을 든 중공군이 얼굴을 확인할 수 있을 만큼의 거리까지 육박해 왔다. 장진호가 보이지 않게 될 때까지 달아났다. 그 뒤에도 밤이 되면 중공군의 습격을 받았다고 다카쓰는 썼다.

장진호 전투

다카쓰가 참가한 전투는 일자와 장소에서 1950년 11월 27일부터 12월 11일에 걸쳐 치러진 '장진호 전투'였음을 알 수 있다. 한국전쟁을 관망하고 있었던 중국이 참전하여 유엔군과 정면으로 맞부딪친 전투였다. 장진호 부근에는 미 해병대 제1사단 1만 7,000명이 전개하였고, 다카쓰가 따라간 제57야포병대대도 있었다고 미군 기록에 나와 있다.[12]

이 전투에서 미군을 중심으로 한 유엔군은 중공군에 포위되어 한국전쟁 사상 최대의 퇴각을 경험하게 되었다.

제57야포병대대는 장진호를 동쪽으로 나아가 제1해병사단에 합류한 뒤 진형을 정비하며 이동을 계속했다. 부대는 트럭으로 열을 지어 부상하지 않은 장병이 그 측면에 서서 호위대를 조직했다. 길의 상태가 나빠서 차는 천천히 나아갈 수밖에 없었다. 마지막 차가 지나간 뒤 그 차에 붙어서 가려고 하면 눈앞에서 우리 측 해군의 공중 폭격이 시작되었다. 최초에 오폭인가 하고 생각했지만, 다가가 보면 중공군 병사의 유체가 몇 겹이나 쌓여 있어서 확실히 중공군을 노린 공격이었음을 알게 되었다.

어느 날 다카쓰는 열을 지은 트럭 5번째 혹은 6번째 차에 타고 있었

다. 주변은 어둠에 싸였고 안개도 끼어 시계가 불량했다. 그런데 갑자기 앞의 트럭이 멈췄다. 뭔가 이상이 생긴 게 틀림없었지만 전방의 상황을 알아볼 수 없었다.

다음 순간 총성이 들려 병사들 사이에 긴장이 감돌았다. 전방의 트럭이 움직였지만 곧바로 멈추고, 그 운전수는 트럭을 버리고 도망칠 수밖에 없었다. 트럭은 적이 설치한 장애물에 걸려 앞으로 나아갈 수 없었기 때문이다. 트럭에 승차한 미군 병사 대부분이 그곳을 빠져나가지 못하고 공격을 받아 부상당해 갔다.

> **다카쓰** 2일째가 되었을 때 로드 블록(콘크리트 블록으로 길을 봉쇄하는 것)을 당해 트럭 2, 3대를 잃었습니다. 두 번째 로드 블록으로 더 많은 트럭을 잃었고 사망자도 나왔습니다. 마지막 로드 블록 때 사관들은 전부 당해버렸고 병사들만 남았습니다. 혹시라도 후방에 사관이 있었는지도 모르겠습니다만 저는 못 봤습니다. 무기가 없는 병사도 있었던 것 같습니다.
> 저는 카빈총 1정을 가지고 있었습니다. 트럭 2대에서 50구경 기관총을 쏘기 시작했습니다. 트럭이 전부 정지했습니다. 출발하려고 하여 병사들이 트럭 7대를 밀었습니다. 트럭은 도로에 나왔습니다만 타고 있었던 많은 병사는 누구도 도망가지 않았습니다. 병사 대부분은 팔이나 다리에 총을 맞았습니다.

총격은 점점 더 거세졌고 부대는 박격포 공격까지도 받았다. 밤하늘

에 별은 없고 어둠 속에서 보이는 것은 총이나 박격포의 불빛뿐. 부대도 응전했지만 상대의 모습은 보이지 않고 암운에 반격하는 수밖에 없었다. 총성이나 고함소리가 난무하며 초연의 냄새가 자욱했다.

다카쓰가 총을 쏠 수 있었던 것은 '(무기나 탄약의) 공급실에서 일하고 있었던 적이 있어 항상 카빈총을 소제하고 있었으므로 장전 방법을 알았기 때문이었다'라고 한다.

지급된 M-2카빈총을 쏜 것은, 이때가 처음이었다고 다카쓰는 털어놓았다.

> **다카쓰** 저는 트럭의 그림자 속에 있었습니다. 탄창 4개분을 쐈습니다. 탄창은 포켓에 들어 있었습니다.
> 그러자 총신이 불타 버렸습니다. 많은 병사가 총에 맞았습니다.

다카쓰는 후두부에 뭔가 미지근한 것을 느꼈다. 손을 대 보니 그것은 새빨간 피였다. 철모를 벗어 아군에게 응급조치만 받고는 다카쓰는 병사들과 함께 계속 총을 쐈다. 아군은 차례차례 총탄에 쓰러졌고 주변은 시체로 산을 이루었다.

이 처참한 전투는 다카쓰에게 잊을 수 없는 일이었다. 전술한 『홋카이도신문』1999.4.25 기사는 장진호 전투에 대해서 짤막하게 언급한 뒤, 다음과 같은 에피소드를 소개한다.

어느 날 다카쓰는 교통사고 현장을 지나가게 되었다고 한다. 그때 전장의 기억이 되살아나 "노이로제 상태가 되었다". 로드 블록으로 발이 묶여 차례차례 저격당한 동료들. 장절한 전장의 기억에 다카쓰는 두고

두고 괴로워했다.

퇴각, 그리고 귀국

부상을 입고 더 이상 싸울 수 없다고 생각한 다카쓰는 퇴각하기로 결정했다. 머리에 붕대를 감은 다카쓰는 총을 등에 지고 전선과는 반대 방향으로 정신없이 나아갔다. 그때 발밑에 눈이 내려 쌓이고 있다는 것을 알아챘다. 회고록에는 다음과 같이 쓰여 있다.

> 저는 돌아보는 것도 무서웠습니다. 눈 위를 기어 나아갔습니다. 놀랄
> 만큼 아름다운 달빛이 지면을 비추고 있었습니다. 나는 손을 들어 보
> 았습니다. 그러자 내 손은 죽은 새의 발 같은 색을 띠고 있었습니다.

다카쓰의 손은 동상 직전이었다. 이때 다카쓰는 고향 삿포로의 모이와산藻岩山에서 스키를 타던 때를 주마등처럼 떠올렸다고 한다. 장갑이 얼어서 손이 얼어붙은 때는 체온으로 덥혔다. 다카쓰는 오른손을 재킷 속에, 왼손을 바지와 벨트 사이에 넣고 덥히기로 했다.

중령　거기서 어떻게 도망쳤나?
다카쓰　한국군 병사들과 함께 도망쳤습니다. 눈 속을 허우적대는
　　　　듯 했습니다.
중령　눈의 깊이는 어느 정도였나?
다카쓰　1피트30cm 정도였습니다.

중령	그 때문에 자네 손발이 동상에 걸렸나?
다카쓰	눈 속에서 허우적댔기 때문입니다.
중령	눈 속을 얼마 정도 기어서 나아갔나?
다카쓰	5분 정도뿐이었는지도 모르겠습니다. 그렇지만 1~2시간이 었을지도 모르겠습니다. 긴 시간이라고 생각했습니다. 그 사이 계속 기관총의 총탄이 난무했습니다.
중령	눈 속을 허우적대고 있었으면 눈에 입을 댔어도 괜찮 지 않나?
다카쓰	아닙니다. 눈을 먹을 시간이 없었습니다. 도망치기만 했습 니다. 멈춰서 눈을 먹으면 죽어버릴지도 몰랐습니다. 도망 쳐서 그곳을 벗어나는 것이 고작이었습니다.

다카쓰는 해병 제1사단의 야영지까지 다다를 수 있었다. 언제 전투가 끝날지 알지 못한 채 흘러가지 않는 시간을 미군 병사들과 함께 보냈다. 마침내 전투가 끝났다는 말을 듣고 서로 눈물을 흘리면서 함께 등을 두 드리며 기뻐했다. 15일간 이어진 장진호 전투. 유엔군으로서 싸운 미 해 병대는 약 3,000명의 사상자를 냈다.

다카쓰가 입은 동상의 증상은 심각해서 치료를 위해 일본에 송환하기 로 결정되었다. 다카쓰도 "내 역할은 끝났다"라고 그 결정을 받아들였 다. 귀국 후 오사카육군병원에 이송. 거기서 일본인이라는 것이 발각되 어 미군 당국의 심문을 받게 되었다.

"다시 한번 한반도에 가고 싶나?"

인상적인 기술이 회고록에 있었다. 병원에서 건강이 회복된 다카쓰에게 상관이 농담하듯 "다시 한번 한반도에 가고 싶나"라고 물었다.

저는 무척이나 혼란스러웠습니다. 조선에 있을 부대원의 소식은 좀처럼 들리지 않았습니다. 병원에서도 아무도 만나지 않았습니다. 부대원 대부분이 전사했다고 생각했습니다. 저는 "아닙니다. 가지 않겠습니다"라고 답했습니다. 방에 있었던 모두는 웃으며 말했지만, 저는 무척이나 슬픈 기분이었습니다.

다카쓰는 어쩌면 동료들과 함께 있고 싶었는지도 모른다.

전후 물자가 부족한 가운데 부모를 잃었다. 곤궁한 생활이 계속되었고, 패전을 계기로 태도가 돌변한 일본이라는 나라에 대한 불신감도 커져 갔다. 여동생과 뿔뿔이 헤어져 야쿠자까지 될 뻔했다. 그런 때 만난 것이 제57야포병대대의 미군 장병들이었다. "제57야포병대대와 계속 조선에 있을까 하고 생각했다. 일본에 있는 것보다 나았다"라고 답한 것은 심문의 종반 그에게 "하고 싶은 말이 있나"라고 조사관이 물었을 때의 일이었다.

병원에서 퇴원한 다카쓰는 여동생의 집에 잠시 얹혀 살고 있었다. 어느 날 두 사람은 산책을 나갔다. 거기서 다카쓰는 미야코 씨에게 따로 살기 시작하면서 스스로 보낸 생활에 대해 이야기했다.

미야코 씨는 오빠가 자신을 학교에 다니게 해 주는 동안 오빠 자신은 기구한 인생을 걷고 있었던 것에 더이상 가만히 있을 수 없었다고 한다.

"오빠와 함께 걷고 있을 때였습니다. "어째서 넌 울고 있는 거야?"라는

말을 들었는데……. 오빠의 이야기를 듣고 나는 가엾게 여겨졌습니다."

미야코 씨는 다카쓰가 한반도에서 어떤 시간을 보냈는지 그렇게까지 깊이 들은 것은 아니다. 그는 '무서워서 돌아왔을 뿐이야'라고 이야기했다고 한다. 그러나 오빠가 같은 부대 동료들을 눈앞에서 잃었다고 이야기했던 것은 기억하고 있다.

미야코 씨에 의하면 한국전쟁 후 다카쓰는 사망한 미군 장병의 고향을 방문하여 유족에게 전장의 모습을 이야기했다고 한다. 다카쓰가 동료라고 한 미군 장병은 과연 누구였을까. 자세한 것은 취재로는 알 수 없었지만, 이 이야기를 통해 다카쓰가 미군 장병에게 품은 마음이 확실히 느껴졌다.

그 후에도 다카쓰는 후지산 동쪽 기슭의 캠프 후지와 요코스키橫須賀의 미군 기지에서 일했다. 일본 경제가 회복하기 시작하자 다카쓰는 홋카이도의 왓카나이에서 레스토랑을 열었다. 가게 이름은 옛 닉네임에서 따 온 '베니의 소굴Benny's Beehive'로 했다. 단골손님은 왓카나이에 있는 미군 항공기지에서 일하는 미군 장병들. 1991년경 기지가 폐쇄될 때까지 영업을 계속했다.

1998년 미국 텍사스 대학에서 제57야포병대대의 동창회가 열린다는 것을 알고 다카쓰는 자기도 참가하고 싶다며 응모했다. 그때는 이미 67세가 되어 있었다. 부대 사람들은 다카쓰의 신청을 쾌히 받아들였고 연설을 맡겼다고 한다. 앞서 언급했듯이 회고록은 그때의 연설을 토대로 한 것이다. 회고록은 다음과 같이 매듭지어져 있다.

만일 기회가 있다면 저는 북한으로 돌아가 행방불명자를 찾고 싶습니다. 자유를 위해 목숨을 바친 그들의 유품을 찾아내고 싶습니다. 지금 그들은 이

미 장진호의 전장에서 편안히 잠들어 있을 것이라고 생각합니다. 영령들께 기도를 올리고 싶습니다. 필요하다면 지금이라도 밀항할 준비는 되어 있습니다.

다카쓰가 성난 파도와도 같았던 인생의 막을 내린 때는 2017년 9월 19일. 향년 87세. 전장에서 체험한 것들을 평생 동안 잊지 않았다.

'최고 기밀'이 된 일본인들

중령	이 진술에 대해서는 아무에게도 말하지 않도록. 기밀이므로 입 밖으로 내지 말라. 이해했나?
다카쓰	예.

마지막으로, 아무에게도 입 밖에 내지 않겠다는 서약을 받고 다카쓰의 심문은 끝났다. 심문은 일본을 점령한 미군이 한 것으로, 양자의 힘의 관계는 명백했다. 어쩌면 자신을 지키기 위한 거짓말이 있었는지도 모른다.

그러나 다카쓰 겐조라는 일본인이 한국전쟁에서 미 육군과 행동을 같이 했으며, 전투에 참가했던 것은 틀림없다. 또한 일본인이 전장에 있었다는 것을 미군이 심문을 통해 파악하고 있었다는 의미는 크다.

남서사령부로부터 다카쓰에 관한 보고서를 수령한 2일 후^{1950.12.22}, 재일병참사령부는 판단을 받기 위하여 도쿄의 미 극동군에 보고서를 전송하였다. 미 극동군이란 맥아더 원수 휘하에 설치된 군으로, 일본의 점령

정책 지원 등을 담당했다. 이 시기 재일병참사령부는 보고서의 보안을 'SECRET기밀'에서 'TOP SECRET최고기밀'으로 바꿨다. 이후 모든 전문 교신 내용은 최고 기밀로 취급되었다.

보고서를 수신한 사람은 극동군 총사령부 고급부관부의 케네스 B. 부시 준장이었다. 고급부관부는 '총무적 직무'를 담당하는 부서로, 일본 정부 등 외부용 문서 처리나 '전역戰域 내의 육군 우편 업무'의 감독, 장교의 인사 등을 담당하고 있었다고 한다.[13] 문서 처리, 그리고 인사, 수많은 정보를 장악하고 있었을 이 부서는 한국전쟁에서의 병참에 큰 영향력을 지닌 부서의 하나였을 것이다.

극비 문서에는 고급부관부의 부시 준장이 재일병참사령부에 답신한 전문도 수록되어 있다. 거기에는 '맥아더 원수의 명령에 의해'라고 기록되어 있어, 당시 한국전쟁에서 싸우는 유엔군 총사령관을 겸임한 맥아더가 미군과 함께 행동한 일본인의 존재를 파악하고 있었다고 추정할 수 있다.

부시 준장이 재일병참사령부에 내린 지령은 다카쓰를 더 이상 조사할 필요가 없다는 것이었다. 그리고 유엔군에 참가하고 있었던 미 육군 제8군에 무허가로 미군과 함께 한반도로 간 일본인을 송환하도록 전하라고 지시했다.

같은 지령은 요코하마사령부横浜司令部와 삿포로에 있던 북부사령부北部司令部에도 내려졌다. 내용은 다음과 같다.

일본인이 있다면 미군을 감시로 붙여 일본으로 돌려보낼 것. 한반도에 건너가기 전에 미군 기지에서 일하고 있었다면 마찬가지로 일을 부여할 것. 한 사람 한 사람의 조사 서류를 재일병참사령부에 보낼 것.

이후 이 지령에 따라 일본인은 전쟁터에서 본국으로 송환되었고, 전군에서 조사가 시작된 것으로 보인다. 여기에는 국가의 중요한 의도가 숨겨져 있었다. 그러나 그 진상은 뒤에 기술하려 한다.

1951년 2월 12일에 재일병참사령부에서 남서사령부 앞으로 송신한 전문에 '현 시점에서 일본인 수는 46명. 사세보로 보낼 것이다'라고 쓰여 있었다.

당시 사세보에 있던 캠프 마우어에 1951년 2월 18일부터 22일까지 단기간에 많은 심문이 실시되었다. 그 후에도 간헐적으로 전장에 있던 일본인이 일본으로 송환되었고, 그때마다 심문이 실시되었다.

재일병참사령부가 다카쓰의 존재를 발견한 것을 계기로 한국전쟁을 전개하고 있던 제8군에서 지령이 내려져 일본인의 조사가 시작되었다. 그 조사 서류철과 전문 교신 내용이 이번에 입수한 극비문서였다.

누락된 역사

나는 극비 문서 한 장 한 장을 반복해서 읽으며 리서치를 진행하던 중에 이번 취재를 무엇을 위하여 하고 있는지 스스로에게 계속 물었다. 한국전쟁은 태평양전쟁과는 달리 일반적으로는 일본의 관련이 없다고 여겨져 왔던 전쟁이다.

방송에서 호소해야 할 테마는 무엇일까. 다카쓰를 위시하여 일본인이 스스로 전쟁에 나갔다, 라는 것도 어떻게 받아들여야 할지 알 수 없었다. 전후의 혼란기에는 간혹 미군에 섞여 들어간 일본인이 있었다는 것만으로는 안 되는 것일까? 70명이라는 숫자도 결코 많았다고는 할 수 없다.

자신이 뒤쫓고 있는 것이 무엇인지 파악하지 못한 채 있었다.

그러나 다카쓰 겐조의 생애를 더듬어 가면서 보이기 시작한 전후 일본의 모습은, 이제까지 이야기되어 온 전후사에서는 누락되어 있던 것이라고 여겨졌다. 다카쓰가 일본군에 품은 위화감, 종전과 동시에 그때까지와는 정반대로 말하기 시작한 어른들, 그리고 전후의 빈곤. 어지러울 만큼 뒤바뀌는 현실에 일본인 한 사람 한 사람이 마주해야만 했을 것이다.

태평양전쟁, 점령, 그리고 평화 헌법. '대문자의 역사'*를 틀에 부은 듯이 모방한다고 해도 다카쓰가 한국전쟁에 간 이유는 결코 드러나지 않는다. 70명의 일본인 한 사람 한 사람에게는 태평양전쟁으로부터 이어져 온 역사가 있을 것이다.

취재를 진행하면서 협력을 구한 한국전쟁 연구의 일인자 와다 하루키의 말이 뇌리를 스쳤다.

"일본인은 조선반도와 결코 무관하지 않습니다."

문서에 나오는 일본인들은 '대문자의 역사'에서 멀리 떨어진 곳에 있다가 한반도가 끌어당기는 자기장의 힘에 끌어당겨진 듯이 여겨진다.

---

* 미셸 푸코의 『말과 사물』에 등장하는 개념으로, 일반적 의미에서 대문자-역사란 공적인 권위를 갖는 단일한 거대 서사를 의미한다. 이는 사적이면서도 개별적인 소문자-역사와는 구별된다.

제2장

대전 전투

후쿠오카에서
한반도로 향한 사나이들

제24보병사단과 함께 전쟁터로 떠난 **우에노 다모쓰**(사진제공 : 우에노 유쿠오(上野征雄))

가장 많은 일본인이 참가한 대전 전투

다카쓰 겐조는 통역, 그리고 취사병으로서 한반도를 방문했다. 장진호에서 중공군의 습격을 받고, 총을 손에 들고 응전했다.

그러나 한국전쟁에 이어서 지상전에 참가한 일본인은 다카쓰뿐만이 아니다. 심문 중에 "총을 사용했다"라고 답했던 자는 그 밖에도 많이 있다. 그들에게 공통되는 두드러진 특징이 있다. 그중 다수가 규슈, 후쿠오카 출신이었던 점. 그리고, 한국 대전大田의 전장에 있었던 점이다.

대전에 있었다던 한 사람의 심문 기록에 뜻하지 않게 눈길이 미쳤다.

그 인물은 "북한 사람을 몇 명이나 죽였는지 모르겠습니다 don't know how many North Koreans I killed"라고 답했다. 간결한 영어로 된 진술이 인상에 남았다.

우에노 다모쓰, 당시 20세. 1950년 7월 8일 미 육군 제24보병사단 제3공병대대와 함께 한반도로 건너갔고, 다음날인 9일에 부산 도착. 그 후 제34보병연대와 함께 행동했다. 심문이 행해진 것은 1951년 2월 17일이었다.

심문은 다른 일본인과 마찬가지로 "숨기는 것 없이 진실만을 말하겠다"라고 선서하며 시작되었다. "왜 한반도에 갔는가"라는 질문에 대해 우에노는 이렇게 답했다.

> **우에노**   부시 상사上士가, 통역이 필요해서 중대장에게 제가 조선에 갈 수 있는가 물었습니다. 중대장은 문제없다고 답했습니다.

우에노는 미군의 통역으로서 한국전쟁에 갔다. 이 진술을 통해 우에

노는 상사로부터 대동하라는 의뢰를 받았고, 중대장의 승인을 얻었다는 것을 알 수 있다. 부산 도착 후 그들이 향한 곳은 대전이었다.

우에노   우리들은 1950년 7월 9일에 부산에 도착했습니다. 거기서부터 철도로 대전으로 향했습니다.
그곳에서 제가 한 일은 통역이었습니다. 그 부대는 적의 공격을 받아 약 절반이 사상했습니다.

한국에서 5번째로 큰 도시 대전. 서울과 부산을 잇는 한국의 대동맥이라고도 할 철도 노선인 경부선의 중간 지점에 위치한다. 예로부터 교통의 요충으로 번영하였으며, 사방이 산으로 둘러싸인 시가지에는 현재 고층 빌딩이 늘어서 있다.

'대전 전투'. 개전한 지 한 달도 되지 않아 1950년 7월 14일부터 21일까지 8일간에 걸쳐 치러진 전투였다. 겨우 3일 만에 북한군에 서울을 빼앗긴 한국은 150km 남하한 대전을 임시 수도로 삼고 있었다.

미군을 중심으로 한 유엔군은 남진을 계속하는 북한군을 대전에서 맞아 싸웠지만 심각한 패배를 맛보았으며, 그 결과 오히려 후퇴하여 수도를 대구까지 옮기게 되었다. 대전 전투는 전쟁 초기에 유엔군의 열세를 상징하는 전투로 많은 희생자를 낸 격전 중 하나였다.

우에노는 그 전투에서 총을 사용하고 있었다.

조사관   무기는 지급받았나?
우에노   예. M-2카빈 총과, 총탄 120발분을 지급받았습니다.
조사관   그 무기를 사용했나?

우에노	예. 항상 사용했습니다. 북한 사람을 몇 명이나 죽였는지 모르겠습니다. (…중략…)
조사관	한반도에서 부상당했나?
우에노	예. 기관단총의 총탄이 2발, 얼굴을 스쳐서 부상을 입었습니다.

우에노는 또한 다카쓰와 마찬가지로 최전선에 있었다. 북한군과의 전투에 참가하고 있었던 것으로 보이며, 적을 죽였지만 자신도 한발 빗나갔다면 목숨을 잃었을지도 모른다. 만약 당시 우에노의 심문 내용이 세상에 드러났다면 일본의 한국전쟁에 대한 시각은 근본적으로 달라질 것이다.

우에노 다모쓰를 찾아서

일본인의 조사가 시작된 계기가 된 다카쓰에 대해서는 상세한 보고서가 작성되어 있었다. 그러나 우에노에 대해서는 먼저 인용된 짧은 심문 기록이 남아있었을 뿐으로, 그의 인간상을 미루어 짐작할 만한 정보는 극비 문서에는 존재하지 않는다. 심문 기록에 적힌 주소를 단서로 나는 우에노의 발자취를 쫓기 시작했다.

Ge-koishito, Wakamatsu, Fukuoka-prf
(게 고이시토, 와카마쓰시, 후쿠오카현)

'와카마쓰시若松市'는 당시 후쿠오카현의 동북부에 있었던 행정구였다.

1963년 와카마쓰시, 모지시門司市, 고쿠라시小倉市, 야와타시八幡市, 도바타시戸畑市의 5개시가 합병하여 기타큐슈北九州시가 탄생했다. 와카마쓰시는 현재 기타큐슈시 와카마쓰구가 되었다.

그러면 '게 고이시토'라는 것은 어디일까? 와카마쓰 구청에 문의해보니 '고이시'라는 지명이라면 있다고 한다. 확실히 기타큐슈시의 지도를 보면 와카마쓰구에는 기타큐슈 시립 고이시소학교北九州市立小石小学校가 존재하는 듯하다. 이 이상은 현지에서 조사할 수밖에 없다. 2019년 5월 와카마쓰구 고이시를 방문하기로 했다.

탐문을 하는 중에 고이시에는 예전부터 고이시 고개라 불리고 있었던 지역이 있었던 것을 알게 되었다. 고이시 고개일본어로는 '고이시토게(小石峠)'-역자주를 '고이시토'와 '게'로 나누어 인식해 버려서, 영어의 주소 표기와 같이 '게'를 앞으로 내어 기재한 것일까?

고이시에서 탐문을 계속하던 중 현지에 있는 신사神社의 총대総代, 신도 대표-역자주로 오랫동안 근무하고 있다는 남성과 마주치게 되었다. 80대로 현지의 역사에 박식하고 발이 넓다고 했다.

바로 그 남성을 방문하여 점령군 기지에서 근무했던 우에노 다모쓰라는 인물을 찾고 있다고 말했다. 그는 우에노의 친족을 알고 있었다. 우에노는 이미 귀적鬼籍에 들었지만 친족은 걸어서 15분 정도 걸리는 곳에 살고 있었다. 그길로 떠나기로 했다.

방문해 보니 때마침 집에서 한 사람의 남성이 나오려는 참이었다. 갑작스런 방문에 응해 준 사람은 우에노 유쿠오上野征雄 씨. 취재 당시 74세. 우에노 다모쓰는 나이 차이가 많이 나는 형이었다고 한다. 우에노가 어떤 사람인지 조금이라도 알려달라며 매달리듯 그 자리에서 취재를 요청했다. "죄송하지만, 아무것도 몰라요. 줄곧 떨어져 살았으니까"라면서도

집으로 들여 주었다. 이 날 나는 유쿠오 씨로부터 3시간 정도에 걸쳐 이야기를 들을 수 있었다.

우에노 다모쓰上野保는 1929년에 태어나 유쿠오 씨의 열여섯 살 많은 배다른 형에 해당한다. 유쿠오 씨는 한 장밖에 안 남아 있다는 우에노의 사진을 보여 주었다. 겨울에 촬영된 것일까. 집 앞에 눈이 쌓여 있다. 사진 한가운데에 점퍼를 입은 우에노가 맨손으로 눈을 쥐고 밝은 미소를 띤 채 앉아 있다. 전쟁에서 사람을 죽였다고 하는 진술과 그 온화한 표정을 연관짓기는 어렵다.

아버지 스에마쓰末松 씨와 아내 도메トメ 씨 사이에는 누나와 여동생, 그리고 우에노, 이렇게 3명의 자식이 있었다. 도메 씨가 31세의 젊은 나이로 사망하자, 스에마쓰 씨는 하나에ハナエ 씨라는 여성과 재혼한다. 1945년 4월, 그 하나에 씨와의 사이에 태어난 사람이 유쿠오 씨였다. 8월, 일본이 패전한 때 우에노는 16세. 전쟁태평양전쟁-역자주에는 나가지 않은 채였다.

막내였던 유쿠오 씨는 나이 차가 많이 나는 형과 누나에게 귀여움을 받았다. 우에노가 유원지나 바다에 데려가 준 적이 있다고 한다. 함께 사이좋게 놀았다는 관계가 아니라 부모처럼 보살펴 준 존재였다고 한다.

유쿠오 씨에게 우에노의 사람됨에 관해 물었다.

"저를 귀여워해 주었습니다. 그래도 화를 내거나 싸우는 일도 있었구요. 싸움이라고 해봤자 열 살 이상 차이가 났으니까……. 무척이나 거친 형이었습니다. 내가 못된 짓을 하고도 사과하지 않으면 장작으로 패 버린 형이었어요."

유쿠오 씨에게 심문 기록의 진술 내용을 설명하고, 우에노가 한국전쟁에 나갔었다는 말을 들은 적이 있는지 물었다.

"총을 들었다니, 나는 처음인데…… 전혀 들은 적이 없습니다. 전쟁에

갔다는 것은 몰랐습니다. 단지 통역으로 있었다고는 들은 적이 있습니다. 고쿠라의 주둔군이라고 했던가, 거기서 일하고 있었던 것 같습니다."

기타큐슈의 중심부 고쿠라. 우에노는 그곳에 한때 존재했던 점령군 기지, 캠프 고쿠라에서 근무하고 있었다. 유쿠오 씨의 증언도 우에노가 심문에서 군의 통역을 부탁받았다고 말한 것과 일치한다.

군사도시, 고쿠라

원래 고쿠라小倉는, 메이지明治 시대부터 군사도시로서 번영해 왔다.

1916년 고쿠라 병기제작소小倉兵器製作所, 1940년에 고쿠라 육군조병창(小倉陸軍造兵廠)으로 개칭가 개설된다. 그 후 1923년 간토 대지진에 의해 도쿄 고이시카와小石川에 있었던 육군 포병공창陸軍砲兵工廠이 모조리 파괴되어, 그 기능의 대부분이 고쿠라로 이전, 집약되었다. 이에 따라 고쿠라는 전국 유수의 병기 생산량을 자랑하게 되었다. 약 58만 평방미터의 부지에 270동 정도가 들어섰으며, 최전성기1942년에는 6만 명이나 되는 사람이 일하는 서일본 제일의 병기공장이었다.

태평양전쟁 말기에는 조병창이 있었던 고쿠라는 원폭 투하 목표가 되었고, 히로시마広島의 다음에 이름이 거론되고 있었다. 그러나 투하 예정일인 8월 9일, 고쿠라 상공이 시계 불량이었기 때문에 목표는 나가사키로 변경되었다. 나가사키에는 그 해만도 7만 명 이상의 희생자가 나왔다. 고쿠라의 가쓰야마공원勝山公園 내의 한 귀퉁이에는 나가사키의 원폭 희생자를 추도하는 위령비가 설치되어 있다.

흠집 하나 나지 않고 살아남은 조병창은 전후 미 육군 제24보병사단

에 접수되어 캠프 코쿠라로 불리게 되었다.

유쿠오 씨의 집에서 차로 20분 정도 달리면 고쿠라 성이 나온다. 그 남쪽에 캠프 코쿠라 옛 부지에 개설된 가쓰야마 공원이 있다. 휴일이기도 해서 가족끼리, 혹은 학생들이 저마다 평온한 시간을 보내고 있었다. 공원 안을 걸어보았지만 미군이 주둔하고 있었던 흔적은 아무것도 없다. 동 캠프는 1955년부터 일부 반환이 개시되어 1957년에 가쓰야마 공원이 개원. 전역이 반환된 것은 1959년의 일이다. 전후 점령군이 주둔하고 있었던 십수 년이라는 세월은 역사의 공백이 된 듯하다.

그러나 70년 전 이 장소는 확실히 한국전쟁 시기에 일본의 최전선 기지였다. 우에노는 여기서부터 한국전쟁으로 향했다.

아들과의 해후

(태평양전쟁-역자주) 패전 다음 해, 캠프 코쿠라가 기지 노동자를 모집하자 많은 사람이 모였다. 그중 한 사람이 우에노였다. 유쿠오 씨가 기억하는 것은 다음과 같은 에피소드다. 우에노가 기지에서 일하기 시작하자마자 아버지인 스에마쓰 씨가 직장을 잃었다. 그때 우에노는 기지 일을 스에마쓰 씨에게 소개했다. 직장은 기지 내에 설치된 밀크플랜트 우유 제조공장로, 스에마쓰 씨가 동료들과 함께 촬영한 사진이 남아 있다. 1주간 숙박하며 일하고, 토요일에는 우유를 갖고 돌아왔다.

스에마쓰 씨가 기지에서 일자리를 얻음으로써 우에노 가의 수입은 안정되었다. 스에마쓰 씨는 "이것도 다모쓰 덕분이네"라고 말했다고 한다. 기지 일자리를 아버지에게 소개할 수 있었던 우에노는 미군으로부터도

어느 정도 신뢰받고 있었는지도 모른다. 그러나 가장 중요한 우에노 본인에 대한 이야기는, 통역을 하고 있었다는 것 말고는 유쿠오 씨는 아무것도 들은 것이 없었다.

유쿠오 씨의 증언을 통해, 심문이 행해진 1951년 2월 이래, 즉 한반도로부터 일본에 송환된 뒤에도 우에노가 캠프 코쿠라에서 일하고 있었던 것을 알게 되었다. 전장에서 소개한 대로 극동군총사령부의 케네스 B. 부시 준장은 요코하마사령부와 북부사령부에 '한반도에 건너가기 전에 미군 기지에서 일하고 있었다면, 마찬가지로 일을 줄 것'이라고 지령을 보냈다. 우에노도 미군의 허가를 얻어 자신의 의지로 캠프 코쿠라에 돌아갔다고 추측된다. 한국전쟁을 경험한 뒤에도 기지 일을 꺼리지 않았던 것일까?

그러나 우에노는 캠프 코쿠라에서 일본인 종업원들 사이에 일어난 싸움에 휘말려 복부를 찔리고 말았다. 그 상처가 원인이 되어 1958년 1월 26일에 사망했다. 향년 29세. 너무 이른 죽음이었다.

우에노는 귀국 직후에 미첼 씨라는 여성과 결혼하여 두 명의 자식을 얻었다. 1955년에 딸이 태어났고, 1958년에 우에노가 사망했을 때에는 미첼 씨의 뱃속에 두 번째 생명이 살고 있었다. 이 해 4월 19일에 남자아이가 태어났다. 다카시孝司 씨였다. 그 우에노 다카시 씨도 현재 고쿠라에 살고 있다고 한다. 유쿠오 씨에게 다카시 씨를 소개받게 되었다.

다카시 씨는 취재 당시 61세. 우에노의 아내이자, 다카시 씨의 어머니인 미첼 씨는 취재 1년 전에 83세로 사망했다. 취재에 응해 준 다카시 씨는 복잡한 마음속을 털어놓았다.

"(아버지, 우에노 다모쓰에게) 아무 생각도 없는 상태라서요."

이제껏 부친에 대해서는 모친으로부터 한국전쟁에 갔다는 것은 들었

지만, 자세한 것은 아무것도 알지 못하고 말할 수 있는 것도 많지 않다고. 모친이 여자 홀몸으로 죽어라고 일해서 키워 준 소년 시절, 결코 돈에 여유가 있는 생활은 아니었다. 만난 적도 없는 부친은 없는 듯이 여겼다고 한다. 다카시 씨의 표정은 계속 굳어 있었다.

나는 내가 진행하는 취재 내용에 대해 가능한 한 상세히 설명하면서, 우에노에 대해서, 그리고 그가 참가했던 대전 전투에 대해서 더 조사를 계속하고 싶다고 전했다. 잠자코 있던 다카시 씨는 마침내 입을 열었다.

"처음엔 알고 싶다고 생각하지 않았습니다. 그래도 취재 이야기를 들으니 (아버지 우에노 다모쓰에게) 대체 무슨 일이 있었는지, 자신의 뿌리를 보고 싶다는 것에 조금 흥미가 솟아났습니다."

그 표정에서 다카시 씨가 희미한 호기심과 막연한 불안을 품고 있는 듯이 느껴졌다. 내가 잠시 쉬자고 하자, 다카시 씨는 두 개의 물건을 보여주었다. 하나는 미군 기지 입장 허가증이 붙은 우에노의 운전면허증. 다른 하나는 롱코트를 입은 우에노의 전신을 담은 작은 사진. 다카시 씨에게는 이것들이 부친의 전부였다.

캠프 코쿠라에서 일한 두 남자

소문을 들으니 자기 부친이 우에노와 함께 점령군 기지에서 일하고 있었다는 사람이 있다고 한다.

고쿠라 기타구小倉北区의 바다와 맞닿은 자동차정비공장의 경영자 나카지마 가요코中島加代子 씨였다. 공장을 개업한 것은 나카지마 씨의 아버지 나가요시 아키라永吉明 씨. 이 나가요시 씨가 우에노의 동료였던 것이다.

안타깝게도 나가요시 씨는 취재 2년 전에 83세로 사망했지만, 나카지마 씨는 부친이 남긴 자료를 전부 소중히 보관하고 있었다. 그리고 우에노의 이야기를 몇 번이고 들었다고 한다.

"아버지는, 우에노 씨를 윌리라고 불렀습니다. 당시 일을 이야기해 주었습니다. 그 이야기가 재밌어서 몇 번이고 아버지로부터 들었습니다."

우에노는 주위의 미군 병사로부터 윌리라고 불리고 있었다. 나가요시 씨와 우에노는 캠프 코쿠라에서 기지 내 자동차 정비나 배차 등을 하는 일을 했다고 한다. 나가요시 씨는 기지에서의 경험을 살려 정비공장을 개업했다.

나가요시 씨는 생전 나카지마 씨의 지인인 나가사키외국어대학長崎外国語大学의 연구자에게 점령군 기지의 일에 대해 청취 조사를 받았는데, 그때 질문에 답하기 위해 준비한 메모를 착실히 남겼다. 나가요시 씨의 메모로부터 당시의 캠프 코쿠라나 거기서 일한 일본인의 분위기가 전해져 왔다. 이하 내용은 그 메모와 나카지마 씨에 대한 취재에 기반한 것이다.

나가요시 씨는 1934년에 당시 일본의 식민지였던 타이완의 타이베이에서 태어났다. 태평양전쟁이 시작되기 전에 아버지 지쓰겐実言 씨는 외근 때문에 타이완에서 필리핀에 갔다. 그러나 1943년, 근무지인 필리핀에서 병에 걸려 34세의 젊은 나이로 사망하고 말았다. 남겨진 가족은 타이완에서 전쟁통에도 살아남았다. 패전을 맞이한 때는 나가요시 씨가 초등학교 6학년생, 11세 때의 일이었다. 일본에 귀환引き揚げ한 시기는 다음 해 봄이었다. 귀국 후 나가요시 가는 어머니 도미 씨의 형제가 있었던 기타큐슈의 도바타에 자리잡았다.

1950년 중학교를 졸업한 나가요시 씨는 가계를 부양하기 위해 운송

회사에 취직했다. 이해 6월에 한국전쟁이 개전했다. 그 영향으로 점령군 기지는 졸지에 소란스러워져 그때까지는 존재하지 않았던 업무도 늘었고, 일손이 많이 필요하게 되었다.

기지의 게시판에는 "지프를 50대 늘리기 때문에 운전사를 필요로 한다"라고 구인 공고가 붙었다. 나가요시 씨는 운송 회사 일자리로부터 전직하기로 마음먹고 조속히 응모했다. 면접을 받고서 간단한 영어 테스트에 합격하자, 운전사로 채용되기로 결정되었다. 배속지는 모터풀로, 기지 내 트럭으로 수송을 하거나 하사관을 마중 나가는 일이었다.

한편 우에노는 1946년에 캠프 코쿠라에 일자리를 찾아 1950년 7월에 일어난 대전 전투에 참가했다. 막 일하기 시작한 나가요시 씨가 우에노와 서로 알게 된 것은 아직 나중의 일이다.

그 후 나가요시 씨는 캠프 코쿠라의 일자리에서 해고되어 일시적으로 실직했지만, 다음 해 1951년 3월 다시 점령군의 일자리를 얻었다. 이번의 근무지는 기타큐슈시의 모지항門司港이었다. 나가요시 씨의 메모에는, 거기서의 일자리에 '그야말로 전쟁을 느꼈다'라고 적혀 있었다.

당시 모지항으로부터는 캠프 코쿠라 등 일본에 주둔하고 있었던 미군 병사나 대량의 물자가 한반도로 수송되고 있었다. 나가요시 씨의 일은 미군의 수송을 담당한 리버티선*에 군사 물자를 적재한다는 일이었다.

---

* 제2차 세계대전 중인 1941년 미국 해사위원회(United States Maritime Commission)가 전시 대량 수송을 위해 설계한 수송함. 전시 표준선(戰時標準船)으로 만재 배수량 14,245톤, 길이는 134.57m였다. 초도함은 미국 건국의 아버지들(Founding Fathers of the United States) 중 한 명이자, "자유가 아니면 죽음을 달라(Give me liberty, or give me death)"라는 연설로도 유명한 패트릭 헨리로 명명되었으며(SS Patrick Henry) 2,710척이 건조되어 대서양과 태평양의 병력, 물자 수송에 투입되었으며, 한국전쟁에서도 다수의 리버티선이 작전을 수행하였다. 이후 메러디스 빅토리함(SS Meredith Victory)으로 잘 알려져 있는 빅토리선이 그 역할을 계승하였다.

배가 입항한 뒤 3~4시간에 적재를 완료한다. 교대 근무제로 수많은 노동자가 투입되어 항구는 24시간 가동되었다.

고된 일이었던 까닭에 급료는 좋았다. 일당은 450엔, 월로 치면 1만 3,500엔이나 되었다고 한다. 1951년 당시 공무원의 첫 임금 평균이 6,500엔이었으니까 배 이상이었다.[1]

아무리 대우가 좋았다고는 해도 태평양전쟁에서 서로 죽였던 미군 아래에서 일하는 것에 저항은 없었던 것일까? 나가요시 씨의 딸, 나카지마 씨는 다음과 같이 말했다.

"일본에는 가족이나 친족, 지인을 전쟁으로 잃은 사람도 많이 있었으니까요. 그러니까 '미군 밑에서 일하는 사람은 배신자다, 왜 그런 데서 일하는 거야'라고 노골적으로 말하는 사람도 있었던 것 같아요. 그렇지만 임금도 대우도 좋다고 모인 사람도 많아서, 기지에서 일하는 사람은 미군에 대해서 반감을 품지 않았다고 들었습니다."

나가요시 씨는 단기간 일을 반복한 뒤, 1953년 2월에 다시 캠프 코쿠라에서 일하기 시작하여 모터풀에서 자동차 정비나 배차를 담당했다. 이 때 우에노와 서로 알게 되었다고 여겨진다. "윌리와는 사이가 좋았어"라고 말하는 아버지의 모습을 나카지마 씨는 기억하고 있다. 우에노의 인품 등에 대해서는 자세하게 듣지는 못했지만, 나가요시 씨는 진심으로 성실한 인물을 좋아했다고 한다.

그즈음 기지 내 일본인 노동자들로 조합이 생겨났다. 나가요시 씨도 소속되어 있었지만, 미군에게 은혜를 느끼고 있었던 점도 있어, 뭐든지 반발하는 조합의 방침에 이의를 제기하는 일도 있었다고 한다. 의견을 다투기도 하고 때로는 싸움으로 발전하기도 하는 일도 있었지만, 거기에는 전쟁(태평양전쟁-역자주) 전, 그리고 전쟁 중의 일본 사회에 만연한 무거

움은 없었다. 풍부한 물자, 자유롭게 말할 수 있는 분위기로 기지 안에는 패전국 일본에는 없는 풍요로움이 있었다.

"동경하기도 했던 게 아니었을까 하고 생각해요. 물건의 풍부함, 사고방식, 무엇에 있어서도 지금까지 본 적 없는 세계가 열렸다, 라고 아버지는 자주 말했습니다. 그리고, 마침내 일본도 이러한 사회가 될 거라고 생각했다라고."

전시하의 억압 중에 증폭된 사춘기의 답답함이 점령군 기지에서 해방되었던 것인지도 모른다.

우에노를 위시하여 한국전쟁에 간 일본인의 다수가 20세 전후였다. 그들의 다수는 일본 병사로서 전쟁터로 나아가기 전에 종전을 맞이했다. 미국에 대한 호기심이 전쟁에 대한 공포심을 이겼던 것일까? 그리고 우에노는 통역으로서 한반도로 향했다. 거기서 그가 맞딱뜨린 현실은 전혀 예상하지 않았던 것이었을 터였다.

대전에서 살아남은, 두 사람의 전직 미군 장병

심문 기록을 통해 우에노가 통역 신분으로 고용되었음에도 불구하고 전투에 참가한 사실, 그리고 대전에는 우에노 외에도 복수의 일본인이 있었다는 사실을 알게 되었다.

그러나 어찌되었든 대전에서 도대체 무슨 일이 일어났던 것일까? 그들이 처한 상황을 더욱 자세히 알기 위해, 같은 부대에 있었던 미군 병사들을 취재해야겠다고 생각했다.

1950년 7월, 유엔군 제1진으로 한반도에 파병된 것은 규슈 각지에 주

둔하고 있었던 미 육군 제24보병사단이었다. 그중에서도 대전 전투에 임한 세 부대, 우에노가 소속되어 있던 제34보병연대, 제19보병연대, 제63야포병대대, 이 세 부대의 전직 미군 장병을 찾아 달라고 미국의 리서처 야나기하라 미도리에게 의뢰했다. 병사들의 오럴 히스토리구술사 및 신문기사 탐색, 퇴역 군인 모임 등을 취재해 주었지만 역시 그 대부분은 이미 사망했다.

그러나 의뢰한 지 2개월 후 야나기하라로부터 반가운 소식이 도착했다. 일본인이 있었던 부대 소속으로 대전 전투를 경험한 전직 미군 장병이 생존해 있다고 한다. 한 사람은 우에노가 있었던 제34보병연대 소속의 스튜어트 사이즈모어. 또 한 사람은 제19보병연대 소속의 헐 에스리지였다.

두 사람 모두 90세에 가까운 고령이었지만, 기억도 뚜렷하여 인터뷰도 가능하다고 한다. 취재를 요청한 시점에는 두 사람 다 일본인의 존재는 기밀사항이기에 이제까지 공개적으로 언급한 적은 없었다고 했다. 교섭 과정에서 심문 기록이 기밀 해제된 것을 알리자 취재에 응했다.

2019년 5월, 두 사람과 만나기 위해 미국으로 떠났다. 일리노이 주의 시카고 공항에서 차로 2시간을 달렸다. 사이즈모어의 자택은 일리노이 주를 넘어 위스콘신주 남부 델러번호 부근에 있었다. 취재 전날 밤 야나기하라로부터 인터뷰 시의 주의사항을 안내받았다.

"전직 미군 장병 대부분은 요즘 말로 PTSD를 앓고 있습니다. 전장에서 얻은 체험으로부터 발생하는 PTSD는 한국전쟁 당시에는 알려지지 않았기 때문에 적절한 치료를 받았던 사람은 없습니다. 그들이 입을 열수 있도록 조급해하지 말고 시간을 들여 보죠."

야나기하라는 또 한 사람, 제63야포병대대 소속이었던 남성을 찾아내

접촉을 취했다. 그러나 그 남성으로부터는 "당시의 체험을 떠올리고 싶지 않다"라는 취지의 정중한 거절 연락을 받았다.

취재해 응해 주기로 한 전 미국 병사도 장절한 체험을 품고 있었을 터였다. 그럼에도 불구하고 인터뷰를 받아 주었다. 그 이면에는 상상할 수도 없는 갈등이나 결단이 있었을 것이라 생각하면서 정신을 바짝 차렸다.

다음날 자택을 방문하자 사이즈모어는 정중히 맞이해 주었다. 신장 180센티미터가 넘는 탄탄한 체구라서 아무래도 87세로는 보이지 않았다. 우리가 안내된 곳은 지하의 서재였다. 거기에는 사이즈모어가 육군에 있었을 때 받은 훈장이나 당시의 사진이 장식되어 있었다. 그중 한 장의 사진. 젊었을 적 사이즈모어가 일본인 소년과 찍혀 있다.

"이건 점령군으로 일본에 갔을 때 찍은 거요. 이 소년은 12, 13세였을 려나, 그들은 나를 형처럼 따라 주었소."

사이즈모어는 1948년에 16세로 육군에 입대했다. 그 후 점령군으로서 나가사키 사세보의 캠프 마우어에 부임했다. 사진 속 소년은 한국전쟁에는 가지 않았지만, 기지에서 일한 일본인과는 가족처럼 지냈다고 한다. 한국전쟁의 전장에 정말 일본인이 있었는지 물었다.

"확실히 일본인은 있었소. 일본은 참전하지 않았으니까 공식적으로 인정된 건 아니지만, 난 알고 있었소. 우리들^{미군}은 그들이 필요했고 부대로부터 인정받고 있었소. 그들이 통역이나 취사 등을 맡아 준 덕에 부대는 도움을 받았소."

나는 PC에 보존하고 있었던 동영상과 사진을 보았다. 이 날을 대비하여 야나기하라는 한국전쟁에 관한 다량의 영상과 사진을 미 국립공문서관에서 취득하여 데이터로 보내 주었다.

과거 NHK 방송에서는 한국전쟁의 영상이라고 하면 격렬한 전투

장면이 사용되었지만, 이번에 발견한 것 중에는 휴식이나 식사를 하고 있을 때의 것도 있다. 일본인이 찍혀 있다면 그런 장면이 아닐까, 하고 생각했다.

야나기하라가 발견한 영상 중에는 확실히 일본인처럼 보이는 인물이 찍혀 있었지만, 일본계 미국인일 가능성도 있다. 사이즈모어의 의견을 들었다.

"이 사람은 확실히 일본인일 거요. 일본계 미국인과는 군복의 옷맵시에서 차이가 났소. 일본인일 경우는 임시 변통으로 군복을 지급받아서 사이즈가 맞지 않았던 것이오."

일본인은 미군 병사와 마찬가지로 군복을 입고 있었다. 총을 휴대하고 행군하는 영상도 있다. 간이 식기로 식사를 하는 모습도 찍혀 있다. 일본인은 점령군 기지 일이 연장되듯 한반도로 따라가게 된 것이오, 라고 사이즈모어는 말했다.

우에노 다모쓰를 알고 있는지 묻자, 사이즈모어는 "그 이름은 모르겠소"라고 답했다. 그러나 제24보병사단을 이끌고 있었던 윌리엄 딘 소장과 함께 행동한 일본인이 있었다는 사실은 기억하고 있었다. 사실은 우에노 자신도 심문 기록에서 "대전에서는 딘 소장과 행동했습니다"라고 답했다.

육상자위대 간부학교陸上自衛隊幹部学校, 육상자위대 교육훈련연구본부(陸上自衛隊教育訓練研究本部)로 신편되면서, 2018년에 폐지됨의 전사戰史 교관으로 구성된 육전사연구보급회陸戦史研究普及会가 한국전쟁에 관하여 전10권의 서적을 정리해 두었다. 제1권『국경 회전과 지체 행동国境会戦と遅滞行動』에는 딘 소장이 제34보병연대와 행동을 함께 했다고 쓰여 있는데, 우에노의 진술이나 사이즈모어의 증언과 들어맞는다.[2]

나는 사이즈모어에게 심문 기록을 보여주며, 왜 우에노는 "북한 사람을 몇 명이나 죽였다"라고 답했는가, 하고 물었다.

"왜, 그들일본인이 총을 발포하게 되었는가를 말해 봅시다. 노르망디 상륙작전을 알고 있소? 대전의 광경은 그것과 마찬가지였소. 어딜 가나 사체가 흩어져 있었고, 부상자는 드러누운 채 절규하고 있었소. 대전을 탈출하려는 트럭은 사람들을 치었고, 누구든 상관하지 않고 총을 쐈지. 우리들에게는 승산이 거의 없었소."

노르망디 상륙작전은 1944년 6월, 연합군이 북프랑스 노르망디 해안에 상륙하여 독일군 점령하에 있었던 프랑스의 해방을 목적으로 한 작전이었다. 연합군, 독일군을 합쳐 40만 명을 넘는 사망자가 나왔다고 한다.

스튜어트 사이즈모어. 제24보병사단 제34보병연대에 소속되어 있었다.

사이즈모어는 대전 전투를 제2차 세계대전 사상 최대의 전투였다고 평가된 노르망디 상륙 작전에 비유한 것이다.

대전은 '완전한 카오스'였다

대전 전투의 또 한 사람의 증언자, 제24보병사단 제19보병연대 소속의 헐 에스리지는, 미국 중서부 콜로라도주의 콜로라도스프링스에 살고 있었다. 지역 퇴역군인회에서 소개받아 방문한 에스리지는 요양 서비스가 딸린 고령자 주택에 아내와 살고 있었다.

에스리지도 사이즈모어와 마찬가지로 1948년에 육군에 입대했다. 17세 때였다. 8개월간의 훈련 뒤 벳푸의 캠프 치카모가에 배속되었다. 부대에서는 최연소였지만, 한국전쟁에 갔더니 나이는 상관없게 되었다.

에스리지도 역시 일본인은 확실히 대전 전투에 있었다고 증언했다.

"당신네 일본인들 대부분은 지금도 한국전쟁에는 후방지원밖에 하지 않았다고 생각하고 있을지도 모르겠소. 그러나 실제로 현지에 간 일본인은 사전에 들었던 이야기와 다르다고 생각했을 것이오."

에스리지에게도 우에노의 심문기록을 보여주며 일본인이 전투에 참가한 이유를 알고 싶다고 물었다. 그에 따르면, 미군이 전투를 수행할 때는 적과의 전투를 담당하는 전선의 작전부대와 병참을 담당하는 후방지원부대로 나뉘는 것이 보통이었다. 그러나 대전 전투에서는 그 기준을 전혀 알 수 없게 되었다고 한다.

두 사람의 증언과 미 국립공문서관에서 입수한 제24보병사단 각 부대의 움직임을 시간 순으로 기록한 행동일지를 통해 대전에서 무슨 일

이 일어나고 있었는지가 점차 드러났다.[3]

제24보병사단은 1950년 7월 4일 한반도로 파견되었다. 사단 목표는 서울을 돌파한 북한군의 남진을 늦추는 것이었다. 그러나 7월 14일에 서울에서 남쪽으로 125km 지점에 있는 공주에서 패하여, 제63야포병대대의 대포를 북한군에게 빼앗기는 등 계속해서 고전을 면치 못했다.

이 무렵 제24보병사단을 이끄는 딘 소장은 대전 주변에 병력을 고수하는 포진을 펼치고 있었다. 주력은 우에노 및 사이즈모어가 소속되어 있었던 제34보병연대로, 제63야포병대대도 포문을 보충하여 참가했다. 대전에 배치된 병력 수는 3,933명이었다. 또한 대전 서쪽을 흐르는 금강이라는 강 부근의 대평리를 에스리지가 소속된 제19보병연대가 방위

헐 에스리지. 제24보병사단 제19보병연대에 소속되어 있었다.

하고 있었다.[4]

7월 16일 이른 아침, 그 제19보병연대가 대규모 공격을 받았다. 북한군의 총공세를 받은 것이다. 에스리지는 그 때의 상황을 선명하게 기억했다.

"기차에 타고 있었던 우리 부대가 내린 곳은 금강 부근이었소. 우리들은 곧장 금강의 남쪽 경계에 정렬했지만, 배후에서 북한군에게 기습당했소. 북쪽에서 강을 건너 오는 것이 아니라 우리 부대의 배후에서 당했소. 북한군은 북쪽의 제방에 있었던 부대와 우리 배후의 산 속에 보내진 부대로 우리들을 협공했소. 대전에서의 체험은 최악이었다고밖에는 말할 수가 없소."

제19보병연대가 체험한 전투는 부대끼리 바로 정면에서 공격하는 것 같은 것이 아니었다. 북한군은 미군 병사들의 배후를 돌아 효과적으로 그들의 진지에 침입했다. 부대원 3,401명인 제19보병연대는 7월 16일 이른 아침부터 꼬박 하루 동안 계속된 북한군의 공격에 의해 650명의 전사자를 냈다.[5]

이 제19보병연대가 열세에 빠지자 제24보병사단 전체를 지휘하는 딘 소장은 7월 19일에는 대전에서 철수할 작정이었다. 그러나 7월 18일, 상관인 미 육군 제8군 사령관 월튼 워커 중장과 면담하여 딘 소장은 방침을 전환하고 말았다. 워커 중장은 그날 아침 동해안 남부의 요충지인 포항에 상륙한 제1기병사단을 위해 제24보병사단이 대전에 머물러야 한다고 생각했다.

앞의 『국경 회전과 지체 행동』에는 두 사람의 대화가 다음과 같이 기록되어 있다.

(워커 중장은) "앞으로 이틀 간의 여유가 필요하므로 20일까지 최대한 대전

을 지키도록"이라는 '희망'을 건넸다. 여기서 '희망'이라고 서술한 것은, 이 딘 장군의 운명을 경정한 워커 장군의 명령이 "20일까지 대전을 확보하라"라는 결정적인 형태로 전달된 것이 아니라, (…중략…) 자유 재량의 여지가 크게 남아 있는 것이었기 때문이었다.

그러나 근직한 성격의 딘 장군은 이것을 자유재량의 여지가 없는 '명령'으로 받아들였던 듯하다.

딘 소장은 "나는 7월 17일 밤에 제34보병연대에 내린 명령을 철회하고, 저 강큰강의 전선을 고수하기로 결의했다"라고 자서전에 기록했다.[6]

'희망'을 '명령'으로 받아들인 딘 소장의 결단에 따라 제24보병사단은 대전에서 궤멸적인 패배를 맛보게 된다. 취재한 전직 미군 장병 2명은 이 결단을 "피해가 커진 원인이었다"라고 내뱉듯이 비난했다.

7월 19일, 대전을 지키고 있었던 제34보병연대는 상상 외로 빨리 서쪽에서 북한군의 공격을 받았다. 앞서 언급한 대로 대전의 지형은 산으로 둘러싸인 네모난 분지로, 네 구석에 도로가 뻗어 있었다. 북한군으로부터 공격을 받았다고 판단한 방향과 반대인 남동쪽 도로는 제34보병연대가 철수를 위해 사용할 예정이었다. 그러나 그 남동쪽에서도 북한군이 다가왔던 것이다.

제34보병연대의 행동일지로 이 날의 기록을 보자.

오후 2시, 적 전차는 10대. 완전히 포위되었다. 북한군 전차와 보병 소화기의 습격을 받았다.

제34보병연대 소속이었던 사이즈모어는 당시 모습을 다음과 같이 말했다.

"대전은 양쪽이 산으로 둘러싸여 있었소. 도시로 들어가는 길은 두 갈래밖에 없었소. (양쪽에서) 적에게 포위되어 우리들은 한 곳으로 몰리게 되었소. 적의 기습 목적은 우리들을 전멸시키는 것. 그리고 그들은 그것을 수행했다오. 제34보병연대에는 대항만이라도 할 병력조차 없었소. 완전한 카오스에 빠졌던 거요. 대전에서 빠져나가려는 트럭이나 지프가 오도 가도 못하여 빠져나갈 수도 없게 되었소. 얼핏 돌아보니 가는 곳마다 사체가 있고, 아무도 방향을 못 잡고 망연자실했소. 말단인 나는 아무것도 몰랐소."

완전한 카오스. 그리고 대혼란에 빠진 부대. 그때 전투원으로 여겨지지 않았던 일본인들에게 제34보병연대의 중대장으로부터 "총을 들고 싸워라"라는 지시가 떨어졌다고 한다.

"일본인은 미군 병사와 함께 부대를 지키기 위해 싸워 주었소. 일본인은 긍지 높은 사람들이니까 그렇게 해 주었다고 나는 믿고 있소."

"만약 지시가 없었다면 일본인이 전선에서 싸우는 일은 없었을 거요"라고 단언하면서 사이즈모어는 일본인은 미군 병사를 지키려고 적극적으로 전투에 참가했다고 말했다. 한편, 대평리에 전개하고 있었던 에스리지가 소속된 제19보병사단도 북한군의 예상 외의 공격에 대혼란에 빠졌다. 역시 일본인들은 총을 들고 싸우라고 상관이 명령했다고 한다.

"당시 일본인은 상사가 "너는 조리원이다"라고 하면 조리원이 되고, "보병이다"라고 하면 보병이 되었소. 그때까지 어떤 훈련을 받았는지, 종군할 때 어떤 일에 지원했는지는 관계 없었소. 군의 명령에 따를 뿐이었소."

그리고 에스리지는 일본인에게 떨어진 전투 참가 지시에 대해 사이즈모어와는 다른 이야기로 설명했다.

"그것은 우정 때문이었다고 말하고 싶지만, 실제는 점령군과 함께 있

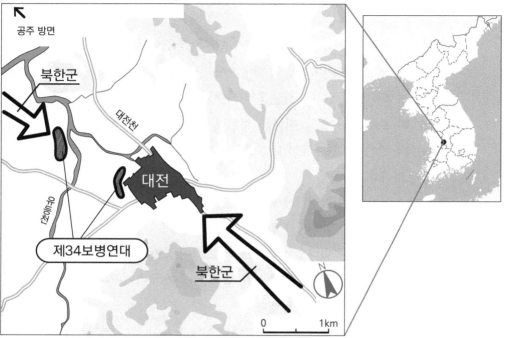

참고: 〈대전 전투도(大田の戰鬪図)〉(『조선전쟁(朝鮮戦争) 1 - 국경회전과 지체 행동』 수록)

었으니까 따랐던 것이오. 이것이 질문에 대한 답이 되었소?"

애초에 에스리지 자신이 앞에서 말한 대로, 이 전장에는 전방도 후방도 없었다. 거기에 명확히 선이 그어진 전투만은 아니었다. "몇 명이나 죽였는지 모르겠다"라고 진술한 우에노. 최전선에 보내진 시점에서 이미 전투에 참가하는 것 이외의 선택지는 없었다.

싸워야 할 이유는 동료의 죽음에서 생겨난다

개전 직후인 1950년 6월 29일, 기자로부터 질문을 받은 트루먼 대통령이 "전쟁이 아니다"라고 답한 한국전쟁.[7] 텔레비전 영상으로 전해진 베트남전쟁과 달리 당시는 라디오의 시대였다. 미국 국내의 관심도 결코 높았다고는 할 수 없고, 지금은 '잊혀진 전쟁The Forgotten War'이라 불리는 한국전쟁. 미군 병사들이 태평양전쟁 때와 마찬가지로 영웅시되는 일은 없었다.

전쟁에 참가한 미군 병사에게 어떻게든 물어 보고 싶은 것이 있었다. 젊은 병사들은 이국의 땅에서 무엇을 위해 싸웠는가.

"처음엔 치안 유지였다고 생각했소"라고 사이즈모어는 답했다. 그러나 북한군 병사들은 미군 병사를 봐도 겁내는 일 없이 다가왔다. 북한군과 유엔군의 의식의 차는 분명했다.

"처음에 전투가 시작되었을 때는 "나는 무엇을 하고 있는 거지?"라고 생각했소. 그렇지만 싸우고 있는 동안 저항하는 민간인에 대한 북한군의 잔학함을 보았던 것이오. 그래서 "우리들에게는 목적이 있다"라고 자신을 타이르게 되었소".

이윽고 동료들도 죽어 간다. 그것을 곁눈질로 보면서 '그는 죽었지만, 우리는 계속해서 전진하지 않으면 안 된다, 라고 마음에 새기며' 계속 싸웠다고 한다.

열세는 계속되어 제24보병사단의 대전 철수가 결정되었다. 부대는 동료들의 유해를 전장에 방치한 채 철수를 개시했다. 산 속을 헤메는 제34보병연대. 북한군에게 발각되면 그것은 즉각 죽음을 의미했다. 때로는 "사망자가 부러워졌다"라고 할 만큼 쓰라린 퇴각이었다. 유엔군 동

료와 합류하기까지 5일이 걸렸다.

사이즈모어가 싸워야 할 이유를 찾아낸 것은 2개월 후 유엔군이 대전을 탈환한 그 해의 9월의 일이었다. "사진을 보여주겠소"라고 말하면서 몸을 일으켜 찬장에서 앨범을 가지고 왔다. 그중 사진 한 장을 보며 나도 모르게 숨을 삼켰다.

길 위에 늘어선 사체. 지상에 몇 개월이나 방치되어 살의 일부가 부패하여 뼈가 드러나고 있었다.

"여기서 본 광경이 잊혀지지 않소"라고 말하며 손가락으로 가리킨 곳에 찍혀 있었던 것은 작은 나무 오두막이었다. 그 안에서 수십 명의 미군 병사가 팔이 뒤로 묶인 채 죽어 있었다고 한다. 포로가 학살되었던 것이었다.

"산처럼 쌓인 동료들의 사체를 보았을 때 복수하겠다고 다짐했소. 어떻게 북한군에 대가를 치르게 할 것인가. 그런 짓을 저지른 장본인을 붙잡을 수 있을까? 여러 가지를 생각했소. 이런 상황에 놓이면 인간은 너무 빨리 나이가 들어 버리오. 얼마나 잔학한 전투였는가. 서로 양심의 가책 따위 전혀 느끼지 않고 서로 죽이기만 했소. 죽이느냐 죽느냐 하는 문제였소. 지금도 그 광경이 머릿속에서 떠나지 않소."

이야기를 들은 뒤, 정원 가꾸기가 취미라는 사이즈모어가 자랑하는 정원을 보여 주었다. 사방 10미터의 정원. 그 화단에 물을 주는 것이 일과라고 한다. 인터뷰를 행한 5월 하순, 튤립이나 팬지가 한창 피어 있었다. 정원의 중심에 갖춰진 닭장에 눈길을 주며, "새가 우는 소리를 들으면 마음이 진정되오"라고 사이즈모어는 말했다.

현재도 사이즈모어에게는 미군 장병의 유족들이 자신의 아버지나 형이 어떤 최후를 맞이했는지 물어보곤 한다고 한다.

"마음이 지금도 아프다오. 밤이 되면 그들이 생각나오. 함께 보낸 사람들이 어떻게 죽었는가 하고 생각하는 것을 이리저리 생각할 때가 가장 괴롭소. 같은 전장에 있었던 나마저도 어떻게 죽었는지는 모르오. 기록으로 남지 않은 것이 많이 있소. 대전에 관해서 밝혀지지 않은 것은 너무나도 많은데, 앞으로 쓰여지는 일도, 알려지는 일도 없겠지요. 그 장소에서는 큰 잘못이 있었소. 그러나 누구도 그에 대한 사죄를 하지 않았소."

206명이었던 사이즈모어의 부대는, 대전 전투가 끝났을 때 겨우 12명이 되어 있었다.

"피난민을 죽였다" 전직 미군 병사의 증언

에스리지에게 대전의 광경을 지금도 기억하고 있는가, 라고 물었을 때였다. 그러자 그때까지 냉정히 이야기하고 있었던 에스리지는 크게 한숨을 쉬며 몇 번이나 고개를 저었다. 이야기할지 말지 망설이는 듯했다. 그리고 마음을 굳힌 듯 입을 열었다. 에스리지가 있었던 제19보병연대는 금강 부근에서 북한군의 협공을 당했다.

"(한국인) 피난민이 북한군에서 도망치기 위해 다리를 향해 북쪽에서 내려 왔소. 사람들의 무리가 마치 강이 떠내려오듯 했는데, 그 사람들이 다리를 건너기 시작하자 북한군은 북쪽에서 그들을 쐈고, 남쪽에 있었던 우리 부대도 그들을 쐈소. 우리들의 지휘자는 피난민 가운데 북한군 병사가 잠입해 있다고 생각했기 때문이오."

상세한 일자에 관해서 에스리지의 기억은 애매하여 1950년 7월이라

는 것 이상은 알 수 없다. 행동 기록에서도 확인할 수 없었다.

그러나 한국전쟁 중 미군이 자기 편이었던 한국인을 학살했다는 비슷한 사건은 그밖에도 확인되고 있다. 가장 유명한 것은 1950년 7월 26일에 서울에서 남쪽으로 160km 떨어진 충청북도 영동군 황간면의 노근리라는 마을에서 일어난 '노근리 사건'이다. 민간인도 적으로 간주하여 발포하라, 라는 것. 제25보병사단을 지휘한 윌리엄 B. 킨 소장에 따르면, 이날 지시에 따라 학살이 행해졌다. 한국 측의 조사에서는 약 500명의 한국 시민이 희생되었다고 한다(한편, 미군은 사람 수는 특정할 수 없다고 하고 있어 견해가 엇갈린다).

이 사건은 오랫동안 진상이 미해결 상태였으나, 생존자의 고발 및 저널리스트들의 보도를 받아들여 사건으로부터 51년이 지난 2001년 1월 미 육군이 공식 조사의 내용을 정리한 보고서를 공표했다.[8] 거기서는 피난민 가운데 북한군 게릴라가 잠입해 있다는 정보가 학살이 일어난 요인 중 하나였다고 지적되었다. 게릴라들 중에는 동료에게 (유엔군의-역자주) 위치를 알리는 역할을 맡은 자, 무기를 휴대하고 유엔군을 습격하는 자가 있어 미군에게 극도의 긴장과 공포를 주었다.

그러나 이 노근리 사건에서도 제19보병연대의 경우에서도, 북한군 게릴라의 존재가 확인되었기 때문에 학살이나 발포를 실시한 것은 아니다. 에스리지 자신도 다시 극한의 상태 중에 선택을 강요받아 민간인에게 사격을 가했다.

에스리지는 그 눈에 눈물을 흘리며 이렇게 말했다.

"그들은 그저 민간인이었어요. 병사가 아니었습니다. 싸우러 온 것이 아니라 그저 안전한 장소로 도망치려 했던 것뿐이었어요. 그것은 병사를 죽이는 것보다도 최악이었어요."

전쟁 후 이러한 일은 누구에게도 말하지 않았다고 한다. 에스리지도 사이즈모어와 마찬가지로 무엇을 위해 싸우는 것일까, 확신이 없는 채 한반도로 출병했다. 전쟁 국면이 심화될수록 동료가 차례로 죽어갔다. 상관들은 부대를 고무하기 위해 "공산주의는 흉악하니까 우리들의 싸움은 정의롭다"라는 말을 반복했다. 싸우는 이유는 나중에 만들어졌다. 이것이 일본인들이 있었던 전장의 현실이었다.

개전으로부터 70년 가까이 지난 지금 한국전쟁에 대해 무엇을 생각하는가? 에스리지에게 다시 묻자, 그는 이렇게 중얼거렸다.

"저 전쟁, 거기서는 그 무엇도 생겨나지 않았습니다."

제34보병연대의 궤멸

대전 전투에서 우에노는 마지막까지 미군 병사를 위해 움직였다. 심문 기록에는 상관이었던 제24보병사단의 딘 소장과 헤어질 때의 일이 기록되어 있다.

> **우에노** 저는 대전에서 딘 소장과 동행했습니다. 마지막으로 딘 소장을 본 것은 밤 8시 반에서 9시경이었습니다. 저는 논두렁에서 하룻밤을 샜습니다. 대전에서의 전투 뒤 3, 4일 동안 걸어갔습니다. 딘 소장을 발견한 다음날, 다리에 총을 맞은 제34보병연대의 상사(조장)가 있었기 때문에 병원까지 데리고 갔습니다.

우에노는 귀국 후 고쿠라에 본사를 둔 『마이니치신문毎日新聞』 세이부 본사西部本社의 취재에 응하였고, 인터뷰를 행한 기자는 다음과 같이 썼다.

조선 파견 미군 총지휘관 딘은 수 명의 부하와 대전 부근의 최전선을 시찰 중 전차의 기습을 받았다. 그 자신 바주카포를 손에 들고 (전차) 3대를 격파했지만, 곧 북한군 대부대에 여러 겹으로 포위당해 미군은 궤멸적인 타격을 입었다. 정신이 들었을 때 딘 주변에는 부상당한 병사 두 명과 우에노가 있었다.

네 사람은 진흙투성이가 되어 군복은 찢어져 신분도 인종의 차이도 없었다. '살아 있다'라는 것. 그것으로 서로 간에 굳게 손을 맞잡았다. 후퇴. 몇 번인가 산의 정상에서 한 병사가 목마름을 호소했다. 그는 고개를 끄덕이자 즉시 계곡으로 내려갔지만, 그 뒤로 돌아오지 않았다.[9]

심문 기록의 진술 내용과 모순되지 않는다. 이후 딘 소장은 30일 이상 산 속을 헤메다 북한군의 포로가 되었다. 우에노는 제34보병연대의 상사를 병원에 데리고 간 뒤 제3공병대대로 돌아왔다고 답했다.

제24보병사단의 부대 행동일지에는 이렇게 쓰여 있었다.

16시, (북한군의) 소화기 및 박격포 공격을 받아, 미군은 대전에서 남쪽으로 퇴각하였다.

그날의 기록은 이렇게 매듭지어졌다.

전투력과 사기는 '0'이 되었다. 부대는 완전히 궤멸되었다.

미 육군 군의관으로 근무했던 프랭크 A. 레이스터가 한국전쟁의 의료 통계 데이터를 정리한 1973년의 서적에 미 육군의 부대별 사망자 수가 게재되어 있다.[10] 월별 추이를 보면 엄청난 사실이 드러난다.

휴전협정이 맺어진 1953년 7월까지 미 육군의 전투 중 사망자 수는 1만 9,353명숫자는 출판 당시의 것. 그중 약 37%에 해당하는 7,186명의 전사자가 1950년 7월부터 12월에 걸쳐, 즉 개전으로부터 최초의 반년간에 집중되어 있는 것이다. 그중에서도 7월~9월간의 전사자는 1개월 평균으로 약 1,890명에 달했다. 다수의 일본인이 종군하고 있었던 개전으로부터 반년은 한국전쟁에서 가장 전사할 확률이 높은 위험한 기간이었다고 알려진다.

대전에 있었던 니시토자키의 일본인들

대전에 있었던 그 외 일본인들은 어떤 체험을 했던 것일까?

심문 기록에서는 히라쿠라 요시오, 이노우에 준이치, 아리요시 다케오, 야마사키 마사토 4명도 "대전에 있었다"라고 진술했다. 그들의 존재에 다가간다면 대전 전투에 대해서 더욱 깊이 알 수 있게 될 것이다. 이 4명이 소속되어 있던 곳은 제24보병사단 제63야포병대대. 심문 기록에 따르면, 한반도에 건너가기 전까지 그들이 살았던 곳은 후쿠오카 니시토자키西戸崎였다.

후쿠오카시福岡市 히가시구東区에 위치한 니시토자키는 후쿠오카만을 감싸안은 듯이 뻗은 좁은 반도 형태의 지구이다. 원래는 제염이나 어업 등을 하며 살아가던 작은 한촌이었지만, 메이지 이래의 근대화의 파도

에 의해 크게 뒤바뀌었다. 1904년에 하카타만 철도博多湾鉄道. 니시토자키역(西戶崎駅)-스에역(須恵駅) 간. 현 JR 카시이선(香椎線)이 개업했고, 니시토자키는 석탄을 싣는 항구가 되었다. 1937년에는 니시토자키 탄광西戶崎炭鉱이 열려 채굴이 시작되었다.

그 전 해, 민간 국제비행장인 간노스 비행장雁ノ巣飛行場이 개항했지만, 전시태평양전쟁 시기-역자주 중 하카타 해군항공대博多海軍航空隊에 접수되었다. 기지 부지가 정비된 '우미노나카미치 해변공원海の中道海浜公園'에는, '하카타 해군항공대 옛터'라고 쓰인 석비가 세워져 있다. 비문에는 태평양전쟁의 전시 중에는 20세 전후의 젊은이들이 여기서 출격하였다고 쓰여 있다. 그중 대부분이 목숨을 잃었다.

캠프 하카타(사진제공 : 이노우에 준노스케)

전후, 후쿠오카에는 1만 5,000명에서 3만 명의 점령군의 주둔이 계획되어 있었다. 아시야 비행장 등과 함께 간노스 비행장도 점령군에 접수되어 '브레디 에어 베이스Brady Air Base'라고 불리게 되었다. 간노스에서 4km 정도 떨어진 곳에 위치한 곳이 점령군 기지 캠프 하카타였다.

니시토자키를 소개하는 후쿠오카시 히가시구의 팸플릿에는 이렇게 되어 있다.

쇼와 25년1950년 한국전쟁이 시작되자 미군의 후방기지가 되어, 수상비행정이 물 위에 착륙하여 그 속에서 물자를 실은 트럭이나 지프가 몇 대씩이나 나왔고, 양륙함에서는 전차나 장갑차, 병사들이 전장을 느끼는 분위기였다. 쇼와 47년1972년에 기지가 반환될 때까지, 니시토자키에는 '작은 미국 사회'가 있었지만 '홀연히 사라져' 현재 기지의 옛터로는 아무것도 남아 있지 않다.[11]

캠프 코쿠라와 마찬가지로, 이곳에서도 점령군 기지의 존재는 '홀연히 사라졌다'라고 한다.

나는 심문 기록에 기재된 주소를 단서로 니시토자키에서 조사를 시작했다. 그러자, 4명을 알고 있는 사람을 바로 찾아냈다. 그들은 연령도 1~2세밖에 차이가 나지 않아서 동급생처럼 사이가 좋았다고 한다. 당시 캠프 하카타에 있었던 장소의 바로 근처 반경 50m 이내의 지점에서 서로 도우며 살고 있었다고 한다.

히라쿠라 요시오 "이렇게 죽는구먼"

당시 니시토자키의 해안에서 일본인이 미군의 LST에 타고 있었던 것을 지금도 니시토자키에 사는 사사키 마스미佐々木ますみ 씨가 보았다.

LST는 'Landing Ship Tank'의 약자로, 전차 및 보병을 수송하는 전차양륙함이다. 모래사장에 배를 댈 수 있고, 함수의 문이 크게 열려 전차 등의 차량 등을 그대로 양륙할 수 있다. 전후태평양전쟁 종전 후−역자주에 미군에게 빌려서 전후 귀환引き揚げ에 사용되었던 이 LST가 훗날 한국전쟁의 해상수송을 담당하게 된다제5장 참조.

마스미 씨는 1935년생. 7세 때 해군의 일등병이었던 부친을 뉴기니해에서 잃었다. 이후 모친이 여자 혼자 힘으로 길러 주었다. 전후 일이 없었던 중에 모친이 시작한 것이 캠프 하카타에서 일하는 노동자용 식

LST의 문이 열리고 전차가 상륙하고 있다.
사진은 원산 상륙작전. 1950년 11월 2일(US NAVY photo 80-G-421355

당이었다. 점심 식사 때부터 가게를 열었고, 야근을 시작한 노동자를 위해 새벽 4시까지 영업하고 있었다.

한국전쟁이 개전한 것은 마스미 씨가 15세 때. 니시토자키는 미군의 출격에 의해 갑자기 분주해졌다고 한다.

"지인이 타고 있다고 해서 니시토자키 사람은 모두 모였습니다. 정말 큰 배였어요. 차량부터 무엇이든 전부 실은 배. 그것만큼은 기억에 있습니다. 앞이 파앗, 하고 열려서 거기서 지프 등이 나왔어요. 나왔다가 다시 들어갔습니다. 조선전쟁, 거기에 갔어요. 일본인이 몇 명이나 갔으니까요."

휴일은 별로 없었고, 마스미 씨도 학교를 마치면 곧장 식당 일을 돕게 되었다. 그리고 거기서 만난 인연으로 결혼한 사람이 한국전쟁에서 귀

히라쿠라 요시오(사진제공 : 사사키 마스미)

환한 히라쿠라 요시오平倉由夫였다.

히라쿠라는 취재 1년 전에 85세로 죽었으며, 나는 마스미 씨와 그 여동생인 치사토千里 씨에게 이야기를 들었다.

히라쿠라는 1931년 사가현의 농가에서 태어났다. 전쟁이 끝나고 1948년, 17세 때 국철国鉄*에서 일하기 위해 후쿠오카로 나왔지만, 18세 이하는 일할 수 없다고 거절당했다. 거기서 한때를 견뎌 내기 위해 캠프 하카타에 직업을 얻었다. 하사관 등의 집을 시중드는 하우스보이 일이었다.

한국전쟁이 일어난 것은 히라쿠라가 기지에서 일하기 시작한 2년 후의 일이었다. 취사병으로서 종군한 히라쿠라. 심문 기록에서는 "대전에서 총을 지급받았다"라고 대답했다.

치사토 씨가 말한다.

"취사계였던가, 그런 걸로 미군을 따라갔다고 했는데, 그거잖아요? 철포총 – 역자주를 지급받은 것과 같은, 갑자기 병사의 모습도 하고. 결국 병사로서 나가지 않으면 안 되는 결과가 됐네요."

마스미 씨가 이어서 말했다.

"'몇 번이나 이렇게 죽는구먼, 이라는 생각이 들었다'라든가, '권총을 지급받았다'라든가, 그런 이야기는 들었습니다. 확실한 것은 모르겠지만 자동차를 타고 갔던 게 아니었을까요. 거기서 서로 총을 쏘고 그랬던 일이 있었던 것 같아요. '거기서 우리들은 살아남았다'라고는 들은 적이 있어요. 배도 고팠다고 한 것 같아요."

'총을 쏘고 그랬던 일'이 있었던 것이나 배가 고팠다고 한 것은 히라쿠라의 심문 기록에는 없다. "말하면 안 되는 일이었던 게 아니었을까요?"

---

* 일본 국유 철도(日本国有鉄道)의 약어로, 1987년 4월 민영화되어 현재의 JR그룹(Japan Railways Group)으로 이어지고 있다.

라고 마스미 씨가 말했다.

귀국 후에도 히라쿠라는 캠프 하카타에서 이어서 일했다. 1972년에 기지가 폐쇄된 뒤에는 건설회사로 전직하여 정년까지 일했다고 한다.

이노우에 준이치 "미군과 똑같이 취급받았다"

마스미 씨의 집에서 50m쯤 되는 곳에 살고 있는 사람이 미용원을 운영하는 이노우에 준노스케井上準之助 씨였다. 준노스케 씨의 아버지, 이노우에 준이치井上準一, 이하 이노우에―역자주가 심문 기록에 이름이 있었던 인물이었다.

가게에 들어가자, 미군 기지의 사진이 걸려 있었다. 그중에서도 눈길을 끄는 것은 기지에서 촬영된 마릴린 먼로의 사진이었다. 준노스케는 미군 기지의 역사를 조사하던 중에, 1954년 마릴린 먼로가 한국전쟁에서 싸운 병사들을 위문하기 위해 캠프 하카타를 방문했던 것을 알고 팬이 되었다고 한다.

이노우에는 2013년에 사망했다. 학교를 졸업한 후 건설회사에서 일한 뒤, 캠프 하카타의 식당에서 요리사로 일하기 시작했다. 준노스케 씨는 이노우에가 기지 안에서 쓰였다던 영어 레시피 책을 보여 주었다. 스테이크나 비프 스튜, 햄버거 등에 관해 소금이나 후추의 분량이 자세하게 적혀 있다.

이노우에는 한국전쟁에 간 이유에 대해서, 심문 중에 다음과 같이 대답했다.

준노스케 씨는 이노우에로부터 "북한군의 움직임을 정찰하는 척후 일을 했었다"라고 들은 적이 있다. 그때 위험한 일도 있었다고 한다.

"목욕탕에 같이 들어갔을 때, 부친의 몸에 상흔이 있어서 "이거 뭐에요?"라고 물었습니다. 그러자 "철포의 탄환이 슉, 하고 스쳤어"라는 대답을 들었어요. "왜 맞았어요?"라고 묻자, "전쟁 중에 내가 담배를 피우고 있었는데, 여기에 슉 하고 맞은 거야"라는 이야기였어요."

준노스케 씨는 오랫동안 아버지의 전쟁 체험은 태평양전쟁 때의 것이라 믿었다고 한다. 그러나 태평양전쟁에 이노우에는 가지 않았다. 상처는 한국전쟁 중에 생긴 것이었다. 준노스케 씨도 그다지 깊게 물어보려고는 하지 않았다고 한다.

"적극적으로 이야기하지 않았던 것은 그 때문이었을지도 모른다고 생각했습니다. 지금 차분히 생각해 보면요. 가족에게는 들려주고 싶지 않았을지도 모른다고요."

NHK가 1982년에 제작한 후쿠오카의 향토사를 다룬 방송 중에 이노우에가 취재에 응했다. 이노우에는 '조선전쟁에 간 남성'으로서 인터뷰를 받았는데, 그 이유를 '호기심'과 '미군으로부터의 의뢰'였다고 대답했다.

당시에는 글쎄요, 젊었고, 호기심이었을까요. 전쟁의 경험은 없지만, 역시 젊은이의 호기심이라는 기분도 다분히 있었구요, 부디 미군 쪽에 와 주게, 라는 것인데요, 비밀리에 무기 등도 우선 받아서, 그리고 이 해변에서 LST에 태

워져서 갔던 것이지만요. 우리 동료 4명이 갔습니다만.[12]

　무기를 '비밀리에' 건네받았던 이노우에. '4명'이라는 것은, 이노우에, 히라쿠라, 그리고 아리요시 다케오, 야마사키 마사토일 것이다.

　— 실제로, 총을 들고 싸웠던 것입니까?
　그렇죠. 그건 꼭 필요해졌기 때문입니다. 그래요. 역시 언제 어디서 어떻게 될지 알 수 없었으니까요. 미군과 함께 여기저기 달려다녔습니다. 당시는 [한

이노우에 준이치(사진제공 : 이노우에 준노스케)

국인] 모든 분들은 일본어를 잘 알고 있었으니까, 전령이나 척후거나, 그런 것을 역시 하고 있었지만요.

본인도 이노우에 씨가 들은 척후의 이야기를 하고 있었다. 우에노와 마찬가지로 통역 같은 일도 하고 있었던 것 같다. 총을 들었던 이유는 "꼭 필요하게 됐기 때문에"라고 말했다.

대전 전투의 일이었을까, PD는 전장의 체험에 대해서도 이노우에게 질문했다.

　― 위험한 상황에도 처했습니까?

　그랬죠, 전 별로 그렇게 느끼지 않았지만, 역시 그건 전쟁이었어요. 곁에 있었던 군인들이라든가, 역시 탄에 맞으면 죽는 것이었으니까요. 예를 들어 제가 밤중에 유탄에라도 맞아서 죽어버려도, 미군 병사들은 독택을 걸고 있었으니까, 인식번호가 있지만 우리는 전혀 없어서, 죽으면 거기까지인거죠. 그런 점에서는 "여기서 죽으면 안 돼"라는 생각이 있었습니다.

'독택'이란 미군 병사들이 목에 매단 알루미늄제 인식표를 말한다. 전장에서 사망한 때 유체가 식별될 수 있도록 성명, 생년월일, 성별, 혈액형, 소속군(국적과 같은 뜻), 인식번호가 쓰여 있다. 최근에는 ID택이라고도 불린다. 당시 독택이 없는 병사가 사망하면 그 유체가 누구의 것인지 알 수 없게 되었다.

이노우에는 죽음의 공포를 느끼면서 전장을 반평생 가까이 살아가고 있었다.

아리요시 다케오 "대전에서 함정에 빠졌다"

아리요시 다케오의 아내 미치코ぁぅヂ 씨취재 당시 89세와는 서신 교환을 거쳐, 차녀인 미호美保 씨와 함께 이야기를 들을 수 있었다.

아리요시 다케오有吉武夫는 1929년 니시토자키에서 태어났다. 2~3세 때에 양친을 잇따라 병으로 잃고, 숙부의 집에서 길러졌다. 전시태평양전쟁 시기-역자주 중 중학생 때 학도 동원에 끌려나와 공장에서 일한 적도 있다. 전후태평양전쟁 종전 후-역자주, 1948년부터 캠프 하카타에서 일하게 되었다.

미치코 씨는 당시의 아리요시의 사진을 남겨 두었다. "잘생긴 남자였어요"라고 말하며 보여 준 사진에는 아리요시가 생글거리는 표정으로 동세대의 미군 병사들과 함께 찍혀 있다. 미군 병사들이 둘러싸고 있는 한가운데에 아리요시가 서서 미소를 띤 사진도 있다.

캠프 하카타에서 일하고 있었을 때, 마찬가지로 기지에서 일자리를 찾아 미군 병사의 거주지에서 세탁이나 청소 등을 하는 하우스메이드로서 일하고 있었던 미치코 씨와 알게 되었다.

"이 근처에 댄스 홀이 있었습니다. 거기서 알게 되었습니다."

그 무렵 니시토자키의 대로는 수십 개의 바나 댄스홀이 줄지어 늘어서 화려한 분위기였다고 한다. 미군 병사와 교제하는 여성이 그대로 바다를 건너간 경우도 적지 않았다.

한국전쟁이 개전하여, 아리요시도 히라쿠라와 마찬가지로 취사병으로서 참가했다. 아리요시가 한반도를 향한 이유를 미치코 씨에게 묻자 "제가 교제하는 걸 거절했으니까"라고 너스레를 떤 뒤, 신세 지고 있던 미군 병사로부터 당시의 평균의 10배 이상의 급여를 제시받아 넘어갔다고 알려 주었다.

"미군 병사에게 '우리들도 한반도 가니까, 다케오, 너도 따라 와라'라는 말을 듣고, 따라 갔습니다."

심문 기록에서는 아래와 같이 대답했다.

> **아리요시** 제 부대 사령관은 슬레이 대위였습니다. 양친이 없었을 뿐만 아니라, 가지 않으면 일자리를 잃는다고 생각해 조선에 가고 싶다고 말했습니다. 자발적으로 갔다고 말했던 것이고, 누군가 강제한 것은 아니었습니다.

차녀인 미호 씨가 어린 시절, 아리요시와 목욕탕에 함께 들어갔을 때 장딴지의 상흔을 알아챈 적이 있었다.

"총의 상흔에 대한 이야기는 아버지로부터 들은 기억은 있습니다. 오른쪽인가 왼쪽인가는 기억나지 않습니다만, 장딴지 주변에 있었습니다. 권총에 맞은 흔적이었어요. (몸 속에 ─ 역자주) 총알이 남아 있다던가."

미치코 씨는 아리요시에게서, 전장의 이야기도 들었다.

"무섭기는 무서웠나봐요. '죽을 각오였다'라든지 말했어요. '나는 일본에서 전쟁에 간 적은 없어서 모르지만, (미국) 군인들을 따라간 덕분에 체험했다'라고.

'일본 군대하고 똑같다'라고. '우리들은 아직 젊은 시절이니까, 군인들 뒤에 숨었다'라고는 말했습니다."

심문 기록에는 아리요시도 전투의 최전선에 있었던 것 같은 말을 남겼다.

> **아리요시** 대전에서 총을 지급받아서, 부대가 함정에 빠졌을 때 딱 한번 쏴 봤습니다.

'함정에 빠졌다'라고 번역했지만, 원문에서는, 'trap'이라는 단어가 사용되었다. 불의에 얻어맞은 듯한 상황을 가리키는 말이다.

곧장 끝난다던 전쟁은 오래 끌어, 귀국할 수 있었던 것은 7개월 후인 다음 해 1951년 2월이었다. 무사히 돌아 온 아리요시 씨였지만, 미치코 씨는 "마음 탓인지 주량이 늘어난 것처럼 생각됐다"라고 말한다. 미군 상대로 영업을 했던 바에서 마시고는 외박하고 새벽에 돌아오는 일도 적지 않았다.

미치코 씨와의 결혼 후 딸 셋이 태어났다. 미치코 씨 등도 자세한 이야기를 들었을 리는 없었다. 농담조로 미치코 씨는 말했다. "애 아빠가 살아 있었을 때에 와 줬으면 했어요"라고. 그리고 "애 아빠의 이야기를 들려주지 못했다"라며 아쉬운 듯이 이야기했다.

아리요시 다케오 "구사일생으로 살아남았다"

가족에게는 많은 것을 이야기하지 않았던 아리요시가, 자신의 전쟁 체험을 잡지에 기고하고 있었다는 것을 알게 되었다. 제목은 「나의 남선* ─ 종군기 트럭 아래에서 구사일생으로 살아남았다南鮮従軍記─トラックの下で九死に一生を得る」. 1965년 무렵이었다. 수기에 따르면, 니시토자키에서 미군과 함께 한반도로 향한 일본인은 '11, 12명'이었다고 한다. 심문 기록에 쓰여 있던

---

* 일본에서는 근대 이래로 한반도를 조선반도(朝鮮半島)라고 불러 왔으며, 한반도 남부를 남선(南鮮), 한반도 북부를 북선(北鮮)이라 불렀다. '조선' 및 '조선반도'라는 표현은 지리적 명칭이기도 하나, 근대 일본이 '조선'을 차별의 대상으로 보았다는 점을 고려한다면 한국인에게는 상당히 미묘한 용어가 될 것이다.

사진 중앙이 아리요시 다케오(사진제공 : 아리요시 미치코)

것 이상으로, 일본인이 있었을 가능성이 있다. 그리고 대전 전투에 대한 기술이 있다. 그 필치로부터 부대의 혼란스러운 모습이 전달된다.

우리들이 시외에 도착하자, 어디 숨어 있었는지 적의 전차 두 대, 갑자기 굉음을 울리면서 돌진해 왔다. 게다가 기관총으로 사격해 왔다. 내가 타고 있던 트럭의 운전사는 전차 쪽을 보는 게 무서웠는지 얼굴을 돌리고 부랴부랴 속력을 냈다. 옆을 향해 운전하고 있었기 때문에 길이 굽어 있어도 알아채지 못했다. (…중략…) 나는 저절로 몸서리가 쳐져서 황급히 뛰어내렸다. 뛰어내림과 동시에 그 트럭 아래에 숨었다. 북선北鮮군의 전차 소리가 다가왔다. 살아날 여지는 없었다. 나는 기어 나와 앞의 트럭의 아래에 다시 숨었다. 그리고 드디어 첫 번째 트럭에 도달하여 그 트럭이 출발하길 기다렸다. 내가 올라탄 트럭이 움직이기 시작한 때에는 실로 휴 하고 가슴을 쓸어내렸다.[13]

결국 아리요시의 제63야포병대대는 퇴각을 거듭하여 부산 근처까지 남하, 거기서 1개월 정도 야영했다고 한다. 1950년 9월 15일부터 19일에 걸쳐 행해진 인천 상륙작전이 성공하자 유엔군은 이번에는 북상을 개시한다. 아리요시 등의 부대도 38도선을 넘어, 평양을 거쳐 중국 국경에 연한 강, 압록강까지 도달했다. 그러나 거기서 중공군에 응수되어 어쩔 수 없이 다시 서울까지 퇴각하게 되었다.

일본인들은 부산에서 사세보로 보내져 거기서 심문을 받게 되었다. 아리요시의 수기에 따르면 '조선에서 보고 들은 것은 절대 말해서는 안 된다. (…중략…) 군의 기밀에 관한 것을 말하면 미군의 법규에 의거 엄벌에 처해질 것이라고 생각하여'라며 몇 번이고 주의를 받았다.

그래도 아리요시는, 왜 이 수기를 쓴 것일까?

1962년 봄에 아리요시는 미군 기지 일을 그만두고 시카마치사무소^촌 賀町役所, 시카마치는 1971년 후쿠오카시에 편입의 직원이 되었다. 아리요시가 함구령에서 해방되었다고 여겼을 때부터라는 추측도 성립한다.

그러나 수기 마지막에 펜을 쥔 주된 동기를 짐작할 수 있는 한 마디가 기록되어 있었다.

그로부터 15년, 이번엔 베트남에서 남북 항쟁의 전투가 격렬하게 치러지고 있다. 같은 민족이 서로 죽이는 것은 아무리 생각해도 부조리하다. 내 경험으로 추측하면, 전쟁이 일어나지 않는 것이 최선이다. 하루라도 빨리 베트남에 평화가 오길 기원한다.

아리요시가 이 수기를 쓴 1965년은 미국이 베트남전쟁에 본격 개입한 해였다. 당시 후쿠오카에 있었던 이타즈케^{板付} 기지는 한국전쟁 때와 마찬가지로 베트남전쟁의 출격기지가 되었다. 아리요시는 같은 아시아에서 일어난 미국의 전쟁에서, 일본이 다시 후방지원 기지가 된 것을 계기로 자신의 전쟁 체험을 돌아보았는지도 모른다.

후쿠오카의 미군 기지에 대해서 덧붙이자면, 1968년에 미군의 팬텀 정찰기가 규슈대학 하코자키 캠퍼스에 추락하는 사고가 발생했다. 이후 후쿠오카에서 기지반환 운동은 왕성해졌다. 캠프 하카타가 폐쇄된 1972년에 이타즈케 기지도 폐쇄되었다.

야마사키 마사토 "전쟁…… 무섭습니다."

제63야포병대대와 함께 니시토자키에서 출병하여 대전 전투에서 살아남은 일본인 네 명 중 한 사람, 야마사키 마사토가 생존해 있다는 것을 알게 되었다. 야마사키 마사토山崎正人, 취재 당시 88세. 야마사키의 딸인 나오코尚子 씨와 편지를 주고받으며 취재의 의향을 전했다.

야마사키는 요양시설에 있었다. 나오코 씨에 따르면 "인지증이 진행되고 있어, 잘 대답할 수 없을지도 모른다"라고 했지만, "마지막일지도 모르니까"라며 취재에 응해 주었다. 나오코 씨는 한 번 아버지로부터 한국전쟁에 있었다고 들은 적이 있다고 한다. 그러나 그때는 관심을 생기지 않아서 깊이 물어보는 일은 없었다.

야마사키는 취재 4년 전에 전립선암을 앓았다. 암을 통보받은 때 의사로부터 남은 수명은 3~4개월이라고 통보받았지만, 아직까지 살아남을 수 있었다. 취재는 나오코 씨의 입회하에 요양시설에서 행하게 되었다. 약속한 날 요양시설을 방문하자, 야마사키는 뜰에 면한 로비에서 휠체어에 앉아 기다리고 있었다. 이쪽을 인지하자 나지막히 인사를 했다.

야마사키는 1930년, 아버지가 건축기사의 일로 부임해 있던 필리핀의 마닐라에서 태어났다. 다섯 형제 중 위에서 세 번째였다. 전쟁이 격렬해지기 전 1940년 겨울, 아버지를 필리핀에 남기고 어머니와 형제 다섯이서 어머니의 친정이 있는 후쿠오카현 우키하うきは시로 귀환引き揚げ했다. 아버지는 그 후 필리핀에서 전사했다.

야마사키는 전후태평양전쟁 종전 후-역자주에 구루메 상업학교久留米商業学校를 졸업했다. 가계를 부양하기 위해 일자리를 찾고 있었을 때, 캠프 하카타의 모집을 알고 식당에서 일하게 되었다. 거기서 아리요시 다케오와 만

나 친구가 되었다. 나는 캠프 하카타에서 촬영한 사진을 아리요시 미치코 씨로부터 빌렸다. 그중에 야마사키와 아리요시가 어깨동무를 하고 함께 찍힌 사진도 있었다. 야마사키에게 보여주자, 아리요시를 가리키며 "다케쨩. 제일 친한 친구였어요"라고 말했다.

두 사람은 함께 한국전쟁에 갔다. 야마사키는 한반도에서 무엇을 보았던 것일까. 당시 일본에서의 호칭인 '조선동란朝鮮動乱'이라는 말을 사용해 물었다.

"예. 갔어요. 통조림만 먹었어요."

— 한국동란에서 무슨 일이 있었습니까.

야마사키는 20초쯤 침묵하고 입을 열었다.

"전쟁…… 무섭습니다."

말을 마치자 야마사키는 미간을 바짝 찡그렸다. 깊이 생각에 빠진 듯한 표정이었다. 그 이상 아무것도 말하지 않았다.

나오코 씨는 "정정하셨을 때는 양식을 고집했어요"라고 말해 주었다. "나는 진짜 햄버거를 알아"가 야마사키의 입버릇으로, 즐겁게 기지의 이야기를 하는 모습이 인상적이었다고 한다. 그렇기 때문에 한국전쟁에 대해서 별로 이야기하지 않은 것은 의외였다고 나오코 씨는 말했다. "역시 말할 수 없었을 거에요. 좋은 기억은 아니었던 걸까. 말하고 싶지 않았던 것일까, 말할 수 없었던 것일까……."

야마사키는 취재 2개월 후 숨을 거뒀다. 한국전쟁에 대한 마지막 인터뷰가 되었다. 태평양전쟁까지 겪은 일본인이 그 뒤에 일어난 전쟁을 '무섭다'라고 평가했다. 그 한 마디는 나의 마음에 깊이 울려 퍼졌다.

우에노의 그 후, 딘 소장과의 재회

우에노 다모쓰 이야기로 돌아가 보자. 한국전쟁에서 귀국한 뒤, 우에노는 캠프 코쿠라에서 일하고 있었다. 근무처는 차의 배차나 수리를 행하는 모터풀. 운전면허증 기재부터 운전사에 이르는 일을 맡고 있었던 것으로 보인다.

1953년, 한국전쟁 휴전협정이 체결된 다음 달인 8월, 유엔군과 중·조 연합군중국인민지원군과 북한군—역자주가 각각 포로를 해방하는 포로 교환빅 스위치이 행해졌다. 유엔군 포로는 1만 2,773명, 그중 미군 병사는 3,597명. 그중에 우에노의 상관인 제24보병사단을 이끌었던 윌리엄 딘 소장도 포함되어 있었다.

같은 해 9월 18일 자 『마이니치신문』 세이부 본사의 모지판門司版에서는 딘 소장이 미국 본국으로 귀환하기 전에 근무하고 있었던 캠프 코쿠라에 들렀다고 보도되었다. 기사에서는 우에노도 취재되었다. '특별 면회인'으로서 우에노는 딘 소장과 만날 수 있게 되었다.

우에노는 이렇게 이야기한다.

딘 소장과 코쿠라에서 만날 수 있다니 정말 꿈만 같습니다. 분명 "헬로, 윌리"라고 우락부락한 손으로 제 손을 꽉 잡아 주실 것 같습니다.

그날 석간 신문에는 두 사람의 재회가 보도되었다. "'헬로, 윌리' 이렇게 부르며 소장은 동 군의 어깨를 두드렸다. 생사를 함께 한 자들만이 아는 재회의 환희였다'라고 미담으로서 정리되어 있다. 일본인이 한국전쟁에 간 것의 시비는 일체 묻지 않았다. 지면에서는 미군의 전쟁을 지

원했던 것에 대한 자랑스러움마저 느껴진다.

딘 소장은 그 후 대전 전투에서 포로가 되면서까지 용감히 싸웠던 군인으로서 명예 훈장을 수여받는다. 1955년에 퇴역, 그 후 우에노를 위시하여 한국전쟁에 간 일본인의 이야기를 말로 남기는 일 없이, 1981년에 82세의 생애를 마쳤다.

한편, 우에노는 딘 소장과의 재회로부터 불과 5년 후 1958년에 비명횡사했다. 앞서 다룬 대로 캠프 코쿠라에서 싸움에 휘말려 입은 부상이 사인이었다.

아리요시 다케오(왼쪽)**와 야마사키 마사토**(사진제공 : 아리요시 미치코)

아들은 무엇을 이야기했는가?

나는 우에노에 대해서 취재를 진행하기 전에, 아들인 다카시 씨에게 "뭔가 알게 될 때에는, 보고하러 오겠다"라고 전달했다.

나는 다시 고쿠라를 방문하여, 3개월마다 다카시 씨와 만나 우에노가 체험한 대전의 전장에 대해서 보고했다. 다카시는 때때로 맞장구치거나 잠자코 듣고 있었다. 보고가 끝난 뒤 다카시 씨는 우선 점령군 기지에서 우에노 씨가 있었던 것을 언급했다.

"만약 고쿠라 기지에 가지 않았다면 돌아가시지 않았을지도 모르겠네요. 그래도, 그것은 운명이니까요. 자식이라면 위험한 상황에 빠지지 않았으면 하기도 했고, 아무리 급료가 좋았다고는 해도 가지 않았으면 하고 생각합니다. 저였다면 (아버지가) 어머니와 함께 계속 있어주는 게 저도 여동생도 행복했지 않았을까 하고."

그리고 대전에서 우에노에게 일어난 일에 대해서 더듬더듬 자신의 심정을 말했다.

"여러가지 있었던 것 같습니다만, 다만 존경은…오늘 듣고 어느 정도는 존경스럽기까지 했습니다. 이제까지는 우에노 다모쓰라는 존재를 사진에서밖에 알지 못했어요. 어떤 일을 하고 있었는지도 이제 알았습니다. 그런 곳에 있었다면 모르는 체는 할 수 없었을 테니까요. 함께 총을 들었던 동료가 옆에서 죽어가고 있다면 응원하여 도와주고 싶었던 것이었을까 하고 생각합니다. 그러한 것은 본인에게 들어 보지 않으면 알 수 없지만… 어쩌면 죽였을지도 모르겠습니다. 전쟁이니까 죽이거나 죽거나 하는 일은 있다고 생각합니다. ……자식으로서는 그런 짓을 하시게 하고 싶지 않았습니다."

평화헌법이 제정되어, 전쟁을 포기했어도 일본인은 전장으로 떠났다. 미군의 협력자인 우에노는 전장에서 애매한 위치에 서는 것은 허용되지 않았다.

"죽이거나 죽거나 하는 일을 하게 하고 싶지 않았다"라면 더 이상 바랄 것이 없었겠다는 다카시 씨의 말은 미래의 일본인을 향한 것처럼 들렸다.

다카시 씨의 집을 나온 뒤 나는 어느 장소에 들렀다. 고쿠라 기타구北区에 있는 호다이산砲台山. 그 한 구석에 국제연합기념십자가, 통칭 메모리얼 크로스라는 거대한 십자가가 있다. 높이는 약 20m. 지금은 손질도 되어 있지 않아 누군가 참배하는 흔적도 없다.

메모리얼 크로스는 1952년 9월, 유엔군으로서 사망한 군인의 영을 달래기 위해 캠프 코쿠라에 주둔하고 있었던 미군에 의해 건립되어 일본 측에 인도되었다. 이 장소에 세워진 것은 고쿠라가 일본에서의 한국전쟁의 최전선 기지였던 것뿐만 아니라, 한반도에서 죽은 미군 병사의 유체가 일시적으로 모이는 곳이기도 했기 때문이었다.

북한군의 전차 포탄에 의해 목숨을 잃은 미군 병사의 유해에는 팔이나 다리가 떨어져 나가 산산조각이 난 것이 적지 않았다. 훼손된 유체, 소사체, 부패한 유체. 신원을 특정하기 위해 노력하며 맞붙이는 가혹한 작업을 담당한 것은 일본인 의사와 의학생들이었다. 유체 복원은 고쿠라의 점령군 기지 캠프 죠노에서 행해졌다. 유체를 모신 관은 성조기에 싸여 엄숙하게 본국으로 송환되었다. 당시 조선특수로 끓어오르는 일본에서 이 일은 널리 보도되는 일은 없었다.

대좌의 석판에는 유엔의 문장과 함께 다음의 비명이 새겨져 있다.

유엔군 전몰 장병들에게 경의를 표하며

IN HONOR OF THE FALLEN HEROES OF THE UNITED NATIONS

메모리얼 크로스는 일본과 미국을 중심으로 한 유엔군의 우호의 증거나 다름없을 것이다. 그러나 나에게는 일본인이 한국전쟁에 깊이 관여하고, 여기서 전장으로 향한 사실을 나타내는 '잊혀진 기념비'로 여겨지지는 않았다.

십자가는 한반도를 마주하는 듯이 세워져 있었다.

제3장

고아들은 미국을 동경했다

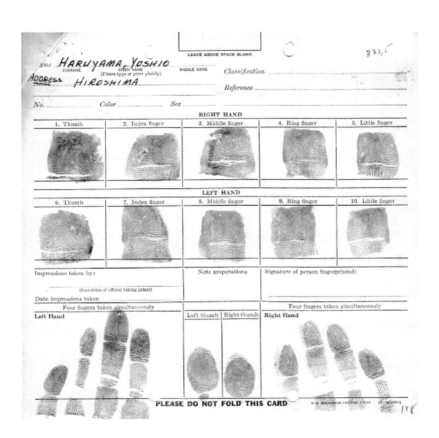

극비 문서에 남겨진 하루야마 요시오(당시 열세 살)의 지문

일본의 고아들

심문 기록에는 일본인이 태평양전쟁에 패배하면서 생겨난 깊은 '상처'도 새겨져 있다. 그중 하나는 전쟁 고아 문제였다.

패전 후에 불어난 고아 실태 조사 기록은 몇 건쯤은 남아 있지만, 정확한 수를 파악하기는 어렵다. 예를 들어, 후생성*이 정리한 「전국 고아 일제 조사 결과全国孤児一斉調査結果」에는, 1948년 2월 1일 시점에 그 총수는 12만 2,511명에 이른다고 되어 있다.[1]

극비 문서에 기재된 하루야마 요시오(또는 하루야마 토시오)도, 그러한 고아 중 한 명이었다. 당시 13세 소년. 심문받은 일본인 중에서도 유난히 어렸다. 극비 문서에는 다른 일본인과 비교해서도 굵기가 한참이나 작은 다섯 손가락의 지문이 남아 있다. 1938년 2월 1일 생. 출생지는 히로시마의 'Kwang On Machi'라고 쓰여 있다. 아마도 히로시마시 간온 지구観音地区, 현재 니시구 간온마치(西区観音町)**일 것이다.

원폭에 휩쓸린 히로시마는 전쟁 고아의 수가 전국에서도 가장 많았는데, 「전국 고아 일제조사 결과」에 따르면 1948년 2월 시점에 2,541명에 이르렀다. 하루야마는 7세 무렵 부모를 원폭으로 잃었다. 간온 지구는 폭심지로부터 가장 멀리 떨어진 곳이라도 약 5km, 가장 가까운 곳은 겨우 1.1km로, 원폭의 직격을 맞은 지역 중 하나였다.***

---

*   일본의 중앙 성청 중에서도 복지, 보건 등을 관장하는 부서로, 2001년 이래 노동성과 통합하여 후생노동성으로 개편되었다.

**   관음, 곧 관세음보살을 뜻하는 일본어로는 '간논'이라고 읽는데, 이 지역에서는 '간온'이라고 읽는다.

*** 일명 그라운드 제로(Ground Zero). 원자폭탄이 폭발한 지점을 가리키는 용어이다.

원폭 투하 직전의 간온 지구 주민 수는 약 2만 명. 간온 지구 중에서도 폭심지爆心地에 가까웠던 히가시 간온마치東観音町, 니시 간온마치西観音町, 간온혼마치観音本町는 즉사자가 약 13~25%, 부상자는 50%를 넘었다. 지구 내의 거의 모든 건물이 완전히 또는 반쯤 무너져내렸다.[2] 『히로시마 원폭 전재사広島原爆戦災史』에 다음과 같이 기록되어 있다.

무너진 집에 깔린 사람은 대부분이 돌발 사태에 갈팡질팡하고 있었던 이들이었으며, 구조할 만한 도구도 없었으므로, 거의 구출되지 못했다. (…중략…) 난간을 잡은 채 움직이지 못하게 된 사람도 있었고, 강으로 도망친 사람 가운데는 중상자가 많았으며, 대부분은 사망했다.[3]

간온 지구 내에는 제2국민학교미나미 간온마치(南観音町)와 간온 국민학교観音国民学校, 히가시 간온마치가 있어서, 하루야마의 나이로 미루어 보면 그중 어느 한 학교에 다니고 있었는지도 모른다. 제2국민학교는 학도 동원学徒動員*으로 시내에 머무르고 있던 아동이 많아서 약 250명이 즉사했다.[4] 간온 국민학교의 아동 다수는 히바군比婆郡, 현재의 쇼바라시(庄原市)에 있

1945년 8월 6일, 히로시마는 사상 최초의 원자폭탄 공격을 받았으며, 그 상징은 이곳으로부터 150m 떨어진 곳에 위치한 히로시마 물산 장려관에 남아 있다. 원폭으로 붕괴된 이 건물은, 이후 히로시마 평화 기념공원(원폭 돔)이 되어 세계유산에 등재되었다. 해마다 8월 6일이 되면 이곳에서 원폭 희생자를 추도하는 평화기념식전(平和記念式典)이 거행된다.

* 학도 근로동원이라고도 한다. 중일전쟁 및 태평양전쟁에 따른 노동력 부족을 보충한다는 명목으로 중등학교 이상의 학생들을 강제로 군수 및 관련 산업, 농업에 동원하였다. 처음에는 불과 며칠에 불과하던 근로 동원 기간은 전쟁 말기에는 최대 1년으로 늘어났으며, 그 대상도 국민학생(한국의 초등학교에 해당)까지 확대되었다. 학도 근로 동원은 종전 이후 폐지되었다.

었던 사찰에 소개*되었지만, 소개되지 않은 아동 74명은 무너진 학교 건물에 깔려 죽었다.[5]

하루야마는 살아 남았는데, 기적적으로 구조된 것일까, 아니면 어딘가로 소개되어 있었던 것일까? 하루야마의 당시 소재지를 특정할 수는 없지만, 심문 기록에 "건강상의 문제는 없다"라고 쓰여 있는 것을 보면 소개되어 있었을 가능성이 높다.

이 하루야마는 한국전쟁 개전보다 앞선 시점에 한반도에 건너갔다. 이는 심문 기록에 등장하는 일본인 가운데 특이한 경우였다.

> **하루야마** 1945년 나가사키에서 제54헌병중대의 마스코트 같은 존재가 되었습니다.

'마스코트'란, 병사들로부터 귀여움을 받고 팁 등을 얻는 것을 가리키는 듯하다. 히로시마에서 나가사키에 이동한 때는 (태평양전쟁─역자주) 종전 후라고 생각되지만, 그 정확한 일자는 심문기록으로는 알 수 없다.

다음 해 하루야마는 제54헌병중대가 한반도에 건너가게 되었으므로 부대와 함께 인천으로 건너갔다. 1947년에는 제54헌병중대가 한반도를 떠나자 하루야마는 인천에서 제55헌병중대에 거둬졌다. 그들과 2개월간 행동을 같이한 뒤 KMAG에 합류했다. KMAG란 '주한 미 군사고문단Korean Military Advisory Group─역자주'이었다. 한국군의 훈련이나 물자 공급을 담당하는 미군 부대였다.

---

* 소개(疏開)는 전시를 비롯한 비상 사태시 민간인의 피해를 최소화하기 위해 이들을 계획적, 집단적으로 피난시키는 것으로, 여기서는 태평양전쟁 말 일본 본토 공습에 따라 아동들을 대상으로 실시한 소개를 가리킨다.

1950년 한국전쟁 때 하루야마는 KMAG와 함께 부산에 있었던 듯하다. 그 후, 해병대와 함께 서울까지 종군했다.

그리고 개전으로부터 5개월 후 다른 부대와 함께 부산까지 되돌아왔을 때 일본으로 돌려보내졌다. 심문을 받던 당시에 입고 있었던 옷은 "미군 병사가 조선에서 사 준 것이다"라고 진술했는데, 부대에서 존재를 인정받고 있었던 점을 짐작할 수 있다.

하루야마에게 미군 병사들은 부모 대신의 존재였던 것일까. 열세 살 소년이 살아가기 위해서는 그들과 함께 전쟁에 가는 수밖에 없었을 것이다.

열두 살에 전장에 선 일본인

제2보병사단 제23보병연대에 있었던 시게미쓰 쓰네히데의 심문 기록에는 어린 나이라고는 거의 느껴지지 않을 만큼 필압이 센 서명이 쓰여 있다. 시게미쓰는 열두 살에 전장의 최전선에 있었다.

한반도로 건너간 것은 '도쿄에서 10일쯤 함께 행동했던 흑인 남성이 백 속에 숨으라는 말을 하고는 데려갔기 때문'이라고 한다. 어디로 가는지도 알지 못했다. 현지에 도착하고 나서 그와 1개월쯤 함께 지낸 뒤, 부산에 주둔하고 있던 제23보병연대에 혼자 힘으로 찾아가서는 그곳에 근무하는 일병의 하우스보이가 되어 잔심부름을 했다고 한다. 닉네임은 '지미'였다. 그 역시, 부대의 '마스코트'가 되어 귀여움을 받았다고 한다.

그러나 그곳은 전장이었다. 어른이건 아이건 관계없었다. 시게미쓰는 겨우 열두 살에 사람을 죽이게 된다.

조사관	이제껏 총을 지급받은 적이 있나?
시게미쓰	예. 카빈총을 받았습니다.
조사관	북한인이나 중국인을 쏜 적이 있나?
시게미쓰	예. 중국인 3~4명을 쏘았습니다. (…중략…) 죽이긴 했는데, 몇 명이나 되는지는 모르겠습니다. (…중략…) 수많은 미군 장병들도 죽었습니다.
조사관	부상을 입은 적이 있나?
시게미쓰	예. 왼쪽을 중국인에게 맞았습니다. 심각한 부상은 아니었습니다.

"북한인이나 중국인을 쏘았나"라는 물음에 시게미쓰는 분명히 '중국인'이라고 답했다. 심문이 행해진 것은 1951년 7월 25일. 제23보병연대의 행동기록을 조사해 보니, 1951년 2월 13일부터 15일에 걸쳐 서울로부터 약 60km 동쪽에 있는 경기도 양평군 지평리에서 대규모 전투가 발발했으며, 거기에 참가했다는 사실을 알 수 있었다.[6]

38도선을 넘어 온 중공군을 맞아 싸운 이 '지평리 전투'는 극도로 치열했다.

중공군 2만 5천 명에 맞서 미군을 중심으로 한 유엔군은 5,600명이었다. 압도적인 병력차였지만 미군이 52명 사망, 42명이 행방불명자를 낸데 비해 중공군은 2,000명의 사망자를 냈다. 중공군을 철수로 몰아넣은 이 전투는 한국을 지켜낸 전투로 칭송된다.

시게미쓰의 심문 기록에도 아주 가느다란 다섯 손가락의 지문이 남아 있었다. 이 손으로 카빈총을 쥐고 적을 '죽인' 것일까?

심문 기록에는 태평양전쟁의 그림자가 짙게 드리워져 있었다.

조사관　미군 병사와 만나기 전에는 어디서 살고 있었나?

시게미쓰　도쿄였습니다.

조사관　도쿄가 공습을 받을 때 가족과 함께 있었나?

시게미쓰　예. 가족 전원이 죽었습니다.

조사관　자네가 이전에 살던 집은 남아 있나?

시게미쓰　조선에 2년이나 있었으니까, 모르겠습니다.

시게미쓰가 고아가 된 이유는 도쿄 공습 때문이었다. 시게미쓰가 말하는 "공습"이란, 1945년 3월 10일에 발생한 도쿄 대공습을 가리키는 것일까. 잘 알려져 있듯이, 도쿄 대공습은 확인된 것만으로도 10만 명 이상이 희생되었다고 하지만, 지금도 정확한 희생자 수는 잘 알려지지 않았다. 심문 기록에는 자세한 주소는 기재되지 않았기 때문에, 시게미쓰의 부모가 어디에서 조난당했는지 특정할 수는 없다. 다만 적어도 시게미쓰는 미국의 공습으로 부모와 자매심문 기록에는 'sister'라고 되어 있다 하나를 잃었으며 게다가 "친구도 모두 죽었고, 친척도 없었다". 당시 그는 겨우 여섯 살 전후였다. 살아가려면 생면부지의 미군 병사에게 기댈 수밖에 없었을지도 모르겠다. "학교에는 한 번도 다닌 적이 없다"라고 답했다. 패전 직후의 도쿄에는 이런 고아들이 넘치고 있었다.

심문 기록에는 이렇게 정리되어 있다.

　　소년은 부대의 마스코트나 마찬가지였다. 그러나 전투부대의 환경
　　은 성장기의 소년에게는 적절한 장소가 아니었다.

시게미쓰는 심문을 받은 뒤, 도쿄 도의 아동 복지를 담당하는 부서, 도

쿄도 민생국현재는 총무국 아동과에 맡겨졌다. 발자취를 쫓았지만 이 이상은 기록이 남아있지 않았다.

원폭과 공습으로 부모나 가족을 잃은 하루야마와 시게미쓰. 살아가기 위한 선택을 거듭한 결과가 미군에게 붙은 것이었다.

한편, 고아 중에는 육친과 생이별하고 혼자 살아남은 것을 참회하며, 떠밀리듯이 한반도로 떠나기를 선택한 이도 있었다.

두 차례의 대전에 농락당한 소년

다이라 쓰카사는 제145포병대대와 함께 행동했던 것이 발견되어 일본에 송환된 뒤, 1952년 1월에 심문을 받았다. 심문을 받은 시점에 그의 나이는 열일곱 살 전후였다. 그의 기록으로부터 밝혀진 것은 태평양전쟁과 한국전쟁에 걸쳐 두 차례의 커다란 전쟁에 농락당한 소년의 비극이었다.

심문기록 속의 다이라는, 태어난 것은 1935년인지 1936년인지 애매하게 대답했지만, 출신지는 현재의 도쿄도 히노시東京都日野市에 해당하는 나나오촌七生村의 미나미다이라南平라고 말했다.

다이라를 심문한 보고서는 다이라 본인에 대한 심문에 더하여, 다이라가 있었던 제145야포병대대의 미군 장병들을 탐문한 내용도 기록되어 있어서 심문 내용을 객관적으로 읽을 수 있다. 순서에 따라 보도록 하자.

다이라는 미군 장병들로부터 '니시하라 아키라'라는 이름을 얻었다. 이 이름은 한국 내 미군 기지에서 일하던 때에 미군 장병들로부터 얻은 것이라고 하지만, 그 경위에 대해서는 알 수 없다. 미군 병사들 전원은

다이라를 니시하라라고 불러서 다이라도 딱히 '정정하려 하지 않았다'
라고 했지만, 여기서는 다이라라고 통일해서 표기한다.

먼저, 딘 터틀 일병이 다이라가 부대에서 일하게 된 경위를 말하고 있다.

조사관	부대에 있었던 일본인에 대해 아는 게 있나?
터틀	예. 부대에는 일본인이 있었습니다. 다이라는 작년(1951년이라 추측됨) 12월 15일에 저에게 와서는 하우스보이 일을 시켜 달라고 말했습니다. 어디 다른 곳에서 일한 적이 있나 물어 보니, 그는 부산에 있었던 유엔군 집합지의 장교 클럽에서 일했다고 말했습니다. 저는 제 이름을 그에게 알려 주면서 대대의 고용 담당관이었던 개리엇 씨에게 얘기해 보라고 얘기했습니다. 개리엇 씨에게 그를 고용할 거냐고 물으니 개리엇 씨는 "걔는 너무 어려서, 학교에 다녀야 되잖아"라고 답했습니다.
조사관	그 후, 그가 있다는 사실을 언제 알아차렸나?
터틀	대대의 책임자 고든 L. 스테이커 소장소령을 잘못 표기한 것-역자주*에게서, [다이라를] 그가 지내는 막사의 하우스보이로 고용했다는 말을 들었을 때였습니다. 다이라는 바로 업무를 할당받아 일했습니다.

---

* 원문은 소장(少將)으로 되어 있으나, 장관급인 소장이 일개 대대의 책임자라는 진
술은 상식에서 크게 어긋난다. 고든 L. 스테이커(Gordon L. Staker)의 심문 기록의
제목 및 소장 위치를 보면, 그가 소령이었음이 확인된다. Testimony of Major Gordon
L. Staker, 30 January 1952, in NARA, College Park, Records of GHQ, FEC, SCAP and
UNC, record group 554, stack area 290, row 50, compartment 17, shelf 3, container
46, folder 2. 번역시 소령(Major)을 소장(Major Gen.)이라 착각한 것으로 추정된다.
이에 따라, 원문 나머지의 '스테이커 소장'은 '스테이커 소령'으로 수정하였다.

조사관	그가 부대에서 일하는 태도는 어땠나?
터틀	아마도 부대에 고용된 사람들 중에서도 그는 가장 정력적으로 일했습니다.

터틀 일병의 증언을 통해, 다이라가 제145야포병대대에 합류하기 전에 부산에서 일하고 있었다는 사실을 알 수 있다. 다만 이해할 수 없는 것은, 부대의 고용 담당이었던 윌리엄 W. 개리엇 씨라는 인물이 '학교에 다녀야 되잖아'라고 채용을 미뤘음에도 불구하고 스테이커 소령의 하우스보이가 되었다는 것이다. 개리엇 씨는 현지 한국인을 부대에 고용하는 일이 업무였다. 한 번에 2~3명씩 통역을 붙여서 면담했고, 47명을 고용했다고 한다. 개리엇 씨는 당초에 다이라가 너무 어리다고 생각했지만, 나중에는 고용한 것을 인정했다.

조사관	귀관은 [부대가] 부산을 떠나기 전에 다이라를 고용했나?
개리엇	예.
조사관	누가, 다이라를 고용하자고 제안했나?
개리엇	우리 대대의 로버트 N. 오스터가드 중위와 고든 L. 스테이커 소령에게서 하우스보이가 필요하다는 말을 들었습니다. (…중략…) 다이라가 우리에게 온 것은 1951년 12월 14일이었습니다. 그는 자신이 스테이커 소령의 하우스보이로서 우리와 함께 전선에 나갈 수 있는지 확인받았습니다.

"그는 공산주의자를 증오했습니다"

개리엇 씨는 상관 2명으로부터 하우스보이가 필요하다는 말을 듣고, 다이라를 채용하기로 최종 결정했다. 그 가운데 한 사람, 오스터가드 중위는 다이라의 고용에 관해 개리엇 씨와 같은 경위를 이야기했다. 그리고 다이라의 평가에 대해서 주목할 만한 이야기를 했다.

> **조사관**　　다이라가 맡은 일을 어떻게 평가하나?
>
> **오스터가드**　그는 정말로 정직하고 예의 바르며, 상당히 괜찮은 하우스보이입니다.
>
> **조사관**　　그는 이제껏 유엔군과 싸운 적이 있었나?
>
> **오스터가드**　아니오. 그런 일은 없었습니다. 그는 공산주의자를 증오했습니다.

한국전쟁에 참전한 중국은 인민지원군이라는 형식으로 북한에 원군을 보냈는데, 중국은 거기에 잔류 일본군残留日本軍*의 일부를 할당했다. 전직 마이니치방송毎日放送 기자 니시무라 히데키西村秀樹가 저서 『한국전쟁에 '참전'한 일본朝鮮戦争に「参戦」した日本』에서, 만몽개척 청소년의용단満蒙開拓青少年義勇団**이었던 일본인 남성이 전후太평양전쟁 종전을 가리킴－역자주소련의 포로

---

* 태평양전쟁 종전 후에도 귀환하지 않고 옛 전장에 남은 일본군을 말한다. 이들 중 많은 이들이 현지 군대에 협력하며 이후의 내전, 분쟁에 참전하거나, 각군의 국군 창설 및 게릴라 양성 활동을 한 이들도 있었지만, 일본이 항복했다는 사실을 받아들이지 않으며 귀환을 거부한 이들도 있었다.
** 중일전쟁을 전후로, 일본은 농촌의 경제난을 타개하는 한편, 만주를 개척한다는 명목하에 자국민 100만 명을 만주로 이주시킨다는 계획을 세웠고, 이를 추진하여 27만 명이나 되는 일본인이 만주로 이주했다. 특히 중일전쟁 발발 이후에는 청소년을 대

가 된 뒤 중국인민지원군에 합류한 사실을 소개했다.[7] 심문 기록에 남은 "유엔군과 싸운 적이 있었나?"란 질문은 중국인민지원군에 몸담은 적이 있었다고 생각하나, 라는 질문이라고 추측된다.

다이라는 중국인민지원군에 몸담은 적이 없었고, 뿐만 아니라 "공산주의자를 증오하고 있다"라고 했다. 도대체 무슨 일일까?

제145야포병 대대의 책임자로, 다이라의 직속 상관이었던 스테이커 소령은 부산에 있었던 장교 클럽에서 다이라와 만났다고 증언했다.

조사관　그에게 관심을 갖게 된 것은 언제였나?

스테이커　매일 길가에서 다이라가 제 눈에 띄기는 했습니다. 그런데 우리들이 부산을 떠나기 이틀 전에, 그가 오스터가드 중위와 저에게 이야기를 하러 왔습니다. 저는 상부로부터 북쪽으로 가겠다는 하우스보이가 있다면 데리고 가도 좋다는 승인을 받았습니다만, 실제로는 아무도 없었습니다. 그런데 다이라가 그 일을 하고 싶다고 한 것입니다.

그 후, 다이라는 고용 담당 개리엇 씨에게 소개받았다가 한 번 거절당했지만, 스테이커 소령 등의 소개로 정식 고용되었다. 스테이커 소령 직속이 된 다이라는 극히 높은 평가를 받았다.

상으로 만몽개척청소년의용군이 조직되었으며, 그 수는 8만 6,000명에 이르렀다. 이들 중 수많은 이들은 태평양전쟁 종전 이후에도 귀환하지 못하고 소련이나 중국에 억류되었다. 당시 일본에서 생산된 문서에는 만몽개척청소년의용군(満蒙開拓青少年義勇軍)이란 표현이 일반적이었으나, 원서에서 '만몽개척청소년의용단'으로 표기하였으므로 번역서에서는 이를 그대로 따랐다.

조사관	그의 태도는 어땠나?
스테이커	그는 매우 친절했고, 또 반공주의자였습니다. 그는 누구와 도 사이좋게 지낼 수 있습니다만, 일본의 입장에 서서 언짢 아하기도 했습니다. 그는 양심적이었고, 업무도 너무나 열 심히 했습니다.
조사관	그가 무기를 든 적이 있었나?
스테이커	제가 아는 한은 없었습니다. 그는 오늘 밤 적이 쳐들어 온 다 해도 무기는 들지 않을 거라고 말했습니다.
조사관	다이라에 대해서는 장교 클럽에서 일하고 있었던 것 외에 도 귀관의 부대에서 뭔가 조사한 것이 있었나?
스테이커	아니오. 그저 그에게 질문을 했을 뿐입니다. 저는 그에게 일 본인으로서 어떤 사정이 있었는지 물었습니다.

여동생과 생이별, 그리고 귀국

스테이커 소령은 다이라의 과거에 대해서 상세히 물어보았다. 그리고 그 심문이 '그[다이라]를 보호'할 수 있도록 전부 말하고 싶다며 스테이커 소령은 다음과 같이 증언했다.

스테이커	다이라는 좋은 청년이었다고 생각합니다. 그가 핍박받아야 한다고는 생각하지 않습니다. 그는 유엔군에 충성을 다해 주었습니다. 그는 제게 자기 부모나 자매에 대해서 얘기했 습니다. 다이라의 부친은 제2차 세계대전 중 태국에서 신

문사를 경영하고 있었다고 합니다. 모친은 여동생이 태어 나자마자 사망했습니다. 연합국이 일본에 승리를 거둔 뒤 였거나 혹은 승리를 거두려 할 때에 일본인은 태국으로부 터 도망칠 수밖에 없었습니다. 다이라와 그 부친, 그리고 여 동생은 일본에 귀환하기 위해 비행기에 올라탔습니다. 중 국의 항공기지에서 막 이륙하려고 할 때 비행기는 중국의 공산주의자의 관리하에 놓이게 되었습니다.

다이라 본인의 심문기록 중에서도, 숫자 등에 오차는 있지만, 장교들 과 거의 같은 내용의 증언이 인정되었다. '태국에는 아버지와 여동생과 체류'했다는 것도 본인 입으로 이야기했다. 단, 귀환과 관련된 부분은 보충할 필요가 있다.

전후 귀환引き揚げ의 역사에 정통한 국문학연구자료관国文学研究資料館 준교 수 가토 기요후미加藤聖文에 따르면, 태국 국내에는 귀환에 활용된 공항은 없었다. 또, '중국의 공산주의자의 관리하에 놓였다'라고 했지만, 당시의 정세를 고려하면 사실이라고 보기 어렵다고 한다. 그렇지만, 그 후의 심 문에서 다이라는 '북한의 수용소로 보내졌다'라고 답했다.

그렇다면, 다이라의 가족은 언제 태국을 떠나 한반도 북부에 유치되 었던 것일까?

가토는 '어린 아이가 패전을 전후한 시기의 혼란을 정확하게 기억 할 수 있다고 보기는 어렵다'라고 잘라 말하면서도, 아래와 같은 견해 를 드러냈다.

다이라의 가족은 패전 후가 아니라 임팔 작전*이 다대한 희생을 낸 뒤 중지되었던 1944년 7월 이후부터 패전까지의 사이에 피난한 것이 아닐까요?

임팔 작전의 실패 이후, 1945년 5월에 버마^{현재의 미얀마}의 랑군^{현재의 양곤}이 함락되는 등 전황은 악화되었고, 완패한 일본군은 태국으로 도망쳤다. 당시 태국에 살고 있었다는 다이라의 가족은 전쟁에 휘말릴 것을 염려해 태국으로부터 중국에 피난했을 가능성이 있다는 것이 가토의 견해였다.

당시 일본은 본토 주변을 포함하여 제공권을 잃었기 때문에 동지나해를 건너 귀국하는 루트는 거의 없었습니다. 다이라의 가족은 철도로 조선반도를 향해 거기서부터 일본에 귀국하려는 때에 패전이 된 것 같습니다. 그 장소는 만주^{현재의 중국 동북부} 또는 조선 북부였겠죠. 패전 후에는 소련의 침공을 받은 상태였기 때문에 남쪽으로의 이동이 엄격하게 제한되었습니다. 많은 일본인이 평양에 있었던 난민수용소에 유치되어 있었습니다. 다이라의 가족도 그중에 있었던 것이 아닐까요?

1945년부터 다음 해에 걸친 겨울, 한반도 북부의 수용소에서는 많은 일본인이 희생되었다.

---

*　태평양전쟁 중인 1944년, 일본이 영국의 식민지였던 인도를 침공하여 전개된 전투로 이 작전에 참가한 일본군은 9만 2,000명에 달했으나, 보급을 고려하지 않은 무리한 작전 수행의 결과 그야말로 궤멸적인 타격을 입고 버마(현재의 미얀마)로 후퇴했다. 이 작전은 태평양전쟁 중 일본군이 패배한 대표적인 전투였으며, 무타구치 렌야(牟田口廉也) 중장이 벌인 실책으로도 유명하다.

스테이커 다이라는 수용소에 있던 18~45세의 사람들은 모두 시베리아로 송환되었다고 말했습니다. 그리고 노인이나 젊은이는 수용소에 유치되어 많은 사람들이 동사했습니다. 어느 봄날 수용소 구획 밖으로 나가도록 허가받았습니다. 거기에는 잡초가 높이 자라 있었습니다. 약 20명의 노인이나 어린 이들은 잡초 속으로 숨었습니다. 그때, 그의 부친은 공산주의자의 기관총에 맞았습니다.

다이라와 여동생은 도망쳤습니다. 여동생과는 반대 방향으로 다이라는 내달렸습니다. 그는 며칠 동안을 숨어 지냈습니다. 어느 날 트럭 한 대가 옆을 지나가다가 그를 태워 주었습니다. 그 트럭을 운전하던 사람은 미군 병사였습니다. 부산 쪽까지 딸려 가서, 다이라는 일본으로 가는 LST에 탔습니다. 그의 여동생은 찾지 못했습니다.

다이라 자신의 심문에서도 "1946년 4월까지 수용소에 있었다", "일본인 200~300명과 함께 조선 남부로 도망쳤다"라는 이야기를 했다. 다이라가 말한 수용소는, 일본군이 들어가 있었던 수용소가 아니라, 난민들이 모여 있던 수용소였을 것이다. 아버지는 이 때 죽었으나, 다이라는 '미군 병사 3명이 탄 트럭에 태워져' '서울의 수용소에 그밖의 일본인과 함께 들어갔다'는 것이다. 그 뒤, 다이라는 부산까지 데려가졌고, 거기서 일본에 송환되었다.

종전 직후, 소련 점령하의 한반도 북부에 있었던 일본인은 약 30만 명을 넘었다.[8] 여기에는 만주 등 중국으로부터 이송되어 온 일본인도 포함되어 있었다. 당시 38도선은 소련에 의해 봉쇄되어 있었으나, 결사의 각

오로 남쪽에 월경하는 일본인은 끊이지 않았다. 1946년 10월까지 한반도 남부로 도망친 일본인은 20만 명 이상이었다.

이 도피행 와중에 다이라는 여동생과 생이별하고 말았다. 살아남기 위해선 하나 남은 육친마저 내버려둘 수밖에 없었다. 다이라와 같이 가족과 뿔뿔이 흩어진 일본인은 결코 적지 않았다. 미소 협정이 맺어져 정식으로 한반도 북부로부터의 귀환이 이루어진 것은 1946년 12월이었다.

> **스테이커** 그는 고향의 집에 돌아갔습니다만, 이미 공습으로 모두 불
> 타버렸습니다. 그리고서 그는 자기 여동생을 찾기 위해 한
> 반도로 돌아가기로 결의한 것입니다.

스테이커 소령은 히노시 미나미다이라에 있었던 생가는 소실되었다고 대답했지만, 같은 질문에 대하여 다이라 본인은 뒷부분에 기재된 것과 마찬가지로 "도쿄에서 저는 제 집을 찾을 수 없었습니다"라고 진술했다.

히노시에서는 1945년 4월 3일부터 4일 미명에 걸쳐 공습이 있었는데, 적어도 시 전역에서 사망자가 28명이 나왔다고 한다.[9]

그러나 2020년 9월에 전쟁 중부터 미나미다이라에 살고 있었던 하마다 노부오 氏浜田宣郎, 취재 당시 94세에게 내가 들은 이야기로는, 미나미다이라에 투하된 폭탄은 그곳에 있던 야사카 신사八坂神社에 떨어진 한 발뿐이었다고 한다. 지금도 당시 폭풍에 파헤쳐진 흔적이 있는 도리이신사의 정문─역자주가 남아 있다. 하마다 씨에게 다이라의 집이 있었던 주소를 말해 주었더니, 그 주변에는 폭탄은 떨어지지 않았을 것이라고 말했다.

전후 잠시 돌아왔던, 당시 10~11세였던 다이라에게는 원래 살고 있

던 집을 찾아내는 것은 불가능했던 건 아닐까. 한편, 스테이커 소령은 다이라의 생가에 닥친 일과 도쿄 대공습 이야기를 연관지어 말해버린 건 아닐까?

다시 한반도로

천애고아가 된 다이라의 가슴속에 한반도에 내버려둔 여동생의 존재가 서서히 커져 왔다. 그리고 다이라는 마침내 행동에 나섰다.

> **조사관** 그는 얼마 동안 일본에 있었나?
>
> **스테이커** 잘은 모르겠습니다만 1년인가 2년 동안이 아닐까 합니다. 그는 작년[1951년으로 추정된다] 여름에 여동생을 찾으려고 되돌아왔다고 말했습니다. 저와 다른 장교는 부산에서 그가 항상 마을에 있는 모습을 보았습니다. 그러나 한국인에게 괴롭힘을 당해서 마을로부터 도망칠 수밖에 없었습니다. 그래서 저희들이 데려온 것입니다. 저는 그가 멋진 인간이라고 생각하여, 한국인에게 괴롭힘을 당하지 않기 위해서라도 일본으로 보내면 어떨까 하고 생각했습니다. 그는 철저한 반공주의자입니다. 부친이 살해당했으니까 공산주의를 증오하고 있었던 것입니다.

일본에 돌아간 다이라는 다시 한반도에 향하기까지의 경위에 대해 본인 입으로 다음과 같이 말했다.

조사관 일본에서는 무엇을 했나?

다이라 규슈의 보급창고에서 미군 병사를 위해 일했습니다. 다만 그다지 기억나진 않습니다. 도쿄에서 저는 제 집을 찾을 수 없었습니다. 저는 야간 영어학교에 갔습니다. 돈도 없었고, 돈을 모을 방법도 없었습니다.

조사관 언제 한반도로 돌아갔나?

다이라 1951년 7월, 사세보에서 시나노마루信濃丸에 탔습니다. 일본인 선원이 저를 부산에 데려가 주었던 것입니다. 저는 부산에는 북한에서 온 일본인 여성이 많이 있다고 들었습니다. 저는 부산에서 여동생을 찾으려고 했습니다. 여기저기 구석구석 찾았습니다. 어느 때인가 미군 헌병에게 "나는 일본인인데, 여동생을 찾고 있다"라고 말했는데, 미군의 고용사무소에 가 보라는 말을 들었습니다. 고용 담당은 저에게 유엔의 관리사무소 일자리를 주었습니다. 저는 거기서 [한국의 유엔한국통일부흥위원단의 식당을 담당했던] 닐스 G. 툴렌* 씨가 스웨덴으로 떠날 때까지 일했습니다. 그 후, 저는 부산의 집합 에어리어의 장교 클럽에서 일했습니다. 1951년 12월, 제145대대에 가서 일자리가 필요하다고 부탁했습니다. 그렇게 하우스보이로 종군했습니다.

---

* 대한민국 국가기록원이 소장 중인 유엔한국통일부흥위원단(UNCURK) 사진첩 중에는, 26세의 닐스 G. 툴렌(Nils G. Thulen)이라는 인물이 Henry Grankvist에게 짐을 넘겨주고 있는 장면을 촬영한 사진(해당 사진의 생산 등록 일자는 1951년 2월 1일, 국가기록원 관리번호는 DTC0000029이다)이 존재한다.

다이라는 생이별한 여동생을 찾기 위해 시나노마루에 승선하여 한반도로 돌아갔다. 시나노마루란, 1900년에 건조된 닛폰유센日本郵船의 선박이었다. 러일전쟁과 태평양전쟁에 걸쳐 두 차례 전쟁에 징용되어 군의 수송선이 되었다. 전후태평양전쟁 종전 후-역자주에는 귀환선引き揚げ船으로서 한반도와의 사이를 왕복했다. 그리고 한국전쟁이 시작되자 다시 해상 수송에 끌려나와, 개전 다음 해인 1951년에 해체될 때까지 항행을 계속했다. 다이라가 승선한 것은 고철이 되기 직전의 시나노마루였다.

이 장 첫머리에서 소개한「전국 고아 일제조사 결과」에 의하면 1948년 2월 1일 시점까지 전후 귀환에 따른 고아는 1만 1,351명이 넘었다. 그 중 다수가 한반도로부터의 귀환자였다.

여동생의 이름은 다이라 야요이. 전쟁 중인 한국에 건너갔지만, 여동생과의 재회는 이뤄지지 못했다. 보고서는 '다이라는 일본에 송환되었다'라고 끝맺어져 있었다.

일본인 포로, 쓰쓰이 기요히토

심문 기록에는 기재되지 않은 일본인 한 사람, 쓰쓰이 기요히토筒井清人의 이야기도 써 두려 한다. 쓰쓰이는 미군에 종군했다가 북한군의 포로가 되었다. 그리고 포로 시절 동료와의 인연을 계기로 훗날에 미국 국적을 취득했다. 쓰쓰이는 고아는 아니었지만 '미국에 이끌렸던 일본의 젊은이'라는 구도의 두드러진 사례라고 말할 수 있을 것이다.

내가 쓰쓰이의 존재를 알게 된 것은 전 미군 병사였던 월버트 에스터브룩과의 만남이 계기가 되었다. 에스터브룩도 한국전쟁에서 북한군의

포로가 되었다. 2019년 취재 당시 88세. 캘리포니아주의 로스앤젤레스
에서 차로 2시간, 포도밭이 펼쳐져 있고 양조장이 여기저기 흩어져 있는
테메큘라 교외에 살고 있었다. 퇴역 군인이 많이 살고 있는 한적한 주택
가에는 집 앞에 성조기를 게양한 집도 보았다. 에스터브룩의 집 앞에 차
에서 내리자 뜰 앞에서 "곤니치와^{안녕하세요}"라며 일본어로 응답을 받았다.
에스터브룩은 1930년에 태어났다. 18세에 미 육군에 입대하여 곧장 점
령하의 일본 후쿠오카, 고쿠라에 있는 기타가타北方에 부임하여, 그 후 벳
푸에 주둔했다고 한다.

에스터브룩은 한 장의 사진을 꺼내들고는, 일본어를 섞어가며 설명
해주었다.

이건 하와이에서 동창회를 했을 때의 사진입니다. 이 일본인이 마이
크입니다.

'마이크'라고 하는 닉네임을 가진 일본인이 쓰쓰이 기요히토였다.

이전 장제2장에서 소개한 헐 에스리지와 같은 제24보병사단 제19보병
연대에 소속이었던 에스터브룩은 1950년 7월 4일 한반도로 출병했다.
7월 16일 대전 전투 중에 일어난 대평리 전투가 벌어졌고, 그 결과 에스
터브룩은 부대와 떨어졌다가 북한군의 포로가 되었다. 포로생활은 장기
간에 이르렀으며, 해방된 시기는 1953년 휴전협정이 맺어진 뒤였다.

수용소에서 만난 사람이 쓰쓰이였다.

"우리는 형제나 다름없었습니다. 그를 대등하게 생각했습니다."

고된 포로 생활 가운데, 두 사람은 서로를 닉네임으로 부르며 친교를
나눴다. 쓰쓰이는 '마이크', 에스터브룩은 작고 뚱뚱한 체형이었으므로

윌버트 에스터브룩. 제24보병사단 제19보병연대에 소속되어 있었다.

일본어로 '다마고 상タマゴさん*'이라고 불렸다.

　미군 병사들이 쓰쓰이를 좋게 바라보게 된 것은 그의 사내다움 때문이었다고 한다. 영어를 할 수 있었던 쓰쓰이는 수용소에서 북한의 담당관과 중재하여 미군 병사들을 감싸 주기도 했다.

　나는 에스터브룩을 취재하여 귀국한 뒤 "당신의 이야기를 책으로 써서 남기고 싶습니다"라고 메일을 보냈다. 그러자 에스터브룩으로부터 다음과 같은 답장이 도착했다.

　제 이야기는 중요하지 않습니다. 그보다 마이크의 이야기는 일본인에게 중요할 겁니다. 그는 한국전쟁 중 포로로 살아남은 기적의 사나이였습니다.

---

* 　'다마고'는 달걀이란 뜻 외에도, 상대를 어려보인다며 얕잡아 볼 때 쓰이기도 한다.

쓰쓰이가 귀국한 사실은 어떻게 보도되었는가?

미군에 의한 일본인의 심문이 행해진 때에는, 이미 쓰쓰이 기요히토는 북한군의 포로가 되었으므로 그 이름은 극비문서에는 나오지 않는다.

그러나 에스터브룩과 만나기 전에 나는 그의 이름을 들었다. 그것은 이번 취재를 위해 과거의 방송이나 영상을 모조리 보고 있었던 때였다. 1953년 9월 2일 자 영상 속에 '모습을 드러낸 일본인 포로現れた日本人捕虜'라는 뉴스 제목이 있었다.[10] 거기서 '포로가 되었던 쓰쓰이 기욘도 군捕虜になっていた筒井きよんど君'이라는 해설과 함께 소개되고 있었다. 확실히 '기욘도'라고 들렸지만 그것이 쓰쓰이 기요히토였다. 쓰쓰이는 '일본이 참전하지 않은 한국전쟁에서 포로가 되다니'라고, 마치 놀리는 듯한 듯한 투로 보도되었다. 그다지 내용 있는 뉴스가 아니었고, 전후 사정도 설명되지 않았다.

다시 그해1953년-역자주 9월 전후의 신문이나 잡지를 보고 있다가 쓰쓰이의 일을 다룬 기사가 몇 건인가 있다는 것을 알게 되었다. 그 안에는 역시 쓰쓰이의 행동을 농담조로 말하는 듯한 문체의 기사도 보았다. 예를 들어 『선

쓰쓰이 기요히토(사진제공 : 윌버트 에스터브룩)

데이마이니치サンデー毎日』1953년 10월 4일호에는「돌아온 일본인 포로 제1호 "부끄럽다"며 도망쳐 숨어帰ってきた日本人捕虜第一号 "恥しい" と逃げ隠れ」라는 제목의 기사가 게재되어 있다. 쓰쓰이가 미디어로부터 숨은 듯이 도쿄에서 살고 있다, 라고 전하고 있다. 기사는 '일본의 입장을 생각해라'라는 소제목과 함께, 이렇게 매듭짓고 있다.

국제적으로 미묘한 입장에 있는 일본이, 이와 같은 제2, 제3의 사례 때문에 묘한 상황에 말려드는 일은 결코 바람직하지 않다. 데리고 간 미군도, 따라간 일본의 청소년들도, 좀 더 신중하게 일을 생각해 주지 않으면 일본의 입장이 점점 혼란스러워진다.

쓰쓰이가 살아서 돌아갔던 것을 기뻐하는 것이 아니라, 그것을 어딘가 '바라는 바가 아니다'라고 하고 있다. 본인이나 가족은 어떤 생각이었을까. 기사에는 쓰쓰이가 돌아간 본가는 '도쿠시마시徳島市 아이바초藍場町'라고 쓰여 있었다. 그리고 어머니와 여동생과 재회를 마쳤다고 한다. 2020년 7월, 쓰쓰이의 발자취를 쫓기 위해 도쿠시마로 향했다.

너무도 상냥했던 오빠

도쿠시마 아와오도리 공항阿波おどり空港에서 리무진 버스로 30분, 도중에 시코쿠에서 가장 큰 강, 요시노가와吉野川를 건너 JR도쿠시마역JR徳島駅에 도착했다. 버스에서 내려 처음으로 들어간 곳은 완만한 능선을 그리는 비잔眉山이었다. 역과 비잔의 한가운데를 흐르는 신마치가와新町川의

부근이 아이바가이다. 그러나 아이바초는 현재는 이벤트 회장으로서도 사용되고 있는 아이바하마 공원藍場浜公園과 상업 빌딩이 있을 뿐 주거는 전혀 없었다.

근처에서 물어보니, 태평양전쟁 종전 후, 아이바초에는 공습으로 집이 타버린 가족이나 귀환자의 가설 주택이 빽빽이 세워져 있었다고 한다. 치안은 나빴고, 아오센青線이라 불린 비합법 매춘지대도 있었다고 한다.

그러나 1956년 11월 27일 자『도쿠시마신문德島新聞』은 전날 아이바초에서 43호가 소실되는 대화재가 발생했다고 보도했다. 화재를 계기로 도쿠시마현 주도로 아이바초 일대의 녹지화가 진행되어, 주민은 다른 지역의 현영縣營 주택 등에 이주하게 되었다.

나는『도쿠시마신문』에서 쓰쓰이의 이름을 찾았다. 그러자, 1953년 8월 7일 자의「돌아온 쓰쓰이 군帰ってくる筒井君」이라는 기사에 쓰쓰이의 출신학교가 쓰여 있었다. '쇼와 22년1947년-역자주에 구제 이조중학旧渭城中学, 당시 명칭은 '중학교'가 아니라 '중학'*을 졸업'했다고 쓰여 있다. 이조중학교는 현재의 도쿠시마 현립 조호쿠고교城北高校다.

이 학교의 동창회로 목표를 좁혀 취재를 계속하자 동급생인 남성과 접촉하게 되었다. 전화로 "쓰쓰이 군은 확실히 조선에 갔었던 게 아니었을까"라고 말해 준 것은 도쿠시마시에 살고 있는 가마타 야스하루鎌田泰治 씨. 1930년 생인 90세. 1942년 이조중학교에 입학한 쓰쓰이의 동급생이었다.

---

*   메이지 시대(1868~1912) 제정된 중학교령에 따라 설치된 중등 교육기관으로, 중·고등학교 과정에 해당하는 기관이었다. 일본 뿐만 아니라 식민지 조선 등에도 일본인을 위한 교육기관으로서 설치되었으며, 태평양전쟁 종전 이후 학제 개혁에 따라 중학교와 고등학교는 분리되었다.

가마타 씨는 "쓰쓰이 군은 동창회에도 왔었습니다"라고 말했다. 쓰쓰이는 2000년에 열린 동창회에서 건강한 모습을 보였다고 한다. 이 때의 출석자 18명 중에 살아 있는 사람은 가마타 씨뿐이었다. 쓰쓰이도 수년 전 죽었다.

나아가 쓰쓰이의 발자취를 쫓아 가 보니, 고령의 여성 한 사람이 맞이해 주었다. 쓰쓰이 기요히토라는 인물을 찾고 있다고 전하며 취재 의도를 간단히 설명하자, 그때까지 입을 다물고 있던 여성은 "그건 우리 오빠입니다"라고 답했다.

『선데이마이니치』의 기사에서 쓰쓰이와 재회했다고 쓰여 있던 쓰쓰이 가즈코筒井和子 씨였다. 쓰쓰이가 죽은 뒤, 오사카에서 이사했다고 한다. 가즈코 씨는 2020년 취재 당시 88세. 목디스크 때문에 걷는 것이 자유롭지 못해 재활을 계속하고 있었지만 그 기억은 선명했다.

"기요히토 씨는 어떤 사람이었습니까?"라고 묻자, 가즈코씨는 이렇게 이야기해 주었다.

"참 상냥한 사람이었어요. 훌륭하다고 말하면 과장하는 것이 될지도 모르겠지만 정말로 잘해 주었습니다. 너무 상냥했어요. 화낸 것을 본 적도 없었고. 어쨌든 사리를 알고 말이 잘 통하는 오빠였다고 생각해요."

쓰쓰이의 중학교 동급생, 그리고 여동생과 만난 일을 나는 캘리포니아의 에스터브룩에게 메일로 전했다. 그러자 에스터브룩으로부터는 "Good Job잘했습니다!"라는 첫머리에 이어 "한국전쟁에 갔다, 라는 한 마디로 끝낼 수 없는 경험을 쓰쓰이는 했던 것입니다"라는 답장이 도착했다.

에스터브룩은 "이 일본인의 역사를 후세에 남기지 않으면 안 된다"라고 생각해서, 쓰쓰이에게 이야기를 청취한 뒤 「쓰쓰이마이크 기요히토의 실화 일대기The True Life Saga of Kiyohito Tsutsui」라고 제목을 지은 메모

가 있음을 밝혔다.

이하, 그 에스터브룩의 메모와 가즈코 씨나 동급생의 가마타 씨를 취재한 것을 토대로, 쓰쓰이의 인생의 일부분을 그려 보고자 한다. 취재하면서부터 보인 쓰쓰이의 됨됨이는 가즈코 씨가 평한 '너무 상냥했다'라는 말에 상응하는 것이었다.

특공 훈련생

1930년에 도쿠시마현德島県 도쿠시마시德島市에서 태어난 쓰쓰이는 장남으로, 여동생 가즈코 씨 외에 남동생이 있었다(남동생은 2010년에 사망했다). 아버지, 오사무洽 씨는 중국이나 대만 등 외국 항로를 항행하는 선원으로서 가계를 지탱했으며, 어머니 미토시美寿 씨가 3명의 자녀를 키우며 남편이 부재하는 동안 집을 지켰다.

생활은 중류보다는 약간 나은 편으로 여유가 있었다. 어릴 때부터 쓰쓰이는 아버지의 직업을 동경했던 것 같다. 가즈코 씨는 다음과 같이 말한다.

"아버지가 해외에 자주 나갔지요. 오빠도 외국에 나가고 싶었던 건지, 영어 공부를 열심히 하고 있었습니다."

1941년, 태평양전쟁이 시작된 해에 쓰쓰이가 다니게 될 이조중학교가 창립되었다. 그때까지는 도쿠시마 시내에는 도쿠시마중학교德島中学밖에 없어서, 중학교에 진학을 희망하는 자가 급증하고 있었지만 수험에 떨어지면 시외의 공업학교 등에 갈 수밖에 없었다. 그래서 도쿠시마시는 침몰선 인양이나 선박 해체로 재산을 쌓은 실업가·정치가인 오카다 세이이치岡田勢一에게 자금을 각출해 달라고 의뢰하여, 이조중학교가 개교한 것이다.

1942년 쓰쓰이와 가마타 씨는 함께 난관시험難關試驗*을 돌파하여 이조
중학교에 입학했다. 가마타 씨는 당시의 일을 이렇게 돌아본다.

"두 사람 모두 '도쿠중도쿠시마중학교에는 질 수 없다'라며 기운이 넘쳐 있
었습니다."

그러나 곧 학교가 시작되었어도 수업보다는 농촌으로 근로봉사에 끌
려가는 경우가 많았다. 군사교련에서는 포복전진이나 목검술의 실전훈
련이 행해져, 매일 교관으로부터 얻어맞는 것이 당연한 일과가 되었다.

3학년이 되자 모두 저마다 해군의 비행예과연습생飛行予科練習生, 통칭 요카렌
予科練**이나 간부후보생幹部候補生을 육성하는 육군사관학교 시험을 치르고
학교를 떠나는 자가 잇따랐다. 가즈코 씨에 따르면 당시 쓰쓰이가 근처
에 있었던 연병장현재는 도쿠시마대학병원이 있다에 일본 육군 보병 제43연대가
주둔하고 있었다. 쓰쓰이는 그 부대의 대위와 친해져 시가현滋賀県에 있
었던 오쓰 육군 소년비행병학교大津陸軍少年飛行兵学校에 관해 듣고, 친구와 함
께 시험을 치렀다고 한다.

"그것도요, 어머니께 허락을 받아 열심히 시험을 쳐서 간 거였어요.
어머니는 외로워서 울기만 했습니다."

어머니 미토시 씨는 쓰쓰이를 말없이 보낼 수밖에 없었다.

1942년 10월 항공전력 증강 요청에 따라, 도쿄의 기타타마北多摩군 무

---

*   일본에서 치러지는 입학시험 중에서도 특히 난이도가 높은 시험을 난관시험이라고 한다.
**   일본 해군이 항공병력의 조기 양성을 위해 청소년들을 대상으로 설치한 훈련과정이
     다. 난관시험에 합격하기가 어려웠음에도 불구하고 생도들의 대우는 사병 수준이었
     으나, 훗날 하사관급 대우와 제복을 받는 것으로 격상된다. 그러나 요카렌은 태평양
     전쟁 개전 이후 전세가 기우는 것과 함께 교육기간은 단축되었으며, 수많은 이들은
     특공(자살 공격)에 투입되기도 했다. 한때 정예 항공병력을 양성하는 엘리트 교육과
     정에 있었던 이들을 상징하는 것으로 〈젊은 독수리의 노래(若鷲の歌)〉, 일명 〈요카렌
     의 노래〉가 있다.

라야마촌村山村, 현 무사시무라야마시武蔵村山市에 있었던 도쿄 육군항공학교의 오쓰 교육대大津教育隊가 오쓰에 개설되어, 다음 해 4월 오쓰 육군 소년비행병학교로서 독립했다. 수개월마다 모집이 있었으며, 도쿄로부터 옮겨 온 최초 기수인 제15기부터 최후 기수인 제20기까지, 15~16세의 8,000명의 소년이 항공대원이 되기 위한 훈련을 받았다.

오쓰를 포함한 전국의 육군 소년비행병학교의 역사를 정리한 『육군소년비행병사陸軍少年飛行兵史』에, 재적했던 생도의 이름이 기수별로 기재되어 있다.[11] 그중 「제18기」 항목에, 확실히 쓰쓰이 기요히토의 이름은 있었다. 같은 책 「제18기생 개사概史」라는 쪽에는, 1943년 10월에 모집이 개시되어 새해에 신체검사나 학과시험을 실시, 라고 되어 있다. 수험생 대부분은 13세부터 14세였다. 당당히 합격한 약 1,500명의 입교식이 거행된 때는 1944년 4월 12일이었다.

쓰쓰이와 같은 오쓰의 제18기였던 가나야마 가즈타미金山和民 씨가 사가판私家版의 수기에 비행병학교의 당시의 분위기를 써 두었다.

소년병들은 '넓은 하늘을 향하여 강한 동경'을 품은 자가 많았고, 이 나라를 지키기 위해 지금의 공부를 그만두고 전장으로 떠나는 일이야말로 사명이라고 생각하기도 했거니와, 그렇지 않으면 '비국민非国民'*이라 비난받는 사회가 되었던 것이다. 소년들 대부분은 부모의 강한 반대를 뿌리치고 소년병에 지원했다.[12]

쓰쓰이는 비행병학교에서 어떤 학생으로 생활했던 것일까? 쓰쓰이와

---

* '제국 신민'으로서 의무가 강조되는 국민이 아닌 자를 가리키는 말로, 전쟁 수행에 협력하지 않거나 체제에 반대하는 이들을 비난, 탄압하고자 사용되었던 말이다.

동기인 제18기로 중대도 같았던 가토 마사히로^{加藤昌宏} 씨도, 비행병학교 시절의 회고록을 써서 남겨 두었다. 그중에 가토 씨는 같은 중대원을 소개했는데, 쓰쓰이에 대해서는 다음과 같이 써 두었다.

육군생도 쓰쓰이 기요히토 종전시 오소비^{大少飛}, 오쓰 소년비행병학교의 약칭—역자 주 1중대 제2내무반에서 세토^{瀬戸} 반장에게 **몹시 귀여움을 받은** 쓰쓰이는 운이 **좋게도** 생도사^{生徒舎} 이전 시에 제1내무반에 편입되어 왔다.

몸집이 작은 생도였지만 경쟁심이 강했고 건강히 소년비행병 생활을 해내고 있었다. 쓰쓰이라면 해군의 요카렌이라도 충분히 견딜 수 있었을 것이다 (요카렌에 비하면 오쓰는 유치원).

홀로 야쿠자 행세를 하며 간사이풍 사투리로 위세가 좋았던 쓰쓰이는 정말로 순진하고 조금도 잘난 체하는 일 없이 기를 쓰며 해내고 있었던 것 같다. 꾸지람을 받아도 태연하게 불만스러워했다가는 곧장 생각을 고쳐 노력하고 있었다. 그를 전투기에 태워 싸우게 한다면 제2의 아나부키 조장^{穴吹曹長}, 조장^{曹長}은 구 일본군의 상사^{上士} 계급 [아나부키 사토루^{穴吹智}. 버마 전선 등에서 전적을 올린 일본 육군의 파일럿]이 될 수 있을 것이다. 제복의 약모를 조금 기울여 쓴 쓰쓰이의 얼굴을 지금도 떠올린다. 그는 어떤 의미에서 호걸이었을지도 모른다. 그와 사이가 좋았던 전우는 그와 동향이었던 다케우치 마사카즈^{竹内正和}였다. 다케우치는 쓰쓰이가 제1내무반에 전입했을 때를 몹시 부러워하고 있었다…….[13]

내무반이란, 중대 아래에 만들어진 반으로 약 25인 단위이며, 침식도 함께하는 집단이다. 각 반마다 지도 교관이 붙는다. 교관이나 반장의 엄격함은 반에 따라서 천국과 지옥만큼 차이가 있었다고 한다. 보아하니 쓰쓰이가 전입한 제1내무반보다 원래의 제2내무반 쪽이 엄격

했다고 하는 것이리라.

'해군의 요카렌에서도 충분히 견딜 수 있었을 것이다'라고 동급생으로 부터도 말을 들었던 쓰쓰이의 평가는 여동생 가즈코 씨의 인식과도 일치한다. 도쿠시마의 보병 제43연대의 대위는 "쓰쓰이 군은 정말로 성적이 우수하고 분발하고 있다"라고 어머니 미토시 씨에게 근황을 알려 주고 있었다고 한다. 그러나 미토시 씨의 심정은 복잡했다. 그만큼 일찍 전쟁터에 나가는 것은 아닐까 하고 생각했기 때문이다. "장남으로서 귀여워 해주시고 있었고, 의지하고 있었으니까요"라고 가즈코 씨는 회고한다.

아이치현愛知県 가스가이春日井시에 살고 있는 와시노 쇼조鷲野章三 씨취 재 당시 90세도 쓰쓰이와 같은 제18기였다. 제18기는 200명 정도의 몇몇 중대로 나눠졌으므로, 제5중대였던 쓰쓰이와 제3중대였던 와시노 씨는 면식이 없다.

입교하고 나서 얼마 뒤, 적성검사가 실시되어 조종사, 정비사, 통신사로 할당되었다. 생도들에게 가장 인기 있었던 것은 조종사였다. 시험은 '회전의자로 눈이 돌아가 버리지는 않는가' 등 간단한 것이었지만, 두 사람 모두 조종사로 인정받았다. 와시노 씨는 조종사가 되면 특공대特攻隊* 로서 전장에 나가는 것은 당연하다고 생각하고 있었다고 한다.

"학교의 위를 전투기가 몇 번이고 선회하는 것이었습니다. 그것은 우리들의 선배가 특공에 나서기 전에 '다녀오겠습니다'라는 의미로 하고

---

* 특별공격대(特別攻擊隊)를 의미하며, 흔히 '가미카제'로 알려진 자살 공격을 실시하는 부대를 가리킨다. 이들은 귀환하지 않는 것을 전제로 적군의 함선에 직접 들이받는 공격(타이아타리(体当たり))임무를 수행해야 했다. 특공은 기존의 병기를 활용하기도 했으나, 태평양전쟁 말기에는 특공 전용 병기들이 실전에 투입되기도 했다. 항공기를 활용한 특공이 가장 잘 알려져 있으나, 그 외에도 수상, 수중, 그리고 육상을 망라한 특공이 실행되었다.

있었던 것이었습니다. 나라를 위해서 죽는 것은 당연했습니다."

『별책 1억인의 쇼와사-학도 출진別冊 1億人の昭和史-学徒出陣』에는 소년비행병에 대해 다음과 같이 기록되어 있었다.

육군 전반으로서 본다면 개전 이래의 기본 조종교육 종료자의 총 수는 24,153명, 그중 작전 및 사고 손모損耗는 12,039명, 종전시의 조종자 수는 12,101명이었다. 곧 양성된 인원의 반수를 잃었던 것이다.[14]

'작전 및 사고 손모'라는 것은 전사자를 가리키는 것이다. 극히 높은 전사율이었다고도 말해진다.

가즈코 씨는 다음과 같이 말한다.

"만약 전쟁이 일 년 더 이어졌다면 오빠는 조종사로서 전쟁에 나갈 뻔 했을 겁니다. 일 년이 되기 전에 종전이 되었으니까 돌아올 수 있었다, 랄까요."

그러나 실제로는 쓰쓰이 등 제18기생에게 충분한 비행훈련이 실시된 적은 없었다. 당시 연료 부족은 심각하여, 주된 기초훈련으로서 실시된 것은 글라이더를 이용한 활강이었다.

제18기생은 1945년 3월에 졸업했다. 본래라면 수료생들은 조종·정비·통신의 각 상급 학교에 진학할 예정이었다. 그러나 이 무렵 이들 상급 학교는 이미 훈련기관이 아니게 되었고, 선배 수료생들은 실전부대원이 되어 있었다. 제18기생은 그대로 오쓰의 비행병학교에 잔류한다.

와시노 씨에 따르면 그로부터 훈련은 주로 본토 결전을 상정한 것으로로 변하고 있었다고 한다.

기관총의 실탄훈련이나 총검술 훈련에 더해, 개인용 참호를 파서 전

차에 접근해 폭탄을 안고 육탄공격을 하는 연습도 있었다. 그야말로 특공 훈련이었던 것이다. 이제는 비행기에 탈 수 있으리라고는 생각할 수 없게 되었으나 주어진 훈련에는 진심으로 달려들었다.

와시노 씨는 당시의 심경을 이렇게 이야기한다.

"(전쟁에서—역자주) 질 거라고는 전혀 생각하고 있지 않았습니다. 본토 결전으로 싸우는 것이다, 라고요. 사는 것보다도 어떻게 죽을 것인가를 생각하고 있었습니다. 이제와서 돌이켜 보면 14, 15세에 그런 생각을 했다니, 이상한 일입니다. 전시 중의 교육이란 무섭다고 생각합니다."

그리고 마침내 맞이한 종전. 제18기생은 8월 20일에 귀향을 개시했다. 와시노 씨의 기분이 '개운하다'라고 했던 것은 고향 나고야名古屋에 돌아가는 길이었다고 한다. 구와나桑名 또는 욧카이치四日市가 공습에 불탄 흔적을 보고 패전을 통감했다. 귀향 후 여섯 살 위의 형 스즈오鈴雄 씨가 필리핀해에서 죽었다는 사실을 알게 되었다.

와시노 씨는 '죽지 않았어도 될 죽음이었다'라고 중얼거렸다.

와시노 씨에게 전후 쓰쓰이는 미군과 함께 한국전쟁에 갔다고 전했더니, 그는 납득한 듯이 이렇게 말했다.

"확실히 우리들은 당시 일본 국내에 있었던 군대 중에는 최강이었다고 하는 훈련을 받고 있었으니까. 그 경험을 살리려 했던 것일까…….어쨌든 전쟁은 사람의 인생을 바꿔 버리는군요."

최후의 한마디는 와시노 씨가 스스로의 인생을 돌아보며 한 것이었을까. 어쨌든 전쟁에 의해 쓰쓰이의 인생은 크게 바뀌게 된다.

"미국, 이 새끼들"

전쟁 중 쓰쓰이의 아버지, 오사무 씨가 타고 있었던 배는 해군에 징용되어 오사무 씨도 해상 수송을 맡게 되었다. 그리고 1945년 1월 21일에 오사무 씨는 홍콩 앞바다에서 어뢰 공격을 당해 전사. 향년 38세였다.

고향 도쿠시마의 가즈코 씨네 가족도 전쟁 피해에 휘말렸다. 그해 7월 3일과 4일, 도쿠시마는 B-29 129기에 의한 융단폭격에 습격당했다. 약 1,000명이 생명을 잃고, 부상자는 약 2,000명, 이재민은 7만 명을 넘었다.[15] 소이탄이 쏟아지는 중 가즈코 씨는 어머니와 남동생과 함께 모포를 쓰고 도망쳐 간신히 살아남았다. 그러나 집은 모두 불타버렸고, 숙부의 집에 몸을 맡기게 되었다.

전후 가즈코 씨네 가족은 아이바초의 가설 주택에 들어갔다. 쓰쓰이가 도쿠시마에 돌아왔을 때 가즈코 씨가 자기 눈을 의심했을 만큼 쓰쓰이는 여위어 있었다고 한다. 쓰쓰이는 다시 이조중학교에 다녔다. 오랜만에 쓰쓰이와 만났던 때의 일을 동급생의 가마타 씨는 선명히 기억하고 있다.

"쓰쓰이 군은 너무도 분한 듯이, '미국, 이 새끼들'이라고 말했습니다."

쓰쓰이도 역시 도쿠시마의 공습 피해를 눈앞에서 보았을 터였다. 가마타 씨에겐 쓰쓰이가 미국을 적대시하며 어찌할 수 없는 분노를 품고 있는 듯이 보였다. 가마타 씨도 쓰쓰이도 1947년 7월 이조중학교 5학년을 수료하여 졸업했다.

미국에 대한 증오를 숨기려고도 하지 않았던 쓰쓰이가 졸업 후 일할 장소로 고른 것이 점령군 기지였다. 원래 일본 육군의 보병 제43연대가 주둔하고 있던 자리에 점령정책을 총괄하는 지방 군정부가 진주했다. 쓰쓰이는 군정부의 미군 장병의 하우스보이로 일하기 시작했다.

어째서 쓰쓰이는 점령군을 선택한 것일까, 자세한 동기는 알 수 없다. 가즈코 씨에 따르면 당시의 쓰쓰이 가는 경제적으로 궁핍하여 아이바 초의 가설 주택에서 다른 곳에 이사를 갈 수도 없었다. 시내에 일자리는 별로 없어, 일가의 장남으로서는 괴롭더라도 어쩔 수 없이 해야만 했을 것이다.

그 후 1949년 도쿠시마의 군정이 해체되자 쓰쓰이는 그해 여름에 후쿠오카의 캠프 하카타에 전근하여, 제24보병사단 제63야포병대대의 취사담당이 되었다.

다음 해, 한국전쟁이 발발했을 때, 쓰쓰이는 20세가 되었다.

'모험심'으로 갔다

한국전쟁이 시작되자 쓰쓰이는 허먼 스털링 중위라는 인물로부터 한반도로 동행하라는 요구를 받았고, 승낙했다. 그가 소속되어 있던 제63야포병대대에는 그밖에도 후쿠오카의 캠프 하카타에서 일하고 있었던 일본인들이 있었다.

에스터브룩에 따르면 쓰쓰이는 미군 장병과의 통역, 또는 일본인 취사병의 감독자로서 동행했다고 한다. 쓰쓰이보다 나이가 많은 일본인도 있었던 가운데, 그가 감독자로 뽑혔던 것은 육군 소년비행학교에서의 경험이 바탕이 되었을 것은 아닐까 하고 에스터브룩은 말한다.

"종전 전, 그는 가미카제 훈련을 받기 시작했습니다. 일본 소년은 정말 어릴 때부터 비행병 훈련을 시작했습니다만 마이크도 마찬가지였습니다. 그는 미군 일에 나가기 전부터 군대에서의 자세가 갖춰져 있어 그

것이 부대에서의 평가에도 영향을 미쳤던 것 같습니다. 주방에서 일하고 있었던 취사병 전원 가운데서 저 나이에 리더가 되었으니까요. 그는 경험을 살려서 의식하며 잘 행동하고 있었을 것입니다."

쓰쓰이 자신은 한국전쟁에 갔던 것을 어떻게 생각하고 있었을까?

쓰쓰이는 귀국 후 『도쿠시마신문』의 취재에 응하여 그 이유를 답했다. 1953년 9월 10일 자의 「잇따르는 아사, 총살 떠올리고 싶지 않은 포로 생활相次ぐ餓死、銃殺、思出したくない捕虜生活」이라는 기사다.

제가 조선에 건너간 것은 결코 미군에게 강요받은 것이 아니었고, 아침 저녁 할 것 없이 조선 전선의 긴장된 분위기가 그대로 전해지고 있던 후쿠오카의 제24사단 미군 기지에 있었기 때문에, 두 세력으로 나뉘져 싸우고 있는 '조선'의 실체를 이 눈으로 똑똑히 보고 싶다는 모험심 때문이었습니다.

쓰쓰이는 전쟁터로 떠나는 일 없이 태평양전쟁의 종전을 맞이하긴 했지만, 고도의 전투훈련을 받고 있었다. 에스터브룩이 말한 대로, 그 경험은 분명 미군 장병들과 행동을 함께 할 때에도 되살아났을 것이다. 가즈코 씨는 "오빠는 스스로 선택했다고 생각했습니다"라고 말했다. "스스로 결정해서 행동하는 사람"이라고도 덧붙였다.

당시 일본은 전쟁 포기를 표방하고 있었다. 그러나 사회가 바뀌어도 사람은, 그의 인생은 간단히는 바뀌지 않는다. 쓰쓰이는 갈 기회를 놓쳤던 전장에 처음으로 향하게 되었다.

수용소에서 벌어진 학살

1950년 7월 4일, 쓰쓰이는 제63야포병대대와 함께 일본을 출발하여 다음날 부산에 도착했다. 부대는 북한의 남진을 저지하기 위해서 북상했다.

에스터브룩은 다음과 같이 진술했다.

"마이크에게는 무기와 군복이 지급되었으며, 배를 타고 미군과 함께 갔습니다. 총탄도 지급받았고, 다른 병사들과 함께 전투에 나갔습니다. 일본인이긴 하지만, 특별 취급하는 일은 없었습니다."

제63야포병대대의 행동기록에 의하면, 이 부대는 부산에서 철도로 북상하여 7월 7일에는 서울의 남쪽에 위치한 천안으로 진입했다.[16]

7월 9일에는 그곳으로부터 남하하여 공주에서 제35보병연대에 포격지원을 실시하였고, 쓰쓰이는 처음으로 전투를 경험한다. 7월 14일에 북한군의 맹공을 받은 부대는 105mm포 10문 전부와 차량 60~80대를 잃었다. 또 부대의 동료 42명이 사망 혹은 행방불명되었다.

그 결과 쓰쓰이는 78명의 미군 병사와 함께 포로가 되어 수용소에서 에스터브룩과 만나게 되었다. 쓰쓰이는 북한군에게 살해당해도 이상할 것이 없었으나 영어를 할 수 있는 쓰쓰이의 존재는 북한군에게도 알맞춤이었으므로 살려 둔 것이라고 에스터브룩은 설명한다.

쓰쓰이 일행은 평양의 수용소로 보내졌고, 그곳에서 다시 철도로 중국 국경 부근 압록강 연안에 위치한 만포로 이송되었다. 그 다음에는 만포에서 북쪽으로 120km, 한반도에서도 극한의 땅으로 알려져 있는 중강진으로 이동하라는 명령을 받았다. 1950년 11월 1일부터 9일까지 9일간 약 850명의 미군 포로들은 도보로 중강진으로 향했다.

에스터브룩 등은 포로를 비인도적으로 취급했던 북한군의 담당관을

호랑이에 비유하여 그 이송을 '호랑이의 죽음의 행진Tiger Death March'라고 불렀다. 병을 앓거나 지쳐서 걸을 수 없게 되면 총살당하는 일도 있었다고 한다. '사람 죽이는 것을 즐기고 있었던 것 같았던' 담당관에게 100인 이상이 목숨을 잃게 되었다.

앞서 언급한 『도쿠시마신문』 기사1953년 9월 10일 자에서 쓰쓰이는 이렇게 말했다.

수용소에서 다음 수용소로 이동할 때에도 탈것은 전혀 태워 주지 않고, 도보로 100km 이상의 진흙탕길을 걷게 했다. 그 도중에서도 차례차례로 GI미군 병사들은 힘이 다하여 쓰러져 갔지만 그 가운데에는 총살당하는 자도 있었다. 그것은 정말 이 무덤에서 저 무덤까지 걸어가는 '죽음의 행진'이었다. (…중략…) 이 이상의 일은 가슴이 쥐어뜯기는 듯한 생각이 들어 말하고 싶지 않다.

가까스로 중강진의 수용소에 다다랐으나, 여기서도 포로들의 처우는 개선되지 않았다. 식량은 좁쌀, 피, 옥수수뿐. 그 식량의 운반이나 도로 정비에 사역되었다. 쓰쓰이의 부대에 있었던 미군 장병 78명의 반수 이상은 영양실조로 죽었다. 에스터브룩에 따르면 다른 부대의 장병을 포함하면 1950년 겨울에만 222명이 죽었다고 한다. 그리고 다시 구 일본군이 만들었던 또다른 수용소에 이송되었다. 거기서 여름까지 지내는 사이에 50명 이상이 죽었다.

가즈코 씨는 쓰쓰이로부터 수용소의 실태에 대하여 들었다. 시계나 목걸이 등의 악세사리를 갖고 있었던 미군 병사는 몸에 걸친 것 전부가 벗겨졌다. 그리고 일본인에 대해서는 더욱 혹독했다.

"붙잡힌 뒤에 괴로운 생각이 들었다, 죽을 뻔했다, 라고 말했어요. 영양실조에 걸려, 언제 죽어도 이상하지 않은 몸이 되었다고도요. 북한 사람은 일본인을 굉장히 증오하고 있었을 것입니다. 그러니까 오빠를 향한 공격이 지독했겠지요. 알몸으로 두 손을 뒤로 묶어 앉게 하고, 고통스럽게 했다고 말했습니다. 일본인이니까, 라고 말하면서. 전쟁태평양전쟁을 이야기하는 것으로 보인다−역자주 중에는 일본 사람이 학대했으니까, 라고 말하면서."

그런 상황에서도 쓰쓰이는 자기 몸을 방패로 미군 병사들을 지키고 있었다. 에스터브룩은 쓰쓰이를 향한 감사는 말로 다할 수 없다고, 다음과 같은 에피소드를 털어놓았다.

"수용소에서 그는 모두가 하고 싶어하지 않을 것 같은 일도 해 주었습니다. 무서워서 우리들이 할 수 없을 것 같은 일이었습니다. 수용소에서 누군가가 뭔가 바보같은 짓을 하면 마이크는 통역으로 불려갔습니다. 어느 때엔가 저는 옥수수를 훔쳤습니다. 훔치지 않으면 살 수 없었습니다. 그러자 마이크는 책임을 지고 얼굴을 맞기 위해 그저 서 있었습니다. 제가 그런 짓을 하지 않으면 마이크는 맞지 않고 끝났을 것입니다. 화났을 게 분명했을텐데도, 그는 그 화를 안으로 감추고 밖으로는 결코 드러내지 않았습니다."

왜 일찍이 "미국, 이 새끼들"이라고 증오했던 미국 병사를 위해 쓰쓰이는 몸을 내던진 것일까? 쓰쓰이의 이 변화를 가즈코 씨는 어떻게 보고 있었을까?

"미국 사람도 많이 죽었겠죠. (오빠는−역자주) "나는 어떻게 되든 괜찮지만 미국인 모두를 구해 주게, 라고 했어"라고 이야기했습니다. 그때 무지하게 맞았다고도요. 미국인을 지킨 이유라는 것은, 모두 함께 생활

을 하는 중에 내버려 둘 수 없었기 때문은 아니었을까. 아무튼 상냥하고 정에 약한 사람이었습니다."

수용소에서 보낸 편지

1951년 12월, 쓰쓰이 등 포로들에게 한 줄기 희망이 보였다. 1953년 8월의 대규모 포로 교환 '빅 스위치'에 앞서 유엔군과 중국·북한군 사이에 쌍방의 포로 명단의 교환이 행해졌던 것이다.

『아사히신문』 1951년 12월 19일 자 기사에 따르면 명단에는 유엔군 장병 1만 명, 중국·북한군 장병 13만 명의 이름이 기록되어 있다. 북한이 제시한 명단에는 일본인의 이름이 있었다. 타니야마 요시오, 야스이 타쓰후미, 그리고 쓰쓰이 기요히토까지 3명이었다. 그러나 언급된 내용은 얼마 되지 않았다. 기사에는 유엔군의 대변인을 역임했던 나콜스 준장이라는 인물의 발언도 소개하고 있다.

일본인이 간혹 공산군에 붙잡힌 사례도 있으나, 이들은 한반도에 남아 있던 민간인으로 여겨진다. 유엔군에는 일본인 부대는 하나도 없다.

확실히 일본인은 '민간인'으로서 기지에서 일하고 있었다. 그러나 '간혹'은 아니었다. 일본인에 대한 심문의 대부분이 1951년 1월부터 2월에 걸쳐 행해졌던 것을 생각해 보면 미군은 이 때에는 대부분의 조사를 마치고 한국전쟁에 적어도 70명의 일본인이 참가했던 사실을 파악하고 있었다고 보는 것이 자연스럽다. 미군은 사실을 은폐하려 했던 것일까?

가즈코 씨 등 가족들은 쓰쓰이가 한국전쟁에 간 것을 어떻게 생각하고 있었던 걸까? 당시 어머니 미토시 씨는 도쿠시마 시내의 의료품점에서 일하고 있었으며, 가즈코 씨는 오사카로 나가 양재 일을 하고 있어서 어떻게든 생계를 유지하고 있었다.

"어머니가 큰일이었습니다. 오빠를 소중하게, 너무나도 소중하게 키웠으니까. 우리들이 샘이 날 만큼. 조선에 있다고 알게 되었을 때는, 어떻게 말해야 좋을까, (그 감정은) 말로 표현할 수 없었습니다."

수용소 생활에 있었던 쓰쓰이를 버티게 해 준 것은 일본에서 귀환을 기다리는 모친의 존재였던 것은 아니었을까? 쓰쓰이가 얼마나 어머니를 생각하고 있었는가는 『도쿠시마신문』의 기사로부터 알 수 있다. 예를 들면 1953년 7월 6일의 「"어머니를 생각합니다" 소식이 닿다」라는 기사에는, 수용소에 있던 쓰쓰이가 쓴 편지가 전날 쓰쓰이 가의 마당에 편지가 도착한 사실이 소개되어 있다.

신문에 게재된 편지의 지면 일부를 인용한다.

고국을 떠나고 나서 세번째 '어머니의 날'*이 이 이국의 하늘에도 돌아 왔습니다. 2월 5일 자의 어머니의 편지를 마음으로부터 기쁘게 허겁지겁 읽었습니다. (…중략…) 제 일은 아무것도 걱정하지 마세요. 저는 제 자신의 운명에 충실하게 살아가는 일이 가장 좋다고 생각하며 매일 한가하고 유쾌하게 보내고 있습니다.

---

* 일본에서는 '밀크카라멜'로 유명한 모리나가제과(森永製菓)가 1937년 '모리나가 어머니를 기리는 모임(森永母を讚える会)'을 통해 어머니의 날(母さんの日)을 전국으로 확산시켰다. 태평양전쟁 종전 후에는 5월 2번째 일요일이 되었다. 한국과는 달리, 미국을 비롯해 일본에서도 아버지의 날이 별도로 있다.

편지지에는 카네이션 그림이 그려져 있었다고 기사에 쓰여 있다. 수용소 생활을 '한가히 유쾌하게' 보내고 있다고 말한 것은 모친에게 걱정을 끼치지 않으려고 해서 나온 거짓말이었을 것이다. 가즈코 씨는 "오빠는 괴로운 일이 있어도 어머니에게는 좀처럼 말하지 않았으니까"라고, 쓰쓰이의 굳센 성격을 돌이켜 보았다.

귀국 후에 기다리고 있었던 것

1953년 8월 17일, 빅 스위치에 따라 쓰쓰이와 에스터브룩은 해방되었다. 휴전 협정이 체결된 지 약 3주 후의 일이었다.

8월 23일, 쓰쓰이는 드디어 귀국한다. 이 때의 영상이 1953년 9월 2일의 「드러난 일본인 포로」라는 뉴스에 나왔다. 가열찬 수용소 생활을 견뎌 온 것의 보상은 전혀 없었고, 세간의 거센 비난을 받았다.

전쟁을 하지 않아도 되는 나라가 되었는데 왜 스스로 전쟁에 나갔는가, 라는 비판도 있었다. 불법으로 일본을 출국했다고 하여 일본정부로부터 집요한 취조도 받았다. 쓰쓰이는 고향에 홀로 남은 미토시 씨에게도 좀처럼 돌아가지 못하고 있었던 것 같다. 그 마음 속은 헤아릴 수 없다.

귀국 후, 어쩔 수 없이 잠시 도쿄에서 체류한 쓰쓰이였지만, 1개월 반 후 드디어 염원이 이루어져 도쿠시마로의 귀향이 실현되었다. 그러나 영양실조에 걸린 쓰쓰이는 곧바로 도쿠시마 시내의 병원에 입원하게 되었다. 그렇게 궁지에 몰린 그를 구한 이들은 한반도에서 함께 지냈던 미군 장병들이었다. 쓰쓰이의 입원 비용은 에스터브룩 등이 모금 운동을 벌여 조달했다. 당초에 귀국하기 전에 동료들끼리 돈을 그러모아서 약

2,000달러를 전별금으로 쓰쓰이에게 건넸다고 한다. 1달러가 360엔이었던 시대, 현재의 450만 엔에 상당하는 가치가 있었다.

그리고, 귀국하고 나서 1개월쯤 지난 9월 22일, 쓰쓰이는 수용소에서의 미군 병사들에 대한 헌신적인 행동으로 칭송받아 제24보병사단으로부터 표창을 받았다. 그때 받은 상장은 지금도 가즈코 씨 집의 중인방 위에 장식되어 있다. 일본어가 덧붙여진 표창문에는 다음과 같이 쓰여져 있다.

제24보병사단사령부

1953년 9월 22일

마이크 님

제24보병사단의 예하 부대에서 귀하가 헌신적으로 근무하였다는 이야기를 흥미 깊게 들었습니다. 본관은 귀하가 자기만을 보신하려는 분별을 초월하여 헌신하신 사실이야말로 귀관이 한국전쟁의 영웅 가운데 한 사람이라는 사실을 나타내는 것이라고 확신합니다.

억류 중 귀하는 미국 군인들의 복지를 위해 귀하 자신의 생명을 몇 번이나 위험에 빠뜨렸습니다. 귀하가 미국인들을 귀하의 동료로서 대했던 과거 3년 이상에 걸친 귀하의 행동을 보면, 귀하가 희생이라는 말의 의미를 진정으로 이해하고 있었던 것을 증명합니다. 사실 귀하도 알고 있듯이 전직 제63야포병대대 상사, 오스틴 D. 플럭은 귀관이 "수많은 잔인한 구타를 받았다"는 사실에도 불구하고 충성을 다하여 주었다고 기술하고 있습니다.

우리 제24사단 일동은 귀하의 은의에 다 보답할 길이 없습니다. 우리는 공산주의자의 침략에 맞선 전투 중에서 귀관이 다한 역할에 대해 장래 적절한 방법으로 그 영예를 기릴 때가 오길 바랍니다. 행복을 기원합니다.

사단장 미국 육군 소장

찰스 L. 대셔 주니어

일본국 도쿠시마시 아이바초 3초메

쓰쓰이 기요히토 님

찰스 L. 대셔 Jr.는 1952년부터 다음 해 1953년까지 제24보병사단의 사단장으로 근무한 인물이다(윌리엄 딘 소장의 몇 대 뒤에 해당한다).

입원하고 있었던 쓰쓰이의 곁을, 미국인과 일본인 두 사람이 방문한 일을 가즈코 씨는 기억하고 있다. "오빠에게 신세졌다"라고 감사를 받았다. 귀국 후에도 이어진 미국 장병과의 교류는 쓰쓰이의 심경에 영향을 주지 않을 리가 없었다. 쓰쓰이의 마음 속에는 미국에 가고 싶다는 기분이 더해지고 있었다.

쓰쓰이는 미국인이 되었다

같은 수용소에서 포로생활을 함께 했던 장교들을 거쳐, 미국의 학생 비자를 취득한 쓰쓰이는 1954년 일본과 미국을 잇는 대형 객선 '프레지던트 클리블랜드호'에 타고 요코하마항을 떠났다. 1개월 후 도착한 캘리포니아로부터 육로로 향한 곳은 테네시주의 공업학교였다. 쓰쓰이는 미국에서 엔진 공학을 배워 기술자가 되는 것을 목표로 했다.

그러나 전도양양하게는 되지 않았다. 영어로 의사소통을 하지 못해 좌절하고, 인종차별을 당하여 이윽고 쓰쓰이는 막다른 곳에 몰렸다. 생활도 곤궁하여 학교를 퇴학했다. 그 후 미국 동북부의 메인 주 램퍼드에

살고 있었던 에스터브룩에게 부탁해 함께 살게 되었다.

다음 해 1955년 여름, 아이젠하워 대통령이 같은 주 파밍턴을 휴가로 방문한 것이 쓰쓰이의 전환점이 되었던 것 같다. 파밍턴의 지방지 『데일리 불독』이 2020년 6월 22일 자 기사에서 65년 전의 대통령 방문을 다루었다.[17] 대통령은 5명의 경비병을 붙여 낚시를 즐기고 있었다는 에피소드가 소개되어 있다.

에스터브룩과 쓰쓰이는 파밍턴의 번화가에서 행해진 아이젠하워 대통령의 퍼레이드를 보러 갔다. 두 사람으로부터 겨우 5m의 위치에 차가 온 때, 대통령은 군복 차림의 에스터브룩을 알아차리고 차에서 내려 경례했다고 한다. "함께 있었던 마이크도 매우 자랑스럽게 느꼈습니다"라고 에스터브룩은 말한다. 그는 이 때 쓰쓰이가 자신이 나아갈 길을 정했던 것이 아닌가 하고 생각하고 있었다.

동년 8월, 학생 비자의 기한이 임박하여 귀국을 서두르던 쓰쓰이에게 에스터브룩은 미국 체재를 연장하기 위해 어떤 계획을 꺼냈다. 그것은 미 육군에 입대하는 것이었다.

육군에 들어가면 미국에 체류할 수 있다. 그러나 일본 국적인 쓰쓰이는 정규적인 절차로 미군에 입대하는 것은 불가능하다. 거기서 생각한 것이, 일반 공모도 받아 주는 징병제도를 이용하는 것이었다. 남북전쟁 1861~1865으로부터 시작된 징병제도는 1973년의 베트남전쟁의 강화 조약 체결까지 이어졌다. 쓰쓰이는 외국인이었기 때문에 맡겨진 임무에는 제한이 있었지만, 채용된 뒤에 미국 국적을 취득하면 된다는 작전이었다.

"저는 당시 징병위원회에 아는 여성이 있어서 '어떻게든 도와줄 수 없을까? 이 딱한 사람을 어떻게 해야 좋을까?'라고 물었습니다. 그녀는 '완전히 합법적인 것은 아니지만 소집에 지원하도록 한다면'이라고 말했습

니다. '바로 그거다!'라고 하게 되었습니다."

쓰쓰이는 훌륭히 미 육군에 입대했다. 가혹한 훈련을 거쳐 미군 병사로서 요코하마에도 부임했다. 그리고 그 후, 그의 두 번째 전쟁이 되었던 베트남전쟁에도 출병했다.

"베트남에서도 모두가 그를 좋아했습니다. 거쳐간 모든 부대에서 사랑을 받았습니다. 저는 그의 추천장 등을 갖고 있습니다. 그가 어떤 인물이었는지 아시겠지요? 그는 저와 같은 계급으로 제대했습니다."

쓰쓰이는 미국 국적을 얻고 나서 1995년에 퇴직할 때까지 20년간 미 육군에 재적했다. 훈장에도 14번이나 수훈되었다.

에스터브룩은 수용소로부터 해방되어 귀국한 뒤, 같은 수용소에서 포로생활을 보낸 병사 동료와 '타이거 서바이버즈'라는 수용소 동창회를 결성했다. 문자 그대로 몸을 던져 미군 병사를 지켰던 쓰쓰이를 "타이거 서바이버즈의 멤버들은 사랑하고 있었다"라고 한다.

에스터브룩 등 타이거 서바이버즈의 멤버는 수용소에서 미군 병사들의 위기를 구한 쓰쓰이의 공적은 서훈할 값어치가 있다고 육군성과 협상했다.

"우리들은 이 일에 대해 몇 번이고 회의를 열었습니다. 한국전쟁 당시 마이크는 일본 국민으로 육군에 재적하지 않았으므로 수훈할 자격이 없었습니다. 우리들은 서류를 준비하여 제출했습니다. 저는 각하되어 실망스런 결과가 될 것이라고 생각했던 것입니다. 그러니까 승인된 때는 놀랐습니다. 정말로 믿을 수 없었습니다."

2005년 7월, 쓰쓰이는 수용소에서 미군 병사들을 구하려고 했던 헌신과 미국에 대한 충성을 육군성으로부터 인정받아 서훈되었다. 동시에 포로로서 수용된 3년 1개월하고도 4일1950년 7월 14일~1953년 8월 17일에 대하

여도 미 육군에 고용된 것으로 처리하여 이 기간도 합산하는 방식으로 퇴직금이 추급되었다.

만약 한국전쟁에 가지 않았다면 일찍이 원수 사이였던 미군 병사와 친구가 되는 일도 없었을 것이다. "이것이 마이크로부터 받은 편지입니다"라고 에스터브룩은 자랑스럽게 보여 주었다.

"마음으로부터의 감사를 드립니다. 당신이 친절하게 대해 주었던 일은 결코 잊지 않을 것입니다"라고 쓰여 있었다.

어머니를 향한 마음

아이바초의 가설 주택에 살고 있었던 어머니 미토시 씨는, 남편의 유족 연금 등을 바탕으로 현재 가즈코 씨가 살고 있는 집을 지었다. 1955년경에는 집이 완성되어 가설 주택에서 이사했기 때문에, 다음 해인 1956년 아이바초의 대화재에 휘말리는 일은 없었다.

미국에서 미 육군에 근무하기 시작한 쓰쓰이는 매월 일본에 사는 미토시 씨에게 생활비를 보내주게 되었다. 쓰쓰이가 평생을 관철한 것은 어머니에 대한 마음이었다.

가즈코 씨는 미토시 씨가 입버릇처럼 말했던 것을 쓴웃음지으며 말해 주었다.

"어머니가 말하기를, '나는 쓰지 않아'라고. '계속 저금하고 있어'라고 했습니다. 그러니깐, 제가 '저런 게 갖고 싶어, 이런 게 갖고 싶어'라고 말했는데, '네 오빠가 고생고생해서 모은 눈물 젖은 돈이니까'라고. '그러니까 너에게 사줄 수 없어'라고, 웃으며 말했습니다."

어머니에게 생활비는 오빠가 건강하게 있다는 증거처럼 생각되어 기뻤던 것은 아니었을까 하고, 가즈코 씨는 말한다.

쓰쓰이는 어머니의 날에는 빼놓지 않고 메시지를 보냈다. 귀성할 때에는 선물로 반지나 목걸이를 샀다. 1995년, 65세로 미군을 정년퇴직한 쓰쓰이는 고향인 도쿠시마에 돌아왔다. 미토시 씨의 간병을 위해서였다. 5년 정도 지나서 90세를 넘기고 있었던 미토시 씨가 보행 곤란이 되어 입원하자, 쓰쓰이는 매일 병원을 다니며 세탁이나 식사의 보조를 했다. 거기에는 모친을 오랜 시간 고향에서 홀로 두게 했던 일을 자책하는 마음도 있었을 것이다. 수간호사에게 "저렇게까지 부모에게 효도하는 사람, 본 적이 없다"라는 말을 들을 정도였다.

그 후, 쓰쓰이는 폐암이 말기에 이르렀다. 투병생활을 피할 수 없게 되어 미토시 씨에게 갈 수 없게 되었다. 2005년 10월 17일, 도쿠시마 시내의 병원에서 쓰쓰이는 숨을 거두었다. 향년 76세. 가즈코 씨는 연로한 어머니의 심정을 생각하여, 도저히 오빠의 죽음을 전할 생각이 들지 않았다. 2개월 후인 12월 26일, 미토시 씨는 97세로 사망했다.

두 사람의 유골은 도쿠시마 시내의 같은 묘에 거둬졌다. 그 묘는 원래 쓰쓰이가 미국에서 모은 돈으로 아버지 오사무 씨를 위해 세운 것이었다.

쓰쓰이의 생애를 더듬어 간 뒤에 보이는 것은, 한국전쟁을 계기로 스스로의 운명을 변화시키려고 힘껏 살았던 일본인의 모습이었다. 전후, 세계 최빈국으로까지 일컬어진 일본에서, 외국에 건너갈 때까지 살아남은 그의 인생은 결코 부정해서는 안 된다. 귀국한 쓰쓰이가 일본 정부의 비호를 받는지 추급받고, 세간의 격렬한 비난에 시달린 사실도 기억해두자. 그것은 그가 남은 인생을 살아갈 곳으로 미국을 택한 것과 관계가 없지는 않을 것이다.

많은 일본인이 미군에게 구제되었고, 태평양전쟁 중에 깊이 새겨진 '상처'를 품은 채 한국전쟁에 나가는 길을 선택했다. 선택할 수밖에 없었다. 일부 위정자가 시작하고 끝낸 전쟁의 뒤에도, 시중의 사람들은 계속해서 역사를 살아갔던 것이다.

제4장

그들은 왜 이용되었는가

일본 · 미국 · 한국의 의도

1950년 7월 14일, 중의원 본회의에서 시정 방침 연설을 행하는 요시다 시게루(吉田茂) 수상
(사진 제공 : 아사히신문사)

전부 미국의 오산으로부터 시작되었다

일본인의 심문 기록 중에는 강제 연행되었다고 할 만한 증언은 없었고, 오히려 "자발적으로 갔다 volunteered to go", "모른 채로 갔다"라고 하는 답변이 대부분이었다. 잿더미가 된 일본과는 대조적이었던 점령군의 풍요로움. 기지에서 일해서 곤경에서 벗어나고 싶었다. 그들의 일화는 자칫하면 전후태평양전쟁 종전 후−역자주 빈곤한 일본에서 살아가는 사람들의 '미담'이라고도 파악할 수 있을지도 모른다.

그러나 그들이 선택한 배경에는 빈곤이 있었음을 무시할 수 없다. 오늘날 경제적인 이유로 군대 일을 택할 수밖에 없는 상황은 '경제적 징병제'라고도 불려 문제시되고 있다. 일본인이 종군한 데에 국가는 어떻게 관여해왔는가. 후방 지원이라는 말을 들었던 일본인이 전장에서 총을 들고 싸웠던 일은 우연이었을까, 필연이었을까?

본 장에서는 부감俯瞰하는 시점으로, 한국전쟁에 간 일본인이 일·미 양국에게 있어서 어떤 존재였는지를 생각한다. 또한 그들을 둘러싼 각국의 의도를 보며, 한국전쟁이 현재의 동북아시아 정세에 미친 영향에 대해서도 검증하려 한다.

도대체 왜 일본인이 한국전쟁에 따라가게 된 것일까. 개전 당초의 유엔군을 둘러싼 상황에서부터 살펴 보자.

한국전쟁은 미국의 오산으로부터 시작되었다고도 한다. 먼저, '애치슨 라인'을 설정하는 것으로 상징되는 미국의 한반도 경시가 있었다. 미국은 참전하지 않으리라 여긴 소련의 후원을 얻어, 북한이 침공을 개시한다. 그리고 미국은 남북의 압도적인 전력차에서 눈을 돌리고,

대응에 뒷짐을 지었다.

예를 들면, 북한군에는 소련에서 지급받은 200대를 넘는 T-34형 전차나 대포가 있었다. T-34형 전차는 제2차 세계대전기의 독소전에서 열세였던 소련군이 반격으로 전환하는 계기를 가져다 준 병기였다. 10만을 웃도는 북한군 병사의 훈련도도 높았다. 그들의 약 3분의 1은 항일전이나 중국의 국공내전에 참가해 살아남은 역전의 명수였다. 한편 한국군에는 전차마저 없었다. KMAG^{주한 미 군사고문단}가 한국의 지형은 전차 운용이 적절하지 않다고 판단했기 때문이다.

또, 준비가 부족했던 요인으로는 미국의 판단이 늦어진 것이 있었다. 개전 전에 38도선 부근에서 빈발하고 있었던 소규모 분쟁에 대하여, 전면적인 전쟁의 계기가 될지 판단하지 못하고 있었다.

1950년 6월 25일, 개전 당일 아침. 도쿄에 있던 맥아더는 북한이 진군했다는 보고를 받았다. 그러나 *FRUS*『미국 외교 문서 사료집』의 같은 날짜의 문서에 따르면 '공격은 총력전이 아니고', '소비에트는 반드시 공격의 배후에 있는 것만은 아니며', '한국은 승리할 것이다'라며 한국군이 자력으로 격퇴할 것이라 기대했다.[1] 그날 밤, 오후 10시에 주한 미국 대사의 요청을 받아들여 주한 미국인을 피난시키기 위해 요코스카와 사세보에 정박해 있던 구축함 2척을 한국에 파견한 것이 맥아더의 유일한 행동이었다.[2]

그리고 3일 후, 수도 서울이 함락되었다.

맥아더는 북한군에 대한 평가가 착오였음을 깨닫고 6월 29일, 하네다 공항에서 한국 북서부의 수원에 전용기를 타고 전선을 시찰했다. 그리고 다음날인 30일, "한국 육군은 전혀 반격이 불가능하고, 게다가 돌파될 위험이 있다. 만약 적의 진격이 이 이상 계속된다면 한국이 붕괴할

것이 심각하게 염려된다"라고 판단하여, 미군 지상부대의 투입이 불가 결하다고 워싱턴에 타전했다.[3] 그리고 백악관에서 열린 회의에서, 한국을 지원하기 위한 주일미군의 출격이 결정되었다.

이러한 미국의 움직임을 추인하는 방식으로, 7월 7일에 맥아더를 최고 사령관으로 하는 유엔군이 결성된다. 유엔군에 참가한 국가는 영국이나 호주 등 16개국이었다. 그러나 유엔군이라고는 해도 당초엔 호주가 해군 함정 2척과 공군 1개 중대를 파견한 정도로, 실체는 미군이 간판을 바꿔 단 것에 지나지 않았다. 한국이 북한군의 용의주도한 진격으로 완전히 붕괴되는 중에, 실질적으로는 미군이 단독으로 대항하는 상황이 되었다.

일본 점령 정책의 전문가로 애리조나대학 명예교수인 마이클 샤라_{검증 필요}는 맥아더에 대한 어느 저작에서, 한국전쟁은 미국에게 예상 외의 사건이었다고 서술하면서 다음과 같이 이어서 서술했다.

"잊어버리면 안 되는 것은, 태평양전쟁 뒤 미국의 군사 예산이 바짝 감축된 것입니다. 확실히 냉전하 미국의 군사 예산은 팽창했습니다. 그러나 그것은 1950년 이후의 일입니다. 1950년까지는 미국은 해군, 육군, 공군의 예산을 극적으로 삭감하여 인원도 장비도 부족해졌습니다."

민주당의 트루먼 대통령은 국방 예산을 축소하는 재정 보수주의를 채택했다. 당시 미국의 군사지출액은 제2차 세계대전 시기의 고작 3%밖에 되지 않았다. 야당인 공화당도 타국에 대한 군사개입에 소극적이었다. 제2차 세계대전이 끝나자, 징병제로 자식이나 남편을 군에 빼앗긴 가족으로부터 요청도 있어서 숙련된 미군 병사들은 귀국하게 되었다.

종전 당초 일본에 약 40만 명 있었던 점령군은 서서히 본국으로 귀환하였고, 한국전쟁 개전 때에는 11만 5,000명이 되었다고 한다.[4] 남은 병사들 대부분은 전투 경험이 전혀 없는 젊은이들이었다.

실전 경험 없는 젊은이들

맥아더가 최초의 추격 명령을 내린 것은 후쿠오카, 고쿠라에 사령부를 둔 제24보병사단이었다. 우에노 다모쓰를 고용한 윌리엄 딘 소장이 이끄는 부대였다. 7월 1일부터 3일에 걸쳐 후쿠오카와 사세보의 점령군 기지 등에서 제24보병사단이 출병했다. 총 병력 약 1만 5,000명의 미군 최초의 지상부대가 한반도로 향했다.

앞 장에서 다룬 월버트 에스터브룩이 소속된 제24보병사단 제19보병 연대는 그 즈음 오이타, 벳푸의 캠프 치카모가에 주둔하고 있었다. 점령 군으로 지극히 평온한 나날을 보냈다고 한다. 에스터브룩이 말했다.

"제가 가장 좋게 기억하는 건 규슈의 벳푸라고 하는 도시입니다. 벳푸는 넘버 원입니다. 정말로 아름다운 휴양지였습니다. 저는 일본에서 쌓은 경험으로 많은 것을 배웠습니다. 일본의 문화에는 전부 무엇인가 의미가 있었습니다."

이러한 휴양 분위기는 에스터브룩만의 이야기는 아니었다. 한국전쟁에 출병한 미군 병사들의 증언집에서 제24보병사단 병사들의 증언을 몇 가지 인용해 보자. 개전 직후의 미군에게 위기감이 없었던 것을 잘알 수 있다.

비 오는 일요일, 일본에 [남한이 공격당했다고] 연락이 왔을 때, 우리 부대 병사들의 최초 반응은 "한반도라니 어디를 말하는 거야?"였다. 그리고 다음 반응은 "송사리들끼리 서로 죽이면 좋잖아".* 대다수는 미국이 전쟁에 휘말릴

---

*   원문은 "雑魚どもが殺し会えばいいんだ". 한국인 독자들에게는 불쾌한 기술이지만, 당시 한국전쟁을 바라보는 미군 일부의 시각을 알 수 있는 중요한 증언이기도 하다. 한

것을 두려워하거나 고려하지는 않았다.

— 제34보병연대 하사

북한이 한국을 침공한 것에 우리들은 관심이 없었고, 다음날 아침, 부모님 앞으로 보내는 편지에 다음 주말 [소프트볼] 시합이 얼마나 재미있을지 썼다. 그러나 다음 주말 우리들은 소프트볼을 하지 못했다. 일본에 없었기 때문이었다.

— 21보병연대 하사

점령 임무는 천국 같았다. 나는 전범 용의자가 수감된 스가모 형무소巢鴨刑務所에서 정보·교육 담당 하사관으로 근무하고 있었다. 우리 부대는 군사 훈련을 거의 받지 않았다.

— 제34 보병연대 일병[5]

북한이 침공하고 나서 얼마 후, 제19보병연대에도 출격 명령이 갑자기 내려졌고, 7월 4일 에스터브룩은 한반도에 상륙했다. 유엔군이 결성되기 3일 전이었다.

"앞으로 무엇이 우리들을 기다리고 있는지 이해하지 못했습니다. 우리들 미군 병사들도 전쟁이 일어난 것을 몰랐으니까요. 그저 2~3주뿐이라면 상관없다고 생각했습니다. 전쟁에 간다는 걸 알았다면 아마 생각도 바뀌었겠죠. 북한군을 위협만 하는 것이라고 들었습니다. 저쪽으로 가서 소총을 발포하여 놈들을 쫓아내고, 그걸로 일본에 돌아온다고

국전쟁에 참전한 미군 병력 일부가 이런 언급을 했다는 점은, 전쟁 초기에 자신들이 싸우는 의미를 찾지 못했던 다른 미군들의 증언과 이어진다고 볼 수 있다.

요. 물론, 그것만으로 끝나진 않았습니다."

개전 직후에 한반도로 향하는 미군 병사들에게는 적어도 어느 병사에게는 전쟁이 일어난다는 인식은 희박했다. 에스터브룩의 이야기에서, 그들이 자신의 임무를 유엔군의 제재 활동의 하나 정도로 받아들였던 것을 엿볼 수 있었다.

실제로 일본에서도 '조선전쟁한국전쟁-역자주'이라는 명칭이 정착된 것은 훗날의 일로, 개전 당시에는 '조선동란'이라고 불렀으며, 전쟁이라 여겨지진 않았다. 최고사령관인 맥아더조차도 전황에 대한 인식이 충분하지 않았던 것을 떠올려 보면, 일개 졸병에게 현지 상황은 그다지 알려지지 않았다고 생각해도 된다.

부산에 도착한 제19보병연대는 그 후 한국을 북상하여 나아갔다. 그리고 7월 16일, 처음으로 대치한 북한군을 발견하고 에스터브룩 등은 경악했다.

"그들은 T-34 전차 등 우수한 소련제 무기를 가지고 덤벼들었습니다. 북한군의 움직임은 잘 통솔되었고 민첩하여 우리 부대는 금방 포위되었습니다. 미군은 압도적으로 인원이 부족하여 병사들의 능력은 빈말로도 높다고는 할 수 없었습니다. 한국전쟁이 시작되었을 때, 사관들이 직면한 과제 중의 하나는 부대의 병사를 다시 훈련하는 것이었습니다."

1948년 입대한 에스터브룩 또한 아직까지 실전 경험은 전혀 없었고, 한국전쟁이 첫 전장이었다. 준비가 전혀 되지 않았던 미국은 개전 당초 피아의 전력차가 드러나면서 패퇴를 거듭하게 되었다.

에스터브룩은 이 전투에서 포로가 되어 수용소에 보내졌다. 이후의 가혹한 포로생활에 대해서는 이미 언급한 바와 같다.

통역 사와가시라 로쿠조

미국의 준비 부족을 채운 이들은 일본인이었다. 예를 들면 통역이다. 다카쓰 겐조, 우에노 다모쓰, 이노우에 준이치, 쓰쓰이 기요히토. 그들은 취사병이나 척후 등을 하며 통역 임무를 맡았다. 일본이 통치하던 시절의 조선에서는 동화 정책의 일환으로 일본어 교육이 실시되었기 때문에 많은 사람이 일본어로 말할 수 있었다. 영어로 말할 수 있는 일본인은 귀중한 보물이었다.

"(조선반도에는) 일본어를 할 수 있는 사람이 많았으니까요. 그런 점에서 다행이었죠."

그렇게 말한 사람은 아오모리靑森·하치노헤八戸에 있는 미군 기지 캠프 호건Camp Haugen에서 통역으로 한반도로 간 사와가시라 로쿠조澤頭六蔵였다. 심문 기록에 이름이 기재된 사와가시라는 아오모리·미사와三沢에서 건재했다.

사와가시라의 가족에게 편지를 써 취재의 의도를 전달했다. 답장을 보낸 장녀 후사에房江 씨에 따르면, 부친이 한국전쟁에 간 사실은 잠결에 물벼락을 맞은 듯한 일일본 속담—역자주이었다고 한다. 취재를 받아들이긴 했지만, 사와가시라는 당뇨병과 심부전을 앓고 있어, 당일 컨디션에 따라 인터뷰를 취소할지도 모른다고 사전에 연락이 왔다.

2019년 봄, 나는 미사와 공항三沢空港에 내렸다. 제트기의 굉음이 들린다. 미사와 공항은 민간과 주일미군, 그리고 자위대가 공동으로 이용하고 있다. 공항 옥상에 올라가니 항공자위대航空自衛隊의 F2A 전투기 3기가 공항 부근을 저공 비행하며 선회 훈련을 반복하고 있었다.

미사와는 '기지 도시'다. 영어와 일본어로 쓰인 간판이 곳곳에 있으며,

미군 기지가 지역에 미치는 경제 효과도 크다. 사와가시라도 오랫동안 기지에서 일해 온 사람 중 하나였다.

취재 당일, 사와가시라의 컨디션은 결코 좋다고는 할 수 없어 침대에 누워 있었다. 무리하지 말고 가족들에게서 이야기를 듣는 것이 나을지 망설이고 있으니 사와가시라는 갑자기 침대에서 일어나 내 앞에 앉았다.

"1950년에 기지에서 일하고 있었는데, 말할 수 있는 건 많지는 않아요."

그 표정에서는 어떤 일이 있어도 흔들리지 않는 의지를 느낄 수 있었다. 인터뷰는 30분 정도였지만 거기서 들은 내용은 가족들 누구도 듣지 못한 것이었다.

종전 직후, 17세의 사와가시라는 선배의 권유로 캠프 호건에서 일하

사와가시라 로쿠조. 제7보병사단 제32위생중대에 소속되어 있었다.

기 시작했다. 미군의 공수사단부터 보병사단, 기병사단까지 교대하는 일이 잦았던 기지였는데, 사와가시라가 일하고 있었던 시기는 제7보병사단이 주둔하고 있었을 때였다. 사와가시라는 심문 기록에서 제7보병사단 제32위생중대에 소속되어 있었다고 답변했다.

기지에서 일하기 위해 사와가시라가 치른 시험은 로마자로 자기 이름을 쓴다는 간단한 것이었지만, 그 후 노력을 거듭하여 독학으로 영어 회화를 익혔다. 기지 안에서는 경비병, 수위, 때로는 통역 일을 맡게 되었다. 사와가시라는 "옳고 그름을 확실히 따지는 성격"이었기 때문에 일본인 동료에게는 원한을 사는 일도 있었지만, 미군 장병들로부터는 오히려 호감을 얻었던 듯하다.

"신용을 얻었다는 건 거짓말을 하지 않았기 때문이겠죠. 그러니까 뭐든지 (성가신 일은) 나한테 왔었어요."

당시 사와가시라는 햇볕에 그을린 탓에 "블랙키"라는 별명으로 불렸고, 차츰 미군 장병과 신뢰 관계를 쌓게 되었다. 그러나 생활이 막 안정되려던 참에 한국전쟁이 발발한다.

상관의 권유를 거절할 수는 없었다

1950년 7월, 제7보병사단에도 유엔군으로 출병할 준비를 하라는 지령이 내려왔다. 이때 사와가시라는 상관에게 종군을 권유받았다고 한다. 강제는 아니었지만 사와가시라에게 거절한다는 선택지는 없었다.

"갈까, 아니면 여기서 갈라설까……. 예전처럼 실직해서 아무것도 못하게 되면 어쩌지, 라고 생각했습니다. 불안했어요, 앞날이요. 그래서

함께 가는 편이 낫다고. (일자리가) 없었으니까요. 지금보다도 심했지 않나 싶어요."

당시 미군 기지에서 일하는 일본인들은 대개 미군 병사와 개인적인 연줄이 있어 고용되어 있었다고 한다. 고용해 준 미군 병사가 본국으로 귀환하면(혹은 한국전쟁에 출병하여 기지를 떠나면), 실업하여 길거리를 헤메는 수밖에 없었다.

1950년 9월 8일, 사와가시라는 요코하마항横浜港에서 한반도로 떠나갔다. 현지에서 부여받은 임무는 후방 지원의 통역이었다. 당시 북한군은 남측에 대량의 스파이를 보내고 있었다. 미군은 기지에서 신뢰하는 일본인을 데리고 가는 편이 리스크가 적다고 판단했던 것은 아닌가 하는 것이 사와가시라의 견해였다.

사와가시라(가운데 인물)**는, 전장에서 후방 지원 통역 임무를 맡았다.**
(사진제공 : 사와가시라 로쿠조)

심문 기록에는 사와가시라가 소속된 제32위생중대의 주요 임무가 한국군과 미군 사이에서 작전 등을 전달하는 연락 담당이었다고 쓰여 있다. 마을의 지형이나 거리를 현지 주민에게 듣고, 미군에게 전달하는 일도 있었다고 한다. 사와가시라는 급여를 받지 못하여, 미군 병사가 쌈짓돈으로 챙겨준 용돈이 유일한 수입이었다.

한반도에 머무른 기간은 5개월하고도 3일. 극비 문서에는 사와가시라의 심문 기록를 합쳐, 같은 부대의 대원들에 대한 취조 또한 게재되어 있었다. 거기에는 사와가시라의 능력이 높이 평가되어 있었다.

사와가시라의 상관이었던 허먼 리처드 대위라는 인물의 증언을 인용한다.

> 로쿠조 사와가시라일본인는 부대에 종군하고 있을 때 한국군과 부대 본부의 연락 담당으로 종사했다. 영어가 뛰어났기 때문에 부대의 통역으로 잘 활용되었다. 한국군이 하는 말, 즉 일본어를 이해한다는 능력에서 그는 다대한 공헌을 했다. (…중략…)
>
> 부대에 있던 기간 동안 그는 조직에 충성을 보였으며, 자신이 종사한 임무를 믿음직스럽게 수행했다.

한편으로, 리처드 대위는 사와가시라가 종군한 사실에 대하여, 그 이름은 요코하마의 출항자 명부에 기재되어 있지 않아서 '무허가 도항'이었다고 진술했다. 사와가시라의 심문 기록에는 '나는 부대장의 편지를 갖고 있으니까 보아 달라'라고 호소한 내용이 남아 있다.

사와가시라는 부대와 함께 한반도에 건너간 것에 관하여, 사전에 상관의 승인을 얻은 증거로 이 편지를 보여 주었다고 한다. 심문 뒤에 사와가시라가 처벌되는 일은 없었다.

"당신들이 처음이랍니다"

전장의 모습을 물으니, 그 순간에 사와가시라의 입이 무거워졌다. 부대 동료가 부상을 입었다고 들은 적도 있지만, 사망자가 나왔다는 것은 알지 못했다고 말하면서 "아무것도 곤란한 일은 없었다"라고 이어서 말했다. "(전쟁터에 간 것은) 뭐, 젊었으니까요. 17, 18세였습니다. 그랬으니까 (전쟁의) 무서움을 아무도 몰랐던 것이에요."

당시 일본인이 해외에 가는 것은 금지되어 있었다. 미군은 그것을 인식했으면서도 사와가시라에 종군을 의뢰했던 것일까?

"당시 점령군은 일본인이 해외에 가는 것을 전부 금지했어요. 그래도 역시 이기면 관군, 지면 적군*이라, 일본인이 조선에 가더라도 일본 정부는 미국에게 아무 말도 할 수 없었던 것입니다."

일본인이 한반도에 가도 정부는 미국에게 아무 말도 할 수 없다. 사와가시라가 무심코 내뱉은 이 발언은 일본의 전쟁협력을 둘러싼 문제의 핵심을 꿰뚫는 것이었다.

1951년 2월 22일, 사와가시라는 일본에 돌아왔다.

취재 종반, 사와가시라는 자신의 심문 기록을 훌훌 넘기다 잠시 손을 멈췄다. 그리고 내 눈을 똑바로 보고 말했다. "그런데 이상한 것이 말이죠. 당신들이 어떻게 이 정보를 손에 넣었느냐는 것입니다. 여기에 탑 시크릿이라고 쓰여 있잖아요."라고 말하며 문서에 찍힌 'TOP SECRET'

---

* 일본의 속담으로, 승리하는 자가 대의명분을 차지하고 패배하는 자는 오명을 뒤집어 쓴다는 의미를 지닌다. 승리가 모든 것을 정당화한다는 이 속담은 보신전쟁(戊辰戰爭)(1868~1869) 시기 메이지 천황을 내세운 사쓰마, 조슈 등 유신 세력이 도쿠가와 가문의 에도 막부를 타도하는 과정에서 생겨났다는 인식이 있다.

의 도장을 가리켰다. 나는, 이 문서는 미국의 공문서관에 보관되어 있었으나 이미 기밀 해제되었다고 설명했다. 그리고 물었다. 이제까지 누군가에게 이야기를 한 일이 있었는가, 라고.

"말한 적도 없고, 말할 필요도 없었고, 가족에게도, 전혀 없었어요. 당신들이 처음이랍니다. 어쨌든 내가 말할 수 있는 건, 부대 일이라고 기억하는 것은 누구에게도 말하면 안 되었어요."

마지막으로 사와가시라는 "관계 없는 사람 따위에겐 특히나"라며 눈을 부릅떴다. 그리고 "이게 내 사인이에요"라고, 심문 내용을 승낙한다는 취지의 직필 사인을 가리켰다. 유려한 필기체로 'Sawagashira Rokuzo'라고 쓰여 있었다. 필기체를 몇 번씩이나 연습했던 것이라고 말했다.

후일, 후사에 씨에게 전화를 걸어서 사와가시라 씨의 몸 상태는 어떠냐고 물었다. 인터뷰 뒤 가족이 염려되어 여러 가지 물어봤지만, 아무 답도 하지 않고 언짢아했다고 한다. 뭐든지 싹싹하게 말해주는 사와가시라로서는 신기한 일이었다고.

전장에서는 곤란한 일은 아무것도 없었다고 취재에 답한 사와가시라. 그러나 사실은 털어놓을 수 없을 만큼 가슴 아픈 일이 있었던 것은 아닐까, 하고 후사에 씨는 말했다.

인원 부족 메우기

심문 기록을 자세히 보다 보면, 부대와 함께 행동한 일본인이 다양한 역할을 맡았다는 점에 놀라게 된다. 기지에서 일하고 있었던 일본인이 개전 당초의 미군을 지원했다는 점을 잘 알 수 있다.

심문 가운데 자신의 임무에 대해서 확실히 답한 자에 한하면, 장교의 신변에서 시중을 드는 하우스보이가 16명으로 가장 많았다. 미군 기지에서 근무하고 있었던 장교가 그대로 데리고 간 경우가 대부분으로, 한반도에서도 그 장교의 전속으로서 일했다고 여겨진다.

다음으로 많았던 것이 부대의 식사 등의 조리, 운송 등을 담당한 취사병으로, 13명이었다. 그밖에는 이용사, 목수, 기술자, 운전사 등이 있었다. 그러한 '직종'에서도 그들은 원래 사와가시라와 같이 후방 지원의 요원이었다고 추정할 수 있다. 그러나 유엔군이 북한군에게 열세에 몰리던 중에 마침내 전투에 휘말려 갔다.

미군과 함께 행동하고 있었던 70명 중에 무기가 지급된 사람은 25명. 그중에 '사용한 적이 있다'라고 답한 사람은 12명이었다.

제2장에서 상술한 우에노 다모쓰와 마찬가지로, 캠프 코쿠라로부터 한반도로 건너가 제24보병사단 제3공병대대와 행동을 함께한 마쓰자키 데쓰오^{당시 27세}도 그중 한 명이었다. "부산에 상륙한 뒤, 조선에서는 전전하며 이동하는 부대와 항상 행동을 함께 하고 있었습니다. 기술자나 트럭 운전사 등으로 일하고 있었습니다"라고 대답했다.

그러나 무기를 지급받아 전투원으로서도 취급받았다.

마쓰자키 저는 톰슨 기관단총을 지급받았습니다. 북한의 정찰대를 향해 한 번 사용했습니다.

1919년에 미국에서 개발된 톰슨 기관단총은 제2차 세계대전에서 사용되며 보급된, 분당 650~700발이 발사 가능한 기관단총이었다.

이번에 한국전쟁의 미 육군의 기록을 확인하던 중에, 개전한 지 3개

월이 지난 시점에서도 인원이 부족하여 '기술자, 운전사, 취사병, 사무직 등의 후방 지원자로 구성된 부대'가 있었다는 사실이 밝혀지게 되었다.[6]

일본인도 '공식으로' 표창받았다

오사카시 기타구에서 한국전쟁에서 나간 이토 다케시당시 20세. 제24보병사단 제21보병연대 C중대에 소속되어 있던 이토는 "적을 죽였는가" 하는 조사관의 물음에 "15~20명은 죽였습니다. 7개월간 전선에 있었습니다"라고 답했다.

> **조사관**   무기를 지급받았나?
>
> **이토**   총이나 총탄 등 모두 미 육군과 동일했습니다.
>
> **조사관**   한반도에서는 뭔가 수당을 받았나?
>
> **이토**   아니오.
>
> **조사관**   이제까지 부상을 입은 적이 있나?
>
> **이토**   예. 저는 한 번 부상을 입었습니다. 그때 퍼플 하트 훈장을
> 수여받았습니다.

퍼플 하트 훈장이란, 1932년 당시 육군 참모총장이었던 맥아더가 만든 훈장이다. 미국 독립전쟁1775~1783 때 총사령관 조지 워싱턴이 제정한 훈장에서 유래하며, 하트 형태를 한 자줏빛 천 조각이었던 것이었으므로 이렇게 불리게 되었다. 이후 현재까지 전투원으로서 부상당한 병사에게 수여되는 명예 부상 훈장이다.

군사 전문지 *Military Review*의 편집자로, 한국전쟁에 대한 저작도 있는 데니스 쟝 그레코에 의하면, 태평양전쟁에서 일본에 대한 본토 침공에 의해 생겨날 부상자에 대비하여 대량으로 제조된 것이 남아 있었다고 한다.[7] 한국전쟁에서는 약 11만 8천 명에게 수여되었으며, 그중 한 명이 이토였다고 여겨진다. 장비도 '미 육군과 동일'했던 것처럼, 미군은 일본인을 차별 없이 대우했다. 이토는 미군으로부터 '공식적으로' 표창받았다.

그러나 심문을 받을 때는 이토 또한 이제까지 소개된 일본인들과 마찬가지로 '입 밖으로 내지 않겠다'라고 서명하게 되었으며, 그 존재는 숨겨졌다.

이 모순에서 추측되는 것은 '개전하고 나서 일정 기간 동안에는 일본인이 있어도 용납되었다'라는 것이다. 그리고 '어느 때'를 기점으로 일본인의 존재는 용납될 수 없게 되었다. 이번에 발견된 심문 기록을 토대로 하면, 그때를 미군 당국이 다카쓰 겐조의 존재를 인식한 시점으로 보는 것이 타당할 것이다. 거기에는 미군의 어떤 의도가 있었던 것일까?

미군 통역이 밝힌, 심문이 행해진 이유

취재를 시작하고 나서 반년이 지났을 때쯤, 미국의 리서처 야나기하라로부터 한 통의 메일이 도착했다. "일본인의 심문에 입회했던, 미군 측 통역이 생존해 있습니다."

취재 당초부터 심문이나 조사 담당자를 찾기 위해, 문서에 나온 미군 병사의 이름을 목록화하여 한 사람씩 맞춰 보았으나, 책임자나 고위 관계자는 당시 30세 이상이었다고 한다면 살아 있을 가망이 희박했다. 야

나기하라가 찾아낸 사람은 야스오 타카사키라는 일본계 미국인 2세로, 현재 98세라고 한다. 곧장이라도 만나러 가지 않으면 인터뷰를 할 수 없을지도 모른다. 2019년 4월, 나는 모든 스케줄을 일단 취소하고, 미국으로 향했다.

부유층이 많이 사는 캘리포니아주 몬터레이. 시가의 해안선에는 일찍이 정어리 통조림 공장이 늘어서 있는 캐너리 로라는 번화가가 있다. 그 캐너리 로를 내려다보는 고지대의 고급 주택가에 타카사키의 자택이 있었다.

마중나온 타카사키는 감색 블레이저에 빨간 넥타이를 메고 있었다. 혈색도 좋고 정정하여 도저히 98세로는 보이지 않았다. 지금도 하루에 2시간 이상 걷는다고 한다.

타카사키는 1941년에 미 육군에 자원 입대했다. 제2차 세계대전에서는 일본계 2세의 미군 병사로 구성된 제442연대에 들어가, 이탈리아에서 발발한 독일군과의 전투에 참전. 전후 1946년에 점령군으로 일본에 왔다. 히로시마 구레ᵋ에 주둔하고 있을 때 한국전쟁 출병 명령이 내려졌다.

제2차 세계대전의 격전을 경험한 타카사키에게도 한국전쟁은 많은 동료를 잃고, 자신도 부상을 입어 생사의 갈림길을 헤맸던 가혹한 전쟁이었다.

"병사 한 명이 전쟁에서 얻을 수 있는 것은 아무것도 없습니다. 전쟁은 전쟁일 뿐입니다. 임무에 나간다면, 어딜 가는지는 관계 없이 그저 전쟁일 뿐입니다. 살아 남는다면 운이 좋은 것입니다. 저 전쟁에서는 많은 미군 병사들이 살해당했습니다. 어떤 사람이라도 살해당했습니다."

나는 심문 기록에 있는 'Yasuo Takasaki'라는 이름을 보여 주며, 본인인지 아닌지 물었다.

"이건 접니다. 이 일은 지금까지 아무에게도 말한 적이 없었습니다."

한국전쟁 중에, 일본어를 말할 수 있었으므로 육군 중에서도 첩보부대에 소속되어 있었던 타카사키. 63세가 되었을 때 육군에서 퇴역했지만, 제2장에서 다룬 두 명의 전 미군 병사와 마찬가지로 기밀정보를 누설할 수 없다며 당초에는 취재에 난색을 보였다. 그러나 타카사키의 딸이 변호사에게 문제가 없다는 것을 확인하자 인터뷰에 응해 주었다.

다카쓰 겐조의 존재가 발견된 뒤 미군과 행동을 함께한 일본인들이 소집되었다. 심문을 위해서였다. 일본어가 가능한 통역이 필요하게 되었는데, 그중에 뽑힌 사람이 타카사키였다.

"심문을 받고 있었던 일본인은 모두 불안한 것 같았습니다. 그 후, 그들은 모습을 감췄습니다. 어디로 연행되었는지 모르지만, 배를 타고 일본에 돌아갔다고 들었습니다. 이 이야기는 누구에게도 말해서는 안 되며, 비밀로 해 두라는 말을 들었습니다. 게다가 만약 그 사실이 국제 사회에 밝혀지게 된다면, 더욱 큰 전쟁으로 발전할 우려가 있었습니다."

애초에 일본인을 한국전쟁에 참가시킨 것은 일본인의 출국을 원칙적으로 금지하고 있었던 GHQ의 점령 정책에 위반된다. 당연히 책임자를 처벌하지 않으면 안 된다. 그러나 전장의 최전선에서 지휘를 맡고 있던 사령관을 처벌한다면 부대의 사기에 악영향을 줄 것도 고려되었다.

심문의 목적은, 종군의 이유를 기록하고, 일본인의 입을 막아서 종군을 허가한 부대의 지휘관을 지키기 위한 것이었다.

타카사키 자신은 직접 일본인과 행동한 적은 없다. 그러나 심문에 입회하는 중에 알게 된 일본인에게 맡겨진 역할에는 놀라움을 감출 수 없었다고 한다.

"미군 병사처럼 충분히 싸울 수 없었던 와중에 일본인이 가 준 것을 미

안하게 생각합니다. 제가 생각하기에 일본인들은 히어로$^{\text{Hero, 영웅}}$였습니다. 그들은 누구든지 살해당할 것 같은 위험한 장소에 갔었으니까."

심문이 시작된 것은 한국전쟁이 시작되고 나서 8개월 후의 일이었다. 미군의 장비나 인원이 정비되기 시작했을 무렵이었다. 그때까지는 일본인이 인적 자원의 부족을 메우는 데 이용되고 있었다.

'일본인들은 히어로였습니다.' 과연 그들을 히어로라고 불러도 되는 것일까. 나는 타카사키의 말을 곧이곧대로 받아들일 수 없었다.

야스오 타카사키. 심문에 통역으로서 입회했다.

전승국의 교만

다카쓰 겐조의 발견으로 모든 일본인이 귀환한 것은 아니었다. 그 뒤에도 한반도에서 유엔군을 위해 일한 일본인은 존재했다.

『아사히신문』1953년 1월 25일 자 석간에 「조선의 기지에 일본인 노동자朝鮮基地に日本人労務者」라는 제목의 기사가 게재되었다. 인천의 유엔군 기지에서 일본인이 텐트를 치고, 함정의 수리 등에 종사하고 있다는 내용이었다. 기사에는 전선으로부터 불과 48km 지점에 일본인들이 일하고 있었던 것에 '놀라지 않을 수 없었다'라고 되어 있다.

기사 안에는 현지에서 일하고 있었던 토노戸野라는 남성의 이야기가 소개되어 있다.

> 토노 씨는 조선에 간 지 벌써 2년이 되었다고 한다. 전쟁이 시작되고 나서 줄곧 유엔군에서 일했고, 철수 때도, 북진 때도, 인천상륙작전에도 인부들을 데리고 근무했다. 인부들은 10개월마다 교대해서 귀환했지만, 크리스마스 이브 때 오전 5시부터 7시까지의 2시간 휴식만 있었을 뿐, 그 뒤는 교대하여 24시간 내내 근무하고 있었다. 외출은 전혀 할 수 없었으므로, 항구의 기지에서 지금까지도 한 발자국도 인천의 거리에 나간 적은 없었다고 한다.

일본인 노동자들이 비공식적으로 유엔군에 협력하고 있었던 사실은, 한국전쟁 휴전협정이 체결된 후에 미국 측에서 나온 수많은 증언으로도 밝혀졌다. 예를 들면, 한국전쟁 기간 중에 1952년부터 1953년에 걸쳐 주일 대사로 근무하고 있었던 로버트 머피는 회고록 속에서 이렇게 진술했다.

일본인은 우리를 돕기 위해 군대를 보급하도록 요구받지도 않았으며, 그런 일은 허가되지도 않았다. 그렇지만 일본인인 선박과 철도의 전문가들은 그들 자신의 숙련된 부하들과 함께 한반도에 가서 미국 및 유엔의 사령부 휘하에서 근무했다. 이는 극비 사항이었다. 그러나 연합국 군대는 이 한반도를 잘 알고 있는 일본인 전문가들 수천 명의 원조가 없었다면, 한반도에 잔류하는 데에 큰 곤경에 처했을 것이다.[8]

마이클 샤라는, 애초에 일본인이 이용된 배경에는 미국에 전승국의 교만이 있었던 것은 아닐까 하고 보고 있다.

"당시 미국은 전승국이라는 의식이 강했고, 점령군의 권한은 꽤 광범위한 데에 미치고 있었던 것으로 여겨졌습니다. 기지의 수나 각 부대가 할 수 있는 것에는 제한은 두어서는 안 된다는 자세였던 것입니다."

한국전쟁은 사실상 일본에 있어서도 처음으로 미국의 군사력 우산에 들어간 경험이었다. 그리고 지금도 존재하는, 동북아시아 전략을 위해 일본을 이용해야 한다는 미국의 본심과, 미국이 지켜주고 있다는 일본의 표면적인 주장과의 괴리가 이 때 생겨났던 것이다.

"정신적으로 협력한다" 비공식적인 일본의 전쟁 협력

일본인들의 개개의 의향은 묻지 않고, 결과적으로 미국이 그들을 이용한 것은 틀림없는 사실이다. 그렇다면 일본 정부는 어떠했을까? 당시의 국회 의사록에서 보이는 내용은, 점령하에서 평화국가를 구가한다는 모순이었다.

일본 정부가 한국전쟁에 대한 입장을 처음으로 표명한 것은, 1950년 7월 14일의 중의원 본회의에서 일어난 요시다 시게루吉田茂 수상의 시정 방침 연설이었다.

6월 25일 돌연히 북선北鮮 공산군이 38도선을 넘어 남선南鮮을 침입하여, 아시아 일각에 분쟁상태가 출현하기에 이르렀습니다. (…중략…) 만일 대전쟁이 발발할 경우, 우리나라가 군비를 철폐한 결과, 우리는 안전보장을 어떻게 할 것인가, 어떻게 보장받을 것인가 하는 문제는, 국민이 항상 걱정해 왔던 것이었습니다. 이 염려로부터 많은 의논이 어지럽게 얽혀 있는 것은 제군들도 이미 알고 있는 대로입니다만, 국제연합의 이번 조치는 우리 인심을 더욱 안정시키는 바가 크고, 또 우리 인심에 영향을 미치는 바도 크다고 여겨집니다. 우리나라는 현재 적극적으로 여기에 참가하는, 국제연합의 행동에 참가하는 입장은 아닙니다만, 가능한 범위에서 여기에 협력하는 것은 지극히 당연하다고 생각합니다.[9]

당시, 국내에서는 한반도의 내전에 관여하면 일본도 전쟁에 휘말리는 것은 아닌지 두려워하는 목소리가 커지고 있었다. 다음날 7월 15일 자 『아사히신문』 사설은 요시다의 연설을 다루며 「독선에 빠진 시정 연설独善に堕した施政演說」이라는 제목으로 한국전쟁에 대한 정부의 입장이 애매하다고 지적했다. 또 '어느 정도로, 또 어떠한 자격으로' 유엔에 협력할 것인지 불명료하다고 서술했다. 7월 15일의 중의원 본회의에서 요시다는 이 **불명료한 입장을 더욱 명확히** 답했다. 국민민주당国民民主党, 1950~1952년에 존재한 정당의 가와사키 히데지川崎秀二 의원에게 "적극적으로는 참가하진 않지만 가능한 한 협력한다는 것은 대체 무엇을 의미하

는 건가?"라고 질의를 받자, 다음과 같이 답변했다.

> 유엔과의 협력은 안 된다, 협력은 어떤 실질을 갖추는 것인가 하는 물음입니다만, 유엔은 세계의 평화를 유지하고 증진하는 기관으로, 그 목적으로 이번의 조선사변朝鮮事變에 대처하는 것입니다. 그 취지에서 우리나라는 국민 모두가 그 취지에 찬동할 것이라 여겨지므로, 그 유엔의 행동에 국민은 찬성의 뜻을 나타내는 것뿐만 아니라, 그 목적을 달성하기 위해 **정신적으로 협력한다**, 또는 가능한 한 협력하는 것이라는 생각입니다.강조-인용자10

이 '정신적인 협력'이라는 말에 대하여 도쿄대 명예교수 와다 하루키가 그의 저서 『조선전쟁 전사朝鮮戦争全史』에서 중요하게 지적했다. 와다는 당시의 오바시 다케오大橋武夫 법무총재현재의 법무대신의 "(맥아더의 지령에 대해서는) 일본국의 정부 및 개인은 모두 신속하게 그리고 성실하게 복종할 의무를 진다"라는 답변을 인용하여,11 일본 정부가 유엔에 '정책적으로 협력한다는 것은 정신적인 것이며, 실질적으로, 무제한으로 협력한다는 것은 의무로서, 점령군의 명령에 복종하고 있다는 것이다'라고 서술했다.12

요시다나 오바시의 답변에서 두드러지는 것은, 점령군에 대한 협력은 '의무'이므로 실태에 눈을 감는 정부의 자세였다. 와다는 '일본이 한국전쟁에 실질적으로는 참전했으면서도, 전혀 정부는 그것을 인정하지 않고, 국민은 그것을 의식하지 않는다는 독특한 구조는 여기에서 생겨났다'라고 결론지었다.13

또 한국전쟁에 대한 정부의 자세는 평화헌법하에서도, 미군이나 유엔군에 대한 협력은 가능하다는 구실을 낳는 원류가 되었음을 덧붙여 두려 한다. 독립 후에도 미군이 일본 국내에 주둔하는 것을 인정한 일·미

안전보장조약日米安全保障条約은 그 전형적인 예이다.

그리고 1992년 '우리나라가 국제연합을 중심으로 한 국제평화를 위한 노력에 적극적으로 기여하는 것을 목적'으로 정한, 「PKO 협력법PKO協力法. 국제연합 평화 유지 활동 등에 대한 협력에 관한 법률(国際連合平和維持活動等に対する協力に関する法律)」이 공포되어 자위대를 해외 파병할 길을 열었다. 요시다가 답변에서 "세계의 평화를 유지하고 증진하는 기관"인 유엔의 '대처'에 찬성의 뜻을 보이고, 협력을 내세운 논리와 같은 것이다.

점령군을 위해서인가, 유엔군을 위해서인가

요시다의 시정 방침 연설로부터 약 10일 후인 1950년 7월 26일에 국가의 외교 방침 등을 논의하는 외무위원회外務委員会가 개최되었다. 여당인 자민당의 나미키 요시오並木芳雄 의원이 실제로 일본인을 전쟁터에 데려가는 일은 없겠는지 시마즈 히사나가島津久大 외무사무관에게 질문했다.

> **나미키**　거기서 예를 들면, 어느 기지에서 일본의 노동자가 일본의 점령 일을 맡는다고 생각하여 거기에 일하러 갔는데, 뜻하지 않게 조선과 관련된 일에 종사하게 된 것 같은 일이 있을 수 있습니다. (…중략…) 우리들도 정신적인 협력은 좋다고 생각합니다. 그러나 현실의 형태로 드러날 때, 거기에는 만약 뭔가 한계가 있지 않으면, 애써서 국제 의용군 같은 것은 허용할 수 없다든지, 그런 것이 가능하지 않다는 것을 확실히 태도를 표명하더라도, 부분적으로 그런 것이 무너져 내리는 것은 아닌가 하는, 정말로 소박

한 저의 의문입니다. 그러니까 어떻게 그것을 해석해 보면 좋을지 설명을 바랍니다.

시마즈 질문하신 점은 상식적으로 말씀드리면, 어디까지가 통상의 점령에서 오는 처치이고, 그 다음은 조선에 직접 관계되어 있는지, 그밖에는 선을 그을 수 없는지 하는 질문으로 여겨집니다. 이 점에서 일본 정부는 지금 자주적인 입장이 아닙니다. 어떤 점에 선을 그을 것인가 하는 것은, 일본 측에서 선을 그을 만한 입장은 아니라고 생각합니다. 현재까지는 그 점을 취급하는 데에 관계 당국이 적절한 고려를 하고 있는 것으로 저는 해석하고 있습니다.[14]

'어느 기지에서 일본의 노동자가 일본의 점령 일을 맡는다고 생각하여 거기에 일하러 갔던 것인데, 뜻하지 않게 조선과 관련된 일에 종사한다.' 나미키 의원의 질문에서, 개전으로부터 불과 1개월 후에는 미군 기지에서 일하고 있던 일본인이 전장에 나간 것이 상정되었음을 알 수 있다. 그리고 '국제 의용군'이라는 용어를 사용하여, 일본인이 전투에 휘말릴 가능성도 지적되었다.

거기에 대한 시마즈 외무사무관의 회답은, 말하자면 일본인이 **점령군을 위해** 일하는 것인지, 한반도에 출병한 **유엔군을 위해** 사용되는 것인지에 관해 일본 정부는 '선을 그을 만한 입장이 아니다'라는 것이었다. 점령군에 대한 협력은 '일본 정부의 의무'라는 종래의 답변에 맞닿은 것이라고 할 수 있다. '적절한 고려'라는, 낙관적이거나 또는 애매하기 짝이 없는 용어 이상의 설명은 이루어지지 않았다.

경찰예비대로 오라는 권유

정부가 국회에서 애매한 답변으로 일관하는 한편, 후방 지원을 시작으로 일본(인)의 한국전쟁 참가는 일·미 간에 착착 진행되고 있었다.

1950년 7월 8일, 유엔군사령관에 임명된 맥아더는 요시다(수상)에게 한 통의 서한을 보냈다.

> 일본 정부에 국가 경찰예비대 7만 5천 명을 창설할 것과, 해상보안청 정원 8천 명 증가에 필요한 조치를 취할 것을 허가한다.[15]

그 배경은 한국전쟁에 미군이 출병하면서 일본에 생긴 군사적 공백이었다. 이를 우려한 미국이 일본에 국내의 치안 강화를 요구했다는 해석이 일반적이다. 요시다 수상도 마찬가지로, 서한을 받았을 때의 인상을 자서전 속에서 다음과 같이 회상했다.

> 이와 같이 요청한 목적 그 자체는 누구라도 알 수 있었다. 즉, 조선전쟁을 위해 전선으로 이동한 미군 부대의 결원을 보충하고, 또 당시 정세에서 조선 이외의 지역에 있어서도 일어날 수 있는 공산 침략의 위험에 대비하여, 국내 치안을 유지할 실력을 강화하는 것으로 해석되었다.[16]

개전으로부터 약 2주간은 그야말로 준비가 부족했던 미국이 북한군에 손을 쓰지 못하는 상황이었다. 미국의 목적은 정말로 '국내 치안 유지'뿐이었을까? 존 포스터 덜레스 국무장관 고문이 폴 니체 국무성 정책기획국장에게 보낸, 같은 해 7월 20일 자 문서가 남아 있다.

(일본은 유엔 가맹국은 아니지만) 유엔 헌장 제43조에 의해, 일본인 개인을 포함한 임시 부대의 설치를 가능하게 하고, 또 병사들을 일본 정부가 아니라 안보리에서 선발한 사령부의 지시에 따르도록 하는 것이 가능할지도 모른다.

일본의 재군비를 공식적으로 선언할 경우, 소련의 경계심을 불러일으켜 뭔가 행동을 유발할 가능성이 있기 때문에, 이 조치는 아마도 조용히, 서서히 이뤄져야 할 것이다.[17]

1950년 8월 10일, 경찰예비대령警察予備隊令이 공포, 시행되었다. 요시다 수상은 헌법 9조에 위배되지 않는 방위 조직인 경찰예비대警察予備隊 7만 5천 명을 발족하도록 지시한 것이다. 대원으로는 주로 일본군 출신자 등이 모였다. 경찰예비대는 훗날의 자위대로 이어지는 조직이다. 일본은 이 때 명확하게 재군비를 향해 방향타를 돌렸다.

덧붙여서, 제2장에서 상술한 아리요시 다케오가 수기에서 의외의 이야기를 썼다. 사세보에서 심문이 끝난 뒤 일본인들은 한 장소로 소집되어, 당시 막 설립된 경찰예비대로 오라는 권유를 받았다는 것이다. 일본인에 대한 심문의 대부분은, 경찰예비대 발족으로부터 5~6개월 정도 지난 1951년 1월부터 2월에 걸쳐 이뤄졌다. 한국전쟁의 전장에 있었던 일본인들에게 미군 장교가 방문해 와서 다음과 같이 이야기하기 시작했다고 한다.

"오랫동안 수고했지만, 그대들 중에 만약 계속해서 군무에 속하고 싶은 자가 있다면, 앞으로 일본의 경찰예비대의 간부, 즉 장교 대우로 채용해 주겠다."

고위 장교는 이런 이야기도 했다. "이번 일본 정부가 창설하는 경찰예비대는 모두 미군 장비를 조달받는다. 그대들은 한반도 전선에서 미군 장비의 실

지 훈련을 받았다. 그러니까, 가장 새로운 지식과 경험의 소유자이다. 그대들 중에 경찰예비대에 입대를 희망하는 자가 있다면, 장래 반드시 중핵적인 존재가 될 것이다."(…중략…)

그는 입대 희망자에게 거수하라고 했다. 그러나 이십 몇 명의 종군자 중에서 손을 든 자는 한 명도 없었다. 전쟁의 무서움, 추악함을 실컷 맛보았으므로 누구도 나아가서 군무에 종사하려 하지 않았던 것이다.

입대를 희망하는 자가 한 사람도 없다고 깨달은 고위 장교는 얼이 빠진 상태였다. 그는 좀처럼 희망을 버리지 않았다. 다음 날도, 다다음 날도 찾아와서 우리들에게 설교했다. 결과는 마찬가지였다. 누구 한 사람 손을 드는 자는 없다.[18]

이노우에 준노스케 씨에 따르면 그의 아버지, 이노우에 준이치도 유키치와 마찬가지로 경찰예비대 입대를 권유받았다고 한다. 경찰예비대는 실질적으로는 미국과 같은 무기를 장비한 군대였다고 한다. 그러나 한국전쟁을 경험한 일본인은 모두 입대를 거부했다. '전쟁의 끔찍함, 추악함'을 알았기 때문이다.

해상보안청에 의한 기뢰 소해

일본 정부가 비밀리에 국가 차원에서 전쟁 협력을 하고 있었던 사실도 명백해졌다. 그것이 해상자위대의 전신인 해상보안청에 의한 기뢰 소해 임무였다.

유엔군이 형세를 역전시킨 1950년 9월 15일의 인천상륙작전. 작전 종료로부터 2주간 정도 지난 10월 2일, 미 극동해군사령부참모부장 알

레이 버크 소장이 해상보안청 초대 장관인 오쿠보 다케오를 니혼바시日
本橋의 가부토초兜町에 있었던 미 극동해군사령부로 호출하여 다음과 같
이 의뢰했다.

인천상륙작전에 이은 원산상륙작전이 북한군 측이 항만 내외에 부설하고
있는 기뢰 때문에 예정대로 행해지지 않아 곤란하다. 해상보안청의 소해대에
부디 협력을 바란다.[19]

이 때, 인천상륙작전으로 서부에서 형세를 역전한 유엔군은, 이어서
동부에서 원산상륙작전을 실행하여 북한군을 추격하려 했다. 그러나
북한군은 일찍이 일본군의 군항이기도 했던 원산만의 내외에 소련제
기뢰를 부설하여 유엔군의 발목을 잡고 있었다. 육상 전력이 주력이
었던 북한은 병력 전체에서 해군이 차지하는 비중은 미미했으나, 그
것을 기뢰로 보완하고 있었던 것이다. 당시 해상보안청은 세계 최고
의 기뢰 소해 기술을 갖고 있었다고 해도 과장은 아니었다. 태평양전
쟁이 끝났을 때 일본 근해에는 일본 해군이 부설한 약 5만 5,000개와
미 해군이 부설한 약 6,500개의 기뢰가 남아 있었다.[20] 전후, 구 해군
의 소해부掃海部가 이것들을 소해하였다. 그 소해부가 1948년에 창설된
해상보안청에 이관된 것이다.

미국이 해상보안청에 소해를 의뢰한 배경에는 미 해군의 대폭적인 병
력 삭감도 있었다. 제2차 세계대전 중 미 해군 태평양함대의 소해정은
525~550척은 있었다지만, 한국전쟁 개전 시 일본이나 한반도 등의 극
동 수역에서 사용 가능했던 것은 일본의 소해정 12척을 포함한 22척에
지나지 않았다.[21]

버크 소장의 의뢰를 갖고 돌아간 오쿠보 장관은 요시다 수상에게 보고하여 지시를 구했다. 요시다 수상은 다음과 같이 답했다고 한다.

알겠네. (해상보안청의 소해대를) 보내도록 하지. 유엔군에 협력하는 건 일본 정부의 방침이잖나. 자네가 알레이 버크 소장에게 그렇게 전해 주게. 단, 소해정의 파견과 그 행동에 대해서는 일체 비밀로 하도록.[22]

요시다의 명을 받은 오쿠보 장관은 긴급 간부 회의를 소집했다.[23] 이 소해가 합법적이라는 근거를 종전 직후인 1945년 9월 43일에 발령된 「연합국 최고사령부 지령 제2호」에서 구하여 부하를 설득했다. 거기에는 기뢰 소해에 대해 이렇게 쓰여 있었다.

일본 제국 대본영大本營은 모든 소해정을 정해진 방법대로 무장 해제하고, 소요되는 연료를 보급하며, 소해 사업에 도움이 되도록 보존할 것을 보증할 것. 일본국 및 한반도 수역에서의 수중 기뢰는 연합군 최고사령관이 정한 해군 대표가 지시하는 대로 소해할 것.[24]

여기서 기뢰라는 것은 일본군이나 미군이 설치한 것을 상정한 것이다. 그러나 알레이 버크 소장은 38도선 이북의 원산만에 북한군이 설치한 기뢰를 철거하길 원했다. 오쿠보 장관은 조문 내용의 '한반도 수역'이라는 용어를 탄력적으로 해석한 것이다.

소해 작업은 1950년 10월 10일부터 12월 6일에 걸쳐 약 8주일간 행해졌다. 일본의 MS^{Mine Sweeper의 약칭.} 소해정 46척, 대형 시항선 1척과, 1,200명의 구 해군 군인들로 일본특별소해대日本特別掃海隊를 결성했다. 원

산, 인천, 진남포, 군산 등 항만 도시의 항구의 소해에 종사하여, 기뢰 27기를 처분했다.[25]

그러나 당시부터 대원들 사이에서는 "헌법 위반이다", "이제 전쟁은 싫다. 거부하자"라는 목소리가 커지고 있었다고 한다.[26] 다시 전쟁에 휘말리는 것은 아닐까, 하는 불안이었다. 그리고 한반도 해역에서 작업을 시작하고 나서 불과 1주일, 대원들은 최악의 사태에 휘말렸다.

10월 17일, 원산 해역의 소해에 나선 MS 14호가 기뢰에 접촉하여 침몰했다. 이 사고로 선내의 취사 담당이었던 나카타니 사카타로中谷坂太郎, 21세가 사망했다. 유체는 발견되지 않았다. 그밖에도 중경상자 18명이 나왔다. 일본 정부는 예상 밖의 사고에 대비하지 않은 채였으며, 침몰한 MS 14호의 승조원에 대하여, 원래 취하기로 했던 보상 조치는 하지 않았다. 나카타니 가에는 맥아더의 대리인 명의로 위문금이 지불되었다고 한다.[27]

10월 27일에 해상보안청장葬으로 장례식이 치러졌으나, 형인 나카타니 도이치中谷藤市 씨는 여기에 출석할 수 없었다. 그는 다음과 같이 말했다.

아버지로부터 "미군의 명령으로 소해를 했다는 것과 죽었던 장소는, 절대 입 밖으로 내지 말도록"이라고 들었다. 세토 내해의 소해 중에 죽은 것으로 하자, 라고 모두 합의했다.[28]

장례식 전날, 유엔군의 상륙정이 원산을 습격하여 원산항을 점거했다. 유엔군의 공세는 12월 9일 중국인민지원군이 원산을 침공할 때까지 계속되었다.

"전투에 종사한 것이 아니라, 소해에 종사했다"

나카타니의 죽음을 일본 정부는 어떻게 바라보고 있었을까?

휴전 협정 체결 후인 1954년 1월 19일 『산케이신문産経新聞』 보도로 침몰 사고가 공개되었다. 사고로부터 3년이 지난 때였다. 같은 해 3월 24일의 중의원 외무위원회에서 좌파인 사회당 시모카와 기타로下川儀太郎 의원이 오카자키 가쓰오岡崎勝男 외상에게 이 사건에 대해 힐문했다. 조금 길지만, 주고받은 내용을 인용해 보자.

오카자키 외상	저는 기뢰 등이 아오모리와 그 주변 일본해에 부유해 오는 것은 저쪽[조선반도] 방면에서 온 것이 확실하므로, 그 소해를 하는 것은 하등의 지장이 없다고 생각합니다.
시모카와 의원	그런데 그것은 단지 아오모리라든지 그 방면의 소해라면 괜찮아요. 이것은 명백히 원산 적전 상륙에 참전하고 있는 것입니다. (…중략…) 『산업경제[산케이신문]産業経済』에, 「원산상륙작전에 참가, 해상보안청 소해정元山上陸作戦に参加、海上保安庁掃海艇」이라는 제목으로 이것이 게재되어 있어요. (…중략…) 나카타니 사카타로라는 당시 25세[21세의 잘못]의 청년이 이 기뢰에 접촉해 전사한 것이 나와 있어요. (…중략…) 이것은 헌법 위반임은 물론, 국제상의 커다란 문제가 됐어요. (…중략…)"
오카자키 외상	소해 작업을 하다 사람이 죽었다는 것은, 이것은 대단히 불행한 일이지만 드문 일은 아닌데, 세토 내해에서 소해사업을 했을 때도 종종 사상자는 나오고 있습니다. 소

해 사업이 위험하다는 것은 인정하지만, 사람이 죽었으니까 전쟁에 참가했다는 증거가 되지 못합니다. (…중략…) 국제법상으로나 일본의 헌법상으로나 위반한다든지 하는 일은 정부는 하지 않습니다. 따라서 몇 번이고 말씀드려도, 그건 전투에 종사한 것이 아니라 소해에 종사한 것입니다.

시모카와 의원 (…중략…) 그렇게 희생을 한 것이라면, 오늘까지 왜 당당히 발표하지 않는 겁니까? 당당히 발표하여 전국민의 이름으로 그를 장례해도 되지 않습니까. (…중략…) 그러나 오늘 만약 이 사실의 증인이 나온 경우, 그 유족 또는 전투에 참가한 사람들이 나와 당신 앞에서 분명히 원산상륙에 참가해서 자신의 동생은 전사했다, 또는 우리들은 저 작전에 참가했다, 그런 실증자가 나온 경우에는 당신은 어떻게 책임을 질 것인가, 그것을 듣고 싶습니다.

오카자키 외상 적전 상륙한 것이 아니기 때문에 (책임을 질 것이) 없습니다.[29]

시모카와 의원은 미군의 작전에 따라 행해진 후방지원에서 일본인이 목숨을 잃는 것은 '헌법 위반이다'라고 지적하고 있다.

여기에 대하여 오카자키 외상의 회답은 "사람이 죽었으니까 전쟁에 참가했다는 증거가 되지 못합니다"라고 하는 것이었다. 소해 작업으로 사상자가 나온 일은 드물지 않고, 세토 내해에서도 나오고 있다고 설명한다. 또, 오카자키 외상은 한반도에 '상륙'했는가 아닌가로 선을 긋는다. 그리고, 상륙하지 않았으니까 전쟁에는 참가하지 않았다고 한다.

인상적인 부분은, 시모카와 의원이 '전사'라고 한 용어를 사용해서 질문하는 것에 대해 오카자키 외상은 '소해 작업', '소해 사업' 이상의 표현을 사용하려고 하지 않은 것이다. 일본 정부로서는 해외 파병이 아닌 이상 '전사'도 있을 수 없다는 평계였다.

일본의 독립과 조선 특수

'정신적으로 협력한다'라는 걸걸한 태도와는 반대로, 미국에 협력을 아끼지 않았던 일본 정부. 앞서 소개한 요시다 수상의 시정 방침 연설과 그 후의 답변으로 상징되는 것처럼, 정부는 어려운 상황에서 조타를 강요받고 있었다.

마이클 샤라는 미국의 요청을 거부하면 일본의 독립은 엄중한 상황으로 내몰렸을 것이라고 지적한다.

"미국은 일본이 안전보장조약의 체결, 광범위하게 존재하는 미군기지, 그리고 일본 국내에서의 제한된 재군비를 승인하는 것이 화평조정에 합의하는 조건이라 여기고 있었습니다. 일본은 미국에 보조를 맞추는 이외에 단기적으로 뽑은 선택지는 별로 없는데, 적어도 그것이 점령을 정식적으로 할 수 있는 유일한 방법이었습니다."

요시다 내각은 1950년 7월 4일, 각의에서 행정조치 범위 내에서 한국전쟁에 협력한다는 방침을 정했다. 유엔군이 결성되기 3일 전이었고, 요시다 수상이 한국전쟁에 대한 입장을 표명하기 약 10일 전이었다. '행정조치 범위 내'에서의 협력이란 '일본 상선의 한국행 수송, 국내 교통, 통신망, 특정 노동자의 초과근무 대책'으로 되어 있다.[30]

미군에게 가장 큰 의미가 있었던 일본의 전쟁 협력 중 하나가 해상 수송이었다. 미군이 병력이나 무기 수송에 사용한 LST 승조원의 6할이 일본인으로 채워졌으며, 그 운항은 일본인이 맡았다(해상 수송에 대해서는 다음 장에서 상술).

이러한 일본의 민간협력은 미국의 전쟁 수행에 불가결한 것이었다. 윌리엄 J. 시볼트 전 GHQ 외교국장, 그리고 전술한 머피 주일 대사, 두 사람의 회상을 소개한다.

> 일본은 한국에서의 유엔의 활동을 동정하여 완전히 협력적이었다. 그리고 정부도 국민도 함께 정세가 요구하는 대로 충분히 응해 주었다.
>
> — 윌리엄 J. 시볼트[31]

> 일본인은 놀라운 속도로 그들의 4개 섬일본 본토를 구성하는 혼슈(本州), 규슈, 시코쿠四国, 홋카이도를 말함—역자주을 하나의 거대한 보급창고로 바꾸었다. 그러지 않았다면 한국전쟁에서 싸울 수 없었을 것이다.
>
> — 로버트 머피[32]

한국전쟁 개전 다음 해인 1951년 9월 8일 샌프란시스코 강화조약이 체결되었다. 같은 날 체결된 일·미안보조약에 따라 독립 후에도 일본 국내에 미군이 계속 배치되었다.

한편, 일본에는 이른바 조선특수가 왔다. 우선 협의의 특수가 있었다. 일본 기업이 미군으로부터 받은 발주는 '한국전쟁 3년간의 누계는 약 10억 달러'에 이르렀고, 그 내역은 '70%가 물자 조달이며, 나머지 30%가 서비스 조달'이었다.[33]

게다가 휴양 중인 유엔군의 국내 소비나 외국 관계 기관에 대한 지출 등 광의의 특수는 '전쟁 중의 3년간의 누적액은 약 24억 달러였다. 이는 미국의 전후의 대일 경제 원조 누계 총액이 약 30억 달러였던 것에 비추어 보면 엄청난 금액이었다'.[34]

샤라는 일본 경제의 대미 의존에 대해 다음과 같이 말한다.

"한국전쟁 동안 대일 경제 원조는 대폭 증가했습니다. 금액으로 말하자면 1945년부터 5년간보다도, 1950년부터 3년간 쪽이 많아진 것입니다. 한국전쟁 개전 전에는 식량이나 의료품 등의 인도 지원이 중심이었지만, 한국전쟁 중에는 거기에 더하여 공업제품 등의 제조를 일본에 발주하게 되었습니다. 이와 같은 주문은 일본 정부에 매력적이었으므로, 일본인의 전쟁 협력의 실태로부터 눈을 돌리고 있었다고 생각합니다. 일본은 제법 많은 것을 조선특수로부터 얻었던 것입니다."

재계도 각의 결정을 받아들여, 곧장 미군에 대한 협력자세를 내세우며 전쟁 협력을 진행해 갔다.

경단련経団連 초대 회장인 이시카와 이치로石川一郎, 임기는 1946~1956년는 한국전쟁을 '천우天佑'라고 표현하며, 개전으로부터 2년 후인 1952년의 경제백서는 '조선동란의 발발과 여기에 수반한 세계적인 군수경기의 발생은 **헤아릴 수 없는 행운**'이라 평했다.강조-인용자[35]

경제안정본부에 따르면 1950년의 국내 총생산 3조 7,500엔에서 특수의 비중은 3%로, 같은 해부터 다음 해인 1951년에 걸친 경제 성장률은 7.2%를 기록했다.[36]

1950~1954년의 5년간에 일본에 약 16억 1,900만 달러의 매상을 가져 온 특수에 대해서 경제기획처도 '당시의 우리나라 산업계의 교착상태를 타개'했다고 서술했다.[37] 동 청에 의한 5년간의 특수 관련 매상 통

계는 무기 관련이 1억 4,889만 달러로 가장 많았다.

일본은 미국의 전쟁을 추종하여 고도 경제 성장의 초석을 놓았다.

일본에 남은 유엔군 후방사령부

한국전쟁은 지금도 휴전중이다. 그리고 '지금도' 후방 지원의 역할을 일본이 맡고 있는 것을 나타내는 것이 요코타橫田 기지에 설치된 유엔군의 후방 사령부다.

한국전쟁 개전으로부터 2주 후인 7월 7일, 유엔 안전보장이사회에서 한국에 원조를 제공하기 위한 「유엔 안전보장이사회 결의 제84호」가 채택되었다. 이 결의에 쓰여진 '무력 공격을 격퇴하고, 또한 이 지역에서의 국제의 평화와 안전을 회복한다'라는 목적을 위해 7월 24일일본 시간으로 다음날 25일 도쿄에 한국 유엔군 사령부가 창설되었다. 그 후 1957년 7월에 한국 유엔군사령부는 한국 서울로 이전했으며, 일본에는 후방지원 사령부가 설립되었다.

현재2020년 11월 시점도 사령관으로서 오스트레일리아 공군의 애덤 윌리엄스 대령이 캐나다나 미국의 하사관 3명과 함께 상주하고 있다. 윌리엄스 대령은 2018년에 인터뷰에 응하여 후방사령부의 임무를 이렇게 말했다.

휴전 시에도 유엔 참가국이 일본이나 한반도에 접근할 수 있는 능력을 유지한다. 파견국 사이에 장비가 전부 공통된 것도 아니고, 모든 유엔군 지위협정 체결국이 주일미군 기지에 부대를 보낸 경험이 있는 것도 아니기 때문이다.[38]

유엔군 지위협정이란, 한국전쟁을 위한 유엔군의 주일미군 기지의 사용 등을 정한 것으로 1954년에 체결되었다. 체결국은 일본, 오스트레일리아, 캐나다, 프랑스, 이탈리아, 뉴질랜드, 필리핀, 남아프리카공화국, 태국, 튀르키에, 영국, 미국의 12개국이다. 후방사령부는 이러한 다국적인 유엔군을 조정하는 것을 임무로 기대받고 있다. 유엔군 지위협정의 제5조에는 이하의 2개항이 있다.

1. 국제연합의 군대는 일본국의 시설(당해 시설의 운영을 위해 필요한 현존 설비, 비품 및 정착물을 포함) 중에서 합동 회의에서 합의된 것을 사용할 수 있다.
2. 국제연합의 군대는 합동 회의에서 일본국 정부의 동의를 얻어 일본국과 미합중국 사이의 안전보장조약에 기초하여 미합중국이 사용하도록 제공되고 있는 시설 및 구역을 사용할 수 있다.
   현재도 유엔군은 7개소의 주일미군의 시설이나 구역—캠프 자마座間, 요코스카 해군시설, 사세보 해군시설, 요코타 비행장, 가데나嘉手納 비행장, 후텐마普天間 비행장, 오키나와현 우루마うるま시의 화이트 비치 지구—를 사용할 수 있다.

주일미군 기지는 만약 휴전 협정이 결렬되어 한반도가 다시 교전 상태에 떨어질 경우 유엔군의 사용 시설이 된다. 인터뷰에서 윌리엄스 대령은 유엔군 지위협정에 대해 "한국전쟁을 평화적으로 해결한다는 목적으로 지역의 평화와 안전에 계속적으로 관여하겠다는 것을 상징한다. 후방사령부와 함께 억지력으로 기능을 다하고 있다"라고 설명했다.

북한·소련의 항의

유엔군과 상대하고 있었던 북한은 일본인의 한국전쟁 참가, 그리고 일본의 전쟁 협력 사실을 알고 있었던 것일까. 취재를 진행하면서 일본의 전쟁 협력에 대하여 북한 측이 항의한 것이 판명되었다. 대전 전투로부터 3개월 후인 1950년 10월 16일, 북한이 유엔 안전보장이사회 의장 앞으로 항의 성명을 제출하여 일본인 전투원이 전장에 있다는 것을 호소했다.

발송자는 북한의 박헌영朴憲永 외상이었다.

조선민주주의인민공화국 정부는 한국민에 대한 전쟁에서 미합중국이 일본병을 사용하고 있음을 증명하는 사실을 손에 넣었다. (…중략…)

한국에서 일본병이 군사 개입에 참가한 것은 전후태평양전쟁 종전 후─역자주 일본의 지위에 대한 국제협정 및 유엔 헌장을 미국이 위반하고 있음을 의미한다. 한반도의 국제 정세에 대한 군사 개입에 일본인을 사용하는 것은 조선인뿐만 아니라 전 아시아 사람들에 대해 미 제국주의가 범죄적이고도 공격적인 계획을 드러낸 것이다. (…중략…)

이 성명의 내용을 유엔의 전 가맹국에 알려 이에 대해 어떤 처치가 취해질지 알려 주실 것을 의장님께 간원한다.[39]

11월 2일에는 일본의 점령 정책을 논의하는 극동위원회極東委員会에서 소련이 북한의 항의 성명을 지지하며 "일본인을 전쟁에 이용하는 것은 무장 해제를 약속한 포츠담 선언을 위반한 것이다"란 견해를 표명했다.[40] 미국의 답변은 11월 1일에 있었는데, "소련의 주장은 전혀 사실이

아니다"라며 발붙일 틈도 없이 결코 인정하려고 하지 않았다.

한국전쟁에 간 일본인의 조사는 미군 당국이 다카쓰 겐조를 발견한 1950년 12월 20일부터 시작되었다. 북한이나 소련의 항의와 시기상으로 들어맞기는 하지만, 양자의 사이에는 인과관계가 존재한다고 볼 증거는 얻지 못했다.

그러나 1950년 11월 시점에서 미국이 소련에 대하여 일본인을 사용하지 않는다, 라고 공식적으로 부정한 것은 특필할 만하다. 12월에 한국전쟁에 간 일본인이 있다는 사실이 발각되었을 때 그들은 **결코 인정할 수 없는** 존재가 되었다.

제2장에서 소개한 이노우에 준이치는 일본인이 귀국하게 된 경위에 대해 NHK의 방송에서 매우 흥미로운 증언을 남겼다. 당초 1개월로 끝난다던 종군은 결국 7개월간으로 연장되었다. 그 후 귀국이 현실화된 배경에는 소련이나 한국의 항의가 있었다고 말했다.

(한국의) 이승만 측으로부터 항의가 있었다고 소련 측으로부터도 항의가 있었다는 이야기를 들었습니다. 어쨌든 일본군을 돌려 보내라는 것이 미8군 측에 왔던 것 같은데, 그대들은 고생했지만 미군 측에서 비밀리에 일본에 돌려 보내 줄테니까, 라고 들었습니다. 그래서 24사단 MP 중대헌병 중대라고 하던가요, 거기에 일본인이 모두 있었습니다. 총원 21명이었습니다. 각지에서 모두 와 있었구나 하고 생각했습니다. 그리고 부산에서 배를 타고 사세보로 보내졌습니다. 저에게는 그 이후 1년 정도, CIC라고 하나요, 저쪽점령군의 일본계 장교였지만요, 정보부였던 것 같은데, 신변보호라는 것이 붙었습니다. 계속 제 주변에 말이죠.[41]

CIC*라는 것은 대적첩보부Counter Intelligence Corps의 약칭으로, 군의 반역, 파괴, 스파이 활동의 조사, 감시 등을 임무로 했다. 한국전쟁에 간 일본인은 귀국 후에도 이러한 미군의 감시를 1년 정도 받고 있었던 것 같다.

일본에서 행해진 한국군 병사의 극비훈련

나는 한국의 리서처 이인석李仁錫에게 연락을 취했다. NHK 방송 제작에 여러 차례 관여하여 한국인 리서처 가운데서도 '중진'이라고 불리는 존재였다. 그러나 그 태도는 굉장히 유연해서 발로 뛰는 취재에 빠지지 않는다.

몇 명쯤 전직 장교들을 만나기는 했지만, 그 대부분은 일본의 전쟁 협력이 존재했다는 사실조차 인식하지 못했다. 그러나 취재를 거듭하던 중에 일본의 지원이 있었다고 확실히 증언하는 인물을 만나게 되었다. 그가 한국전쟁의 영웅이라 불리던 백선엽白善燁이었다.

백선엽은 태평양전쟁 중에는 항일 게릴라 토벌에 종사했고,** 전후에는 1948년 8월의 한국군 창설에도 관여했으며, 1953년에는 32세의 젊은 나이로 한국육군 초대 대장에 취임했다는 굳건한 엘리트 군인이었

---

* 한국군의 CIC는 특무부대, 방첩대 등으로 불렸으며, 창설 이래 막강한 권력을 휘둘렀다. 훗날 국군보안사령부(보안사)를 거쳐 국군기무사령부(기무사)가 된다. 이후 기무사는 군사안보지원사령부로 축소 개편되었다가, 2022년에 국군방첩사령부(방첩사)로 명칭을 변경하였다.
** 간도특설대를 가리킨다. 1938년 만주 일대의 항일 게릴라 세력들을 소탕하기 위해 창설된 이 부대는 구성원 다수가 식민지 조선인들이었다. 한편, 이들이 상대한 만주 일대의 항일 게릴라 세력에도 다수의 식민지 조선인들이 활동하고 있었으므로, 간도특설대 활동은 같은 민족을 살상한 행위라는 비난을 받았다.

다. 이인석이 거듭 교섭하여 백선엽에게 취재 허가를 얻을 수 있었다.

내가 이야기를 들은 것은 2019년 6월 13일로, 이 때 백선엽은 98세였다. 서울의 용산구에 있는 전쟁기념관의 사무실을 방문하자, 백선엽은 나의 긴장을 풀어주려는 듯이 "잘 와주셨습니다"라고 미소로 맞이했다. 방의 벽면에는 맥아더와 악수를 나누는 백선엽을 그린 그림이 걸려 있었다.

백선엽은 여러 논문이나 서적을 발표했는데, 그중에는 한국전쟁과 일본의 관계를 언급한 것도 있다. 내가 인터뷰로 물어 본 것은, 일본의 전쟁 협력을 어디까지 구체적으로 파악하고 있었는가 하는 것이었다.

일본인이 전장에 있었던 것은 몰랐다고 답한 백선엽이었지만, 해상보안청의 기뢰 소해에 대해서는 "유엔군의 원산상륙작전을 위해서였습니다. 일본은 전쟁에 참가했습니다"라고 분명히 말했다.

게다가, 다음과 같이 진술했다.

"한국전쟁 당시에 일본의 미군 기지에서 미8군의 지휘하에 있었던 카투사의 훈련 등을 실시한 적이 있습니다. 장소는 후지富士, 또는 시즈오카静岡 등이었습니다. 제가 미군에게 의뢰하여 그렇게 한 것입니다."

카투사KATUSA란, 'Korean Augmentation Troops to the United States Army'의 약칭으로, 주한미군에서 근무하는 한국군 병사를 가리킨다. 이 백선엽의 증언은 충격적이었다. 이제까지 한국군이 일본의 점령군 기지에서 군사훈련을 행했다는 사실은 일본 민간인의 기록에 의거할 수밖에 없었기 때문이다.

예를 들면, 민간 선박인 시나노마루에 탑승하여 해상 운송을 담당하고 있었던 일본인 선원 오다카 겐尾高元의 수기에는 다음과 같이 쓰여 있다.

한국의 청년을 일본의 미군 연습장에서 훈련시켜 병사로 전선에 보내는

계획을 세웠고, 시나노마루도 부산에서 한국 청년 23,600명을 요코하마로 실어날랐다.[42]

일본과 한국전쟁의 관계를 연구해 온 서울대학교 일본연구소의 남기정南基正은, 「한국전쟁과 일본－'기지국가'의 전쟁과 평화朝鮮戦争と日本－『基地国家』の戦争と平和」에서, 전후태평양전쟁 종전 후－역자주의 혼란기의 철도 상황을 정리한 『철도종전처리사鉄道終戦処理史』를 참고하여 이렇게 지적했다.[43]

한국군 제7보병사단의 제32연대가 일본으로 이송되어 일본에서 전투 훈련을 받고서 전선으로 돌아오고 있었다. (1950년 8월 19일~23일) 5일 동안 (요코하마에서 고텐바御殿場 등에) 총 9개소로부터 사용 객차 73량으로 수송된 것을 보면 상당한 한국군이 일본에 상륙하여 연습했다는 것이 된다.[44]

백선엽은 당시 한국군의 일부는 훈련을 받은 경험이 전혀 없었고, 숙련도는 낮았다고 말했다. 그렇지만 북한군의 남진으로 인하여 한국에는 병사를 훈련시킬 장소도 별로 없었다고 한다. 이러한 일본의 전쟁 협력은 "한국군 중에서도 상층부의 일부에게만 공유되었다"라고 덧붙였다.

일본에서도 한국군 병사를 훈련한 사실은 극비사항으로 되어 있었다. 운수총국장運輸総局長 명의로 '수송 관계 사항은 관계자 이외의 사람에게 알리지 말 것과, 부 외에는 절대로 이것을 누설하지 않도록 각별히 유의할 것'이라고, 각 철도국장 앞으로 요청되었던 것이다.[45] 이것도 한국전쟁에서 묻혀진 사실의 하나라고 할 수 있을 것이다.[46]

귀중한 증언을 한 백선엽은 취재로부터 1년 뒤, 2020년 7월 10일에 99세로 세상을 떠났다.

일본의 전쟁 협력을 인정할 수 없었던 한국

한국전쟁에 대한 검증이 이뤄지고 있는 한국 국내에서도 일본의 전쟁 협력에 대해서는 도마 위에 오르는 일이 드물었다고 한다. 왜였을까? 이전 절에서 논문을 인용한 남기정에게, 심문 기록을 훑어 본 뒤, 일본의 전쟁 협력에 대한 견해를 물었다.

한국에 대해서 일본의 전쟁협력을 받은 것은 곤란한 선택이었다. 한국의 내셔널 아이덴티티에 위기를 가져오는 것이 되기 때문이다.

"민족 간의 전쟁에 일본의 지원을 받은 사실은 당시의 한국인에겐 인정할 수 없는 일이었습니다. 국내에서 일본인의 참전설이 나돌고 있을 때 이승만 대통령은 "만약 일본이 참전한다고 하면, 우리들은 북한을 겨눈 총구를 모조리 일본으로 돌릴 것이다"라고 했다고 할 만큼 일본의 지원을 받는 것은 반민족적 행위라고 인식되고 있었습니다. 그 때문에, 알아채고 있었다고 해도 공표하지는 않았습니다."

그러나 실제로는, 일본인이 지닌 군사적 유용성은 유엔군이 크게 활용했다고 남기정은 지적한다. "일본의 선원들은 한반도와 일본을 오가고 있었기 때문에 이 해협에 대해서 잘 알았고, 항만 사정에 훤했습니다. 그들은 특별한 교육 없이 곧장 동원하여 활용할 수 있는 인적 자원이었습니다. 또한 당시 한반도 지도는 식민지 시대의 영향으로 대개가 일본어로 표기되어 있었기 때문에, 유엔군 안에서 일본인은 매우 큰 역할을 했다고 여겨졌습니다. 영어와 일본어의 통역은 대단히 귀중했을 것입니다."

맥아더로부터 2대 뒤의 유엔군 사령관으로 근무한 1952년 3월부터 휴전협정이 체결되는 1953년 7월까지 마크 W. 클라크 또한 자서전에서 한국전쟁에서는 일

본인을 이용할 필요가 있었다고 서술했다. 그것은 1910년의 한국 병합 이래 이어진 식민지 정책에 기인한다.

전쟁이 일어난 당초에는 한국에서 작업하기 위해 기술자나 기기를 사용할 필요가 있었다.

한국의 산업은 실질적으로는 무엇이든 일본인이 개발한 것이었다. 철도, 항만, 냉장 설비, 공공 사업 등. 일본이 한국을 지배한 40년간 한국인은 이러한 분야에서 전문 기술자나 관리자가 되는 길이 막혀 있었다. (…중략…)

내가 극동의 사령부에 취임하자마자 이승만 대통령은 일본인을 고용한 데에 항의했다. 조사해 보니 한국 각지에서 군사 사업의 수많은 요직에 일본인이 3,000~4,000명이나 고용되어 있었다고 한다. 또한 그 직을 소화할 수 있는 한국인은 거의 없다는 것도 알게 되었다. (…중략…)

나는 이승만 대통령과 직접 대화했다. "귀하께서 대체 인력과 기계를 제공할 수 있게 된 다음에 일본인과 일본의 설비를 사용하는 것을 그만두겠습니다." 실제로, 크고 작은 거룻배대형선과 육지 사이를 오가며 하역 작업을 행하는 작은 배에서 일하는 일본인은 얼마 지나지 않아 한국인이 대신했다.[47]

한국전쟁은 한반도에서의 주권을 둘러싼 전쟁이었다. 남북 어느 쪽이 한민족에게 국가로서의 정당성을 지니고 있는가. 단순히 전쟁에서 승리하는 것만으로는 충분치 않고, 어떻게 승리할 것인가도 중요했다.

남기정은 남북 대립의 구도를 다음과 같이 분석한다.

"당시 한반도에는 근대화와, 식민지 시대에 짊어진 유산의 청산이라는 두 가지 목표가 있었습니다. 그 실현 방법을 둘러싸고 이데올로기 대립이 있었으며, 그것이 해결되지 않은 채 전쟁에 이른 것입니다"

일본의 협력을 얻는 것은 식민지 시대에 짊어진 유산을 온존히 하는 것을 의미한다. 한국은 그렇게 되면 국가로서 정당성을 얻을 수 없다고 생각한 것이다. 그 때문에 일본의 관여를 (조금도 표면적으로는) 결코 받아들이는 일은 없었다. 일본의 식민지 정책의 총괄은 제쳐 둔 채 한국은 전쟁에 돌입했다. 이것은 한일관계에 훗날 기나긴 영향을 미치게 된다.

앞서 말한 백선엽은 문재인 정권을 지지하는 혁신파가 한국에서 세력을 펴는 가운데 냉대받고 있었다. 일본의 식민지 시대에 구 만주국에서 군인이 되었던 경력이 문제시되어, 반민족적이라는 낙인이 찍혀 있었기 때문이다.*

일본의 미디어에 대하여 일본의 전쟁 협력을 인정하는 것이 한국 국내에 알려진다면 백선엽의 입장은 더욱 위태로운 상황에 몰릴 것이라는 것은 쉽게 상상할 수 있다. 취재에 응한 백선엽의 진의는 어디에 있었던 것일까. 본인에게 직접 묻는 일은 이루어지지 않았다.

일찍이 백선엽은 논문에서, 한국전쟁에서 한국이 부산 근교까지 밀려났을 때에 견딜 수 있었던 것은 일본이라는 보급 기지가 있었기 때문이라고 썼다.[48]

군인이었던 백선엽은 타국의 원조가 없으면 싸워나갈 수 없었던 자국

---

* 백선엽은 일제강점기에 식민지 조선인으로, 만주국의 사관학교인 중앙육군훈련처에 입교하여 만주국군에 복무하였다. 만주국은 청 왕조의 마지막 황제인 선통제(부의)를 황제로 하는 만주족의 국가를 표방하였으나, 일본의 공작으로 수립되었으며, 일본의 실질적인 지배하에 있었던 괴뢰국으로 평가되었다. 만주국군 역시 만주에 주둔한 일본군, 즉 관동군에 종속되었으며, 관동군의 군사작전을 지원하기 위해 조선인들로 구성된 특수부대인 '간도특설대'를 창설, 동족인 조선인 항일 세력을 소탕하도록 했다. 백선엽은 이러한 성격을 지닌 간도특설대에 복무한 경력으로 친일 반민족 행위자라는 비난을 받게 된다. 그러나 문재인 정권(2017~2022) 이전에도, 백선엽에 대한 국군 명예 원수(元帥) 추대 시도가 좌절되는(2010) 등, 그에 대한 논란 및 견제는 이미 존재했다.

군의 현실을 깨닫고 있었다. 사단장으로서 전선에서 부대를 지휘한 그에게 일본의 전쟁 협력은 부정할 수 없는 것이었던 것이 아닐까.

새로운 한일관계를 위하여

남기정의 논문 「한국전쟁과 일본－'기지국가'의 전쟁과 평화」는 2000년에 당시 유학하고 있었던 도쿄 대학에서 박사논문으로 쓰여진 것이었다. 이 논문의 목적은 한국전쟁에서 망각된, 일본이 해낸 역할을 분명히 하는 것이었다. 남기정의 주장의 요지는 다음과 같은 것이 된다.

일본은 평화헌법을 제정한 평화국가이다. 한편, 일본이 평화국가로서의 국가 형태를 유지해 온 것은 미국의 동북아시아 전략에 자국의 안전보장을 맡기고 있었기 때문이다. 그 결과 일본은 평화국가/기지국가라는 이면성을 갖고 있는 것이다. 그리고 일본이 기지국가로서의 역할을 자각하게 된 계기야말로 한국전쟁이었다.

이 책에서도 반복해서 소개하는 것과 같이, 미군에 종군하고 있었던 일본인의 존재 자체는 당시부터 일부 신문이나 텔레비전에서 보도되고 있었으나, 이번 문서의 발견으로 다수의 일본인이 전투에 참가하고 있었던 것이 뒷받침되었다.

남기정은 한국전쟁에 일본이 관여한 실태가 통설보다도 대규모였던 것이 기지국가로서의 일본의 관점를 바꾸는 것으로 이어진다고 지적한다. 이후 한반도에서 어떤 사태가 발생할 경우 일본은 전황을 좌우할 액터행위 주체가 될 수 있는 것이다.

취재가 종반에 접어들 무렵, 남기정은 현재의 한일관계 악화의 원인

은 한국전쟁에서의 일본의 위치 설정이 애매한 채 방치되어 있었던 점에 있다고 강조했다.

"일본은 한국전쟁에 어떻게 관여했는지에 대한 반성이 부족하기도 하고, 한국도 또한 한국전쟁에서 일본으로부터 어떻게 지원받았는지에 관해 사실 확인이 되지 않았습니다. 한국전쟁의 실상에 대해 묻지 않았으므로, 양국이 한일관계의 새로운 비전을 공유할 수 없게 됩니다. 이 문제는 현재의 관계 악화의 원인의 하나라고 생각합니다."

내가 남기정의 이야기를 들은 것은 2019년 6월이었다. 이 때 한일 사이에는 불온한 공기가 떠돌고 있었다. 지난해 10월, 식민지 통치 시대에 징용된 일본 기업에 동원된 노동자에 의한 소송, 이른바 징용공徵用工 재판의 판결이 나와 일본 기업에 배상 명령이 떨어졌다.

양국의 관계가 극적으로 악화한 것은 다음 해 7월, 일본의 경제산업성經濟産業省이 수송 수속에 우대조치를 부여한 화이트 국가로 한국을 지정했던 것을 번복하는 방침을 발표했던 것이다. 일본 정부는 부정하고 있지만, 징용공 문제가 배경에 있었던 것은 분명하다.

더욱이 문제는 안전보장의 영역에까지 비화했다. 8월에는 한일의 군사정보포괄보호협정GSOMIA의 파기가 한국 측으로부터 통보되었다. 미국의 압력 등도 있어서, 실효기간이었던 11월 23일 직전에 파기 통고의 정지가 한국 정부로부터 전해져 협정은 유지되었다. 그러나 이 원고를 집필하고 있었던 2020년 11월 현재에도 한일관계의 근본적인 개선에는 이르지 않았다.

동북아시아의 안전보장은 한국전쟁이 아직도 휴전중인 것을 전제로 하여, 한일의 구조는 기본적으로 바뀌지 않고 있다. 남기정이 말한 대로, 한국전쟁에서 일본이 다한 역할을 검증하여, 안전보장의 관점에서부터

한일관계를 다시 파악하는 것이 필요할 것이다.

북한과 국교 정상화를 할 수 없는 이유

이 장의 마지막에 한국전쟁이 일본과 북한의 관계에 어떻게 영향을 주었는지에 대해 써 두겠다.

1994년 6월 25일, 북한은 조선노동당 기관지인『노동신문』에「일본은 조선침략전쟁에 직접 참가하였다」라는 논문을 게재했다. 논문은 한국전쟁과 일본의 관계에 대해 다음 4가지를 들어, 북한의 공식 설명으로 했다.

1. 일본은 미국과 함께 조선침략전쟁을 준비했다.
2. 일본은 조선침략전쟁 당시 미국의 병참기지, 보급기지, 수리기지, 공격기지였다.
3. 일본은 조선침략전쟁의 직접 참가자였다.
4. 일본은 세균전에도 직접 가담했다.

남기정은「한국전쟁과 일본」속에서 이 논문을 들어 '2번째 주장과, 3번째 주장의 일부인 소해정 파견에 관한 부분 이외에는 직접 논증이 가능한 자료를 제시하지 못하고, 그 대부분은 냉전의 한창 때에 간행된 구소련의 도서나 좌익 문헌에 의거한 설명'이라고 비판했다.

그러나 남기정은 일방적인 주장이라고 지적하긴 하지만, '북한이 일본을 한국전쟁의 직접 참가자로 보고 있다'라는 것에 크게 의미를 부여하고도 있다. 유엔에 '일본병의 군사 개입을' 제소한 1950년 10월 16일

의 항의 성명 이후 북한의 자세는 일관되고 있는 것이다.

1965년 한일기본조약이 체결되어 한국과는 국교 정상화가 이뤄졌으나, 북한과는 국교가 닫혀 있는 채였다. 납치 문제는 교착되었으며, 남북 수뇌회담이나 북·미 정상회담이 행해져도 일본과 북한 관계가 진전하는 일은 없었다. 해결의 실마리는 찾지 못했다.

한국과는 국교 정상화가 되고 북한과는 되지 않은 이유를 과거로 거슬러 가서 생각해 보았을 때, 한국전쟁에 다다른다. 텟사 모리스 스즈키는 한국전쟁이 현재의 동북아시아의 외교 관계에 미친 영향에 대해 이렇게 지적한다.

"일본에서는 대부분의 사람들이 일본은 한국전쟁에 관여하지 않았다고 생각하고 있습니다. 일본의 인식이 부정확한 것은, 근린 제국과의 관계 개선을 더욱 어렵게 해 왔던 것입니다."

제5장

평화헌법하의 해상수송

선원들의 전후사

북한 해역에서 침몰한 LT636호 선원 위령제(사진제공 : 요시자와 마쓰네(芳沢松根))

22개의 빈 유골함

전쟁에서 목숨을 잃은 국민을 국가는 성실하게 마주할 수 있을 것인가. 그 국가의 본질이 거기서 드러난다. 취재 중에 본 사진 한 장에 나는 강렬하게 사로잡혔다. 그것은 역사의 어둠에 묻혀버린 사고를 기록한 결정적인 사진이었다.

촬영된 시기는 한국전쟁 발발로부터 반년 지난 무렵인 1950년 12월 11일. 제단에 22개의 유골함이 늘어서 있다. 제단의 양 옆에 바쳐진 조화에는 각각 당시의 가나가와현神奈川県 지사知事인 우치야마 이와타로內山岩太郎와, 가나가와현 선박섭외노무관리사무소장船舶涉外労務管理事務所인 사가와 야이치佐川彌一라는 인물의 이름이 쓰여 있다.

22명이 사망한 사고가 일어난 것은 1950년 11월 15일.

LT636호라는 배가 북한의 바다에서 침몰했다. 'LT'란 'Large Tugboat 대형 예인선'의 두문자이며, LT636호 또한 자력으로 항행할 수 없는 배나 고장난 배를 견인해서 이동시키는 배로, 미 육군 소속의 예인선이었다. 원래는 도쿄만東京湾 내에서 요코스카나 도쿄로 다른 배를 이동시키고 있었다. LT636호는 한국전쟁이 시작되자 북한의 바다로 향했다가 기뢰에 접촉했다. 이 배에는 27명의 일본인 선원이 승선하고 있었으며, 그중 22명이 사망했다.

사진은 희생자의 합동 위령제 때 찍은 것이다. 유체는 회수되지 못하여, 유골함 속은 텅 비어 있었다. 가나가와현의 주최로 거행된 위령제에 유족은 누구 한 사람 참석할 수 없었다. 정상적으로 생각해보면 사고로 22명이 동시에 죽었다면 대사건이다. 그러나 이 사고의 진상이 당시 공개되는 일은 없었다.

왜, 미 육군의 배에서 이렇게 많은 일본인이 죽게 되었을까. 22개의 빈 유골함에 봉인되어 있었던 것은, 전쟁협력을 은폐하고 진실을 덮어 버리려 했던 국가의 논리였다.

요코하마역橫浜駅에서 소테쓰센相鉄線으로 약 20분 거리인 후타마타가와역二俣川駅. 역전에서 이어지는 언덕길을 15분 정도 올라간 곳에 가나가와현 공문서관이 있다. 여기에 『LT636호 관계철LT六三六号關係綴』이하 『관계철』이라는 두께 2cm쯤 되는 문서가 보존되어 있었다. 관련 사진도 함께 수록되어 있다.

내게 이 문서의 존재를 알려 준 사람은 방위성防衛省, 한국의 국방부에 해당한다 -역자주의 연구기관인 방위연구소防衛研究所의 이시마루 야스조石丸安蔵였다. 이시마루는 한국전쟁 때에 일본이 행한 해상운송의 전모를 미군의 1차 자료로부터 처음 밝혀낸 연구자이다.

미 국립 공문서관에 당시 미 해군의 수송작전에 관한 방대한 자료를 하나씩 청구하여, 거기에 기록된 일본 이름으로 된 선박명을 수집했다. 이시마루는 이러한 무지막지한 조사를 거쳐, 일본 선박이나 선원이 한국전쟁에서 어느 정도로 이용되었는지를, 2008년에 「조선전쟁과 일본의 관계-망각된 해상수송朝鮮戦争と日本の関わり-忘れられた海上輸送」이라는 논문으로 정리했다.[1]

그 논문이 LT636호 사고에 대해 다루고 있다. 요코하마시橫浜市가 시의 전쟁피해에 관해 정리한 『요코하마의 공습과 전쟁 피해 5-접수·부흥편橫浜の空襲と戦災5-接収·復興編』에 따르면, 원래 이 사고의 공식 기록은 '유실되었다'라고 되어 있었다.[2] 그러나 이시마루는 가나가와현 공문서관

에 남아 있는 『관계철』을 찾아내었다.

2018년 6월, 사고의 1차 자료가 존재한다는 사실에 놀란 나는 곧바로 공문서관으로 향했다. 문서 한 장 한 장을 촬영해나갔다. 『관계철』은 당시 국가의 위임을 받아 점령군 기지로 취직을 알선했던 가나가와현 선박섭외노무관리사무소가 작성한 것이었다. 사고 처리의 전말을 기록한 보고서, 희생자 명부, 일·미 간의 교섭을 보여주는 문서, 유족에게 보낸 편지의 사본 등으로 구성되어 있다.

한국전쟁에서의 해상 후방지원에 관해서는 이미 널리 알려져 있으며, 선행 연구도 존재한다. 그러나 LT636호 사고와 같이 묻혀진 사실이 남아 있다. 나는 『관계철』에 기록된 이름과 주소를 단서로 LT636호 사고의 유족과 생존자를 찾기로 했다.

LT636호의 리더, 가토 게이지

취재를 진행하니, 아이치愛知현 나고야시名古屋市에 있는 일조협회 아이치현 연합회日朝協会愛知県連合会라는 단체가 작성한 책자 『일본에게 조선전쟁은 무엇이었는가日本取って朝鮮戦争とは何であったか』조선전쟁 30주년 실행위원회 편(朝鮮戦争30周年実行委員会編)에 LT636호의 생존자가 수기를 실었다는 것을 알게 되었다. 책자는 1984년에 이 단체가 나고야에서 주최한 동명의 심포지엄에 맞춰 펴낸 것이었다.

단체의 사무국에서 근무하는 고이데 유타카小出裕 씨는 LT636호 사고를 다룬 이유에 대해 이렇게 설명했다.

"심포지엄 개최에 맞춰 우리들은 현지에서 청취를 계속하며, 조선전

쟁과 일본의 관계를 조사해 나갔습니다. 그러다가 도요하시시豊橋市에 LT636호의 승조원이 있다는 사실을 알게 되었습니다."

수기로 정리된 책자에는 아이치현 내 항만노동자들의 미군 기지에서의 근로 실태나, 당시 나고야시에서 행해진 '빨갱이 사냥' 등의 조사 보고서도 수록되어 있다. LT636호의 승조원이었던 마쓰시타 아키라松下昭라는 인물이 쓴 수기「LT636호 '사고'」속에, 부친이 승선했다는 소오카와 모토아키松川元章, 이전 성은 가토(加藤) 씨가 자료를 제공했다고 하는 기술이 있었다. 고이데 씨에게 마쓰시타와 소오카와 모토아키 씨에 관해 물어보자, "두 사람 모두 사망했다고 들었습니다만, 도요하시에 동료가 있으니까 가족과 만날 수 있는지 물어보겠습니다"라고 대답해 주었다.

몇 주 뒤, 고이데 씨로부터 유족이 지금도 도요하시에 살고 있다는 연락이 왔다. 요시자와 마쓰네芳沢松根 씨. 『관계철』에 수록된 희생자 명부에 이름이 있는 가토 게이지加藤敬次의 손녀로, 소오카와 모토아키 씨의 장녀. 희생자 명부에는 가토는 '일등一等'이었다고 기록되어 있다. 이것은 일등 항해사를 의미하며, 가토는 실질적인 리더였다고 한다.

2019년 2월, 나는 요시자와 씨에게 취재를 요청하고 도요하시를 방문했다. 요시자와 씨는 1999년에 사망한 모토아키 씨로부터 물려받았다는 다량의 자료를 보여 주었다. 모토아키 씨가 남긴 수기, 신문 스크랩, 가나가와현으로부터 받은 편지 외에 『관계철』에 수록되어 있던 위령제의 사진도 있었다.

요시자와 씨는 다음과 같이 말했다.

"제 아버지모토아키 씨는 이 사실을 밝히고 싶다고 생각했습니다. 지금 그때의 일을 직접 알고 있는 것은 아버지의 여동생인 숙모밖에 없습니다."

3개월 후, 모토아키 씨의 여동생인 사와자키 치요코沢崎千代子 씨가 요시

자와 씨 댁에 올 때를 기다려 다시 이야기를 듣게 되었다. 치요코 씨는 취재 당시 85세. 요시자와 씨가 보관하고 있었던 자료를 보며 막힘없이 술술 이야기를 시작했다.

"아버지가토는 무서울 정도로 멋진 사람이었다는 인상이었습니다. 정말로 믿음직스런 사람이었어요."

치요코 씨는 정장을 입은 가토의 사진을 보며 그렇게 말했다. 가토는 어떤 인물이었을까. 이하, 가토의 유품, 모토아키 씨가 남긴 자료, 요시자와 씨와 치요코 씨의 증언을 바탕으로 가토 게이지라는 선원 한 명의 인생을 더듬어 보자.

두 차례의 침몰과 공습에도 살아남다

가토는 1892년 7월 24일에 태어났다. 본가는 원래 약국으로, 가토는 반에서도 발군으로 성적이 좋았다. 가업을 계승할 것으로 기대를 받았지만, 미에현에 있는 도바상선학교鳥羽商船学校, 훗날의 도바상선고등전문학교(鳥羽商船高等専門学校)에 진학하였고 졸업 후에는 선원이 되었다.

27세 무렵, 대중목욕탕집 딸인 도요トﾖ 씨와 결혼. 7년 후에 장남 데쓰오哲夫 씨가 태어났다. 그리고 1931년, 5살 차이로 차남인 모토아키 씨가, 1934년에 치요코 씨가 태어난다. 치요코 씨에게는 당시의 아버지에 대한 기억은 그다지 없다. 선원이었던 가토는 일단 바다에 나가면 여러 달 동안 돌아오지 않는 생활을 반복했기 때문이다.

1937년에 중일전쟁이 시작되자 가토 일행이 탄 배는 군수물자나 병력의 해상 수송에 내몰리게 되었다. 주로 항해한 곳은 상하이 항로.

1875년에 우편기선 미쓰비시회사^{郵便汽船三菱会社}, 닛폰유센의 전신 회사 중 하나에 의해 개통된 일본 최초의 해외 정기 항로였다. 요코하마−상하이 항로가 개설된 뒤, 나중에 고베−상하이, 그리고 나가사키−상하이를 운항하는 '일화연락선^{日華連絡船}'이 개설되자, 그중 나가사키−상하이 항로가 본선으로 변경되었다.

전쟁이 격화된 1944년, 가토는 중국의 양쯔 강 부근에서 미군에게 공습을 당했다. 타고 있었던 배는 격침되었지만, 가토는 구사일생으로 살아남았다. 그러나 다른 배에 타고 있었던 때에 그 배도 현해탄에서 어뢰 공격을 받아 침몰했다. 그래도 가토는 기적적으로 목숨을 건져 1945년 2월에 귀국하여 주변에 "이 몸은 굉장히 운이 좋단 말이지"라고 자랑스럽게 말했다.

10세였던 치요코 씨는 돌아온 아버지에게 한 이불에 들어가도 되냐고 물었다고 한다. 가토는 잠자코 이불을 펼쳐 주었고, 치요코 씨는 오랜만에 부친에게 어리광을 피울 수 있었다. 아내인 도요 씨에게 양쯔 강에서 건졌다는 진주가 장식된 반지를 선물로 해준 것이 인상에 남았다.

같은 해 6월 19일부터 20일 새벽에 걸쳐 이른바 도요하시 공습^{豊橋空襲}이 거리를 덮쳤다. 136기의 B−29가 소이탄을 흩뿌리는 철저한 초토 작전이었다. 집들은 순식간에 불타올랐다. 피해 면적은 128만 6,115평. 사망자는 624명, 중경상자는 344명에 이르렀으며, 거리에 살고 있던 반수에 해당하는 7만 1,502명이 이재민이 되었다.[3]

폭격이 시작되자 가토는 집에서 짐을 옮겨내며, 가족에게 "너희들은 먼저 도망쳐"라고 고함치며 피난을 서두르게 했다.

"아빠가 있어서 다행이야, 라고 안도하는 기분이 있었습니다. 그전까지는 혼난 기억밖에 없었으니까요. 척척 행동하고 있었던 그때의 아버

지는 과연 선장님이구나, 하고 생각했습니다."

날이 밝자 거리는 잿더미가 산을 이루었다. 살아남은 사람들은 근처 도요카와豊川의 강변에 모였다. 가토는 승선한 배가 잇따라 침몰하고, 공습으로 자택이 소실되는 세 차례의 위기를 겪으면서도 살아남았다. 그리고 맞이한 종전. 마침내 결정적인 비극에 휘말린다.

LT636호에 승선

공습 뒤, 시즈오카로 소개된 가족은 허허벌판이 된 도요하시에 돌아왔다. 가토는 자기 손으로 집을 짓고, 가족의 생활도 다시 일으키려 했다. 그러나 문제는 일거리가 없다는 것이었다. 종전한 그 해, 53세가 된 가토는 아직 기력도 체력도 충분했지만, 선원 일을 하는 데에 가장 중요한 배는 대부분이 전쟁으로 가라앉아 버렸다. 슬슬 물때*가 되었으니 선원을 은퇴한다, 라고 주위에 흘리고 다녔다고 한다. 가족의 눈에는 그것이 가토가 애써 강한 척하는 것이 분명했다.

일거리가 없는 가토는 책방에서 소설을 빌려 와서는 하루 종일 독서만 하게 되었다. 당연히 생활은 힘들어졌다. 그런 가토가 옛 선원 동료에게 호출을 받은 것은 전후 3년쯤 지났을 때였다. 드디어 선원 일거리가 생겼다니! 마침 그 무렵, 외지로부터의 귀환에 사용되는 배가 민간에

---

* 　원문은 潮時[しおどき]로, 일본어에서는 물때라는 의미뿐만 아니라, 관용적으로는 적당한 때라는 의미 또한 지닌다. 가토 게이지는 한평생 선원으로 살았음은 물론, 훗날에는 역시 선원으로 최후를 맞이하게 된다. 그러한 인생 역정을 생각하면, 해당 단어를 '물때'라고 번역하는 것이 적절한 것이라 여겨진다.

반환되기 시작했다. 가토는 곧장 구인에 응모하여 채용되었고, 물을 만난 고기처럼 다시 살아났다. 가토는 뱃일을 하고 돌아올 때 집에 돈을 벌어 올 수 있게 되었다.

지금도 직업으로 배에 타려면 선원의 신분증명서인 선원수첩을 지방의 운수국運輸局, 당시에는 해운국(海運局)에서 발급받을 필요가 있다. 수첩에는 승선할 때의 업무 내용이 기록되어 있다. 다음은 가토의 선원수첩에 기록된 항해기록이다.

1. 쇼와 23년[1948년−역자주] 11월 11일, 오사카에서 기선 에이코마루栄光丸에 선장으로 승선함.

2. 쇼와 24년[1949년−역자주] 4월 1일, 기요미즈清水, 스루가만(駿河湾)에서 기선 에이토마루栄東丸에 선장으로 승선함.
쇼와 24년 7월 1일 시오가마塩釜로 항해함.

3. 쇼와 24년 7월 11일, 요코하마에서 기선 와에이마루和栄丸에 갑판원으로 승선함. 7월 30일까지 근무함.

체력이나 지식도 쇠하지 않았다. 선장으로 뽑히기도 하였으며, 벌이는 좋았다. 가토는 일본 배뿐만 아니라 미군의 배에도 승선하기 시작했다.

4. 쇼와 24년[1949년−역자주] 8월 1일, 요코하마에서 Winsor화물선에 일등항해사로 승선함.

5. 쇼와 25년[1950년−역자주] 5월 25일, 요코하마에서 LT1에 일등항해사로 승선함.
가나가와 현청県庁이 고용함. 근무지:근해. 쇼와 25년 6월 10일까지.

1950년 5월 25일의 기록에 '가나가와 현청이 고용함'이라 되어 있지만, 실제 구인자는 미 육군 제8군이었다. 한국전쟁 개전 후 미 육군은 선원의 모집을 확대하고 있었다. 미국의 요청을 받은 일본 정부는 지방 자치체에 선원의 모집을 위임했다. 지자체가 고용하여 미 육군에 파견했던 것이다.

선원수첩에는 1950년 7월 8일의 선원 소개표船員紹介票도 남아 있다. 역시 구인은 제8군에 의한 것이었다. 가토는 "돈 벌어 올게"라고 말하며 집을 나갔다. 치요코 씨는 "아버지가 집을 비우고 바다에 나간 것은 항상 있는 일이다"라며 특별히 마음

가토 게이지(사진 제공/사와자키 치요코)

에 두지 않았다. 그러나 그것이 치요코 씨가 들었던, 아버지의 마지막 말이 되었다.

6. 쇼와 25년^{1950년－역자주} 7월 8일, 요코하마에서 LT392호에 일등항해사로 승선함.

가나가와 현청이 고용함. 근무지 : 근해. 명령에 의거 전출함에 따라 쇼와 25년 8월 3일에 하선함.

7월 8일에 탄 LT392호에서의 임무를 마친 가토는 8월 3일에 하선했다. 그리고 같은 날 LT636호에 탔다.

7. 쇼와 25년[1950년-역자주] 8월 3일, 요코하마에 LT636호에 일등항해사로 승선함.

가나가와 현청이 고용함. 근무지 : 근해. 쇼와 25년 11월 15일 해난海難으로 사망함.[강조-인용자]

선원수첩에는 '근무지 : 근해'라고 되어 있으나 실제는 달랐다. 또한, 기뢰 접촉은 전혀 언급하지 않고 '해난으로 사망함'이라고만 쓰여졌다.

가토 가에 한 통의 전보가 도착한 때는 1950년 12월 초였다. 전보에는 '11월 15일 순직……'이라고 쓰여 있었다.

은폐된 아버지의 죽음

아버지가 '순직'했다. 왜 반년이나 지난 뒤에서야 알려 준 것일까. 애초에 전쟁이란 끝났을 리가 없는 것이었던가. 당시 16세의 치요코 씨는 부친의 죽음에 부자연스러운 점을 느꼈다.

"그토록 절대로 죽지 말라고 했었는데. 놀라운 한마디였습니다. 태평양 전쟁이라면 그래도 종전이 되었는데, 어째서 아버지가 죽었을까 하는 마음이었습니다. 그렇지만 "아무것도 말하지 마라"라고 들었습니다. 아버지가 어떻게 죽었는지는 극비 사항이었으므로 너도 말하지 마라, 라고요."

전보의 통보처는 가나가와현 선박섭외노무관리사무소였다. 통보를 받자마자 곧장 차남인 모토아키 씨가 도요하시에서 요코하마로 향했다. 그 전 해, 장남인 데쓰오 씨가 결핵을 앓다가 22세라는 젊은 나이에 죽었고, 거기에 가토의 죽음이 이어졌다. 고교를 막 졸업한 19세의 모토아

키 씨가 한 집안의 가장이 되었다.

모토아키 씨에게도 아버지의 죽음은 마른 하늘에 날벼락이었다. 사고로부터 30년 이상이 경과한 1984년. 교사였던 모토아키 씨는 근무하고 있었던 학교의 『도서관 소식図書館だより』에 남긴 수기에서 당시를 회상했다.

아직 신칸센新幹線이 없었던 시대. 야간열차에 뛰어든 모토아키 씨는 다음날 새벽녘에 요코하마에 도착했다.

나는 선박사무소에 가서 문이 열리기를 기다렸다가 첫번째로 들어가서는, 전날 막 수령한 전보를 보여주면서 방문 목적을 말했다. 사무소 안쪽에 안내된 나를 앞에서 소장인 S씨는 어렵사리 입을 열었다.

"사실은 미국의 군사기밀에 속하는 것이라서 확실히 말할 수 없는 것입니다만……"라고 운을 뗀 뒤, 아버지가 미국의 LT636호라는 배에 탑승하여 미군 관계의 일에 종사하고 있었던 사실, 조선의 원산 해역에서 촉뢰기뢰 접촉−역자주로 사망했다는 사실을 간략히 말했다.

"또 귀하의 아버지 외에도 21명이 돌아가셨습니다만, 미군이 공표를 금지했으므로, 여기서만 이야기하기로 하고 절대 입밖에 내지 않도록 주의하여 주십시오."(…중략…)

아버지가 한국전쟁에서 죽었다는 사실을 왜 비밀로 하지 않으면 안 되는 걸까? 아직 사회를 판단할 줄 몰랐던 풋내기인 나였지만, 뭔가 자신도 거대한 사건에 휘말리고 있는 것 같은 착각에 빠져, 그 배후에 자리잡은 채 드러나지 않은 누군가를 느끼고는 갑자기 전율을 느꼈다.[4]

모토아키 씨는, 그때 선박섭외노무관리사무소에서 '해난으로 사망함'이라고 쓰인 아버지의 선원수첩을 유품으로 수령했다. 유골은 없었다.

당시, 국철 총재가 사체로 발견된 시모야마 사건下山事件,* 미타카역三鷹駅
에서 무인 열차가 폭주한 미타카 사건三鷹事件, 후쿠시마현福島県의 도호쿠
본선東北本線에서 열차의 운행이 방해받은 마쓰카와 사건松川事件 등, 권력에
의해 진실이 묻혀졌다는 소문이 도는 사건은 여럿 있다. 모토아키 씨는
아버지의 죽음도 그러한 사건의 하나인 것은 아닐까 하고 생각했다. 수
기에는 그 심정이 기록되어 있다.

글 속에 나오는 'S씨'는, 본장 모두에서 언급한, 위령제에 헌화를 보낸
사가와 야이치로 추정된다. 그가 바로 퇴직 후 일련의 경위를『관련철』
로 정리하여 공표한 인물이었다. 그 내용은 후술하겠지만, 그것은 위령
제로부터 27년의 세월을 기다려야만 했다.

위령제의 조사弔辭

12월 중순, 이번에는 선박섭외노무관리사무소의 담당자가 도요하시
의 집을 방문해 왔다. 담당자가 손에 들고 있었던 것은 위령제의 사진과
거기서 읽은 조사, 그리고 빈 유골함이었다. 그때 가토 가에서는 유골이
없는 아버지를 어떻게 공양할 것인가 하고 생각다 못하고 있었던 때
였다. 자기들 유족에게 알리는 일 없이 위령제를 끝낸 가나가와현의 대
응에 오갈 데 없는 분노가 흘러나왔다.

---

* 　원문은 '시모카와 사건(下川事件)'이라 표기되었으나 오타로 보인다. 당시 국철 총재
　　였던 시모야마 사다노리(下山定則)의 죽음과 관계된 사건이므로 이 번역서에서는 '시
　　모야마 사건'이라 표기하였다. 이 사건은 이어 언급되는 미타카 사건, 마쓰카와 사건
　　과 더불어 '국철 3대 미스터리(国鉄三大ミステリー)'라고 불린다.

미군으로부터 이 건의 공표가 금지되어 있다는 말만 반복하는 담당자에게 모토아키 씨는 "유족이 없으면 위령제가 되지 않는 게 아닙니까" 하고 분노를 전달했다.[5] 그때 건네받은 위령제의 조사가 쓰여진 봉투를 모토아키 씨가 보관하고 있다.

조사弔辭

일본 정부는 쇼와 20년1945년 8월 15일의 종전과 함께 포츠담 선언의 수락에 기초하여, 진주군進駐軍, 태평양전쟁 종전 후 일본에 주둔한 미 점령군—역자주의 진주 목적을 완전히 달성시키기 위해 필요한 노무의 제공을 그 조문에 약속했습니다.

그 이후, 정부는 [미]군의 요구에 응하여 온갖 분야에 걸쳐 노무의 완전 제공에 최선의 노력을 경주하여, 강화조약의 체결과 독립국가로의 촉진에, 포츠담 선언의 좋은 이행자로서 역할의 일단을 다하여 왔습니다.

그대는 해양국가 일본에 태어나, 언제나 바다를 사랑하고, 배와 벗하며, 바다를 직장으로 삼는 일본 선원으로서 군이 요구하는 바에 따라, LT636호에는 일항일등 항해사으로서 승선하여 탁월한 기능과 왕성한 책임감을 갖고, 밤낮으로 직무에 힘써 일본 선원의 의기를 크게 요로에 발양하였습니다.

때마침 조선 내란朝鮮內亂이 일어나기에 이르자, 그 직무의 중차대함을 통감하여, 온갖 곤란을 극복하고 사명 달성에 노력하였던 점은 당국의 상찬이 없어서는 안 될 것입니다.

그러나 쇼와 25년1950년 11월 15일, 이 무슨 바닷속 마귀의 장난인가, 슬프게도 뜻밖의 재난을 당해 배와 운명을 같이하여 유명을 달리하여 불귀의 객이 되셨습니다.

그대는 천수를 누리지 못하셨습니다. 그대가 수행하려 했던 희망을 완수하지 못하고 중도에 끊어진 심정은 헤아리고도 남음이 있습니다. 그대가 가시는

길에 생각이 미치실 때에, 만감이 가슴에 파고드니 어떤 위로의 말씀을 드려야 할지 모르겠습니다.

그렇다고는 해도 그대의 순직은 평화국가 건설의 위대한 초석이 되어, 기나긴 선원의 역사 위에 전해져올 것이며, 그대의 영혼은 영구히 계시어 일본 선원의 수호신이 되시리라 믿습니다.

애절하나 그대 편안히 잠드시기를 바라마지 않는 바입니다.

쇼와 25년^{1950년 − 역자주} 12월

가나가와현 선박섭외노무관리사무소장

사가와 아이치

조사는, 아직 일본 정부가 강화조약 체결을 위해, '독립국가로의 촉진에, 포츠담 선언의 좋은 이행자로서 역할의 일단을 다하여 왔습니다'라고 일본이 처한 상황을 설명했다. 그리고, LT636호의 승조원 22명의 '순직'은 '평화국가 건설의 위대한 초석'이 되었다고 칭송하고 있다. 이어서 '기나긴 선원의 역사 위에 전해져올 것이며'라고는 하지만, 육친의 죽음을 비공표당한 유족에게는 공허한 말로 들렸을 것이다.

태평양전쟁으로 사망한 일본인은 국가를 위해 죽은 영령이 되었다. 그러나 평화헌법하에서 죽은 한국전쟁의 사망자는 국가에게 불편한 존재였다. 그래도 미군의 뜻에 반하여 위령제를 지낸 가나가와현은 유족에 대해 성의만큼은 전하려고 했던 것이리라.

치요코 씨의 어머니 도요 씨는 그때 본 사망자 22명의 명부를 필사적으로 옮겨적었다. 결코 사실을 없었던 것으로 만들지 않겠다는 결의 때문이었다.

치요코 씨가 이렇게 말한다.

"어머니에게는 '이건 이상해. 이걸 그런 결과론 끝낼 순 없어'라는 기분이 있으셔서……. 저쪽은 '모든 건 나라의 문제로서 극비이니까 아무것도 말하지 말아 주세요'라고 하고."

가나가와현의 설명만으로는 가토가 어떻게 목숨을 잃었는지 전혀 알 수 없었다. 치요코 씨에게 아버지의 최후를 알려 준 사람은 어느 날 방문해 온 낯선 남성이었다.

생존자, 마쓰시타 아키라

사고로부터 수년 후, 가토 가를 방문한 것은 LT636호에 승선하여 살아남은 5명 중 한 명, 마쓰시타 아키라였다.

가토의 손자인 요시자와 씨는, 매년 사고가 있었던 11월 15일에 과자를 선물로 가져다 주었던 마쓰시타의 모습을 기억하고 있다. 분향을 한 뒤에는 잡담을 하다, 저녁 무렵이 되면 모토아키 씨와 술을 마시는 것이 상례가 되었다. 같은 도요하시에 살고 있었던 마쓰시타와 모토아키 씨는 각각 1927년과 1931년에 태어났으므로, 나이가 비슷한 것도 있어 곧장 마음을 터놓았던 것 같다.

마쓰시타는 2003년에 75세로 사망하여, 이번에 아내인 에이코*子 씨, 딸인 히사코ㅅ子 씨에게 이야기를 들을 수 있었다.

마쓰시타와 에이코 씨가 만난 것은 LT636호의 사고로부터 얼마 되지 않은 무렵이었다. 마쓰시타는 다리에 부상을 입었지만 쾌활한 성격으로, 에이코 씨에게 선원 일로 갔던 해외의 추억 이야기를 재미있게 들려 주었다. 그러나 이야기가 다리의 상처에 미치면 마쓰시타의 입은 저절

마쓰시타 아키라(사진제공 : 마쓰시타 에이코)

로 무겁게 되었다. "배가 빙산에 부딪쳐서 큰일났었지"라고 했을 뿐 입을 다물고 말았던 것이 예사였다고 한다.

한국전쟁이 끝난 뒤, 1955년 무렵, 두 사람은 결혼했다. 수 년이 지나, 에이코 씨는 마쓰시타가 매년 11월 15일에 집을 비우는 것을 알아챘다. 매년 같은 날에 나가는 것을 의아하게 생각하여 본인에게 물어 보니, 가토 가를 방문하고 있었다는 것을 알게 되었다고 한다. 그때 처음으로, 마쓰시타가 승선했던 LT636호에서 사고를 당해 가토 게이지라는 선배를 잃었다고 들었다.

에이코 씨는 말한다.

"1년에 한 번 곤드레만드레 취해서 돌아왔어요. 그렇게 해서 소오카와무토아키 씨에게 가고 있었다는 것을 알게 된 건데. 그래서 저도 조난당했다는 이야기를 들었어요. 자신만 살아남아서 괴로웠던 건 아니었을까요?"

딸 히사코 씨도 다음과 같이 말한다.

"아버지는 자신이 살아남은 것에 죄책감을 느끼고 있었다고 생각합니다. 그래도 저쪽은 그런 식으로 생각하지 않고 "고마워요"라고 말해 주었던 것 같습니다. 잘 살아돌아왔다, 라는 느낌으로 굉장히 후하게 대접해 주셔서. 저는 어린 마음에도 "미안하네, 그래도 굉장히 잘 대해주고 있으시구나"라고 생각했습니다."

아마도 모토아키 씨는 마쓰시타로부터 사고에 대해 들었을 것이다. 『도서관 소식』에 실은 수기에는 LT636호에 승선한 사람이 아니면 알 수 없는 선내의 정보 등이 많이 기록되어 있다. 또 마쓰시타 자신도 전술한 한국전쟁의 심포지엄의 책자에 기고한 「LT636호 '사고'^{LT636号『事故』}」에 상세한 내용을 철해 놓았다.

이것들을 참고로 하여 사고까지의 상황을 재현해 보자.

그리고, LT636호는 침몰했다

1950년 8월 3일, 가토와 마쓰시타는, 가나가와현이 미육군으로부터 빌려 온 LT636호에 올라탔다. 당초에는 도쿄만 내를 항행하고 있었지만, 9월, 고용주였던 가나가와현으로부터, 가토 일행에게 사무소로 출두하라는 명령이 있었다.

거기서 고지된 사항은, 한반도 주변의 해역으로 갈 것, 그리고 배에는 쵸스 J. 로이*라는 미 육군의 선장이 올라탈 것이므로, LT636호에 승선하기 전까지는 선장이었던 가토는 일등항해사로 격하된다는 것이었다. 마쓰시타의 수기에서는, 미 육군 병사의 정확한 승선인 수는 알 수 없다. 한편, 일본인은 27명. 선실은 미군 병사들에게 점령되었고, 일본인은 뱃머리 부근에 몰아넣게 된 채 승선하게 되었다. 이것이 화근이 되었다.

---

*   Colonel(Retired) Donald W. Boose Jr., *Over the Beach : US Army Amphibious Operations in the Korean War*, Fort Leavenworth, Kansas : Combat Studies Institute Press, US Army Combined Arms Center, 2008, p.185에는 당시 LT636호의 민간인 선장의 이름을 Charles Roy로 언급하였다.

요코하마를 출항한 때는, 9월 28일. 최초의 임무는 부산항까지 공작선을 끌고 항해하는 것이었다. 이 공작선은 안에 대형의 발전기를 갖추고, 선내에는 선반이나 보르반드릴을 이용해 구멍을 뚫는 기계—역자주 등의 각종 공작기계가 있어, 배의 수리가 가능한 하나의 공장이나 다름없었다. 부산에 도착한 뒤에는, 한국 남서부의 항구도시 목포, 서북부의 항만도시인 인천을 돌았다.

개전 이래 계속 고전하였던 유엔군은 9월 15일의 인천 상륙작전으로 북한군의 보급로를 끊는 데 성공했다. LT636호가 인천으로 예항한 공작선은 그 육상부대에 보급 물자를 보내는 유엔군의 배에 전력을 공급하는 것이 목적이었다. 그 후에도 인천에서 제주도, 부산으로 쉬지 않고 항행을 계속했다.

공작선을 부산으로 보내면 임무는 끝난다고 들었던 LT636호의 일본인 선원 사이에는 불안이 점점 커지고 있었다. 이대로 임무가 계속된다면 얼마 안 있어 겨울이 되는 걸까, 자신들은 방한 대비도 하지 않았다. 가토는 선원 27명 전원을 모아서 로이 선장에게 담판하러 갔지만 받아들여지지 못하였고, 육군으로부터의 명령이 있었기 때문에 딱 한 번만 더 항행을 부탁한다면서 거절당했다.

의뢰받은 항행은, 부산항에서 원산으로 크레인선중량물을 매달아 올려 이동시키는 배을 예항한다는 것이었다. 크레인선의 용도는, 10월 26일에 행해진 원산상륙작전에서 확보한 구역의 물자를 수송하는 것으로 보였다.

출항은 11월 12일. 3일 후인 15일에 LT636호는 원산 해역에 들어갔다. 오전 8시, 마쓰시타가 당직으로 견시*를 하고 있을 때에 사고가 일

---

* 해군 함정 및 국가 기관이나 민간 선박 등에서 해상 감시, 또는 그 임무를 맡은 자.

어났다. 원산까지는 30km 남았다. 이하는, 마쓰시타의 수기 「LT636호 '사고'」에서 인용하였다.

　　폭음과 충격. "촉뢰觸雷다!" 하고 알아챘을 때는 LT636은 앞으로 고꾸라진 상
태로, 뱃머리가 바닷속으로 가라앉기 시작했다. (…중략…) 나는 이 폭발로
침대에서 나동그라져서 하반신에 크게 타박상을 입었고, 다리와 허리를 펼 수
없게 되었습니다. (…중략…) 그래도 모두 갑판에서 올라가서 몸을 뻗어, 구
조를 청하는 사람들에게 손을 뻗었습니다. (…중략…) 자력으로는 올라갈 힘
은 이미 없었어요. 구조하려는 쪽도 구조되려는 쪽도 힘이 다하여, 원통하지
만 그대로 바닷속으로 가라앉는 사람도 있었습니다.

　촉뢰한 곳은 뱃머리 부분이었다. 뱃머리에 몰려 있었던 일본인 다수
는 최초의 폭발로 희생되었다. 선실에 있었던 미국인 몇 명은 차가운 바
다에 뛰어들어 침몰하는 배에서 빠져나왔다. 갑판에 있었던 마쓰시타도
이미 크레인선으로 뛰어올랐다. 바다를 떠도는 미군 병사들을 일본인이
건져올렸다고 한다. 이 때 로이 선장도 일본인들에 의해 구조되었다.
　이전 장에서 다뤘지만, 이 원산의 해역에서는 1개월쯤 전인 10월 17
일, 소해에 나선 MS14호가 침몰하여 약관 21세의 나카타니 사카타로가
목숨을 잃었다. 당시 요시다 수상의 지시로 일본 특별소해대의 파견과
그 행동이 극비로 되어 있었기 때문에, 해상보안청의 촉뢰사고가 전해
지는 일은 없었다.[6] 만약 공표되었다면 일본인이 탄 LT636호가 또 다시
같은 해역에 가는 일은 없었을지도 모른다.

남겨진 선원명부

LT636호가 침몰하여 일본인 5명을 포함한 약간 명의 선원이 크레인선으로 이동했다. 그러나 크레인선은 자력으로 움직일 수 없어 정처 없이 바다를 표류하게 되었다.

일본인 선원들은 스스로 크레인선에 비축되어 있던 식량이나 물, 총이나 탄환을 관리했다. 총은 구조 요청을 위하여 허공을 향해 발포했다. 미군 병사들에게도 따르게 했다. 로이 선장 등 미군 병사는, 구조되었다는 빚이 있었던 탓일까, 고분고분하게 따랐다고 한다. 그들이 미군의 소형 상륙선에 구조된 때는 식량이나 물이 바닥을 드러내던 표류 3일째였다.

일본인 5명은 그 후 미군의 병원선病院船에 수용되어 치료를 받았다. 이 때 자신들의 임무는 극비였다고 들었던 마쓰시타 일행은, 사고가 비밀리에 묻혀진 것에 위구스러워하고 있었다. 마음 속으로는 바닷속 물고기밥이 된 동료의 유족에게 사고를 알리지 않으면 안 된다는 사명감과, 자신들이 보상을 받을 수 있는가 하는 불안이 뒤섞였다.

생존자 5명, 희생자 22명. 마쓰시타 일행은 일본인 선원 27명의 선원명부를 만들어 병원선 안에 있던 우체국에서 당국에 보냈다. 수신처는 정확히 기억나진 않지만, 고용주인 가나가와현 선박섭외노무관리사무소의 사가와 야이치 앞이었거나, 가나가와현의 주일미군 제2항만사령부第二港湾司令部 선원인사과船員人事課의 일본인 담당자 앞이었다고 기억한다.

선원명부는 적어도 선박섭외노무관리사무소에는 전달됐고, 그 뒤 유족에게도 전달되었던 사실을 나중에 알았다. 마쓰시타가 가토 가를 방문했을 때, 자신들이 작성한 명부와 가토의 아내 도요 씨가 베껴 쓴 명부의 순번이 같은 것을 확인했던 것이다. 유골도 없이 입 밖에 내는 것이

허가되지 않았던 22명의 죽음. 그러나 마쓰시타 등이 사고를 알리고자 필사적인 일념으로 만든 명부가, 사고가 분명히 일어났음을 후대에 전하는 증거가 되었다.

일·미 당국은 어떻게 인식했는가

나는 사고에 대한 미국 측의 인식을 확인하기 위해 당시의 육군 자료를 보았다. 그러자 미국 공문서관에 한국전쟁 중의 미 육군의 수송에 관한 기록이 보관되어 있다는 것을 알게 되었다. 기록을 작성한 것은 재일병참사령부였다.

우선 가토 일행이 LT636호에 승선한 뒤에도 2,500명이라는 방대한 수의 일본인 선원이 모집되었던 것을 드러낸 기술에 눈길이 멈췄다.

　[GHQ의] 참모 제4부와 재일병참사령부에 의해 1950년 8월 26일에 회의가 소집되었다. (…중략…) 조급한 추정을 하자, 적어도 2,500명이 필요하다고 나왔다. 유일하게 이용 가능한 것은 일본인 노동자였다.[7]

이 자료에 따르면, 점령하의 예산 책정이나 물자의 조달을 담당하고 있었던 참모 제4부와, 한국전쟁의 병참을 담당한 재일병참사령부가 필요하다고 추정한 노동자의 수는, 일본의 노동성훗날의 후생노동성에 따르면, 노동성은 가나가와현에 2,500명을 고용하도록 명했다. 일련의 흐름에서 보이는 것은, 미국에는 유엔군으로서의 한국전쟁 수행과 점령국으로서의 점령정책이 불가분이었던 점, 그리고 일·미 간에 그것들을 원활히

실현하기 위한 긴밀한 제휴가 기능하고 있었던 점이다.

사고에 대해서는 '미 육군 터그보트^{tugboat} LT636호의 손실'이라는 제목이 달려 있어 짧게나마 정리되어 있다.

> LT636호가 촉뢰했을 때, 기뢰 소해 구역 밖 2~3마일^{약 3.2~4.8km}의 지점에 있었다. (…중략…) LT636호는 부산을 출발하여 원산으로 향하고 있었다. (…중략…) 생존자는 9명. 선장 로이 씨와 크레인선의 선원 3명, 일본인 터그보트 선원 5명이었다.[8]

'상세한 것은 알 수 없다'라고 하지만, 미 육군이 원산의 해역에서 촉뢰가 사고의 원인이었다고 파악하고 있었던 것은 분명해졌다. 다시 한번 미국의 자료를 조사했지만 그 이상의 기록을 찾아 내는 것은 불가능했다.

그렇다면 점령군에 노동자를 파견한 일본 정부는 이 침몰 사건을 어떻게 인식하고 있었던 것일까. 당시 이러한 점령정책에 관한 물자나 인원의 제공을 담당하고 있었던 것은 특별조달청^{特別調達庁}이었다. 이 청에서 편찬한 『점령군 조달사－점령군 조달의 기조^{占領軍調達史－占領軍調達の基調}』에는, 한국전쟁 중인 1950년 7월 2일부터 다음 해 1951년 1월까지 발생한 일본인 사망자나 부상자에 관한 기록이 있다.[9]

그에 따르면, '특수항만하역자^{特殊港湾下役者}'에 대해서는 업무상 사망 1명, 질병 79명, 그밖에 21명(그중 사망자 3명을 포함)이라 되어 있다. 사망자 포함, 합계 101명이 사고를 당했거나 어떤 질병에 걸리게 되었다. 여기서 사용된 '특수'라는 말은, 한반도 해역에 있어서의 업무에 종사하는 것을 가리킨다.

'특수선원'에 대해서는 업무상 사망이 22명, 업무상 질병이 20명, 사

상자私傷者가 4명, 사상병私傷病이 208명으로 합계 254명. 또한, '그 외 조선 해역 등에서 특수 수송업무에 종사 중 사망한 자'가 26명으로 되어 있고, 내역은 항만하역자가 4명, 선원이 22명. 이 22명이, LT636호 침몰사고의 희생자로 여겨진다. 특수항만하역자 중 사망자 4명과 특수선원 사망자 26명, 특수수송업무 사망자 26명을 합치면 합계 56명이 된다. 이것이 한국전쟁 발발로부터 반년 사이에 발생한, 일본인 사망자에 대한 유일한 기록이다.

원산 해역에서 발생한 해상보안청의 소해정의 촉뢰 사고의 사망자 1명, 경중상자 18명은 여기에 포함되지 않았다. 또한 LT636호의 사고 자체에 대해서는 언급은 없다.

1962년, 특별조달청은 방위시설청防衛施設庁으로 재편되었다. 그 후 방위청이 방위성으로 승격된 때에 방위시설청은 폐지된다. LT6363호의 사고를 당시 어떻게 인식하고 있었는가, 사망한 56명의 상세한 상황에 대해서 알고자 한다고, 업무나 자료를 인계받은 현재의 방위성에 나는 정보공개 청구를 행했다.

개시 청구서에는 '조선전쟁에서의, 1950년 6월 25일~1953년 7월 27일까지의 일본인의 사망자에 관한 자료'와 『점령군 조달사－점령군 조달의 기조』에 기록된 사망자 56명에 관한 자료가 있다면 포함시켜 주십시오'라고 써서 보냈다.

반년 후 방위성으로부터 답신이 도착했다. 우선 56명의 사망에 대해서는 『점령군 조달사』에 쓰인 것 이상의 정보는 얻을 수 없었다. 국가 최대의 책무는 국민의 생명을 지키는 것일 터이다. 전쟁에서 일본인이 죽었음에도 불구하고, 희생자에 관한 세부 사항이 알려지지 않아도 된다는 국가의 태도에 강한 의구심을 제기하고 싶다.

정보 공개 청구에 의해 새롭게 알게 된 것은, 당시 일본 정부가 LT636호의 사고를 파악하고 있었던 사실을 나타내는 자료가 존재한다는 점이었다. 이번에 공개된 것은 「원산에서 조난당한 주둔군 선원 사망 건 경과 보고元山沖で遭難した駐留軍船員事件経過報告」라는 메모 쪽지 같은 문서였다. 거기에는 '조선의 청진과 원산 사이에서 몰해[해몰海沒, 또는 익몰溺沒인 것일까]'라고 기록되어 있어서, 사고 현장이 북한의 해역이라고 국가가 인식하고 있었던 것을 엿볼 수 있었다.

그리고 미군 사망자가 '8명'이라는 것도 처음으로 판명되었다. 미군의 자료로 판명된 생존자 3명에, 사망자 수를 더한 합계 11명의 미 육군 병사가 LT636에 승선하고 있었던 것으로 추정된다. 거기에, 사망한 일본인 22명에 대하여 '촉뢰와 동시에 사망한 자는 14명으로, 잔여 8명은 유영 중 방랑했거나 신체가 자유롭지 못했던 탓에 (…중략…) 익사하였다'라고 되어 있어, 그 죽음의 상황이 처음으로 공식 자료로 밝혀졌다.

또 가나가와현으로부터 특별조달청의 노무관재부장労務管財部長에게 송부된 사고 보고도 공개되었다.[10] 국가는 LT636호에 승선한 일본인 22명이 사망한 것에 대해 가나가와현으로부터 연락을 받았는데, 사고 보고에는 사망자의 명부도 첨부되어 있었다. 가나가와현은 국가에 보고하는 것과 동시에, 대응에 대해서 지시를 요청했다.

특별조달청은 그 답변으로 '지시'라고 쓰인 메모에서, 가나가와현이 유족에게 보상하라는 지시를 내렸다. 그 때문에 '(미군으로부터) 사망확인서를 제출받을 것', '생존자 상황을 조사할 것'을 가나가와현에 요구하고 있었다.[11] 놀라운 것은, 이 건에 대해서 공표하라고도, 공표하지 말라고도 전혀 지시가 없었던 것이다. 진상은 확정되진 않았지만 적어도 문서로는 남아 있지 않다. 즉, 국가는 긴요한 사항에 아무것도 판단하지 않았다.

가나가와현의 갈등

직접 고용주인 가나가와현이 미군에게 공표를 금지당했다는 사실이 발각된 것은 당사자의 고백이 계기가 되었다. 앞서 다룬 대로 선박섭외 노무관리사무소장이었던 사가와 야이치가 1977년에 사고와 그 후의 전말을 공개했던 것이다.

당시 73세였던 사가와는 신문 취재에 응하여 "비밀로 해 두는 것보다도 공표하는 것이, 일본을 위하는 길이다"라고 말했다.[12] 사가와가 공표에 이른 배경에는 『요코하마의 공습과 전재』가 편찬, 간행되었던 점이 있었다고 여겨진다. 앞서 언급한 제5권 『접수·부흥편』의 '패전과 요코하마 시민' 항목에, 사가와가 제공한 『관계철』을 바탕으로 한 가나가와현의 LT636호 사고에 대한 대응이 기록되어 있다.

> 제2항만사령부요코하마에 설치된 미군의 수송사령부 인사과장에게 공문의 지급 발송을 요구했지만 좀처럼 발송되지 않았고, 문서의 내용은 사망의 의미는 명기되지 않았으며 행방불명이라고 한 것이었기 때문에, '행방불명'으로는 급부금의 지급을 곧장 시작하는 것은 불가능하므로 '사망'이라고 명기해 달라고 요구했지만, 문서상은 명기할 수 없지만 사망한 것은 확실하므로, 그것으로 **일본 정부 측의 책임으로 조치되길 바란다**라는 뜻의 주장을 하며 물러서지 않았다.강조—인용자[13]

가나가와현은 미군 측으로부터 비공표하라는 지시를 받았음에도 불구하고, 유족에 대하여 한시라도 빨리 보상을 행할 필요가 있다고 판단했다. 그러나 미군은 특별조달청이 요구하고 있었던 선원들의 사망확인서 발

행을 승인하지 않고 '행방불명'이라고 처리하라며 물러서지 않았다.[*]

미군의 제2항만사령부는 미군으로서는 선원들이 사망한 것을 인정하지 않으니까 일본 정부의 책임으로 처리하라며 떠밀었다. 확실히 『관계철』에 수록된, 미군이 발행한 증명서를 보면 '바다에서 행방불명Missing at sea'이라고 되어 있다. 이 일에 대해서 가나가와현이 재차 국가에 문의한 기록은 남아 있지 않다. 결국 국가와 미군 사이에 끼어 옴짝달싹 못하게 된 가나가와현이 독자적으로 대응했다고 생각할 수밖에 없을 것이다.

가나가와현은 '군 측으로부터는 공표를 금지하게 되어 있었으나 유족의 감정도 살펴', 1950년 12월 11일, 요코하마의 혼가쿠지本覺寺에서 위령제를 실시하였다.[14] 배에서 조난당해 유체가 발견되지 않은 경우에 위령하는 방법을 상선관리위원회 등에 문의하여 연구하였다고 한다. 빈 유골함을 사용한 것은 그것을 바탕으로 한 것이었다. 또한 같은 책에는 보상에 대해서 기재된 것도 있었다.

유족을 호송할 때에, 가능한 한 현금을 전달하는 것을 고려하였는데, 11월 분의 급료, 피격수당, 소지품 상실수당 등 적어도 11만여 엔[현재의 화폐가치로 환산하면, 약 92만 엔]. 많은 자는 27만여 엔[약 227만 엔] 외 특별장제료 2개월분 2만 8천 엔[약 23만 엔] 내지 4만 8천 엔[약 40만 엔]을 호송자에게 들려 보내 지급했다.

연합국군 관계 특수선원 급여규정 제7조를 기초로 한 피해 수당은 그 후 관계 서류가 조정되는 대로 50만 수천 엔[약 420만 엔] 내지 86만 수천 엔[약

---

[*] 이는 선원들의 죽음을 '행방불명'으로 처리하여 은폐하였다는 의미를 넘어, 한국전쟁에 일본이 협력하였다는 사실 자체가 역사 속에서 '행방불명'되었다는 상징적인 장면으로 여겨진다.

720만 엔]을 지급했다.[15]

이밖에도 유족 연금이 지급되었다. 보상은 사망자 22명 중 유족을 찾지 못한 1명을 제외한 21명에게 행해졌다. 이 기록들로부터 유족을 위해서 가능한 일을 하려고 한 현의 자세가 느껴진다.* 애초에 점령군에 협력하는 것은, 1945년에 포츠담 선언을 수락한 때, 국가의 책임으로 결정된 것이었다. 그러나 사고 은폐라는 더러운 일을 맡은 것은 가나가와현이었다.

전쟁에 협력하고 있었던 것이 아니라, 점령군에 협력하고 있었다는 명분으로 일관한 일본.

사실은 알려지지 않고 묻혀버렸다.

유골 없는 무덤

부친인 가토 게이지를 잃은 치요코 씨 등의 그 후도 기록해 두자. 가토 가도 보상금을 수령했지만, 어려운 생활이 나아지진 않았다.

가족은 유족연금 증서나 가나가와현으로부터 받은 편지 등 모든 것을 소중히 보관하고 있었다. 가족에게는 가토의 선원수첩과 마찬가지로 그

---

* LT636호 침몰 이후 가나가와현이 취한 조치는 일본 정부 및 미 점령군 당국의 지시나 방침에 크게 어긋나는 것이었다. 가나가와현은 마쓰시타가 발송한 희생자 명부를 토대로 위령제를 거행했으며, 가토 게이지의 아내, 가토 도요는 이를 바탕으로 희생자 명단을 파악하게 되었다. 위령제의 세부 사항 및 절차 또한 해난 사고로 유해를 발견하지 못한 이들을 애써 배려한 것이었으나, 위령제가 거행되던 당시 유족들에게는 알려지지 않았던 점에서 가나가와현 측의 고뇌를 짐작할 수 있다.

하나하나가 가토가 살았던 증거였다. 치요코 씨는 부친을 잊을 수 없었다. 엄하면서도 집에 돌아 올 때는 귀여워해 주었다. 전쟁 피해를 입은 거리에서 가족을 지켜 주었다. 그런 아버지가 왜 '전후'라고 불린 시대에 죽어야만 했는가. 그리고 그것을 누구에게도 말할 수 없이 응어리를 품은 채 이제까지 살아왔다.

인터뷰에서 통절한 가슴 속을 이야기해 주었다.

"진짜였다면 그 책임이란 것이 있을 거잖아요. 아무데서도 책임을 지지 않고 있어요. 그러니까 멋대로 가 버렸다, 라고 해버린 것 아닌가요?"

취재를 계기로 치요코 씨와, 마쓰시타의 아내 에이코 씨, 딸인 히사코 씨와의 해후가 실현되었다. 치요코 씨는 마쓰시타의 성묘를 하게 하고 싶다면서 부탁했고, 그 후 에이코 씨 일행도 가토 가의 무덤을 찾았다. 치요코 씨 자신도 아버지, 가토의 무덤 앞에 발길이 뜸했다고 한다. 십수년 만의 성묘에 나도 동행할 수 있었다.

가토의 무덤은 도요하시 시내의 절에 있다. 먼저 마쓰시타 모녀가 차례로 합장하고, 치요코 씨가 뒤를 이었다. "감사합니다. 정말 감사합니다." 아버지의 묘석에 두 번 인사를 하며 머리를 숙였다.

가토의 유골은 지금도 한반도의 바다 밑에 잠들어 있다. 사고가 일어난 장소는 38도선보다도 북쪽에 위치하며, 일본은 북한과 국교가 없기 때문에 일본인이 그곳에 가는 것은 불가능하다.

유골이 없는 무덤이, 역사에 남겨지지 않은 선원들의 죽음을 확실히 지금까지 전하고 있다.

LST 선원, 산노미야 가쓰미

의도하지 않게 한국전쟁에 협력하게 되어, 후세에 그 사실의 해명을
요구하며 목소리를 높인 일본인 선원이 있다.

LST전차양륙함에 타고, 유엔군의 해상수송을 담당한 전직 선원 산노미야
가쓰미宮克己. 전후, 도쿄도 후추시府中市의회에서 1975년부터 2003년까
지 의원으로 7기 역임했다.

산노미야가 쓴 수기에는 한국전쟁에 대한 생각이 덧붙여져 있었다.

나는 조선전쟁 시기에 용전분투한 것도 과감하게 반전투쟁을 한 것도 아니
고, 그저 정세에 휩쓸리고 있었던 것뿐이었습니다. 내심 부끄럽고 창피한 체
험이 '호헌 반전護憲反戦'을 주장하며 7기의 후추시의회 의원을 역임한 계기가
되었던 것입니다.[16]

'부끄럽고 창피한 체험'이라는 것은 무엇일까? 본인에게 직접 이야기
를 듣고 싶었지만, 산노미야는 2017년 11월 11일에 91세로 사망했다.
취재를 시작하고 나서 조금 지난 2018년 12월, 동료들의 손으로 '산노미
야 가쓰미를 추억하는 모임'이 개최되었던 것을 알고 참가를 신청했다.

추억하는 모임에서는 후추 시의회 의원 시절의 산노미야와 인연이 있
었던 장애인 지원단체나 교육문제, 노동문제 관련 단체의 멤버가 출석
하고 있었다. 산노미야가 좋아했던 노래가 불려지고 무척이나 시끌벅적
한 모임이었다. 산노미야는 항상 "복지가 전진하면, 평화와 민주주의가
온다"라고 입버릇처럼 말했다고 한다. 사회에서 약자의 입장에 놓인 이
들의 문제에 다가가 지원하는 것이 사회 평화로 이어진다는 신념이다.

산노미야의 성실한 인품을 나타내는 인상적인 에피소드를 들었다. 산노미야는 시민단체의 공부 모임을 방문했을 때에는 방의 한 구석에서 출석자의 이야기를 입을 꾹 다물고 듣고 있었다. 알지 못하는 부분만큼을 공부 모임이 끝난 뒤에 질문하고 있었다고 한다. 그러나 시의회가 열리는 곳에서는 자신의 정치이념에 들어맞지 않는 문제에 대해서는 불을 뿜듯 질의를 행했다. 생활자의 관점에서 구체적인 데이터나 에피소드를 참조하여 행하는 질문은 상대에게 있어서도 만만치 않았을 것이다.

그 원동력은 그가 체험한 한국전쟁이었다.

산노미야는 한국전쟁에 대해서 어떤 생각을 품고 있었던 것일까. 그리워하는 모임을 주최한 군지 히로시郡司實 씨에게 이야기를 들었다. 군지 씨는 22세나 연상인 산노미야 씨를 친근함을 담아 '산쨩'이라 불렀다.

"일본인이 조선전쟁에 가담한 것을 산쨩과 만나기 전까지는 정말로 몰랐습니다."

군지 씨는 산노미야의 아내로부터 그가 남긴 한국전쟁의 관계 자료를 모두 받아 두었다. 그중에서 한국전쟁 중 산노미야가 현지에서 촬영한 사진을 보여 주었다. 산노미야는 당시는 귀했던 대형 카메라를 들고 배에 타고 있었다. 사진은 무엇이든 귀중한 것으로, 일본인이 한국전쟁에 갔던 증거가 될 수 있었다.

산노미야가 승함한 LST는 유엔군의 군사 물자나 병사를 수송하고 있었지만, 사진 가운데에는 한국 사람들을 담은 것도 있었다. 예를 들면, 〈포항에서 제주도로 피난하는 주민 3,000인浦項より済州島に避難する住民3000人〉. 산노미야가 이렇게 설명을 단 한 장은 1951년 1월에 촬영된 것이었다.

LT636호와 마찬가지로 산노미야의 항해도 결코 안전한 것은 아니었다. 1950년 12월, 인천항에서 잔교에 좌초해 버려, 배에서 보트로 탈출

산노미야 가쓰미(사진제공 : 군지 히로시(郡司實))

하는 것을 촬영한 사진도 남아 있다.

산노미야는 한국전쟁을 테마로 강연할 때 이런 사진을 회장에 걸어놓고 자신의 체험을 이야기했다고 한다. 나는 산노미야가 2013년 2월 9일에 후추 시립교육센터에서 연설했던 때의 영상을, 산노미야와 20년 이상 친교가 있었던 쓰치야 마사루土屋勝 씨로부터 제공받았다. 강연의 제목은 〈산노미야 가쓰미의 조선전쟁 종군기－일본은 조선전쟁에서 무엇을 했는가三宮克己の朝鮮戦争従軍記－日本は朝鮮戦争で何をしたか〉. 쓰치야 씨는 일본인이 알아야 할 이야기라고 생각해서 녹화했다고 한다.

이하의 내용은 그때의 강연 내용이나 산노미야의 수기를 참조했다.

허허벌판이 돼 버린 고향, 한국

산노미야 가쓰미는, 1926년 당시 일본 통치하에 있었던 항구도시 진남포현재 북한의 남포에서 태어나 자랐다. 그 후 일본 해군에 입대하였고, 종전은 진해 해군 기지에서 맞이했다. 후쿠오카로 귀환한 때에 처음으로 일본에 발을 디뎠다. 난생 처음 본 일본은 가는 곳마다 허허벌판이었다. 자신은 패잔병이라는 의식 때문에 산노미야는 얼굴을 들고 거리를 걸을 수 없었다.

전후 해군은 해체되었으며, 제2복원성第二復員省이 신설되었다. 해군 군인의 복원復員을 소관하는 성이었다. 산노미야는 남방에서 귀환하는 일본병들을 수송하는 복원수송 일에 취직했다. 이 때 일본의 배만으로는 부족하여, 산노미야 등은 미국에서 빌려 온 LST 등을 운항했다.

1946년 중에 509만 6,323명, 47년에 74만 3,757명, 48년에 30만 3,624명이 외지에서 '귀환引き揚げ'했다. 이로써 외지에서 생존해 있던 대부분의 일본인이 귀환하게 되었다.[17] 산노미야는 싱가폴, 베트남을 거쳐 시베리아로부터의 수송도 담당했다.

그 후 산노미야는 LST로 미군 기지 간의 물자 수송에 종사하게 되었다. 1950년 6월, 한국전쟁이 시작되었을 때 함상에 있었던 산노미야는 오가사와라 제도小笠原諸島 부근을 항해중이었으나, 요코스카에 돌아가라는 명령을 받았다. 그리고 다음달 7월이 되자마자 영문을 알지 못한 채 한국 동해안 남부 포항의 이웃마을인 구룡포에 가게 되었다.

개전한 해, 당시 유엔군의 수송을 담당할 터였을 미 해군은 제2차 세계대전 후의 군비 축소에 따라 승조원의 수가 삭감되어* 해상 수송 능력을 거의 유지하지 못했다. 그리하여 승조원 약 2,000명, LST 39척을 보

유한 상선관리위원회商船管理委員会, GHQ 휘하에 귀환 수송, 미국 선박의 운항, 외항 선박 배치의 관리 등을 담당한 일본의 조직. 전신은 선박운영회(船舶運営会)의 지원을 요청하게 되었다.[18] 이후 일본인이 운항하는 LST는 유엔군의 주요 작전의 대부분에 참가하여 전쟁 수행을 지원했다. 산노미야도 그 승조원 중 한 명이었다. 일본과 한국을 몇 번이나 왕복하며 지프 등의 차량, 물자, 그리고 미군 장병들을 부산으로 수송했는데, 어느 때인가 그들은 대전 전투로 향하는 부대라고 들었다. 점차 한반도에서 전쟁이 일어났다는 것이 분명해지자 함내는 시끄러워졌다.

> 우리들은 무장도 아무것도 없으니까, 이대로 현지에 도착했다가 반격당하면 어떡할 거냐, 현지에서 무슨 일이 일어날까, 라면서. 걱정했어요.
>
> — 강연의 기록 영상

선원들이 반발한 것도 무리는 아니다. 선원의 다수는 태평양전쟁에서 일본군의 해상 수송을 담당했던 생존자들로, 전시하의 해상 수송이 얼마나 위험한 것인가를 잘 알고 있었기 때문이다.

태평양전쟁 중 일본군의 수송을 담당한 민간선은 미국의 먹잇감이 되었다. 현역 선원이나 해사 관련 산업 노동자로 구성된 전일본해원조합

---

* 일명 '제독들의 반란'이라 불리는 사건이다. 미국은 제2차 세계대전에 승리하였으나, 종전 이후 군비를 크게 축소하였다. 또한 당시로서는 유일한 핵무기 보유국이었던 미국은 핵폭격을 위해 공군 위주로 전략을 재편하면서, 해군의 군비를 타 군에 비해 상대적으로 크게 축소하였고, 함선의 건조 계획도 잇따라 취소되었는데, 시작된 지 불과 며칠도 지나지 않은 유나이티드 스테이츠함(USS United States) 등의 건조가 취소되었다. 이러한 움직임은 소련이 핵 실험에 성공하고, 이듬해 한국전쟁이 발발하는 등 해군의 중요성이 강조되면서 역전되었다. 이후 전략 원자력잠수함(SSBN)을 필두로 한 미 해군은 미국의 핵 전략에서 결정적인 역할을 담당하고 있다.

全日本海員組合이 설립한, 고베의 '전몰한 배와 선원의 자료관戰沒した船と海員の資料館'에 따르면 전몰한 일본의 민간선은 약 7,200척, 목숨을 잃은 선원은 약 6만 6,000명, 그 사망률은 추계로 43%에 달했으며, 육해군 군인 사망률의 2배 이상에 달했다고 한다. 당시 일본 해군은 민간선의 호위에 대해서 특단의 관심을 기울이지 않았다. 군이 시민에 대해서 냉담했던 것을 선원들은 몸소 알고 있었던 것이다.

선원들의 호소에도 헛되이 이것은 점령정책에 대한 협력이라며 선장에게 강요받았다. 사실 당시 국회에서 세키야 가쓰토시関谷勝利 운수정무차관運輸政務次官은 "회사와 미국 간의 계약이므로 징용을 거부해버려도 점령정책 위반이 되지 않는다"라고 답변했다.[19] 그러나 목적지도 전황도 분명하지 않은 가운데, 그 일이 위험한지 아닌지 현장에서 판단하는 것이 어렵다는 점은 쉽게 예상이 된다. 즉, '징용을 거부'하는 것은 거의 불가능했다. 실제로 산노미야도 강연 중에 "반대하는 것은 불가능했던 점령 시절이었습니다. 그런 중에 명령에 따랐다고는 해도, 우리들은 부산에 있었으니까 일본에 헤엄쳐서 돌아갈 수는 없었으니까요"라고 말했다.

그렇다고는 해도 한반도에서 태어난 산노미야에게는 오랜만의 고향이기도 했다. 3개월 남짓이 지나 인천으로 수송을 마쳤을 때에, 그리운 마음에 상륙하기로 했다. 거기서 산노미야는 전쟁의 현실에 부닥친다.

미군이 전부 떠나고 나서야 나는 겨우겨우 뭍에 올랐습니다. 그러자 바로 거기에 참호가 있었던 것이었습니다. 거기에 가 보니 북한 병사가 화염방사기에 까맣게 타 죽어 있었습니다. 거기에 한자로 쓰여 있던 책자 같은 것이 발밑에 떨어져 있었습니다. 그것을 본 때에 저는 아아, 나는 무엇을 하러 여기에 왔는가. 사람을 죽이러 왔다니……. 인천에서 처음으로 병사의 시체를 보고

아아, 살인자다. 엄청난 죄악감에 내몰렸습니다.

— 강연의 기록영상

자신이 운반한 병기나 병사가 전쟁에서 사람을 죽이고 있다.

벗어날 수 없는 진실이었다. 그리고 인천을 떠난 산노미야는 진남포를 찾았다. 고향마을은 허허벌판이 되어 있었다. 그야말로 그때 추가 공격을 하는 듯 미군의 함포 사격이 행해졌다. 산노미야는 피난 중이던 한국인이 자기 아내를 기다리고 있는데 오지 않는다며 눈물 흘리며 호소하는 것을 들었다. 괴로운 나머지 다독이는 말을 거는 것밖에 할 수 없었다.

여기는 당신 나라지 않나, 당신이 지키지 않으면 누가 지키겠나! 기운 차려, 라고요. 그럴 듯한 말만 하면서 되돌려 보냈어요. 그건 다시 한번 냉정히 본다면, 정말로 가슴이 아픈 듯한 마음이었습니다.

— 강연의 기록영상

"일본인이 여기에 있잖아!"

마침 그 무렵 일본 국회에서는 야당이, 한국전쟁에 협력하라는 요구를 받으면 어떻게 할 것이냐며 정부에 덤벼들었다. 세키야 운수정무차관의 답변을 앞서 인용했지만, 마찬가지로 1950년 7월 31일의 중의원 운수위원회에서 공산당의 에자키 가즈하루江崎一治 의원이 다음과 같이 질문했다.

에자키   (…중략…) 7월 20일 자 『요미우리신문読売新聞』에 따르면, 미군의 포항 상륙작전에 일본인 선장이 LST형의 배를 운항했다고 하여, 이 작전에 참가한 사실이 실려 있습니다만, 대신께서도 차관께서도 아마 이를 알고 있었으리라 여겨집니다. (…중략…) 현재 얼마만큼의 일본인이 징용 혹은 계약 형태로 군에 협력하고 있는지, 미군 일을 맡고 있는지 (…중략…)

세키야   (…중략…) 대체로 일본 선박을 사용하는 것은 상업적인 거래로, 회사와 GHQ의 관계이므로 정부는 전혀 관여하지 않고 있다는 것을 확실히 말씀드려 둡니다. 또한, 이 척수 및 승선 인원에 대해서입니다만, 이것도 정부가 하나라도 관여하고 있는 것이 아니므로 적확的確한 숫자는 알지 못합니다.[20]

"정부는 전혀 관여하지 않고 있다"지만 산노미야 일행 등은 한반도 해역에 들어갔고, 한반도에 상륙까지도 했다. 과로, 그리고 비좁은 선내에 만연한 결핵으로 인해 동료들이 줄지어 죽어 갔다. 그런 가운데 선원들은 정부의 견해를 전해 듣는다.

우리들은 모두 격분했습니다. 뭐라는 거야. 일본인이 여기에 있잖아, 라고 분해 했습니다만.

— 강연의 기록영상

말년, 건강이 망가지고 난 뒤에도 산노미야는 강연 활동을 그만두지 않았다. 한국전쟁에 일본인이 관여했던 것을 알아 달라. 불러 주면 심지어 먼 곳이라도 주위의 걱정을 뒤로하고 달려갔다. 그것이 그의 병세를

악화시켰다. 산노미야와 오랫동안 사귀어 온 군지 씨는 집념과도 같은 것을 느꼈다고 한다.

"거짓말하는 일본 정부에 항의하는 의미도 있었던 것이 아니었을까요. 사실은 사실로서 역사를 제대로 보아라, 라고요. 그 이유는 산쨩의 마음 속에서 컸다고 생각합니다. 사실이니까, 일본 정부는 이 사실을 없었던 것으로 만들 수 없습니다."

해상 수송은 베트남전쟁에서도 행해졌다

한국전쟁에서 구축된 미군과 일본인의 역할 분담은 전혀 반성하지 않은 채 베트남전쟁에도 계승되고 있었다.

선박관리위원회가 1952년에 해산되자, 미군으로부터 빌린 LST를 이어받은 것이 베이센운항米船運航이라는 일본의 회사였다. 그 베이센운항이 운항 계약을 체결하고 있었던 것이 미국의 MSTS^{Military Sea Transportaion} Service/군사해상수송부대(軍事海上輸送部隊)였다.

1949년에 설립된 MSTS는 미해군의 소속기관이면서, 육군을 포함한 미군 전체의 군사 수송을 통괄하고 있었다. 당시에는 요코하마항의 미군 기지에 본거지가 설치되었다. 베이센 운항은 MSTS로부터의 지시를 받아, 1953년의 한국전쟁 휴전협정 체결 후에도 일본이나 오키나와, 한국, 대만, 필리핀 등의 미군 기지 간의 보급 물자의 수송을 행했다.

베이센 운항의 선원은 전원 일본인이었다. 이 베이센 운항에 취직하여 베트남전쟁 기간 중 LST 승조원으로서 군사 물자의 수송을 담당한 사람이 고미 미노루五味実였다. 전일본해원조합 소속이었던 고미는 선

원 일을 그만둔 뒤 정년까지 이 조합에서 근무했다. 정년 후인 지금은 요코하마항구 박물관橫浜みなと博物館 앞에 정박한 범선 닛폰마루日本丸*의 놋쇠를 닦는 자원봉사를 계속하는, 뼛속까지 배를 사랑하는 사람이다.

고미는 1939년에 나가노현長野県 후지미마치富士見町에서 태어났다. 현지의 고교를 졸업한 뒤 요코하마에 있었던 학교급식센터에서 조리 일을 했다. 일은 재밌었지만, 아침 5시 반에 기상하여 한밤중까지 이어지는 격무였다. 일꾼 대부분은 중학생으로, 연장자였던 고미는 팀의 책임자로 임명되어 의지하는 사람으로 여겨졌으나, 지금 한 가지 일에 열중하지 않았다.

21세였을 때 LST의 선원을 하고 있었던 친족의 연줄로 베이센 운항으로 전직. 1961년의 일이었다.

"조리 일에 비해서 배 쪽이 단연코 재밌었던 것 같아. 적당히 놀 시간도 있었구. 급료도 좋았어. 먹을 것부터 무엇이든 배에서 챙겨 줬어. 조건이 다른 회사에 비해서 계속 좋았어. 그러니 뭐가 어찌 되었든 승함하자고 생각했어. 단순한 마음이었지."

그러나 다음 해인 1962년, MSTS가 경비 절감을 위해 베이센 운항에 대하여 계약 중단을 통고. 베이센 운항이 해산할 수밖에 없게 되자, 갑자기 해고된 고미 등 선원은 MSTS에 직접 고용되었다. 고미의 선원수

＊   일본의 국호를 선명으로 삼은 '닛폰마루'는 그밖에도 많이 있으나, 이 책에서 언급한 닛폰마루는 문부성 소속의 항해실습선으로 1930년부터 1984년까지 활동한 범선을 가리킨다. 항해실습선이었음에도 불구하고 태평양전쟁, 한국전쟁 등 중대 국면에서 수송 임무에 투입되기도 하였으며, 퇴역하여 현재 국가 지정 중요문화재로 지정되어 있다. 요코하마항구 박물관 측에서는 닛폰마루가 1950년 8월에서 이듬해 1월까지 세 차례 '조선전쟁에 따른 특수 수송 항해'를 실시하였고, 그 경로는 나가사키현 사세보에서 부산, 인천, 제주도 등이었으며, 자매함인 카이오마루(海王丸)와 함께 부산에서 미국인과 한국인 피난민 3,000여 명을 수송했음을 명시하고 있다.

첩에는 영어와 일본어로 다음과 같이 쓰여졌고, 간토 해운국^{関東海運局}, 간토 운수국(関東運輸局)의 전신의 각인이 찍혀 있었다.

　　이 선원수첩을 소유한 자는 주일미군^미 해군 극동해상수송사령부(米海軍極東海上輸送司令部)에 고용되어 있는 일본인으로, 주일미군의 LST승조원으로서 근무하고 있는 자임을 증명한다.

　　마침 그 무렵 인도차이나반도에서 한국전쟁과 마찬가지로 한 나라가 남북으로 갈라져 싸운 베트남전쟁이 발발했다. 인도차이나는 프랑스로부터 독립한 후, 친미 남베트남^{베트남공화국}의 독재정권과 공산주의 북베트남^{베트남민주공화국}으로 북위 17도에서 분단. 1960년 12월, 남베트남에 대하여 반미를 표방하는 남베트남민족전선^{통칭, 베트콩}이 결성되어 공격을 개시함으로써 베트남전쟁이 시작되었다.

　　그리고 인도차이나 반도의 공산주의화를 두려워한 미국이 전쟁에 개입하는 계기가 되는 사건이 발발한다. 1964년 8월, 북베트남 해역의 통킹만에서 미 해군의 구축함이 북베트남군으로부터 2발의 어뢰공격을 받았다는, 이른바 '통킹만 사건'이다.

　　미국은 이 사건을 계기로 북베트남에 대한 공습, 통칭 북폭[*]을 개시. 수렁 속의 전쟁에 뛰어들었다. 최대 54만의 미군 병사가 베트남에 보내졌다. 미군 사망자는 약 5만 8,000명, 베트남인 사망자는 120만 명이라고도, 170만 명이라고도 전해진다.

---

[*]　작전명인 '롤링 썬더'로도 알려져 있다. 미 공군은 제2차 세계대전 이후 최대 규모의 공습으로 북베트남 전역을 폭격했으나, 북베트남 또한 인접 공산 국가의 지원으로 방공 전력을 강화하여 미 공군은 큰 손실을 입게 된다.

덧붙여서 통킹만 사건은 1971년에『뉴욕타임스』의 보도로, 그 일부가 미국이 날조했다는 사실이 알려졌다.

통킹만 사건 이후 고미를 비롯한 LST의 선원들은 남베트남으로의 해상수송으로 내보내지게 되었다. MSTS에 고용된 일본인 1,500명은 합계 28척의 LST 선원으로, 미군 장병이나 물자의 수송을 담당했다.[21]

고미는 약 4개월 일정으로 요코하마를 출발하여 오키나와, 한국, 대만, 필리핀, 태국을 거쳐 군수물자를 남베트남으로 옮겼다. 왕복에 걸리는 약 1개월을 제외한 3개월 사이에 남베트남 연안의 항구 간을 오가며 물자나 미군 병사들을 수송했다. 때로는 태국 병사를 수송하는 일도 있었다고 한다. 귀국하고 나면 1주일간에서 10일 동안 휴가를 보낸 뒤 다시 4개월 항해에 나선다는 반복적인 생활이었다.

모든 선원에게는 일하는 항만 내에서 피탄되면 1회에 100달러, 배에 직격을 맞으면 150달러가 지불되었다. 고미 등은 '깜짝 수당'이라고 불렀다고 한다. 수당도 두둑하고 LST 일은 다른 것으로 대신하기 어려웠다.

"미군의 건축자재나 토목공사의 중장비, 무기, 탄약, 전차, 대포. 정말 뭐든지 옮겼어. 콜라, 통조림, 베트남에 대한 원조미. 엄청나게 많았지. 난 그걸 베트남 사람들에게 먹여주고 싶었어."

일본인이 옮긴 물자 중에는 미군이 밀림에 숨은 북베트남군을 소탕하기 위해 산포한 고엽제도 포함되어 있었다고 지적하고 있다. 맹독인 다이옥신을 포함한 고엽제는 적어도 8만 4,000kt이 뿌려져, 암이 발생하거나 선천성 장애아가 태어나는 원인이 되었다.

1969년 7월 23일의 중의원 외무위원회에서 사회당社会党의 나라자키 야노스케楢崎弥之助 의원이 "오무타大牟田의 미쓰이화학三井化学에서 만들고 있었던 245T트리클로로페녹시아세트산. 고엽제의 원료 중 하나"는 당연 베트남용입니다.

(…중략…) 일본의 공장에서 베트남의 고엽 작전에 사용되는 이런 화학 병기가 만들어지고 있었던 것은 아닌가?" 하고 의문을 제기하였고, 정부는 부정하지 않았다.[22]

또한 고미가 '베트남 사람들에게 먹여주고 싶었어'라고 말한 식량 지원은, 1954년에 미국에서 제정된 농산물무역촉진법에 기초하여, 한국전쟁의 휴전으로 남아도는 농산물을 해외에 수출한다는 목적이 있었다.

『베트남 하권—정치·경제ベトナム 下巻—政治·経済』에 따르면 "1955~1970년 16년 동안 이 잉여농산물 '원조'는 약 11억 8,000만 달러에 달했으며, 남베트남의 농업에 심대한 타격을 주었다".[23] 쌀 수출국이었던 남베트남은 1965년을 경계로 미국 쌀의 수입국으로 전락했다. 그 즈음 일본 국내에서는 남베트남 반전의 기운이 높아져, 일본으로부터의 군사 지원에 대해서도 준엄한 비판의 시선이 쏠리고 있었다. 긴 여행을 끝내고 요코하마에 귀항하던 때에는 혁신계의 대모대에 둘러싸인 적도 있었다. 고미는 친척으로부터 비난을 받은 일도 적지 않았다고 한다.

"헌법 9조 위반이 아니다"

어느 사건을 계기로 해상수송에 종사하는 일본인에 대한 정부의 사고방식이 드러나게 되었다. 1964년 11월 4일, 남베트남의 다낭항에서 LST에 승함하고 있던 갑판원 사이토 겐조斎藤賢三가 현지 경찰관에게 사살된 것이다. 사이토는 지바千葉·다테야마館山 출신의 28세. 다낭 시가지를 오전 0~4시 야간 외출 금지에 통행 중 베트콩으로 오인되었던 것으로 보인다. 일본에서 이 사건이 보도되자 국회에서의 LST의 일본인 선

원 문제에 관한 추궁이 거세지게 되었다.

야당은 LST 등이 운항되고 있는 해역은 전투지역이므로, 그러한 장소에서 일본인이 일한다는 계약 자체가 미·일안보조약이나 미·일지위협정, 나아가 일본국헌법 제9조에의 위반행위에 해당하는 것이 아닌가 하고 물었다.

거기에 대하여 다카쓰지 마사미高辻正己 법제국장관法制局長官은 다음과 같이 답변했다.

> (일본인이) 그러한 위험한 장소로 떠난 것을 어떻게 보호할 것인가, 하는 문제는 여러가지 있을 수 있다고 생각합니다만, (…중략…) 지위협정에 위반한다는 근거는 지위협정에서 직접적으로 나온 것이 아니라고 여겨집니다.
>
> 그리고 또 하나, 헌법9조의 관계입니다만, 이것도 잘 알고 계시듯이, 헌법9조는 무력의 행사를 중심으로 한 규정이므로, 헌법 9조를 위반하게 된다는 점은 역시 없었던 게 아닌가 하고 생각합니다.[24]

또한 1965년 5월 31일의 중의원 예산위원회予算委員会에서는, 미군이 일본 국내의 기지로부터 베트남에 직접 출격하는 것은 개정안보조약 제6조에서 조약의 적용 범위가 된 '극동'의 범위를 벗어나는 것은 아닌가 하는 의의疑義가 제기되었다.[25]

그때까지 이 '극동'이라는 용어에 대해서는 '대체로 필리핀 이북 및 일본 주변의 지역으로, 한국 및 대만도 포함한다'라는 해석이 일반적인 것이었다.[26] 이것은 1960년 2월 26일에 행해진 중의원 미·일안전보장조약 등 특별위원회에서 당시 총리대신이었던 기시 노부스케岸信介가 한 답변에 기초한 것이었다.[27]

그러나 이 때 다카쓰지 법제국장관은 "베트남이 이른바 (안보조약 상의 극동의) 주변지역이라고는 해도, 극동에서의 국제 평화 및 안전에 어떠한 영향이 있을지가 안보조약 문제의 핵심입니다"라고 답변하면서, 다음과 같이 덧붙였다.

베트남의 정세가 극동에서의 국제 평화와 안전에 대하여 어떠한 영향 또는 위협을 미치는 경우, 미합중국은, 제6조에 나와 있듯이 일본의 시설 및 구역을 사용하여 안보조약의 목적 달성 상의 행위가 가능하다는, 조약상으로는 그러한 관계가 된다.[28]

미군에 편의를 제공하는 데 전향적인 자세를 표명하는 동시에, '극동에서의 국제 평화와 안전'을 지키기 위해서는 미군이 활동하는 지역이 **극동에 한정되지 않는 것을 명확하게 하는 것이었다.**[29]

베트남전쟁에서도 일본인 선원이 희생되었다

사이토가 피살된 사건으로부터 2년 후, 다시 한번 LST 선원들을 뒤흔든 사건이 일어난다. 1967년 4월 20일, 남베트남의 사이공시현 호치민시에서 남쪽으로 60km 떨어진 지점을 흐르는 롱타우강에서 LST가 베트콩의 포격을 받은 것이다. 이 공격으로 당시 배의 갑판에 있었던 후루야 히사야声谷久弥, 50세가 사망하고, 그밖에 일본인 선원 4명이 중경상을 입었다.

고미에게 후루야는 1년 이상 함상에서 함께 보낸 적도 많았던 친구였다. 성실한 인품으로 인간관계도 좋았다고 한다. 아이가 미술대학에 들

어갔다고 자랑하는 후루야에게 고미는 "그러면 그림을 사게 해 줘봐"라고 해서 그림을 한 장 받은 적도 있다. 그런 동료의 갑작스런 부고였다.

"고생했네, 라고 명복을 비는 것뿐이었어. 슬퍼졌지. 저런 데서 희생되다니. 후루야 씨도 어째서 여기서 죽지 않으면 안 되었던 걸까 하고 생각해서. 운이 나빴던 거야."

후루야의 사건은 고미에게 결코 남의 일이 아니었다.

"일본 정부는 전투구역이나 위험한 곳에는 가지 않고 있다고 말했어. 그렇지만 위험한 걸 알면 스톱시켜야 하는데, 어디부터 어디까지가 위험한지 안전한지 모르는 거야."

사건 다음날의 중의원 결산위원회決算委員会에서, 공명당公明党의 아사이 요시유키浅井美幸 의원의 질문에 사토 에이사쿠佐藤栄作 총리가 답했다.

아사이   (…중략…) 이번 일에 대해서, 총리는 일본 국민의 보호라는 입장에서, 일본이라는 국가로서 정식으로 이 문제에 대하여 항의를 했는가, 이 점을 묻고 싶습니다.

사토   (…중략…) 외지에서, (LST의) 승조원으로 일본인을 고용했든지, 현지인을 고용하든지, 여러가지의 고용의 형태가 있습니다. (…중략…) 그러나 금후 이러한 불행한 사태가 자주 발생할 경우, 이러한 위험이 있다면, 정부 스스로도 재고하지 않으면 안 된다고 생각합니다. 그러나 지금의 것이 어떤 상태인가 하는 것입니다만, 실정을 좀 더 상세하게 알지 못한다면 그저 단순히 보급선이 어떤 이유로 베트콩의 습격을 받았는지, 그러한 점에도 문제가 있다고 생각되므로, 이건 좀 더 신중하게, 그 태도는 조사한 뒤에 정하고 싶다, 라고 생각합니다.[30]

정부는 어디까지나 LST의 승조원은 미국에 의해 고용되었다는 입장을 취했다. 그러나 국가는 MSTS에 선원을 보내기 위해 LST의 선원 확보에 실제로 관여하고 있었다. 요코하마나 사세보의 운수성運輸省, 2001년 국토교통성(国土交通省)으로 재편의 선원직업안정소船員職業安定所가 LST의 선원을 모집하고 있었다.

2015년에 방송된 NHK BS1 스페셜 〈우리들은 무엇을 운반했는가−전 LST 승조원이 바라본 베트남전쟁私は何を運んだのか−元LST乗組員が見つめるベトナム戦争〉에서, 베트콩에 의한 포격 사건의 2년 전에는 일본정부가 명확하게 LST의 위험을 살펴 알고 있었던 것이 밝혀지게 되었다.

당시 베트남의 일본 대사관에서 일본 정부에 발송한 극비문서에서, '극동 해군의 일본계 장교가 급거 베트남에 내○來○하여 (…중략…) 승조원에게 권총을 가져오게 해서 함의 무장을 가늠하려고 했다'○로 나타낸 개소의 기술은 불명이라고 보고되었다.[31] 미군은 베트남에서도 전쟁 지역의 일본인에게 무장을 시키는 것을 고려하고 있었던 것이다. 여기서는 선원들의 반대에 부딪혀 실시되는 일은 없었다.

1967년 4월의 사토 수상의 답변 후에도 위험 해역에서의 LST 운항은 계속되었다. 동년 5월 13일, 남베트남의 추라이 부근에서는 LST 승조원 한 명이 피격당해 부상당하는 사건도 일어났다.

그러나 이윽고 미군의 규모가 축소되면서 선원들도 점차 해고되었다.

1973년, 미국의 베트남 철수에 맞춰 LST의 선원들은 전원 해고되었다. 고미는 마지막까지 LST에 계속 타고 있었다. 마지막의 기항지는 사세보였다고 한다.

활용되지 못한 한국전쟁의 교훈

베트남전쟁의 종결이 다가오고 있었던 1974년, LST의 전직 선원들은 국가를 상대로 소송을 걸었다. 고미도 원고단에 들어가 재판을 방청하며 응원했다고 한다.

전직 선원들은 MSTS의 직접 고용 기간 중 선원들의 사회보장노령연금의 재직년수의 공백 등이나 안전 확보의 책임이 일본 정부에 있었다고 소송했다. 앞서 언급한대로, 선원들은 1962년에 갑자기 해고되었고, 일본 정부의 고용에서 MSTS의 직접 고용으로 바뀌었다.

이 '신분 변경'으로 불이익을 입었다는 것이 그들의 주장이다.

　①승조원은 미국 해군 군인의 제복, 제모를 착용하고 LST에 승선하여, 베트남전쟁이 격화됨에 따라, 일본이나 오키나와에서 남베트남 방면으로 군사 물자를 운반하게 되었다. ②운항 도중에 피탄되어 부상당하는 등, 생명, 신체가 중대한 위험에 노출되었다. ③선원보호법의 적용이 받아들여지지 않는 등 사회보장상의 모든 보호가 박탈되었다. ④미군과의 지위협정에 의해, 미군에게서 얻은 소득에 대해서는 납세의 의무가 없었으나, 계속하여 원천 징수당했다.[32]

이에 대하여, 도쿄지방재판소는, 'LST는 미합중국 정부MSTS가 소유, 관리하며, 원래 일본 국외에도 항해하는 선박'이었다면서, LST 승조원은 미국의 보호를 받을 수 있었다고 판단했다.[33]

노동조건에 대해서도, LST 승조원은 MSTS에 그 개선을 요구하는 권리나 자유가 있었다고 하여, "LST 승조원이 완전히 무보호 상태에 놓였

고, 중대한 위험에 노출되었다고는 할 수 없다"라고 했다.

그리고 "일본국 정부가 「선원법시행규칙船員法施行規則」을 개정하여 LST 승조원을 「선원법 및 선원보험법船員法及び船員保險法」의 적용 대상 선원으로 해야 할 입법상의 작위의무를 지녔다고 해석하는 것은 도저히 불가능하다"라고 판결을 내렸다.[34]

나아가, 선원들이 위험한 해역으로 항행하라는 명령을 받았던 점에 국가의 책임이 있는지에 대하여는 다음과 같은 견해를 보였다.

원고들은 간접 고용에서 직접 고용으로 이행한 데에 일본국 정부가 관여한 사실을 가지고 안전보장의무에 위반하는 행위였다고 주장한다.

그러나 직접 고용으로 이행한 것으로 인해 LST 승조원의 직무 내용에 변화가 생겨난 것은 아닐뿐더러, 당시는 베트남전쟁이 LST 승조원의 직무에 영향을 미치고 있었다는 사태는 아직 발생하지 않았으며, 또한, 이것이 합리적으로 예견되는 정세도 아니었으므로, 단지 일본국 정부가 법률상의 고용주로 개입하기를 중단하고, LST 승조원과 MSTS가 직접 고용계약을 체결하게 되었다고 하여, LST 승조원의 생명, 신체가 구체적으로 위험에 노출되었다고는 인정할 수 없다.강조-인용자[35]

확실히, 당시의 상황에 비추어 보면 '승조원의 생명, 신체가 구체적으로 위험에 노출되었다'라고는 예견할 수 없었다고 말할 수 있을지도 모른다. 그러나 만약 지금까지 봐 왔던 대로의 한국전쟁에서의 해상수송의 실태가 널리 공유되어, 그 리스크가 분석되었다면 어땠을까?

제2차 세계대전처럼 일본이 주체적으로 행한 전쟁이 아니었던 한국전쟁에서 일본은 해상 수송을 맡았다. 평화헌법하에서 행해진 유엔군에 대한 후방지원을 위한 해상 수송에서 일본은 희생을 치르게 되었다. 그

사실이 그다지 알려지지 않았기 때문에 일본은 다시 한번 베트남전쟁에서 희생을 치르게 되었던 것이다.

승조원의 안전 확보에 관하여, 일본 정부가 미국의 MSTS에 뭔가 처치를 행하려는 의사 표명을 해야 했던 것은 아닌가, 하는 주장에 대해서는 판결문은 다음과 같이 말한다.

> 일본국 정부는 LST 승조원의 안전 확보를 위한 조치에 대하여, 미합중국 정부 내지 MSTS에 의사 표명을 하지 않고 협의를 구하는 일 자체는 원래 가능했으나(안보조약 제4조 참조), 이상과 같이 의사 표명 및 협의할 것인지, 협의 결과로서 어떤 내용으로 결정할 것인지는 외교 관계로 처리할 것으로, **일본국 정부의 광범한 재량에 맡겨져 있으므로**, 이 문제에 관하여 일본국 정부가 구체적으로 의무를 진다고 해석할 실정법상의 근거는 없다.강조-인용자36

'외교 관계로 처리할 것으로, 일본국 정부의 광범한 재량에 맡겨져' 있다고 한다. 선원들의 안전 확보는 일본 정부의 '재량'에서 버려져 있었다.

재판소는 원래 직접 고용을 요구하고 있었던 것은 선원들의 조합이며, 국가는 '수동 내지 소극적인 관여'만 하였다고 보았으며, 또한 당시 선원들이 베트남으로 출항한 것을 선원들의 '의사에 따른 것'이라고 판단했다.37 국가의 주장을 전면적으로 인정하는 판결이었다.

판결에 대해서 지금 무엇을 생각하고 있는가? 고미에게 묻자, 그는 이렇게 답하였다.

"국가는 전혀 관여하지 않았다, 라는 느낌이었어. 동료들끼리 이야기했는데, 누군가가 이렇게 말했어. "우리 선원은 법률의 틈새에 낀 존재야." 그러니까, 어느 쪽으로도 갖다댈 수 있으니까, 그 때때로 국가가 자

기 편한 대로 이해하는 거야."

이라크 파견 '비전투지역'이라는 궤변

한국전쟁에서 LST로 해상수송을 실시한 산노미야 가쓰미도 2004년에 국가를 상대로 소송을 제기하였다.

그 계기는 2003년에 일어난 이라크전쟁이었다. 미국은 후세인 정권이 대량살상무기를 보유하고 있다면서, 유엔의 동의를 얻지 않은 채 영국 등과 함께 이라크 공격을 개시하였다. 철저한 공중폭격과 지상군의 침공으로 2주 남짓 만에 수도 바그다드는 제압되었고, 후세인 정권은 붕괴했다.

미국은 후세인 대통령과 대량살상무기의 발견에 전력을 기울였다. 이해 12월, 후세인 대통령은 구속되었고, 2006년 12월에 처형되었다. 그러나 대량살상무기는 발견되지 않았다.

이 전쟁에서 일본은 미국의 요청을 받아들여, 급유활동 등의 후방지원을 실시하기 위하여 현지에서 테러가 이어지는 중에 자위대의 파견을 결정한다. 2004년 11월 10일에 열린 국가기본정책위원회国家基本政策委員会 합동심사회合同審査会에서 민주당民主党의 오카다 가쓰야岡田克也 대표가 정부의 인식을 고이즈미小泉* 수상에게 질문했다.

---

* 고이즈미 준이치로(小泉純一郎, 1942.1.8~). 자민당 출신의 정치인으로 제87~89대 수상(내각총리대신)을 역임하였다. 재임 기간 매년 야스쿠니 신사에 참배한 사실, 독도 영유권 주장 등으로 한국인들에게 많은 반감을 일으킨 한편, 일본 정부가 식민지 지배에 대해 공식적으로 사죄한 1995년의 무라야마 담화(村山談話)를 계승한, 이른바 고이즈미 담화(小泉談話, 정식 명칭은 고이즈미 내각총리대신담화)를 발표하였다. 그 내용에는 "우리나라(일본－역자주)은 일찍이 식민지 지배와 침략으로 수많은 나라, 특히 아시아 여러 나라의 사람들에게 다대한 손해와 고통을 끼쳤습니다. 이러

오카다 (…중략…) 비전투지역이라고 단언한 그 근거는 무엇입니까?

고이즈미 근거라고 한다면, 전투가 행해지고 있지 않는다는 것, 그러니까 비전투지역인 것입니다. (…중략…)

이라크특조법イラク特措法*에 관해서 말하라고 하시니, 법률상으로 말하자면, 자위대가 활동하고 있는 지역은 비전투지역입니다.[38]

고이즈미 수상은 "자위대가 활동하는 지역은 비전투지역"이라고 잘라 말했다. 그러나 산노미야는 이러한 답변에 위화감을 품고 소송을 제기했다. 나는 산노미야의 의도를 알고 싶어 그가 국가를 대상으로 제기한 손해배상청구의 소송장과 준비서면을 입수했다.

소소장에서 산노미야는 자위대는 비전투지역에서 활동한다는 이라크특조법이 헌법을 위반하였다고 소송하였다. 그 이유로 한국전쟁에서의 자신들의 체험을 들었다.

한 역사의 사실을 겸허히 받아들여, 다시 한번 통절한 반성과 진심어린 사죄의 마음을 표명함과 동시에, 앞서의 대전(제2차 세계대전 – 역자주)에서 (일본 – 역자주) 내외의 모든 희생자들에게 삼가 애도의 뜻을 표합니다(我が国は、かつて植民地支配と侵略によって、多くの国々、とりわけアジア諸国の人々に対して多大の損害と苦痛を与えました。こうした歴史の事実を謙虚に受け止め、改めて痛切な反省と心からのお詫びの気持ちを表明するとともに、先の大戦における内外のすべての犠牲者に謹んで哀悼の意を表します)." 퇴임 이후에는 자신의 정치적 제자인 아베 신조(安倍晋三) 전 총리와 대립하기도 하였다. 고이즈미 준이치로의 차남인 고이즈미 신지로(小泉進次郎)는 아버지의 뒤를 이어 자민당 소속의 중의원 의원으로 진출하였으며 환경대신(環境大臣)을 역임하였는데, 공석에서 한 여러 발언 등으로 구설수에 올라 '펀쿨섹좌' 등의 조롱을 받기도 하였다.

* 이라크 특별조치법이라고도 한다. 이라크전쟁 시기 이라크에 대한 인도적 지원을 명분으로 제정된 특별법이었으나, 해당 법 제17조에서는 자위대원이 무기를 사용할 수 있는 조건을 규정하여 일본이 전쟁에 말려들게 될 것이란 우려가 높았다.

18세로 해군 병사가 되어 패전, 귀국 상륙 첫걸음으로 하카타의 허허벌판을 보며, 전쟁의 피해는 일반 시민 쪽이 아득히 크다는 것을 알고 격심한 충격을 받았다. 곧장 사세보로 돌아가 복원수송선에 승조하여 동남아시아, 시베리아에서 오는 복원수송선에 종사하였으며, 수송이 거의 종료된 무렵인 1950년 6월 '조선전쟁'이 시작되어, 일본 정부 운수대신의 명으로 LST^{미군 상륙용 주정}에서 조선 동서 연안 38도선 이북까지 각지의 적전 상륙, 철수 작전에 참가하면서, 전장에서는 후방지원도 제일선도 구별이 없다는 것을 체험하였고, 전쟁경기로 달아오르는 일본을 보며, 전쟁으로 이익을 얻는 사람은 누구인가, 하는 것을 알게 되었다.

산노미야는 자위대의 이라크에서의 후방지원 활동에 대해서 '전장에서는 후방지원도 제일선도 구별은 없다'고 단언하며, '전쟁으로 이익을 얻는 것은 누구인가'라는 무거운 질문을 던졌다. 그러나 그 주장은 일고조차 되지 않고, 청구는 기각되었다.

나는 산노미야의 변호를 맡았던 나이토 마사토시^{内藤雅敏} 변호사를 방문했다. 산노미야는 일본국헌법의 '틈새'와도 같은 존재로서, 자신이 전쟁에 참가하는 데 이르렀던 위기감을 느꼈다고, 나이토 변호사는 말했다.

"조선전쟁에서 체험한 일들을 바탕으로, 일본이 이전과 같은 길을 공연히 걸어가버리는 것은 아닌가 하고 의구했던 것은 아니었을까요. 자위대가 미군과 일체가 되어 전쟁터로 나아간다면, 나는 원고가 되어 싸우지 않으면 안 된다, 그런 마음이었다고 생각합니다. "나는 평화헌법하에서 전쟁에 참가했다"란 마음이 있었으니까, 그런 것을 말했던 것이겠지요."

전후 일본은 전쟁 포기를 표방하며 평화를 희구하는 일본국헌법이 생겼다. 그러나 패전으로부터 불과 5년 만에 일본은 전쟁에 휘말렸다.

한반도에서 종전을 맞이한 산노미야가 조국 일본의 후쿠오카에서 본 허허벌판. 수년 후 LST에 타고 찾은 한국에는 후쿠오카와 같은 광경이 펼쳐져 있었다. 전쟁이 평범한 사람들의 생활에 무엇을 가져온 것인지, 산노미야는 질리도록 맛보았다.

자위대와 민간 페리

국가가 민간기업과 계약을 맺어서 민간인이 위험한 지역에 파견될 우려는 지금도 사라지지 않는다. 2014년 3월, 방위성은 민간기업과 계약한 건을 체결하였다. 무력 충돌 등의 유사시에 무기나 부대의 수송을 위하여 민간기업의 페리를 차용한다는 내용이었다. 대상이 된 2척의 페리는 쓰가루해협페리津輕海峽フェリー의 '낫쨩 WorldナッチャンWorld'와, 신니혼카이페리新日本海フェリー의 '하쿠오はくおう'였다. 이 두 회사 등이 투자하여 설립한 특별목적회사와 방위성의 계약은 10년간. 장기 계약이었다.

2척의 페리는 평시에는 재해시의 수송이나 훈련에 활용되며, 신형 코로나 바이러스 감염증이 유행한 2020년에는 요코하마항에 정박한 크루즈선의 지원을 위해 '하쿠오'가 파견되어 체류용 객실을 제공했다.

방위성의 민간 이용은 선박에 그치지 않았다. 2016년 4월, 민간 선원을 예비자위관보予備自衛官補*에 채용하여, 훈련을 거쳐 예비자위관予備自衛官

---

* 일본에서 사실상 국방부에 해당하는 방위성에서 예비 전력을 확보하기 위해 운용하는 제도. 일반 분야와 전문 지식 및 기술이 요구되는 기능 분야로 나뉘어 운용된다. 예비자위관보 채용 시험에 합격한 자를 대상으로 수년에 걸친 교육훈련이 실시되며, 교육훈련 수료 후 정식 예비자위관으로 임용된다. 이렇게 임용된 예비자위관은 정기적으로 교육훈련을 받게 되며, 유사시 전력으로 소집된다. 예비자위관은 전직 자위

에 임용하는 제도가 도입된다. 이로써 유사시에 민간 선원의 선박 운항이 가능하게 되었다. 방위성은 운항을 담당하는 국가자격을 지닌 예비자위관이 부족하고, 중국과의 긴장이 고조된 난세이제도南西諸島가 공격을 받을 때 대응하겠다는 이유를 들었다.

그보다 1개월 앞서 전일본해원조합은 '민간인 선원을 예비자위관보로 활용할 수 있는 제도를 창설하는 것은 '사실상의 징용'으로 이어질 수밖에 없다'라는 항의성명을 냈다.[39]

이에 대해 방위성의 견해는 '예비자위관보 제도는 어디까지나 지원제. 회사 측에도 강제하지 않도록 요구하고 있다'라는 것이었다.[40] 그러나 만약 지원제라고 해도 업무 명령에는 저항할 수 없다. '전쟁터로 가려고 선원이 된 자는 없다. 회사나 국가로부터 보이지 않는 압력이 가해지는 것은 쉽게 예상할 수 있다', '배는 팀플레이로, 한 명만 빠져도 운항할 수 없다. 다른 선원이 예비자위관이 되었는데 스스로의 의사로 거절할 수 있겠는가?' 등 불안하다는 목소리도 높아졌다.[41]

한국전쟁으로부터 시작된 평화헌법하에서의 민간의 전쟁협력은 모습을 바꾸어 지금까지 이어지고 있다.

대원이나 예비자위관보 교육훈련 수료자를 대상으로 하며, 한국의 예비군 제도와 유사한 점이 있다.

제6장

어느 일본인의 전사

히라쓰카 시게하루. 오른손에는 총을 들고 있다.

한국전쟁에서 싸운 일본인

'Killed in action'

심문기록 속에 기묘한 문서가 하나 들어 있었다. 그 제목은 「증명서」. 그 첫머리는 이렇게 시작된다.

> 한국 내 유엔 조직에서 근무 시 적의 공격으로 전사했다는 일본인 시게지 히라쓰카Shigeji Hiratsuka에 관한 수사를 1951년 1월 4일부터 1월 20일까지 계속했음을 이에 증명한다.

영어로 '전사Killed in Action'라고 쓰여진, 겨우 열 줄밖에 안 되는 짧은 문장. 기묘한 것은 '수사를 계속했'다고 되어 있는데, 핵심인 수사 내용의 기록이 남아 있지 않은 점이다. 그리고 '시게지 히라쓰카'는 누구인가?

당시 신문을 샅샅이 훑던 중, 1952년 11월 13일 자 『아사히신문』에서 그 이름을 찾아냈다. 기사의 제목은 「조선에서 전사한 어느 일본인朝鮮で戰死した一日本人」. 부제는 '유엔군인가, 밀출국인가, 허공을 떠도는 '네오 히라쓰카'의 혼国連兵か、密出国か一宙に迷う"ネオ·平塚"の魂'이라고 쓰여 있다. 그 내용은 '네오'라는 애칭으로 불린 청년 히라쓰카 시게지平塚重治*가 미군과 함께 한국전쟁에 가서 사망했다, 라는 것이었다.

신문 기사에는 히라쓰카의 주소나 직업에 대해 기재되어 있었는데, '도쿄도 미나토구港区 아카사카키타마치赤坂北町'의 '페인트공'이라고 되어

---

* 여기 언급된 인물의 이름은 히라쓰카 시게하루(平塚重治). 그의 사망을 언급한 당시의 기록 및 보도에서 그를 '시게지'로 표기하였으나, 저자의 취재로 '시게하루'임이 밝혀졌다. 이번 번역에서는 착오가 바로잡히는 과정을 드러내고자, 당시 기록 및 보도를 인용할 때는 그대로 '시게지'로 표기하였다.

있다. 주소는 현재 아오야마 1초메青山一丁目 부근이다. 현재 메이지 신궁 외원明治神宮外苑의 이초나미키 도리イチョウ並木通り에 정비되어 있는 구역이며 여기에 민가는 없다. 2019년 3월, 나는 현지를 방문하여 주변의 절이나 주점, 화과자점, 신사복점 등 지역에 옛날부터 있었던 상점을 중심으로 탐문을 계속했다. 구슬을 하나씩 꿰어 가듯 한 사람 한 사람씩 지역 사정을 잘 아는 사람을 소개받은 끝에 드디어 히라쓰카의 친족이 사는 곳을 알아냈다.

그곳으로 취재 의도를 담은 편지를 보내자, 히라쓰카 사치코平塚禎子라는 여성으로부터 전화가 왔다.

"깜짝 놀랐습니다. 아마도 남편의 형님아주버님에 관한 일 같네요. 남편은 이미 죽었지만, 저라도 괜찮다면 만날 수 있습니다."

나는 신속히 도쿄 도내에 있는 사치코 씨 댁에 들렀다.

현관에 들어가자 훌륭한 호접란이 있었다. 사치코 씨는 죽은 남편을 위해서 샀지만 무거워서 옮겨놓지 못했다며 쓴웃음을 지었다. 나는 인부를 고용해서 난을 옮겨 2층 거실로 들여놓았다. 거기에는 흰 천을 깔아놓은 대 위에 사치코 씨의 남편인 요시노리祥則 씨의 영정이 향로와 같이 놓여 있었다. 취재 1년 전에 죽었다고 한다. 향년 77세. 폐암 재발 때문이었다.

"만약 남편도 살아 있었다면 기뻐했을 거예요"라며 요시노리 씨가 소중하게 여겨 왔다는 가족사진을 보여 주었다. 히라쓰카 시게지가 태평양전쟁에 출정하기 전에 찍은 것이었다. 군복을 입고 한가운데에 허리를 곧게 펴고 앉은 사람이 히라쓰카였다. 곁에는 아버지와 어머니가 아들을 자랑스러워하듯 앉아 있다. 그리고 여동생 둘과 남동생 둘이 보인다. 요시노리 씨는 다섯 남매 중 막내였다.

사치코 씨에게 이름에 관해 확인해 보니, 시게지シゲジ가 아니라 시게하

히라쓰카가 출정하기 전에 찍은 가족사진(사진 제공 : 히라쓰카 사치코)

루シゲハル라고 읽는다는 것을 알게 되었다.[*] <small>종전태평양전쟁 종전을 말함─역자주</small>으로부터 5년 후, 히라쓰카는 한국전쟁에 나갔고, 한반도에서 죽었다.

그 사진 속에서는 총을 들고 있었다

생전에 요시노리 씨는 형 히라쓰카가 한국전쟁에서 죽었다는 이야기를 누구에게도 스스로 꺼낸 적이 없었다. 다만 사치코 씨에게는 결혼해서 함께 산 지 얼마 안 되었을 무렵, 형의 죽음을 둘러싼 의문, 그리고 어린 시절에 형을 동경했다는 이야기를 해 준 적이 있다.

"남편은 줄곧 아주버님이 죽은 이유를 알고 싶어했습니다."

요시노리 씨가 죽은 뒤에도, 사치코 씨는 남편의 유지를 잇기 위해 히라쓰카와 관련된 물건들을 소중히 보관하고 있다.

요시노리 씨가 고이 간직해 온 사진 한 장이 있다. 한국전쟁 시기에 찍힌 것이라고 한다. 가족사진의 군복 차림과는 전혀 다르게, 러닝셔츠 차림에 머리를 짧게 깎은 청년이 강기슭의 숲에 서 있다. 신문에 게재된 사진과 같은 것이다.

신문에서는 해상도가 낮아서 확실히 보이진 않았지만, 히라쓰카의 손에는 총이 들려 있었다. 이 사진은 언제, 어디서 찍혔을까? 사치코 씨도 자세한 것은 알지 못했다.

<small>*   일본인의 성명은 종종 일본인에게도 읽기 어려운 경우가 있다. 일본인은 한자를 음독(音読み)과 훈독(訓読み)이라는 두 가지 방법으로 읽는다. 그러나 각각의 방법마저도 여러 방법으로 읽히는 경우가 있어 혼동이 생기곤 한다. 이는 일본어가 형성되는 역사적 과정과도 깊은 관련이 있다.</small>

"남편의 또 다른 형님에게 물어 볼까요?"

앞서 언급했듯이, 히라쓰카에게는 여동생 둘과 남동생 둘이 있었다. 여동생들은 모두 죽었지만, 차남인 히라쓰카 데루마사平塚昭正 씨는 생존해 있다. 요시노리 씨와 데루마사 씨가 소원했기도 하여, 사치코 씨도 오랫동안 연락은 하지 않았지만, 애써 주신 덕에 나중에는 데루마사 씨가 시간을 내어 주었다.

며칠 후, 도쿄 도내의 찻집에서 처음으로 데루마사 씨와 만났다. 그 눈에는 매스컴에 대한 깊은 시의심이 감돌고 있었다. "형의 이야기를 가르쳐 달라고……, 이제와서 뭐가 된다는 거요?" 데루마사 씨가 나지막히 내뱉은 말에 배어 나온 것은 분노였다.

나는 이번에 데루마사 씨와 만나면서, 히라쓰카의 유족이 70년 가까이 걸쳐 품어 왔던 괴로움이 무엇이었는지 알게 되었다.

가족의 자랑이었던 히라쓰카 시게하루

히라쓰카는 1921년 7월 10일, 아버지 모토지元治 씨와 어머니 이사ｲｻ 씨 사이에서 장남으로 태어났다. 목수 일을 하며 한 집안을 떠받치던 모토지 씨는 솜씨도 좋고 성실한 직공이었다.

1923년, 간토 대지진*이 일어났다. 사망자, 행방불명자는 10만 명을

---

* 일본에서 부르는 명칭은 간토 대진재(関東大震災). 1923년 9월 1일 간토 지방의 가나가와현에서 발생하였으며, 진도는 7.9였다. 이 지진으로 수도 도쿄를 비롯한 간토 지역이 대규모의 지진과 쓰나미, 그리고 화재 피해를 입었다. 해당 지역에 거주 중인 조선인, 중국인 및 사회주의자들에 대한 일본 군경 및 민간인의 대규모 학살, 간토 대학살이 이 시기의 혼란을 틈타 이뤄졌다.

넘었고 이재민은 340만 명에 달했다. 데루마사 씨가 이사 씨로부터 들은 이야기에 따르면, 히라쓰카 가는 당시 우시고메구牛込区, 현재의 이치가야市ヶ谷 부근에 살고 있었다고 한다. 지진이 일어났을 때, 이치가야를 포함한 우시고메구는 인구 11만 8,642명, 세대 수 2만 5,525가구인 것에 비해, 사망자 수 203명, 주택 완파 515가구라는 피해가 나왔다.[1]

불길이 번지지는 않아서, 소사자나 소실된 가옥은 없었고, 비교적 피해가 적었다. 그러나 히라쓰카의 집은 무너져서 아카사카기타마치, 현재의 아오야마 1초메로 이사했다. 그로부터 얼마 전에1920년 11월 1일 메이지 신궁이 창건되었고, 이와 함께 오모테산도表参道가 정비되었다. 지금은 고급 부티크가 늘어서 있는 아오야마이지만, 당시는 참배객이나 지역 주민 정도나 오갔던 한적한 거리였다.

그 후, 히라쓰카 가에는 장녀 야스코安子 씨와 차녀 다케코竹子 씨가 태어났다. 그리고 1936년 4월 13일에 데루마사 씨가, 그 5년 뒤에는 막내 아들인 요시노리 씨가 태어났다.

데루마사 씨가 말하기를, 열다섯 이상 터울이었던 형은 '부모님의 기대를 한 몸에 받고 있었다'고 한다. 심상소학교尋常小学校* 에서는 최상위 성적을 거뒀고, 운동 신경도 좋았다. 목수 일을 하는 아버지와 닮았던 걸까, 손재주가 있어서 그림도 잘 그렸다. 동생들은 집안의 자랑이었던 형을 동경했다.

데루마사 씨는 히라쓰카로부터 호된 꾸짖음을 듣기도 했지만, 뛰어난 형을 좀 닮으라는 잔소리를 들어도 어쩔 수 없다고 받아들이게 되었다.

---

* 메이지 유신 이후 일본의 초등교육 기관. 태평양전쟁 직전 국민학교로 개칭되었으며, 태평양전쟁 패전 이후 학제 개혁에 따라 다시 소학교로 개칭되어 지금에 이르고 있다. 한국의 초등학교에 해당한다.

그러나 일곱 식구가 소박하지만 행복한 나날을 보내던 히라쓰카 가에도 서서히 전쟁이라는 먹구름이 서서히 드리우기 시작했다.

1941년 진주만 공격으로 태평양전쟁이 개전했고, 전선은 확대되어 갔다. 그러나 일본군의 기세는 그리 오래 이어지지 않았다. 다음 해인 1942년, 미드웨이 해전에서 대패를 맛보면서 전쟁의 판국은 미국 측으로 크게 기울었다.

히라쓰카에게 소집령이 떨어진 것은 그런 시기였다. 군복 차림의 장남과 사진을 찍고, 위세 좋게 아들을 떠나보내는 부모도 속마음은 전쟁터에 도사리는 위험을 걱정하며 그가 무사하기만을 빌었다. 어느 날 데루마사 씨가 학교에서 돌아오자, 부모님은 가미다나* 앞에 앉아서 빌고 있었다. 들어 보니, 히라쓰카가 전쟁터로 떠나기로 결정되었다는 것이다.

죽어도 돌아오지 못하는 뉴기니

히라쓰카는 육군의 유격 제7중대遊擊第7中隊에 소속되어, 1944년 4월 20일에 모지항을 출항했다.[2] 뉴기니로 향한 것이다. 부대는 5월 19일, 동부 인도네시아 할마헤라섬의 와실Wasile에 도착했다. 할마헤라섬은 서부 뉴기니에 주둔한 일본군의 병참을 맡은 지역이었다.

유격 제7중대는 그곳에서 경비 임무를 수행한 뒤, 6월 7일에 뉴기니섬의 소롱Sorong에 상륙했다. 그리고 난 뒤 7월 11일에는 뉴기니 서부의

---

*   일본의 가정에는 신과 부처에게 제사지내기 위한 제단을 설치한 경우가 많다. 이를 구분할 경우 일본 전통의 신들을 제사지내는 것은 가미다나(神棚), 부처를 제사지내는 것은 부츠단(佛壇)이라 부른다.

바보Babo로, 다시 12월 10일에는 이도레Idore로, 유격 제7중대는 어지러울 정도로 거점을 옮겨 갔다. 서부 뉴기니의 윈데시Windesi 지구와 야우어-마노콰리Jauer-Manokwari, 야마카니, 나비Nabi에서는 전투를 치르기도 했다.

잘 알려진 대로, 일본군은 뉴기니 전투에서 물자, 탄약, 식량의 보급로가 끊겨 비참한 말로를 맞이했다. 이곳으로 파견된 일본군 장병 14만 8,000명 중에 사망자는 13만 5,000명. 생존율은 10%도 되지 않았다. 사망 원인의 대부분은 식량 부족으로 인한 기아와 열대 특유의 말라리아였다. 인육까지 먹어서 겨우 살아남았다는 증언도 남아 있다. 유골을 갖고 돌아갈 수도 없었기 때문에, '죽어도 돌아오지 못하는 뉴기니'*라고 불렸던 처참한 전선이었다.

연합국의 포로가 된 히라쓰카는 종전 후 귀국길에 나섰다. 인도네시아의 파레파레항을 출항한 때는 1946년 6월 2일이었다.

데루마사 씨는 형이 돌아왔던 때의 광경을 선명하게 기억했다.

"나와 동생요시노리 씨이 집 앞에서 놀고 있었는데, 점심 때였을려나, "요시노리!"라고 부르는 소리가 들려서, 얼핏 봤더니 형이었소. 나는 집 안으로 곧장 달려가 "형이 돌아왔어요!"라고 외쳤다오. 마침 아버지도 있었소. 어머니는 분명 스가모巢鴨의 지장보살**님께 가 있었을 거요. 어머니가 돌아왔을 때, 내가 집 밖에서 "형이 돌아왔어요!"라고 말했소. 그러자 어머니가 삼단뛰기라도 하는 듯이 펄쩍 뛰어와 형에게 안겼다오. 엉엉 울었던 기억이 나요."

---

* 전우의 유골을 갖고 돌아가 유족에게 전해줄 사람마저 모두 죽어 버릴 정도로 절망적이었던 뉴기니 전투의 실상은, 미즈키 시게루의 만화 〈전원 옥쇄하라(総員玉砕せよ!)〉에서도 묘사된다.

** 불교의 신적 존재인 보살 중 하나로, 그가 베푸는 자비는 현세를 사는 인간들뿐만 아니라 지옥에서 고통받는 이들에게까지도 미친다고 전해진다.

돌아오자마자 히라쓰카는 말라리아를 앓고 며칠 동안 고열에 시달렸으나, 부모가 필사적으로 간병하여 겨우 회복했다. 히라쓰카는 병상에서 부모에게 전쟁터에서의 체험을 이야기했다고 한다. 동생들에게는 들려주면 안 된다고 생각했던 것일까? 방문 너머에서 들려 오는 형의 가라앉은 목소리를 데루마사 씨는 기억하고 있다.

"부대에서 살아남은 건 일곱 명뿐이었어요. 죽은 전우들 이야기를 유족에게 전해줘야 하는데…… 괴로워."

히라쓰카는 유격 제7중대의 위생 오장伍長, 구 일본군 하사 계급 - 역자주이었다. 부하에게 손찌검을 한 적은 단 한 번도 없었으며, 두터운 신뢰를 받았다고 한다. 종전 후, 제2142부대장이었던 육군 대위로부터는 품행 방정하게 근무했던 일로 칭찬을 받아 선행 증서를 수령하기도 했다. 뉴기니에서 많은 부하를 잃은 히라쓰카는 그들 한 사람 한 사람의 유품을 갖고 돌아왔다. 적어도 유품이라도 있으면 유족에게 위로가 되지 않을까 하고 생각했기 때문이다. 그만큼 히라쓰카는 정이 두터웠다.

그러나 막상 건네주려고 유족들을 만나면, 왜 너만 살아남았냐고 책망을 받는 건 아닐까?* 부대의 의료, 간호를 맡고 있었던 히라쓰카는 책임을 강하게 느꼈을 것이다. 과연 히라쓰카가 유족에게 다녀갈 수 있었는지, 데루마사 씨는 듣지 못했지만, 형의 인품이 잘 드러난 일화로서 뚜렷이 기억하고 있다.

---

* 당시 일본군 지휘부는 패색이 짙어진 뒤에도 장병들에게 옥쇄(玉碎)라는 이름으로 전멸할 때까지 싸우도록 명령하였으며, 가망 없는 전장에서 생환하는 것을 비겁한 행위라며 멸시하고 제재하였다. 이 때문에 일본군의 사망률 또한 크게 높아졌다. 이러한 분위기는 고향에 남아 있는 가족들에게도 영향을 미치게 되는데, 생존자는 살아 돌아왔다는 이유로 그 가족과 함께 지역 사회에서 비난받곤 했다. 히라쓰카 시게하루가 살아 돌아온 것은 이와 같은 시절이었다.

페인트공 네오 히라쓰카

종전 후, 그림을 잘 그렸던 히라쓰카는 도장塗裝 일을 시작하였다. 일상적인 도장부터 가게 벽에 어떤 그림을 그려 달라는 의뢰까지 무엇이든 받아들였다. 일자리가 없었던 시절이라 온 가족이 총출동해서 히라쓰카의 일을 도왔다. 이 무렵 허리가 아팠던 아버지 모토지 씨도 목수 일보다 도장 일을 우선으로 여겼다. 히라쓰카는 집안의 기둥이었다. 그 시절의 일을 모토지 씨는 『니혼주보日本週報』라는 잡지에 보낸 수기에서 '시게하루는 문자 그대로 우리들의 버팀목이었고, 우리들의 태양이었다'라고 썼다.[3]

1950년 1월 20일경, 데루마사 씨는 일터에서 돌아온 히라쓰카와 함께 식구들끼리 점심을 먹고 있었다. 그때 유리 가게를 운영하는 이웃 주민이 왔다.

"시게하루 씨, 점령군 기지 건물에 그림 좀 그려 줘."

식구들에게 "그럼, 다녀 올게"라고만 하고 히라쓰카는 집을 나섰다. 식구들은 금방 돌아올 거라고 생각했지만, 그대로 점령군 기지에 눌러앉아 일하게 되었다.

히라쓰카가 일한 곳은 롯폰기에 있었던 점령군 기지였다. 당시 기지는 현재의 국립신미술관国立新美術館과 정책연구대학원대학政策研究大学院大学 일대에 있었다. 주둔한 부대는 미 육군 제1기병사단 제8기병연대였다.

히라쓰카는 영어를 독학으로 배웠고, 미군 장병들의 마음에도 들게 되었다고 한다. 미국인이 기억하기 쉽게 스스로 '페인트공 네오 히라쓰카'라고 이름을 댔다. 차츰 미군 장병들에게 '네오'라고 불리게 되었다. '새로운, 부활한'이라는 의미를 지닌 '네오Neo'. 히라쓰카가 뉴기니에서

포로가 되었을 때 수용소에 있던 외국인에게서 배운 말로, '새로운 시대를 살고 싶다'라는 의미를 담았다고 이야기하곤 했다는 것이다.

기지 일은 끊임없이 들어 왔다. 미군 장병들의 신뢰도 나날이 더해져, 모토지 씨의 수기에 따르면, 히라쓰카는 미군의 기밀 문서를 작성하게 된 적도 있었다고 한다. 이 때 유달리도 히라쓰카를 눈여겨 보고 있었던 미군 장교가 있었다. 제8기병연대 E중대를 이끌었던 윌리엄 알버트 맥클레인 대위였다. 수기에는 '네오시게하루는 센스가 좋다. 미국에 데려 가 줄 테니 공부해라'라고 맥클레인 대위가 말했다고 쓰여 있다.

한편, 데루마사 씨는 형이 집에는 돌아오지 않고 점령군 기지 생활에 녹아들자, 말할 수 없는 불안감을 느끼게 되었다. 어느 날 데루마사 씨는 부모의 전갈을 전하려고 기지에 방문했는데, 입구에서 히라쓰카가 마중나왔다. 히라쓰카는 "너한테 이걸 주마"라며 예쁜 지갑을 데루마사 씨에게 건네 주었다. 데루마사 씨에겐 그때까지는 형에게는 엄한 인상밖에 없었는데, 형이 웃는 모습을 보니 상냥하게 느껴졌다. 그러나 데루마사 씨의 입장에서 보면, 가족을 위해 일해주고는 있다지만, 형이 집에 없으니 왠지 불안했다.

데루마사 씨가 "왜 집에 안 와?"라고 묻자, 히라쓰카는 "응, 못 가. 이 것저것 바빠서 말야"라고 대답했다. 헤어질 때 데루마사 씨는 히라쓰카로부터 "너도 기운 좀 차려"라는 말을 들었다. 그것이 마지막 한 마디가 될 것이라고는 생각지도 못했다.

얼마 후 한국전쟁이 발발하였다. 점령군이 한반도로 출병한다는 뉴스가 떠돌았다. 히라쓰카는 돌아오지 않았다. 그 즈음 제8기병연대는 가나가와의 자마 기지를 떠났고 히라쓰카도 동행했다.

어머니 이사 씨는 아들을 데리고 돌아가고 싶다는 마음으로 7시간이

나 걸어 자마에 향했다. "그럼 그리던 히라쓰카를 모르시나요?"라고 물었다. 그러자 부대는 후지富±의 연습장으로 막 떠났다고 한다. 기지의 보초는 곧 한국전쟁에 가니깐 지금 출발해도 제 시간에 맞출 수 없을 거라며 말도 못 붙이게 했다. 어머니는 집에 돌아와서는 "시계하루가 가 버렸어"라고 계속 울기만 했다. 나중에 밝혀졌지만, 히라쓰카가 일본을 떠난 것은 1950년 7월 14일 즈음이었다.

모토지 씨는 경시청에 신고한 뒤, 법무부法務部, 현재의 법무성(法務省)를 방문해 국내 송환 절차를 밟았다. 그러나 미군 점령 하의 일본에서 관청은 열심히 움직여 주지도 없었다. 어머니는 자마 기지의 보초가 한 이야기에 마지막 희망을 걸었다.

데루마사 씨는 이렇게 돌이켜 본다.

"어머니는 형이 전차라든가 뭔가에 위장색을 칠한다든가 그런 일로 갔다는 얘길 들었던 것 같소. 그러니까 '죽을 일은 없어. 전장이 아니니까'라고 말했다오."

태평양전쟁처럼 싸우는 것이 아니다. 어디까지나 전차에 색을 칠하는 것뿐이라고. 그러나 역시 색칠만으로는 끝나지 않았다.

부고 맥클레인 대위의 방문

1950년 10월 10일, 걱정 때문에 잠못 드는 나날을 보내던 모토지 씨에게 제8기병연대 E중대의 맥클레인 대위가 통역을 대동하고 방문하였다. 들어 보니 맥클레인 대위는 전장을 잠시 벗어나 일본에 방문했다고 한다. 자마 기지의 보초가 말한 대로 부대는 한반도로 갔고, 히라쓰카도

역시 행동을 함께 하였다.

그때의 모습을 모토지 씨는 앞에 나온 수기에 극명하게 기록했다.

맥클레인은 어떤 일을 겪었던 것인지 부들부들 떨면서 나에게 "아버님, 면목 없습니다. 아드님은 해주[북한 남서부의 도시]의 싸움에서 전사했습니다"라고 했다. 그리고 망연자실하며 맥클레인의 얼굴을 노려보는 나에게 "네오는 전사하기 전에 수많은 적을 쓰러뜨리고 나서 가슴을 관통당했으며, 그의 활약은 미군 장병 이상이었습니다"라고 용기 내어 말했다.

그리고 맥클레인 대위는 히라쓰카의 죽음에 대하여 '유엔군 장병과 동일하게 대우할 것이니 받아들여 주시라'고 말했다. 모토지 씨는 생전의 히라쓰카에게서 맥클레인 대위의 이야기를 들었으므로, 아들이 그를 진심으로 신뢰하고 있었던 사실을 알고 있었다. 못 견딜 듯한 마음이었지만 "시게하루가 유엔군의 일원으로서 도움이 되고 죽었다면, 받아들이지요"라고 말할 수밖에 없었다.

그리고 맥클레인 대위는 그 대답을 듣고 이어서 말하였다.

그 일에 대해서, 시게하루가 전사한 상황을 본 병사도 2, 3명 데려왔으니까, 제가 돌아갈 때까지는 절대 이 일을 비밀로 해 주시라고, 반드시 서류상으로 유엔군 장병으로 처리할테니까……"라고 다짐하였으므로, 나는 "알겠다"라고 말했다.

이 날 있었던 일을 데루마사 씨는 잊을 수가 없다. 중학교에서 돌아온 데루마사는 가족의 이변을 알아챘다.

"아버지가 큰 소리로 울고 있어서, 왜 그래요, 하고 물어보니, 형이 조선전쟁에서 죽었다는 말을 들었소. 깜짝 놀라서 (유품이) 뭐라도 남아 있냐고 말하니, 아무것도 안 남아 있다고 알려줬다며 아버지가 엉엉 울었다오. 그것은 아직까지도 기억하오. 어머니는…… 역시 어머니였으니까, 한없이 울었소. 그때(통보가 왔을 때) 어머니는 장을 보러 갔었나. 돌아와서 아버지로부터 이야기를 듣고서, 바로 가미나다 앞까지 가서는 빌었습니다."

데루마사 씨는 모토지 씨가 울었던 모습을 본 적은 그 전에도 그 후에도 없었고, 오직 그때 한 번이었다. 한 집안의 기둥으로 부모님도 가장 큰 기대를 걸었던 장남의 죽음. 태평양전쟁이 끝나고 새로운 인생이 막 시작되었다던 때였다.

어머니는 상상하고 있었던 최악의 미래가 현실이 되었다며 절망했다. 데루마사 씨가 돌이켜본다.

"뭐라고 해야 할까요, 억울하다고도, 어떻게 할 수도 없다고도 하는 기분이었겠죠. 형과 만나지 못했던 것을 억울해했던 것이 아닐까요. 만났다면 붙잡을 수 있었을 거라든지. 자책하는 기분에 사로잡혔는지도 모르겠습니다. 만나지 못한 것이 한이었는지, 만났다면 반드시 데리고 돌아왔을 거라고, 어머니는 말했습니다. 어머니의 마음이라면, 참을 수 없지 않았을까요."

맥클레인 대위는 히라쓰카가 죽기 일주일 전에 자신이 찍었다는 러닝셔츠 차림의 사진을 갖고 있었다. 그것이 히라쓰카 사치코 씨가 지금도 소중히 보관하고 있는 사진으로, 신문에 게재된 것이었다.

모토지 씨와 면회한 지 겨우 3일 후, 맥클레인 대위는 다시 한국전쟁의 전장으로 돌아갔다. 모토지 씨는 그가 당부한 것을 지키며, 맥클레인

대위 혹은 미군 당국으로부터 뭔가 이야기가 있을 때까지, 라고 생각하며 식구들을 제외하고는 그 누구에게도 밝히지 않았다.

다카쓰의 발견과 히라쓰카의 전사

비극은 계속되었다. 12월, 연락을 기다리고 있었던 모토지 씨였지만, 안절부절못하게 되어 도쿄 요요기代々木의 워싱턴하이츠한때 존재했던 미군 시설. 그 옛 터에는 요요기 공원, NHK 센터 등이 들어서 있음에 사는 맥클레인 대위의 아내에게 전화했다. 그러자 몇 주 전에 전쟁터에서 포로가 되어 버렸다고 한다. 살아 있다는 보장은 없다. 이대로라면 아들이 죽었는지 어쨌는지조차 증명할 수 없게 되자, 모토지 씨는 한 통의 상신서를 작성했다. 수신인은 유엔군 총사령관 더글러스 맥아더 앞이었다.

2020년 7월 2일, 외무성 외교사료관外交史料館이 『조선동란 관계 일건 내국인 피해사건 관계朝鮮動乱関係一件 邦人被害事件関係』이하 『외무성 자료(外務省資料)』라고 정리한 자료를 처음으로 공개했다.[4] 거기에는 히라쓰카의 사건을 보도한 신문기사나 잡지에 게재된 모토지 씨의 수기에 더하여, 모토지 씨의 상신서, 히라쓰카를 비롯한 일본인 피해에 관한 외무성과 GHQ의 교섭을 기록한 보고서가 수록되어 있었다. 특히 외무성의 보고서는, 이제까지 비밀의 베일에 가려져 있던 일본 정부의 움직임을 알 수 있는 귀중한 1차 자료였다.

모토지 씨는 상신서에서 히라쓰카가 점령군 기지에서 일하기 시작한 경위나, 맥클레인 대위로부터 한국전쟁에서 사망했다고 통보받은 사실을 기록한 다음, 마지막으로 이렇게 썼다.

네오 히라쓰카의 일에 관하여 법적으로 수속도 할 수 없으므로, 네오 히라쓰카의 전사를 확인하는 공식 서류를 발급하여 주시기를 부탁드립니다.

— 『외무성 자료』에서

모토지 씨는 분명히 '전사'라는 말을 사용하여 그 일을 기록한 '공식 서류'를 요청했다. 상신서의 날짜는 1950년 12월 16일. 이 상신서에 대한 답변은 당분간 오지 않았다.

미군 당국의 대응을 시간 순으로 보자. 제1장에서 소개한 다카쓰 겐조에 대한 심문은 이 상신서의 일자로부터 이틀 후, 12월 18일에 행해졌다. 다카쓰에 관한 보고서를 받은 극동군 총사령부 부관감 케네스 B. 부시 준장이 내린 지령은 이러했다.

일본인이 있다면 미군을 감시로 붙여 일본으로 돌려보낼 것. 한반도에 건너가기 전에 미군 기지에서 일하고 있었다면 마찬가지로 일을 부여할 것. 한 사람 한 사람의 조사 서류를 재일병참사령부에 보낼 것.

극비문서에 기록된 일본인 대부분은 이를 계기로 전장에서 되돌아가게 되었다. 그들은 이 지령으로 가족이 있는 곳으로 귀환을 이루게 된 것이다. 그러나 히라쓰카의 유족과 같이 가족을 잃은 이에게는 이 지령은 온당하지 못한 것이었다.

제4장에서 다뤘던 대로, 1950년 11월 시점에는 미국은 일본인을 이용한 사실에 대하여 북한이나 소련으로부터 항의를 받고 있었다. 거기에 다카쓰가 발견되고, 이어서 히라쓰카 모토지가 상신서를 쓰게 되었다. 부시 준장이 내린 지령의 진정한 목적은 무엇이었을까?

『외무성 자료』에 수록된 문서 「조선사변에서 전사한 히라쓰카 시게하루에 관한 극동군사령부 회답 件朝鮮事変で戦死した平塚重治に関する極東軍司令部回答の件」1952년 10월 2일 자. 거기서는 (히라쓰카 시게하루가 사망한—역자주) 다음 해 1951년 1월~3월에 극동군총사령부가 히라쓰카에 관한 '사실을 철저히 조사하였다'라고 되어 있다. 이 시기는 송환된 일본인들에 대한 심문 대부분이 실시된 시기와 겹친다. 후방지원뿐만 아니라 지상전에서 싸우고 있었던 일본인이 있었고, 전사한 사람들까지도 있었던 것이 잇따라 드러나게 되었다. 미국이 결코 인정할 수 없었던 진실인 것이다. 그리고 심문을 받은 일본인은 하나같이 '입 밖으로 내지 말라'라는 당부를 받았다.

기밀 유지를 위해 감시가 붙는다. 귀국 후에 다시 고용해 주는 것을 교환조건으로 기밀 유지를 약속시킨다. 부시 준장의 지령은 분명히 사실을 덮어 버리려는 것이었다.

범죄자 취급을 당한 아들

미군 당국으로부터 모토지 씨의 상신서에 대한 답변이 도착한 것은 3개월 후인 1951년 3월 19일이었다. 요시노리 씨가 이 서한을 소중히 액자에 넣어 보관하고 있었다. 서한을 쓴 사람은 앞의 지령을 내린 부시 준장이었다.

앞서 보고된 바와 같이 귀하의 자제분이 사망한 사실에 관하여, 맥아더 원수 앞으로 온 편지에는 내게 답변을 해 달라고 쓰여 있었다. 귀하의 편지에 답

변이 늦은 것은, 귀하의 자제분이 일본을 떠난 것이나, 한반도에서 활동했던 일에 관한 모든 문제를 조사하기 위해 시간이 필요했기 때문이었다.

히라쓰카 (네오) 시게하루는 한반도로 가는 유엔군으로 변장하여 일본이나 점령군 당국의 정식 허가 없이 1950년 7월 14일 일본을 출발한 것으로 확정된다. 배를 타고 밀항한 것이다.

1950년 9월 4일경, 이 인물히라쓰카—역자주이 한국에서의 군사작전 중 죽은 사실은, 일본에서부터 그와 알고 지냈던 약간 명의 미군 장병에 의해 명확히 인정되었다. 그러나 사망 지역에 그가 존재했다는 사실을 한반도의 적절한 군 당국이 인정한 것은 아니다.

그가 매장된 장소나 그의 유품이 있는 장소를 특정하기 위해 온갖 수단을 다하였으나 어떠한 기록도 나오지 않았다. 히라쓰카는 한국의 신원 불명의 병사처럼 어딘가에 매장되어 있으리라 추측한다.

자제분의 때 이른 죽음을 전하는 이 보고서가 작성된 점에 대하여 진심으로 조의를 바친다. 부디 받아들여 주시기 바란다. 맥아더 원수를 대신하여, 자제분을 잃은 귀하와 귀하의 가족에게 진심으로 애도를 표한다.

유족에게 다가서는 정중한 편지이기는 하다. 그러나 그냥 지나칠 수 없는 말이 있다. 히라쓰카를 '밀항smuggling'이라는 죄를 범한 인간으로 취급하고 있다. 게다가 유엔군으로 '변장disguised'하고 군사작전에 참가하였다는 것이다.

편지를 읽으며 화가 치밀어 오르는 부모의 모습은, 데루마사 씨의 눈에 강렬한 인상으로 남았다.

아무 거절도 없이 데리고 간 끝에는 밀항이라며 범죄자 취급을 당했으니,

부모님은 견딜 수 없었던 게 아닐까 합니다. (태평양)전쟁에서 목숨을 겨우겨우 부지해서 돌아온 사람이, 왜 또, 라며 부모님이라면 생각한 것이 아니었을까요? 그것도 적국* 어딘가에 들어가 있었다니.

도저히 납득할 수도 없어서, 유족은 "아들은 미군에 납치되어 죽음으로 내몰렸다"라고 하는 의심을 품게 되었다.

울분을 풀 길이 없었던 모토지 씨는 편지를 받은 지 5일 후인 3월 24일, 부시 준장에게 답장을 썼다. 아들을 잃은 부모의 솔직하고도 침통한 심정이 담겨 있다.

(네오가-역자주) 조선으로 떠난 사실에 덧붙이신 말씀은, 유엔군으로 변장해 밀항으로 배를 탄 것이라 하셨는데, 이에 대해 말씀드립니다. (⋯중략⋯) 자마의 E8중대에서 함께 일하고 있었던 ○○**, 지금 미 육군 병원 식당에서 일하고 있는 자의 증언에도 (네오는-역자주) 중대와 함께 당당히 출발했다고 하였으며, 또 작년 8월경 네오로부터, 지금 하는 일은 자마에 잔류한 미군 가정을 맡아 일본인 부인 앞으로 부치는 편지를 번역해내는 일을 하면서 건강히 일하고 있다는 소식도 있었으니, 결코 밀항이라고는 짐작할 수 없습니다 (⋯중략⋯).

이상과 같이, 저도 지금의 국제정세에 더 이상의 확인은 불가능하다고는

---

* 유족들은 히라쓰카 시게하루의 사망 장소를 북한의 해주로 통보받은 이래, 그가 해주에서 죽은 것으로만 알고 있었다. 히라쓰카가 미군의 편에 서서 북한과 싸우다 죽었으니, 유족들 또한 북한을 적국으로 인식한 것이다. 그러나 뒷부분에서 밝혀지겠지만 히라쓰카는 해주에서 사망하지 않았다.

** 원문은 복자(伏字)로 표기되어 있었으며, 인명으로 추정된다. 이 편지가 외무성에서 편찬한 사료집에서 인용된 것을 고려하면, 미군이 이를 수령하고 외무성에서 사료로 엮는 과정에서 신원을 은폐, 또는 보호하기 위해 조치한 것으로 추정된다.

생각하지만, 가업을 버리고 친남매까지도 돌아보지 않으며, 그저 중대와 함께 근무하다 전사한 자에게 밀항자라는 오명이 붙어 버린다면, 죽은 본인은 물론 저희 가족 모두는 슬픔을 견딜 수 없습니다. 부디 저희 가족 모두의 마음을 헤아리셔서 잠정적인 확인증을 작성하여 주시길 바랍니다.

— 『외무성 자료』에서 인용

히라쓰카는 한반도에 가서 편지 번역 등 군 업무를 하고 있었다. 그러니까 밀항일 리가 없다는 것이 모토지 씨의 주장이었다. 이에 대하여 미군의 답변은 없었고, 결국 히라쓰카의 죽음은 허공을 떠돌게 되었다.

상심한 모토지 씨는 무모하다고밖에 할 수 없는 행동에 나섰다. 건축용 목재로 플래카드를 손수 만들어서, 거기에 하얀 종이를 붙여 '아들을 돌려 줘, 개죽음으로 만들지 마'라고 썼다. 그리고 결사의 각오를 나타내기 위해 소방대원용 방화복인 검은 누비옷을 감고 플래카드를 들고 집을 나섰다.

그가 향한 곳은 도쿄 히비야日比谷의 GHQ 본부가 들어서 있는 제일생명빌딩第一生命ビル. 며칠에 걸쳐 플래카드를 들고 항의했다. 한편, 당시 중학교 2학년생이었던 데루마사 씨는 영어를 할 수 있는 이웃 사람에게 부탁하여, 형의 유품을 돌려 달라고 맥아더 앞으로 세 차례 편지를 썼다. 그러나 어느 쪽도 전혀 상대해 주지 않았다.

일·미합동위원회 각서

그 뒤로도 상황에 진전은 보이지 않는다. 1년 이상 경과한 1952년 7월 9일 모토지 씨는 외무성 국제협력국国際協力局의 이세키 유지로伊関裕二郎 국장 앞으로 '탄원서'를 보냈다.

"이 탄원서에도 동봉하였습니다만, 앞서 맥아더 원수를 대리하신 K케네스-역자주·부시 각하로부터 편지를 받았지만 그 뒤 아무런 조치도 없었습니다. 그리하여 이 문제의 해결 방도를 경찰 및 경시청과 자유당自由党 본부에 수속하러 갔습니다만 아무런 방법이 없다고 합니다. 이후로는 부디 국장님의 힘으로 해결할 방법을 하루라도 빨리 부탁드립니다. (…중략…)"

소식을 들은 때부터 약 2년이 되었습니다. 그 사이 무슨 일을 하든 생각이 떠올라 가족 모두 매일 어두운 마음으로 살고 있습니다. 아무쪼록 가족 모두의 심정을 살피시어 하루라도 빨리 해결해 주시옵기를 바라옵니다.

— 『외무성 자료』에서 인용

모토지 씨의 요구는 '미군 당국에 의한 전사 확인 외에도, 유골 및 유품의 송환과, 전사에 대한 어느 정도의 보상 내지는 위문금 지급 요청'이었다「조선사변에서 전사한 일본인에 대한 조치에 관하여(朝鮮事変で戦死した日本人に対する措置について)」 1952년 7월 21일 자, 『외무성 자료』에 수록. 일본의 경찰이나 정치가에 호소했지만, '아무런 방법이 없다'라며 움직여주지 않았다. 모토지 씨가 최후로 기댄 것이 외무성이었다.

탄원서를 보낸 지 약 2개월 전인 4월 28일, 샌프란시스코 강화조약이 발효되어 일본은 독립하였다. 그때 일·미안보조약, 일·미행정협정日米

行政協定, 현재의 주둔군 지위협정(地位協定)도 동시에 발효되었다. 일·미행정협정은 일본에 있는 미군의 기지 사용이나 군사활동의 특권 등을 정한 협정으로, 해당 협정을 운용하기 위해 제26조에서 일·미합동위원회日米合同委員会를 설치한다고 규정했다.

그에 따라 일본 정부와 미국 정부는 1950년대 중반까지 매주 목요일에 일·미합동위원회를 개최했다. 이 위원회는 극히 비밀스러웠다. 회의는 위원 이외에는 들어갈 수 없는 밀실에서 이뤄졌으며, 원칙적으로 의사록이나 합의된 문서도 공개되지 않았다.[5]

외무성은 모토지 씨의 탄원서를 받아들여, 이 일·미합동위원회에 히라쓰카에 관한 안건을 의제로 제출하였다. 1952년 8월 19일에 열린 일·미합동위원회에서는 미군에 히라쓰카에 대한 견해를 제출하도록 미국 정부를 통하여 요청하였다.

1개월 후인 9월 17일에 열린 일·미합동위원회에서 미군의 보고를 토대로 한 각서가 작성되었다. 이 각서는 히라쓰카가 맥클레인 대위와 행동을 함께 했던 사실이나, 1950년 9월경 전사했다는 사실이 히라쓰카와 알고 지냈던 중대 장병 여러 명으로부터 확인되었다고 했다. 그러나 그 이상의 일은 알 수 없다면서 다음과 같이 쓰여 있다.

현재 재조사를 하기에 앞서 조사 대상자를 찾을 수 없는 것으로 판명되었다. 맥클레인 대위 자신도 1950년 11월 2일 이래로 행방불명된 상태이다. 따라서 재조사를 해도 최초의 조사 이상의 단서는 얻을 수 없다는 결론에 이르렀다.

—「극동군사령부 발, 합동위원회 앞 각서 제목 히라쓰카 시게하루에 관하여
(極東軍司令部発、合同委員会腕覚書 首題 平塚重治について)」, 『외무성 자료』에 수록

사건 경위를 아는 맥클레인 대위가 없다는 것을 이유로, 그 이상의 단서는 얻을 수 없다고 하였다. 그리고 이렇게 결론을 내렸다.

> 히라쓰카는 유엔군이었던 적도 없고, 또 유엔군이 될 수도 없었다. 따라서 해당 인물이 한국에 들어갈 즈음 원조를 받았지만 이는 군 당국의 승인을 얻은 행위가 아니었으며, 개인 또는 일부 인원들의 부당한 행위였던 것이다. 만약 이러한 원조를 한 개인 또는 일부 인원들이 있다면 미합중국 군규에 비추어 처벌될 것이다. 이상의 사실로, 히라쓰카 시게하루가 유엔군으로서 전사했다고 하는 주장을 확인하는 것은 불가능하다.

—「극동군사령부 발, 합동위원회 앞 각서 제목 히라쓰카 시게하루에 관하여
(極東軍司令部発、合同委員会腕覚書 首題 平塚重治について)」,『외무성 자료』에 수록

이 각서 이후 일본 정부가 미국에 반론한 흔적은 보이지 않는다.

그 뒤 외무성은 일본이 독자적으로 보상할 길은 없는지, 국가배상법国家賠償法, 1947년 10월 27일 공포 적용을 검토했다고 여겨진다. 그러나 그 결론은 '그 사람히라쓰카—역자주의 경우와 같이 국가와는 관계 없이 개인 책임으로 전선으로 가서 사망한 경우에는 전혀 해당되지 않는다'라고 하는 것이었다.「조선사변에서 사망한 일본인에 대하여(朝鮮事変で死亡した日本人について)」,『외무성 자료』, 1952.11.22 수록

그렇다면 1952년 5월 27일의 각의 양해[*]「진주군에 의한 사고 피해자에 대한 위로금 취급에 관한 건進駐軍による事故のため被害を受けたものに対する見舞金の取扱にかんする件」에 비추어 보면, 위로금 등을 지급하는 것은 불가능한지, 외

---

[*] 각의 양해(일본 측 명칭은 각의 요해(閣議了解)는 내각을 구성하는 각 성 대신(한국의 행정 각 부 장관급)이 사안 결정에 앞서 총리대신을 포함한 내각 전체 회의(각의)에서 양해를 구하는 것을 의미한다.

무성은 점령군을 위한 물자나 인력 조달을 담당하고 있었던 조달청에 견해를 문의했다.

문의한 지 거의 반 년 뒤인 1953년 3월 14일 자로 조달청의 견해가 기록된 문서가 『외무성 자료』에 수록되어 있다.

> 유족에 대한 일본 정부의 위로금에 관하여 조달청 사무 당국의 견해를 확인한 바, (1) '네오'가 불법 출국한 점(피해자에 고의 또는 과실이 있음), (2) 가해자가 공산군으로 추정되는 점, (3)사망 장소가 외국인 점 및, (4) '네오'의 생사가 법률적으로 판단하기 곤란하다고 사료되는 점을 감안하여, 별도 법률적 조치를 강구하는 이외에 구제할 길이 없다.
>
> ―「'네오' 히라쓰카의 유족 원호에 관하여(『ネオ'平塚の遺族援護について)」, 『외무성 자료』에 수록

조달청 또한 별도 법률을 만드는 것밖에는 구제할 길이 없다고 했다. 이러한 교섭을 거쳐 1953년 5월 7일, 외무성 국제협력국은 미군의 견해에 관하여 관계 관청이 협의한 결과, 현 상태에서는 위로금을 교부할 수 없다는 판단을 기록한 다음, 눈을 의심케 할 만한 우려를 드러낸다.

> 그러므로 그 뒤 유족은 생계의 길을 잃고 궁핍함이 차마 볼 수 없는 지경으로, 주목을 받게 되면 본 문제가 국회에서도 문제가 될 공산이 있을 뿐만 아니라, 한편 반미 분자의 책동에 이용될 우려가 없을 수 없는 실정에 비추어, 이례적 조치이기는 하지만 이 참에 이후 본 건에 관하여 미군을 비난하는 것과 같은 행동을 삼가는 것을 조건으로 유족을 구제하는 것이 시의적절하다고 사료된다.
>
> ―「유엔군을 수행하다 조선전쟁에서 사망한 히라쓰카 시게하루의 유족 구제에 관한 건

아들의 죽음에 대한 유족의 요구는 들어줄 수 있지만, '국회에서도 문제가 될', 그리고 '반미 분자의 책동에 이용'될 가능성이 지적되었다. 이 장 첫머리에서 언급한 것과 같이, 그 전 해 『아사히신문』1952년 11월 13일 자에 의해 히라쓰카가 전사한 사실이 보도되어, 그 후 정부는 국회에서 엄히 추급을 받았다. 그때는 '불법 출국'이었다고 설명한 정부였지만, 아직도 유족은 납득하고 있지 않았다는 것이 밝혀지면 혁신계의 정당으로부터 정부 비판에 이용된다고 경계했던 것이리라.

미군이 히라쓰카를 범죄자 취급한 것이 뒤집히는 일은 없었고, 결국 일본 정부도 거기에 추종했다. 일본인이 전쟁에 협력하게 된 것을 묵인한 양국 정부의 책임이 추궁되는 일은 전혀 없었다.

가족이 맥클레인 대위에게서 히라쓰카의 죽음을 통보받고 나서 2년 7개월이 지나고 있었다.

히라쓰카 시게하루는 역사로부터 사라져 버렸다.

덧붙여서, 이 문서의 수신자는 '[외무성대신外務省大臣]관방장官房長'으로, 입막음 비용이라고도 할 구제조치를 행할 것인지 '결제를 바람'이라 마무리되어 있다. 그러나 문서에는 검은 칠이 된 곳도 있어, 최종 결과는 분명하지 않다. 문서를 공개한 외무성에 문의했으나 '국가 안전이나 타국과의

---

*   일본의 중앙 정부 부처인 성(省)의 대신(大臣, 한국의 장관에 해당함) 차원에서 결정한 사안을 말한다. 고재안이 내각 회의인 각의(閣議)에 제출되어 통과될 경우, 각의 결정(閣議決定)이 되며, 각의 결정은 다시 천황에게 상주(上奏)하여 재가를 받은 뒤에 시행된다. 이를 참고하면 히라쓰카의 유족들을 구제하기 위한 방안은 외무성 차원에서는 결정되었으나, 내각 회의를 통과하였는지는 분명하지 않다.

신뢰관계를 해할 우려가 있기 때문에 이용을 제한한다'라는 회답이 왔다.

봉인해두었던 형에 대한 마음

히라쓰카의 뒤를 이은 도장 일로 가족을 부양한 모토지 씨였지만, 훗날 자책하는 듯이 야마부시山伏*가 되어 수행의 길로 들어섰다.

한편, 어머니 이사 씨는 아들의 죽음을 결코 인정하려고 하지 않았다. 무슨 일이 있을 때마다 "죽었다면 시게 쨩의 유품이 있었겠지"라고 말하곤 했다. 그런 태도는 86세로 죽을 때까지 변치 않았다고 한다.

히라쓰카의 형제들도 각자의 길을 걸어가기 시작했다. 데루마사 씨는 경제적 사정 때문에 변호사가 될 꿈을 접고, 빨리 직업을 얻고 싶다며 치과기공사가 되었다.

남겨진 가족은 누구도 히라쓰카의 일을 말하려 하지 않았다. "조선전쟁 이야기는 기억하고 싶지 않아"라고 거부했다. 가족 중에 히라쓰카의 죽음은 터부가 되었지만, 누구도 그 죽음을 잊은 적은 없었다.

모토지 씨로부터 도장업을 이어받은 막내 남동생 요시노리 씨는 병때문에 업무량을 줄여 시간이 난 틈에 아내 사치코 씨와 함께 한국을 여행했다. 2003년, 그가 63세 때의 일이었다. 형이 죽은 곳은 어떤 곳이었을까, 느끼고 싶었다. 그렇다고는 해도 히라쓰카가 죽은 장소에 가자니 마땅한 곳이 없어, 38도선**을 바라보는 판문점으로 향하기로 했다. 반도

---

*　일본의 전통 종교인 슈겐도(修験道)의 수행자로, 각지에 솟아 있는 영산을 돌며 참회와 고행하는 것을 그 수행 방도로 삼는다.

**　한국전쟁 발발 전까지 남북한의 경계선은 38선이었다. 그러나 휴전협정(1953년 7

를 나누는 군사분계선 앞에서 전쟁이 피부에 와 닿았다. 사치코 씨 곁에서 요시노리 씨는 자꾸 "알 수 없구만"이라 했다고 한다.

데루마사 씨도 역시 오랫동안 히라쓰카에 대해 복잡한 마음을 품고 살아 왔다. 가장 데루마사 씨를 괴롭혔던 것은, 형이 한국전쟁에서 죽은 이유가 확실하지 않았기 때문에 "형은 개죽음 당한 거야"라는 생각을 버릴 수가 없었던 점이다. 히라쓰카가 단순한 호기심으로 전쟁에 갔다면 그것은 전후의 힘든 시대를 살아가고 있었던 가족에 대한 배신이라고도 생각되었다. 한국전쟁 휴전 이래 히라쓰카의 일은 깊이 생각하지 않도록 해 왔다. 입 밖으로 내서 다른 사람으로부터 '자업자득'이라는 말을 듣는 것도 두려웠다.

데루마사 씨는 요시노리·사치코 씨 부부와는 달리 히라쓰카에 관한 것을 일체 집에 두지 않았다. 히라쓰카에게 받은 지갑조차도 수중에 없다. 그러나 단 하나, 데루마사 씨가 계속해 온 것이 있다. 그것은 히라쓰카의 탄생일에 「반야심경般若心經」을 외는 것이었다. 미군에게 받은 답신에는 히라쓰카가 목숨을 잃은 날짜는 '1950년 9월 4일경'이라고 쓰여 있었다. 그렇다곤 해도 9월 4일을 히라쓰카가 죽은 날로 받아들일 수는 없었다. 가족들은 히라쓰카의 생일인 7월 10일을 기일로 하여 묘비에 새겼다. 그것은 한국전쟁의 일은 생각하고 싶지 않지만, 히라쓰카를 잊고 싶지 않다는 가족의 마음을 나타내는 것이기도 했다.

월 27일 체결) 이후 현재 한반도는 자유·공산 두 진영이 대치하던 군사분계선을 경계로 영역이 나뉘었다. 이에 따라 한국전쟁 발발 이전까지 국경선의 기능을 하였던 38도선은 그 의미를 상실했다. 그러므로 38도선을 바라보러 갔다는 요시노리 씨의 이야기는 현재의 한국 독자들에겐 의아하게 느껴지리라 생각된다. 다만, 당시까지 히라쓰카 시게하루가 죽은 것으로 알려진 해주는 38도선 이북에 존재했다는 점을 감안해 보자.

행방불명자, 요시하라 미네후미

일본인이 전사한 사실을 미국은 어떻게 생각하고 있었을까? 이번에 발견된 극비 문서에는 전쟁터에서 행방을 알 수 없게 된 사람이 히라쓰카 외에도 또 한 사람 있었다. 요시하라 미네후미라는 인물이다. 잠시 히라쓰카로부터 벗어나 요시하라에게 초점을 맞추어 보자.

보고서의 제목은 「행방불명자行方不明者」. 1951년 11월 26일, 오이타·벳푸에 있었던 캠프 치카모가에서 남서사령부 앞으로 보내졌다.

> 미 육군의 종업원이 된 일본인, 요시하라 미네후미닉네임은 머피 건에 대응을 바란다. 상기 인물의 아내로부터 그의 소식이나 상황을 알고 싶다는 요청이 있었다. 현재 입수 가능한 정보는 아래와 같다.
> 요시하라 미네후미는 제24보병사단 제19보병연대 G중대에서 취사병으로 일하고 있었다. 이 인물은 부대와 함께 벳푸를 출발하여, 1950년 7월에 부산에 상륙했다. 1950년 7월 20일에 한국의 대전 부근에서 죽었거나 행방불명되었거나 포로가 된 것으로 보인다. 일본인 A[본명이 적혀 있다]와 미 육군 로버트 L. 허버트 중위의 증언을 참조할 것.
> 이 건은 복잡한 결과로 발전할 가능성이 있기 때문에, 남서사령부 본부로부터 지시가 있을 때까지는 어떠한 대처도 하지 않을 것이다.

일본인 요시하라 미네후미가 대전 부근에서 행방불명되었다는 내용. 캠프 치카모가에 요시하라의 아내라는 인물의 문의 내용에 입각하여 담당자가 조사 내용을 사령부에 보고한 것이다. 보고서는 이후 '일본 내 점령군 병원을 전부 찾아봤지만 일체 확인할 수 없었다'라고 쓰인 채 끝

이 나 있었다. 아내에게 답신했다는 기록은 남아 있지 않았다.

단서는 증언한 '일본인 A'였다. 요시하라의 최후를 알기 위해 그와 같은 부대에 있었다는 이 인물에게 이야기를 들어 보자. 문서에는 본인의 풀네임이 쓰여 있었다. 이름과 부대 등으로 나는 A의 주소지를 알아냈다. 요코스카다.

일본인 취사병 셋

2019년 5월, JR요코스카선JR横須賀線은 요코스카로 다가갈수록 차 안에 미군으로 보이는 승객이 늘어났다. 요코스카에는 미 해군 기지가 있다.

역에서 내린 다음 언덕을 올라가니 요코스카의 바다가 보였다. A는 이 바다를 내려다볼 수 있어서 여기에 살기로 한 이유라 말하였다. 고향 벳푸의 고지대에 서면 오이타와 에히메愛媛 사이를 흐르는 분고 수도豐後水道가 바라보였다. 바닷물의 흐름이 빨라 흰 물결이 이는 풍경이 이곳 풍경과 꼭 닮았다고 한다.

A의 집을 방문한 것은 여섯 번째였다. 첫 번째에는 몸 상태가 시원찮다며 취재를 거절하였다. 부대에 있었던 시절의 일은 미군과 약속을 했기 때문에 말할 수 없다는 말도 들었다. 그러나 사실은 뭔가 다른 이유가 있는 것으로만 여겨졌다. 취재만큼은 받아들여지지 않았지만, 이야기를 주고받는 과정에서 극비 문서는 보여 주었으며, 기밀에서 해제되었다는 사실도 전해 주었다.

91세의 A는 아내와 둘이서 살고 있었다. 두 번째 방문 이래로는 취재 이야기는 하지 않고, 그의 지병이나 아내의 간호 등 A의 이야기를 계속

들었다. 다섯 번째 방문하였을 때 처음으로 "딱 한 번이라면"이라고 요시하라의 최후를 이야기하는 데 응하였다.

어째서 A는 이제까지 말해주지 않았던 것일까. 나중에서야 말해 준 것인데, 그 이유는 취재자로서의 나의 각오가 의심받았기 때문이었다. 역시 본인이 익명을 희망했기 때문에 본서에서는 이름을 가리고 'A'라고 표기한다.

A는 1928년에 오이타현大分県 오이타시大分市에서 태어났다. 태평양전쟁에는 출정하지 않았고, 전후에는 오이타의 점령군 기지에서 일을 시작했다. 그 후 부대가 이동하자 함께 따라 가서 벳푸에 있었던 점령군 기지 캠프 치카모가에서 일하게 되었다. A가 맡은 일은 식당의 취사 담당이었다.

한국전쟁이 일어났을 무렵 A는 미군 장병들과 '좋은 친구'가 되어 있었다. 그래서 오이타에서 벳푸로 따라갔듯이 한반도에도 따라갔다고 한다. A는 전쟁에 나간다는 각오를 했다.

"미군과 함께 가고 싶다, 라고요. 무섭지 않았던 것은 아니고, 최악의 상황이 닥쳐도 어쩔 수 없다고 생각했습니다. 자신이 죽어도 말이죠. 그 각오가 없었다면 가지 않았겠지만요."

미군 장병의 허락을 얻어 취사병으로 종군토록 인정받았다. A가 요시하라 미네후미吉原嶺文와 만난 것은 때마침 한반도를 향해 출항하기 전날이었다고 한다. 두 사람 모두 기지에서 일하고 있었지만, 그때까지 면식은 없었다. 전날에 "너도 가나?"라는 이야기가 되어 "둘다 힘내자고"라는 이야기를 나눴습니다. 요시하라가 하는 일도 취사병이었어요. 나이도 비슷하고 전쟁에 나간다는 불안을 나눌 수 있었죠. 친구가 되기까지 시간은 별로 걸리지 않았어요.

A와 요시하라는 대전 전투에 나선 제24보병사단 제19보병연대에 소속되었다. 제2장에서 소개한 헐 에스리지와 같은 부대였다. 제19보병연대가 부산에 도착한 것은 7월 4일. 금강 부근의 대평리에 배치된 것이 7월 12일이었다.

이 때 A 일행은 연대에서 떨어져서 취사장으로 개량된 대전 학교 어느 학교의 한 구석에서 부대의 식사를 준비하고 있었다고 한다. 조사해 보니 확실히 제24보병사단은 학교를 본부로 하고 있었던 사실을 알게 되었다. 전장의 후방지원을 목적으로 한 취사장이나 모터 풀 등이 병설되어 있었다.

"거기대전에서는, 그다지 (요리를) 만들 여유는 없었어요. 그래도 우리 중대장은 일반 병사들에게는 따뜻한 것을 먹이고 싶다면서, 될 수 있으면 통조림 같은 것을 쓰지 말고 핫 밀hot meal, 따뜻한 식사을 만들라고 했어요. 그런 사고방식을 지닌 분이었습니다."

A는 여기서 세키 마사하루關正春라는 일본인과 만났다.

"대전에 있었을 때 세키 군이라는 사람이 기지에 와서 식당에서 함께 일하게 해 달라고 했어요. 자기도 일본인이라고. 그는 일본에 있다가 (한국전쟁에) 나간 사람이 아니다, 그보다도 전에 한국에 왔다, 라고요. 그리고 식당의 상사上士에게 물었는데 OK라고 하여 세키 군, 요시하라 군, 나 세 명이서 일하게 됐죠."

만철에 있었던 세키 마사하루

나는 A로부터 세키 마사하루라는 이름을 듣고 심문 기록을 다시 보았다. 그러자 세키의 이름은 확실히 기재되어 있었다. 그도 역시 심문을 받았던 것이다. 심문은 A보다도 1년 늦은 1952년 2월에 행해졌다.

심문 기록에 따르면 세키는 1929년 2월 3일 후쿠오카현 구루메시ᄊ留米市에서 태어났다. 한반도에 건너간 경위에 대해서는 "17세 때 만철滿鉄에서 일하기 위해 조선에 갔습니다. (태평양-역자주)전쟁이 끝나기 전인 1945년의 일이었습니다"라고 답했다. 이 만철의 역사가 세키의 운명과 크게 관련되었다.

남만주철도회사南滿州鉄道会社. 통칭 만철은 1906년에 설립되어 철도사업을 핵심으로 하면서도 이를 가장하여 실제로는 광산 경영이나 이민 장려, 농공 개량, 러시아와 중국 첩보의 수집까지도 손을 뻗친 일본의 국책회사였다.

1945년 8월 8일, 소련은 돌연 일본에 선전포고하였다. 소련은 만주, 한반도, 사할린의 국경을 단숨에 돌파했다. 만주는 극히 혼란해졌고, 만철 직원들은 민간인을 피난시키는 소개疏開 열차 운행으로 내몰리게 되었다.

첫 소개 열차가 신징新京, 현재의 장춘을 출발한 것은 소련 침공 3일 후, 11일 미명이었다고 한다. 이 때 소련군의 급습을 받은 국경 지구에서 거류 내국인의 소개 수송을 담당한 만철 사원 중에 수많은 순직자가 나왔다. 판명된 것만 해도 최소 500명, 60가구가 희생되었으며, 행방불명자도 다수 있었다.[6] 소련군은 순식간에 만주와 한반도 북부를 제압했다.

세키는 심문에서 이렇게 답했다.

세키 전쟁이 끝나자 러시아인의 포로가 되어 조선 북부로 이송되었습니다. 1946년 8월, 저는 거기서 달아나 38도선을 넘어 남쪽으로 왔습니다. 조선전쟁이 시작될 때까지는 한국인과 함께 있었습니다.

소련 측의 추정으로는, 이 싸움에서 희생된 일본군은 8만 명에 달한다. 살아남은 일본군 장병은 그 후 시베리아로 보내져서 강제노동을 부과받았다. 제3장에서 서술한 대로, 한반도 북부에 남아 있었던 일본인 민간인은 종전 시 약 30만 명. 귀환하려고 한 만철 직원 가족 대부분도 발이 묶였다.

세키는 한반도 북부에 머물 경우 가혹한 포로생활만이 기다릴 것이라 생각하여 위험을 무릅쓰고 38도선을 넘어 남쪽으로 도망쳤다. 심문 기록에 따르면, 세키가 대전에서 A와 요시하라를 만나 합류한 것은 1950년 7월 18일이었다. 한국으로 도망치고 나서 수년이 지나 일본에 돌아갈 기회를 엿보고 있었던 것일까. A에 따르면 세키는 자신이나 요시하라가 일본인이란 것을 알고 "무척 기뻐하면서, 흥분한 기색으로 자기 신상을 이야기했다"라고 한다.

그것은 3명이 북한군의 습격을 받기 전날의 일이었다.

요시하라의 죽음에 보이는, 은폐의 구도

7월 19일부터 20일에 걸쳐 대전은 북한군의 총공격을 받았다. 이미 부대에는 전방도 후방도 따로 없었다. 카빈총을 휴대하게 된 A 일행이

었지만, 그들에게 응전 명령은 내려지지 않았다.

"(A 일행이 있었던) 학교가 공격을 받았습니다. 그때 우리들은 이제, 트럭을 조금이라도 안전한 곳까지 이동시켜 달아나려고 했습니다. 달아났다고 하지만, 그저 달려서……. 총격이 잦아들어서, (트럭으로) 건너편에 가려고 생각하니, 다시 (북한군이) 총을 쏴서 트럭에서 내려 산에 올라가자고 했죠. 트럭 뒤에 탄 요시하라 군은 가장 먼저 내렸습니다. 한꺼번에 내리면 위험하니까, 앞에 타고 있었던 나는 뒤쪽에서 내렸습니다. 거기서 이미 트럭에 타고 있는 사람은 분산한다고 해야 할까, (요시하라와는) 떨어져 있었으니까요. 이제는 알 수 없게 되어 버렸지만……."

그 후 A는 북한군 병사의 유체 곁에서 하룻밤을 새고, 며칠 간 걸어서 미군에 합류했다. 얼마 후 발에 부상을 입은 세키와 만날 수 있었다. 그때 요시하라의 최후에 대해 듣게 되었다.

"세키 군은 '요시하라 군이 죽었어'라고 말했습니다. 요시하라 군이 죽은 것을 보았다고 말했죠. '요시하라 군은, 이젠 틀렸어'라고."

A는 그 후 요시하라의 죽음을 확인하기 위해 그와 마지막까지 행동했던 미군 장병에게 확인하였다. 세키가 말했던 것과 일치했다.

"요시하라 군과 함께 행동한 사람이, (요시하라가) 완전히 죽었다고 말했으니까, 직접 두 번 세 번 들었지만요. 정말로 안타까웠지만요. 소중한 친구였으니까. 그건 전부 우리들이 (미 육군에) 보고했고, 미군 장병도 보고했겠죠."

A는 확인을 거듭하여 요시하라의 죽음을 보고하였다. 원본이 없으므로 확인할 수는 없지만, 그것이 요시하라의 죽음에 대해 정리된 보고서 「행방불명자」에 기록된 'A의 증언'일 것이다. 그러나 그 죽음의 상세한 내용이 밝혀지는 일은 없었다.

"일본인이 종군하도록 허가했던 중대장의 입장을 생각해서 한 것이 아니었을까요. 결국 미국 정부가 한 일이 아니라 중대장이 허가한 것이었으니까. 공표하지 않는다는 것은 당연하지 않을까 하고 생각하는데. 나도 돌아갈 때에 이 일은 공표하면 안 된다는 말을 들었으니까. 이것은 비밀로 해 둬, 라고. 그러니까 그것은 지키지 않으면 안 된다고 생각해서."

일본인이 한국전쟁에 간 것을 왜 숨겼을까. A의 추측과, 제4장에서 다룬, 심문의 통역을 맡은 미군 장병 야스오 타카사키의 증언이 일치하였다.

앞서 언급한 『외무성 자료』에는 요시하라에 관한 내용도 포함되어 있었다. 1952년 8월 26일, 요시하라의 가족으로부터 조사 의뢰를 받은 오이타현이 요시하라의 소식에 대해 외무성에 문의했다 「미군을 수행하여 조선으로 건너갔다가 행방불명이 된 일본인 KP(Kitchen Police—역자주)의 소식 조사에 관한 의뢰 건(米軍に随行渡鮮し行方不明となった日本人KPの消息調査方につき依頼の件)」. 이를 접수한 외무성은 히라쓰카에 관한 건과 마찬가지로 일·미합동위원회에 조회를 신청하여 3개월 후에 회답을 얻었다.

요시하라 씨는 쇼와 25년[1950년—역자주] 7월 25일, 미군 부대와 함께 대전으로 남하 중 습격을 받았으며, 군에서 고용한 어느 조선인의 말에 따르면 (그는 - 역자주) 죽었다고 한다. 그러나 이후 미군 당국이 조사를 한 바로는, 7월 20일, 앞에서 기술한 습격 후의 소식에 대해서는 아무런 단서가 없다는 취지였다.

— 「조선사변에서 사망한 일본인에 대해」, 『외무성 자료』, 1957년 11월 22일 자에 수록

'아무런 단서가 없다'라는 보고를 받은 요시하라의 유족. 거기에 찾아온 사람이 A였다. A는 유족에게 자신의 체험이나 미군 장병으로부터 전해 들은 그의 최후를 알려 주었다. 요시하라와 교제한 것은 1개월도 되

지 않았지만, 자신에게는 그 의무가 있다고 믿었기 때문이었다. "비밀로 해 둬"라는 명령에 유일하게 거역한 것이 이 때였다. A는 요시하라의 아버지와 형으로부터 감사의 말을 들었다.

『외무성 자료』에는 요시하라 외에 또 한 사람, 오이타현 출신 행방불명자의 이름이 쓰여 있었다. 오치 에이이치越智英一라는 인물이었다. 역시 가족으로부터 소식을 듣고 싶다는 요청이 있었고, 외무성이 조사 결과를 오이타현 지사에게 회답으로 보냈다.

> (오치는) 미 군인과 함께 한반도로 갔으나, 쇼와 25년1950년-역자주 7월 16일경 남선南鮮 금강 부근에서 그가 소속된 미군 부대가 북한군에 격파되었을 때 행방불명이 된 이래로 다음 미군 부대원과 함께 소식 불명이 되었다.
> ─「점령군 노무종사자 소식 조회의 건 회답(占領軍労務従事者消息照会の件回答)」, 1951년 10월 1일

요시하라와 A와 같은 오이타 출신이었던 오치 또한 제19보병연대에 종군했을 가능성이 높다. A는 나에게 "오치와는 면식이 없었다"라고 말한 것을 고려했을 때, 만약 오치가 제19보병연대에 있었다고 한다면 후방지원을 하는 취사병이 아니라 전선에 있었을지도 모른다. 그야말로 행방불명이 된 1950년 7월 16일경, 제19보병연대는 금강 부근의 대평리에서 궤멸적인 패배를 맛보았다.

극비문서를 확인해보니, 1951년 2월 1일에 미 육군 제8군이 극동군총사령부 앞으로 보낸 문서의 송부장에는 'Case of Ochi Eiichi'라는 표기가 1행 있어 미군은 조사하고 있었던 것으로 보이지만, 요긴한 보고서는 남아 있지 않다.

"전쟁이라는 것은, 좋지 않아"

세키의 이후 삶에 대해서도 기록해 두고 싶다. 세키는 심문 기록에서 대전에서 총공격을 받은 사실에 대해 다음과 같이 말했다.

> 세키　1950년 7월, 대전에서 박격포를 다리에 맞았습니다. 상처 는 치료받았습니다만, 두 발에는 파편이 남아 있습니다.

빼내지 못한 박격포 파편은 먼 훗날까지 그를 괴롭혔다. 1951년 1월에 A는 일본에 돌아왔지만, 세키는 그때 미 육군의 병원에 입원해 있어서 귀국하지 않았다. 세키는 개전 때에 일본에서 한반도로 떠난 것이 아니었기 때문에 귀국을 인정받지 못한 것 같다.[*]

"나는 돌아갈 때 세키 군에게서 편지를 건네받았습니다. 일본에 사는 형에게 이 편지를 건네주라고 듣고 나는 편지를 보냈습니다. 형님으로부터 연락이 와서 (나중에 만나) 얼굴을 보니 세키 군과 꼭 닮았더군요."

A는 이렇게 말했다. A가 귀국한 뒤에도 세키는 미군과 함께 행동했다.

> 세키　1951년 동안에도 발의 통증으로 괴로워했습니다. 저는 다 시 남쪽에 있는 부대로 이동시켜 달라고 부탁했습니다.

---

[*]　이 책에서 주요 내용으로 다루었듯이, 한국전쟁 발발 이후 미군 부대와 함께 한반도로 건너간 일본인들은 대부분 귀국하였으며, 이후 미군 부대 근무 및 한반도 도항 경위, 한반도에서의 활동에 대한 심문 조사를 받았다. 그러나 세키는 한국전쟁이 발발하기 약 4년 전인 1946년 8월에 38도선 이남 지역으로 왔으므로, 이들과는 달리 당분간 한반도에 잔류하여 미군 부대에서 일했던 것으로 보인다.

중조 국경*인 압록강까지 육박한 유엔군이었으나, 1950년 10월, 26만 명의 중국인민지원군이 참전했다. 새해 벽두에는 다시 서울이 점령당하는 등,** 양군이 격돌하는 최전선은 남북으로 어지러울 만큼 움직이고 있었다. 세키는 1951년 5월에 제712철도조작부대에 배속되었다. 이 부대는 서울을 중심으로 철도 수송망을 운영하며 유엔군의 군수물자, 병력 수송을 담당했는데, 세키가 만철에서 쌓은 경험이 되살아나게 되었다.

그 후 이 부대에서 반년 남짓 일했고, 다음 해 2월에 세키는 일본에 돌아갔다. 그러나 귀국 후 수년도 지나지 않았는데, 발의 부상이 원인이 되어 사망했다. 세키의 최후를 A는 그의 형으로부터 연락을 받고나서 알았다.

취재 마지막에, 한국전쟁에 갔던 일을 어떻게 생각하는지 A에게 물었다. 말수 적은 A는 이렇게 대답했다.

"전쟁이라는 것은 말야, 좋지 않아. 역시 사람을 다치게 한다든지, 서로 그러는 것은……. 전쟁이라는 것은 좋지 않아."

그 말에 A가 체험한 한국전쟁이 응축되어 있는 듯이 느꼈다. 같은 현장에서 깊은 친분을 쌓은 친구가 내일은 없어진다는 것. 그것이 A가 생각하는 전쟁의 의미였다.

돌아가는 길, 요코스카선 열차 속에서 흔들리며 나는 취재 중에 A가 한 말을 반추하고 있었다.

---

* 북한과 중국의 국경을 가리키는데, 이 책은 일본인의 시각에서 쓰여졌다는 점, 일본에서는 일반적으로 한국보다 중국을 먼저 언급하는 점 등을 고려하여 중조 국경으로 표현하였다.
** 1·4 후퇴를 의미한다.

"사실은, 1970년대였을까, 한번 NHK로부터 취재 의뢰를 받은 적이 있었습니다. 그런데 그 취재는 갑자기 없었던 일이 되어 버렸고……."

기지에서 일하고 있었을 무렵의 지인에게서 전해 들었는지, NHK의 PD가 한국전쟁에 대한 이야기를 듣고 싶다고 찾아 왔다. A는 취재를 받아들일지 말지 망설이다가 나중에 NHK로 나갔다고 한다. 그러나 PD는 완전히 태도가 바뀌어 "그 얘기는 없었던 일로"라며 취재 의뢰를 취소했다. 그때는 A도 한숨을 쉬며 그 이상 이유는 묻지 않았다. 그러나 이 경험은 A에게 "한국전쟁에 갔다는 것은 터부가 되어 있군"이라는 의식을 심어 주게 되었다.

나는 내가 과거에 취재를 중단한 기획들을 다시 생각해 보았다. "과거에 같은 테마를 하고 있었으니까", "타이밍이 맞지 않는다", "다른 업무로 바빠졌다". 이유는 여러가지였다. 그러나 그 기획이 방송으로 제작되지 않으면, 즉 취재가 완수되지 않으면 사실은 밝혀지지 않은 채 방치되고 만다. 나는 나 자신의 행동이 '역사의 은폐'와 어떤 관계에 있는지 자각해야만 한다는 사실을 통감했다. 역사를 숨기는 것은 위정자들뿐만이 아니다. 미디어도 은폐에 가담할 위험이 있는 것이다.

'성벽으로 둘러싸인 마을'은 어디인가?

70년 동안이나 밝혀지지 않았던 히라쓰카 시게하루의 최후. 한국전쟁에서의 은폐된 전사. 나는 다시 한번 히라쓰카에 대한 자료와 마주하며 어떻게 하면 그 진상에 다다를 수 있을지를 생각했다.

모토지 씨의 수기에는 '[히라쓰카는] 해주의 전투에서 전사했다'라고 하

는 맥클레인 대위의 말이 기록되어 있었으나, 히라쓰카가 죽었다고 하는 9월 4일경, 그가 소속된 제8기병연대 E중대가 북한의 해주에 전개하고 있었다는 기술은 어느 문헌에도 없었다.

단서는 이 장 첫머리에 소개한 「증명서」에 있었다.

> 시게지 히라쓰카*는 제1기병사단 제8기병연대 E중대에서 일하고 있던 사이 1950년 9월 4일경에 한국의 '성벽으로 둘러싸인 마을Walled City'이라고 불리는 장소에서 전사했음을 확인하였다.

최대의 수수께끼는 히라쓰카가 죽었다고 하는 '성벽으로 둘러싸인 마을Walled City'이었다. 이 '성벽으로 둘러싸인 마을'이라는 장소는 도대체 어디일까?

제8기병연대 E중대의 행동 기록을 확인하기 위해 나는 메릴랜드주 칼리지 파크의 미 국립 공문서관 별관을 방문했다. 1994년에 세워진 지상 5층, 지하 2층의 유리 건물이다. 문서의 도난을 방지하기 위해 열람실에 들어갈 때는 엄중한 소지품 검사를 받아야만 한다.

나는 사전에 의뢰해 둔 제8기병연대의 행동 기록을 카운터에서 수령했다.[7] 낡은 서류철에 정리된 문서에는 날짜별로, 한국전쟁 시기 연대의 행동이 기록되어 있었다. 우선, 히라쓰카가 죽었다고 하는 1950년 9월 4일 전후까지의 발자취를 따라가 보도록 하자.

7월 14일 제8기병연대는 요코하마를 출항.

---

* '시게지 히라쓰카'로 표기된 경위에 대해서는 이 장 275쪽의 각주를 참조하자.

7월 18일 제8기병연대와 그 지원부대는 한반도의 포항 해안에 도착했다.

제8기병연대는 부산으로부터 북동쪽으로 약 100km 떨어진 포항에서 야영하였고, 그 후 대전 동쪽에 있는 영동으로 갔다. 이 연대는 원래 대전 전투의 원호에 나서려 하였지만, 제24보병사단이 패퇴하면서 그 계획이 취소되어 목적지가 변경되었기 때문이다.

8월 1일 연대는 적이 영동~왜관[현재의 경상북도 칠곡군 왜관읍] 사이의 도로를 사용하지 못하도록 하는 임무를 부여받아, 제1기병사단이 왜관으로 이동할 때에 사단의 우측면을 수비하였다.

8월 2일 연대의 임무는 김천 북쪽의 방어 위치를 유지하는 것이다. 또한 사단이 왜관으로 이동하는 것을 원호하는 것이다. 연대의 차량 행렬은 왜관의 2마일[약 3.2km] 동쪽에서 숙영하였다. 전사자는 9명, 부상자는 40명, 행방불명자는 10명.

8월 3일 연대는 왜관 근처의 사단 집합지로 이동하였다. 이번 이동은 도로 상태가 불량했고 교통 정리도 되지 않은 채 이뤄진 탓에 매우 곤란하였다. 연대장은 대구의 사단[제1기병사단-역자주]으로부터 명령을 수령하였다. 연대는 낙동강의 새로운 위치로 이동. 연대의 임무는 적의 낙동강 도하를 저지하는 것이었다.

8월 4일 연대는 대구의 서쪽에 있는 낙동강 동안의 고지에서 조직되었다. 이날 손실은 없음.

제8기병연대는 이 8월 4일부터 8월 24일까지는 낙동강 부근에서 정찰을 계속했지만, 북한군의 움직임은 확인할 수 없었다.

제2장에서 언급한 대로, 6월 25일 개전 이래 계속 고전하기만 했던 한국은 수도를 서울에서 대전, 그 다음에는 대구로 이전했다. 8월 18일에는 한국 제2의 도시 부산이 임시 수도로 결정되었다. 그리고 남진을 계속하는 북한군에 맞서 부산을 지키는 최후의 방파제가 된 곳이 칠곡군의 다부동이었다.

이 '다부동 전투'는 8월 1일부터 9월 24일까지 55일에 걸쳐 전개된 전투로, 유엔군과 한국군은 초반부터 9월 중순까지 열세였지만, 9월 15일 인천 상륙작전으로 북한군의 보급로를 절단하는 데 성공했다. 형세는 단숨에 역전되었다.

나중에 이 다부동 전투는 '한국전쟁 중 가장 중요한 전투로, 처절한 혈전 끝에 적을 격멸하여 생사의 기로에 직면한 전황을 극복했다'라고 칭송되었다.[8]

8월 25일, 이 부분에는 히라쓰카가 있었던 E중대도 기록에 나온다.

> 8월 25일 정찰이 계속되어 연대가 있는 구역에 적이 진지를 구축하고 있다는 사실을 파악하였다. E중대의 대규모 정찰대는 정찰과 전투 임무를 위해 강을 건넜다. 이번 정찰로 적어도 적 120명 사망을 확인했으며, 그 3분의 2는 제복을 입고 있었다. 민간 옷을 입은 남자가 나무에 매달려 있었다.

북한군과의 사이에서 때때로 소규모 교전이 있기도 했으나, 대규모 전투는 일어나지 않았다. 그리고 8월 하순부터 부대는 다부동으로 이동. 다시 9월 1일까지 적의 위치를 탐색하기 위한 정찰을 계속하였다. 그리고 2일, 마침내 전투가 발발한다. 제8기병연대에 할당된 임무는 우

군 부대를 지원하는 것이었다.

9월 2일　제8기병연대에는 제7기병연대를 지원하기 위한 290고지(숫자
는 산의 높이를 나타냄)*을 확보하는 임무가 할당되었다. 11시 15
분까지 확보. 17시, 제8기병연대에 붙잡힌 북한군 제19연대 포
로로부터 총공격이 해질녘에 시작될 거라는 첩보를 얻었다. 이
첩보는 맞았으며, 23시에 G중대는 448고지에서 쫓겨났고, F중
대는 돌파당했다. F·G 중대가 편성된 사이에 E중대는 공격이
심하지 않은 우측면에 위치를 잡고 중대를 지켰다.

9월 3일　적의 습격이 이어졌다. 야간, 적의 공격을 받은 사이에 E중대는
분단되었지만 다시 배치를 유지하였다. E, G중대와 대대 본부는
다부동 남쪽의 449고지에서 재편성하였다.

그리고 히라쓰카가 사망했다는 9월 4일의 행동 기록. 여기에 '성벽으
로 둘러싸인 마을Walled City'에 대한 기록도 있었다.

9월 4일　제8공병대대 D중대와 제8기병연대 E중대는 적의 박격포와 소
화기의 거센 공격을 받으면서도 착실히 **성벽으로 둘러싸인 마을의
중심부**를 향해 전진하였다. 세찬 비가 내려 시계가 제한되었기
때문에 무기 사용이 늦어지고 말았다. 이 즈음 물자 보급이 큰
문제가 되었는데, 특히 탄약 부족이 심각하였다. (…중략…) 수
류탄이 다 떨어지면 참호용 삽으로 적의 두개골을 깨부숴 죽이

---

*　군사 작전 중 주변의 산악 지형을 가리키기 위해 사용하는 명칭으로, 보통은 해발 고
도를 적용한다. 290고지라면, 고지 정상의 해발고도가 290m라는 의미이다.

고 전진을 계속하였다.강조-인용자

제8기병연대의 행동기록에는 (9월-역자주) 4일의 작전 세부 사항도 기록되어 있었다. 거기에는 '성벽으로 둘러싸인 마을, 가산'이라고 되어 있었다. 가산은 한국 제3의 도시, 대구 근교에 있는 산이다. 9월 1일부터 15일에 걸쳐 이 산을 둘러싸고 벌어진 다부동 전투 중에서도 대서특필할 만한 치열한 싸움은 나중에 '가산 전투'라고 불렸다.

한국전쟁은 '비의 전쟁'이었다고도 한다. 한반도는 여름에 비가 많이 내리고, 비가 내리는 중에 전투를 치르면 지리의 이점이 없는 유엔군은 고전했다. 9월 4일도 비가 내리고 있어서 시계가 나빴다. 탄약이 다 떨어져 우군의 원호를 받을 수 없는 가운데 무기로 야전삽을 써야 할 만큼 격렬한 전투가 벌어졌다.

가산 전투의 지휘를 맡은 것은 미 육군 제8군사령관 워커 중장. 대전 전투 등 한국전쟁의 초기의 격전을 지휘한 인물이었다. 그런 그로서도 가산 전투의 첫 1주일간은 '가공할 만한 7일간'이라고도 했으며, 그중에서도 9월 4일, 5일은 가장 가혹한 이틀간이었다고 했으나,[9] 유엔군은 이 가산 전투를 제압하여 반격으로 전환했다.

히라쓰카는 역시 이 가산에서 죽은 것일까? 행동 기록으로부터 히라쓰카가 한반도에 간 뒤부터 9월 4일까지의 발자취가 보이기 시작했다. 그러나 그 최후의 순간이 어떠했는지는 여전히 불명확한 채로 남아 있었다.

히라쓰카의 죽음의 진상을 쫓아가는 중에, 그와 같은 E중대에 소속되어 있었던 일본계 전직 미군 장병이 생존해 있다는 소식을 입수하였다.

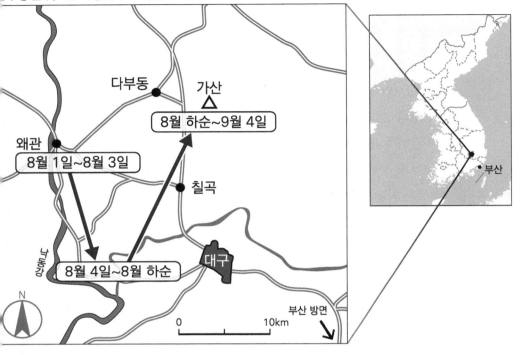

히라쓰카와 같은 부대원이었던 제이 히다노

나는 하와이로 향했다.

조사원 야나기하라가 바로 그 인물, 제이 히다노를 찾게 된 것은 하와이에 사는 퇴역 군인들의 전쟁체험을 모은 증언집을 읽은 것이 계기가 되었다고 한다.[10] 증언집에서 히다노는 한국전쟁에 대해 증언했는데, 제8기병연대 소속이었다고 되어 있었다. 야나기하라가 히다노에게 연락을 하자, 히라쓰카와 같은 E중대였던 사실을 알게 되었다.

야나기하라는 다시 히다노에게 연락하여 히라쓰카에 대해 이야기를

듣고 싶다고 취재 의도를 전했다. 그러자 히다노는 전화기 너머에서 숨을 삼키고, 잠시 침묵한 뒤에 "전쟁은 기억하고 싶지 않다"라고 중얼거리면서 전화를 끊어 버렸다고 한다. 야나기하라는 히라쓰카의 동생이 지금도 살아 있으며 진실을 알고 싶다고 부탁했음을 다시 한번 전달하고 교섭을 계속했다. 그 결과 히다노는 "육친을 위해서라면"이라고 취재에 응했다.

지금까지 본 것과 같이, 한국전쟁에 출정했던 전직 미군 장병 여러 명으로부터 증언을 얻었지만, 제8기병연대, 더구나 E중대에 소속되어 있던 생존 인물은 히다노를 제외하곤 존재하지 않는다. 미군 당국으로부터 '배를 타고 밀항', '유엔군으로 변장'한 것으로 결론이 나 버린 히라쓰카의 발자취를 파악하고 싶다. 히다노를 취재하는 것이야말로 히라쓰카의 진상에 다가갈 수 있는 최후의 기회라고 마음에 새겼다.

인터뷰는 히다노의 몸 상태가 낫다는 오전 중에 행해졌다. 숙박하는 호텔의 방을 인터뷰 룸으로 세팅했다. 약속한 시간에 딱 맞춰 휠체어에 탄 히다노가 아내를 대동하고 나타났다. 선글라스를 쓰고 있어서 표정은 읽을 수 없었지만 긴장하고 있음을 느낄 수 있었다. 공기가 얼어붙었다. 하와이에서 태어난 일본인 2세로, 취재 당시 95세였다. 한국전쟁에서 한쪽 다리를 잃어 의족을 하고 있었다. 휠체어에 앉아 있었기 때문에 키는 알 수 없었지만, 탄탄한 상반신을 보니 커다랗게 느껴졌다.

히다노의 긴장을 풀려고 밝게 말을 걸었지만, 반응은 그다지 없었고, "어디서 이야기하면 되겠소?"라고만 대답했다. 히다노는 이미 인터뷰를 위한 준비를 마치고는 신경을 가다듬고 있는 것 같아서 쓸데없는 말은 붙이지 않고 빨리 방으로 초대했다. 휠체어로부터 소파로 옮기게 되자, 히다노는 단도직입적으로 "이것을 읽으면 모든 것을 알 수 있을 것이오"라고 말하며 책자 한 권을 꺼내들었다.

제이 히다노. 제1기병사단 제8기병연대 E중대 소속이었다.

그것은 저 제8기병연대 E중대를 이끌고 있던 윌리엄 알버트 맥클레인 대위의 수기였다. 앞에서 이야기한 대로, 히라쓰카의 아버지, 모토지 씨와 면회를 마친 뒤 전쟁터로 돌아간 맥클레인 대위. 그는 부대와 함께 북상하여 38도선을 돌파하였지만, 그 뒤 중국인민지원군과의 전투에서 포로가 되었다.[11] 그리고 1950년 11월 5일부터 2년 하고도 10개월 동안 북한의 압록강 부근의 수용소에서 포로 생활을 보냈다. 석방된 후 맥클레인 대위와 히라쓰카의 가족이 만났다는 기록은 없다.

맥클레인 대위는 1980년에 퇴역한 뒤에 수기를 써서 그 한 권을 부대의 동창회 등에서 얼굴을 맞대며 친교가 깊었던 히다노에게 맡긴 것이다.

히다노는 맥클레인 대위의 수기 외에도 히다노가 E중대 소속으로 있었던 사실에 관한 증명서와, 맥클레인 대위와 함께 찍은 사진, 맥클레인

대위의 프로필 등의 자료도 준비해 두었다. 히다노는 "인터뷰 전에, 먼저 자료를 읽어 보시오"라고 말했다. 우리들이 자료를 훑어 보는 사이 그는 몸을 조금도 움직이지 않고 그저 조용하게 기다리고 있었다.

거기에는 히라쓰카가 한국전쟁에 가서 어떻게 죽었는가, 70년의 수수께끼의 진상이 모두 쓰여 있었다.

맥클레인 대위의 수기

맥클레인 대위는 히라쓰카와 같은 1921년생이었다. 1940년 제34보병연대에 입대하여, 제2차 세계대전에서는 유럽의 이탈리아 전선에 보내졌다. 그 후 제8기병연대로 전입하여, 점령군으로 롯폰기의 점령군 기지에 주둔했다. 한국전쟁이 시작되자 제8기병연대 E중대의 지휘를 맡았다.

대위의 수기에는 일본에 주둔하고 있었을 때 히라쓰카와 만난 일도 적혀 있었다. 히라쓰카는 '네오'라는 닉네임으로 적혀 있었다.

> 도쿄에 주둔하는 동안 우리 중대에는 일본인 한 명이 일하고 있었다. 그는 맡은 일은 잡일이든 무엇이든 해 주었다. 그의 이름은 네오라고 하는데, 도쿄에 살고 있었다. 네오는 제2차 세계대전 때 일본육군에서 보병대 위생 오장구 일본군의 하사 계급—역자주이었다. 네오는 멋진 예술가로 화가이기도 했다. 우리들은 그의 그러한 능력에 도움을 받았다. E중대 모든 병사들은 네오를 존중했다. 모두가 그에게 임금을 주려고 날마다 돈을 모은 다음 팁으로 주었다. 그런 것에 네오는 정말로 기뻐해 주었으며, 식당에서 먹을 것을 나눠 주기도 했다.
>
> —『맥클레인 대위의 수기』

위생 오장이었을 때 그림에 뛰어났다는 것은 모토지 씨의 수기나 동생 데루마사 씨가 이야기한 대로였다. 맥클레인 대위의 필치를 보면서, 그가 히라쓰카를 한솥밥을 먹는 동료로서 여겼다는 것도 느꼈다. 대위가 수기에서 묘사한 이야기는 이윽고 한국전쟁이 시작된 때로 옮겨 간다.

네오는 우리 부대가 한반도에 간다는 것을 알고는 우리에게 왔다. 몇 가지 이유가 있었는데, 네오는 일본에 남기로 되어 있었다. 그는 나에게 이렇게 말했다. "대장, 저는 당신과 함께 조선에 가고 싶습니다." 나는 놀라움을 감추지 못했다. 그러나 그는 너무나도 진지했다. 나는 네오에게 더 높은 상관에게 문의하여 허가를 얻어야만 한다고 말했다. 허가를 얻은 뒤에 네오는 제복과 도구, 소총을 지급받았다. 그는 고무되어 있었으며, 우리들과 한반도에 간다는 것을 즐거워하고 있었던 것 같다.

— 『맥클레인 대위의 수기』

히라쓰카는 스스로 한반도에 가고 싶다고 말했다. 히다노는, 일가의 생계를 히라쓰카가 떠받치고 있었던 것은 미군 병사에게도 알려져 있었으며, 히라쓰카는 실업을 하면 안 된다는 마음이었던 것은 아닐까, 하고 말했다.

수기에 기술된 내용 중에서 중요한 것은, 히라쓰카는 맥클레인 대위와 교섭하여 동행하는 것에 대해 상관도 포함하여 허가를 얻었다는 점이다. 그러니까 미군의 제복과 무기가 지급되었다. 변장도 밀항도 아니었다. 자기 아들이 밀항자였을 리 없다고 했던 모토지 씨의 주장은 과연 옳았다.

전장에 도착한 뒤에도 히라쓰카는 부대에 없어선 안 될 존재였다.

한반도에서 우리들은 예하 부대를 파견하기도 했고, 적을 파악하기 정찰을 실시했다. 네오는 자진하여 다른 부대의 지휘자를 따라 정찰대원이 되었다. 그는 놀라울 정도의 능력으로 북한군 병사의 위치를 특정해냈다. 그리고 특정한 적의 위치를 정확하게 스케치하여 보여 주었다.

— 『맥클레인 대위의 수기』

히라쓰카의 스케치는 부대에 위험을 알리는 중요한 정보가 되었다고 한다. 그러나 히라쓰카가 활약할수록 오히려 맥클레인 대위는 그를 걱정하게 되었다.

배급된 맥주를 다 마셔 버리고 난 뒤 며칠이나 지났을까, 네오는 나에게 와서 이렇게 말했다. "대장, 이것을 드십시오. 진짜 차갑습니다." 그는 맥주를 땅 속에 묻어 차갑게 만들어서 주었다. 나는 네오에게 정찰대에서 활약하는 것은 그만두고 이제는 돌아오라고 말했다. 웬지 그에게 무슨 일이 생기는 것은 아닐까, 하고 걱정이 되었기 때문이다. 네오는 위대한 병사였었다. 그는 나의 통솔과 명령에 따르기 위해 최선을 다했던 것이다.

— 『맥클레인 대위의 수기』

9월 4일에 무슨 일이 일어났는가

마침내 9월, E중대는 '성벽으로 둘러싸인 도시'의 건, 가산 임무를 명 받았다.

1950년 9월 초순. 우리 부대는 새로운 임무를 부여받았다. 제8공병대대를 따라 가서 성벽에 둘러싸인 도시, 가산에서 적에게 포위된 D중대를 구출하라는 지령이었다.

—『맥클레인 대위의 수기』

그리고 대위의 수기에는 가산 전투에서 '날아온 포탄이 네오를 직격했다'라고 쓰여 있었다. 내가 이 공격에 관한 내용을 확인하려고 수기를 소리내어 읽었을 때 히다노는 "그렇게 그는 죽었다"라고 나지막히 말했다.

부대는 동료의 죽음을 돌아볼 겨를도 없이 앞으로 나아가야만 했다. 대위의 수기에서 마음에 걸리는 서술이 있었다.

나는 많은 것을 생각했다. 내 마음 속에 남아 있는 네오. 명령도 없이 성벽으로 둘러싸인 마을을 떠난 일. 나는 군법회의에 불려나갈 가능성이 있었다. 나는 자기 자신에 대해 생각하고, 확실히 스스로 그걸 바라는 것 같았다.

—『맥클레인 대위의 수기』

본래 한국전쟁에서 히라쓰카에게 닥친 일은 맥클레인 대위가 상층부에 보고해야 했다. 네오가 종군하기에 이른 경위, 그가 전쟁 중에 한 활동, 그리고 그의 전사. 이에 대한 정보를 책임지고 말할 수 있는 사람은 맥클레인 대위밖에 없었을 것이다. 그가 히라쓰카를 지키기 위해 명령을 무시하고, 군법회의에 불려나가도 된다고까지 마음먹은 것을 생각하면 더욱 그렇다. 그러나 끝내 보고는 이뤄지지 않았다. 맥클레인 대위는 포로가 되었고, 그 사이 미군이 히라쓰카에 대한 조사를 종료했기 때문이다.

히다노는 맥클레인 대위로부터 수기를 받았을 때, 대위가 수기를 쓴

이유를 듣게 되었다.

"책임을 느꼈던 거요. 그가 네오를 (한국전쟁에) 데리고 갔기 때문이오. 죄의식을 느껴 자신을 책망하며, 네오가 죽은 것에 대해 계속 미안해하고 있었지. 나도 그와 같은 기분이었소. 그가 하와이에 왔을 때 수기를 꺼내들며 "제이, 당신에게 이것을 건내지"라고 말했소."

맥클레인 대위는 2004년 10월 21일에 사망했다. 향년 83세. 히다노가 대위의 수기를 제3자에게 보인 것은 이번 취재가 처음이었다. "네오의 최후를 그의 동생에게 알려 주시오"라고 히다노는 말했다.

히다노(왼쪽)**와 맥클레인**(사진 제공 / 제이 히다노)

　한국전쟁에서 싸운 일본인

"그는 범죄자 따위가 아니야"

어떻게든 히다노에게 물어 보고 싶은 것이 있었다. 미군 당국이나 일본 정부로부터 범죄자로 취급된 히라쓰카를 동료들은 어떻게 생각했는가, 였다.

나는 미군이 유족에게 보낸 서한에 대해 설명하고, 히라쓰카가 범죄자로 여겨져 온 것에 유족이 큰 상처를 입었다고 말했다. 그러자 히다노는 손을 크게 내저으며, "아냐, 아니라고No! No! No!"라고 강한 말투로 부정했다.

"그는 범죄자 따위가 아니야! 완전히 틀렸소. 전선에 흥미 본위로 갈리가 없소. 어쩌면 죽을지도 모른다고 네오는 알고 있었을거야. 그것은, 우리들 미군을 돕기 위해서였소."

그리고 히다노는 "우리들은 네오를 사랑했소"라고 덧붙였다.

히다노는 1927년생이었다. 1946년에 입대하였으며 첫 임무는 점령군으로서 일본에 부임한 것이었다. 그는 제8기병연대 E중대에 소속되어 '네오'와도 서로 알게 되었다.

5년 전가지태평양전쟁 시기를 말함─역자주 적국이었던 일본에서 네오와 함께 보낸 시간들. 그리고 한국전쟁에서 전장의 생사를 함께한 경험들. 히다노는 말한다.

"네오는 동료였으며 특별한 관계였소."

히라쓰카의 동생에게 건네달라는 것이 있다면서, 히다노는 핀 뱃지 한 개를 꺼내들었다. 한 필의 백마에 8개의 별이 붙어 있는, 제8기병연대 뱃지였다. 오직 이 날을 위하여 군에서 가져 온 것이라고 한다.

"가족들에게 고인은 대단히 소중한 존재라오. 가족들은 목숨을 바친 사람을 추억하고 기도하오. 이 뱃지로 남동생 분이 네오를 추억하게 해

주고 싶소. 이 뱃지에 당신에게 전해 주고 싶었던 그 모든 이야기가 담겨 있소."

국가로부터 부정당한 히라쓰카의 생애. 히다노는 인터뷰에 응하여 뱃지를 우리들에게 맡기는 행위로써 한 개인으로서나마 히라쓰카의 명예를 회복시키려 한 것이다.

나는 사전에 히다노에게 히라쓰카의 유골이 남아 있는지 알고 싶다고 말했다. 그는 유골에 대해서 기록한 편지를 데루마사 씨 앞으로 준비하여 두었다. 취재 마지막 순간, 편지를 손에 쥔 히다노는 나를 똑바로 쳐다보며 다음과 같이 말했다.

"진실을 말하라고 하는 것이오? 가족들이 정말로 알고 싶어하는 것이오? 만약 그렇다면 전장에서 일어난 진실을 전해 주시오."

히다노는 가산 전투 뒤 중국인민지원군과의 전투에서 총격을 받았고, 그것이 원인이 되어 다리를 절단하게 되었다. 그의 등에는 아직도 포탄의 파편이 남아 있다. 지금도 전쟁 때의 광경이 갑자기 떠오르거나 악몽을 꾸기도 한다. 그래도 가족들에게만큼은 진실이 전해져야 한다고 생각하여, 처음이자 마지막으로 이야기를 하겠다는 굳은 각오로 취재에 응해 주었다.

나는 히다노의 편지를 받아들고 데루마사 씨에게 전해 주기로 약속했다.

한국으로 형의 유골을 찾아서

나는 귀국 후 바로 데루마사 씨의 자택을 방문했다. 나는 히다노로부터 받은 맥클레인 대위의 수기와 뱃지를 건넨 뒤 경과를 보고했다. 데루

마사 씨는 뱃지를 히라쓰카의 영정이 놓인 불단에 바치고는 합장했다.

"좋게 생각해 주셨다니……. 가슴이 먹먹하네요. 형을 이만큼 생각해 주셨다니. 그러니까 그 병사 분은 형을 범죄자가 아니라 한 사람의 동료로서 대해 주고 있었구나, 하고요. 그것은……, 감사합니다."

히다노에게 받은 편지도 건네 드렸다. 거기에는 이렇게 쓰여 있었다.

그의 유골은 아직 저 '성벽으로 둘러싸인 마을', 가산에 있을지도 모릅니다. 이런 이야기를 전해야만 하는 것을 죄송하게 생각합니다. (…중략…) 우리들은 누가 죽었는가를 마음에 담아 둘 겨를이 없었습니다. (…중략…) 전쟁은 더럽고 잔혹하며, 모든 인간이 살아남기 위해 싸우는 것일 뿐입니다.

미군 장병들은 개인 식별용 독택인식표을 지니고 있었지만, 히라쓰카 등 일본인은 갖고 있지 않았다. 그 때문에 유엔군이 반격하여 가산을 손에 넣은 뒤에도 네오의 유체는 회수되지 못하고 아직 가산에 있는 것은 아닐까. 편지를 다 읽은 데루마사 씨는 우두커니 "아직은 이제 됐다, 라고는 할 수 없겠군요"라고 중얼거렸다.

형은 어떤 곳에서 죽었던 것일까. 그리고 형의 유골은 어떻게 되었을까. 70년 가까이 걸쳐 가슴 속에 억눌러 온 의문이 솟아났을 것이다. 그 답은 한국에만 있을 것이다. 2019년 6월, 나는 데루마사 씨와 함께 한국으로 향했다.

우선 히라쓰카의 유골에 관한 단서를 찾아, 나는 한국의 조사원 이인석에게 취재를 의뢰했다. 한국전쟁을 경험했던 군인의 대부분은 이미 귀적鬼籍에 들어간 가운데, 이인석은 곧바로 현지에 들어가 탐문을 거듭하여 한 사람의 남성을 찾아냈다.

가산 전투를 알고 있는 전직 한국군 병사 정재춘鄭在春* 씨, 91세. 대구의 요양시설에 입원해 있었다. 정재춘은 일찍이 다부동 전투에 참전한 퇴역 군인들이 소속된 '다부동 구국용사회'를 이끌었다고 한다. 모임 자체는 고령화가 진행되어 이미 해산되었다.

데루마사 씨가 자신의 형이 한국전쟁에 참가했다는 것을 알려 주자, 정재춘은 뭔가 기억나는 듯이, 일본인이 있었을지도 모른다고 말했다. 그리고 데루마사 씨를 향해, 히라쓰카가 한국군과 함께 싸워 준 데에 감사를 전했다. 정재춘에 따르면 가산은 '모를 심어 놓은 것 마냥 사람 죽은게 좌악 있었어요'라는 곳이었다.

그들의 유골은 어떻게 되었을까, 데루마사 씨가 물었다.

"만약 제 형의 유골이 어디 있는지 알게 된다면 유족의 한 사람으로서 매우 기쁘겠습니다만, 그런 것遺骨은 얻을 수 없겠습니까?"

정재춘은 다음과 같이 응답했다.

"수집한 유해는 한 곳에 모아 두었다고 들었습니다. 제가 알고 있는 것은 그것뿐입니다." 정재춘은 고령이었으므로 참가할 수는 없었지만, 확실히 유골의 발굴 작업은 행해지고 있었다. 가산 기슭에는 그 당시의 일을 기록한 기념비가 있을 것이라고 한다.

헤어질 때 정재춘은 "전쟁은 해서는 안 됩니다. 사람이 무조건 죽을 이유는 없습니다. 지구상에서 사라져야 합니다"라고 말했다. 일본에서는 어렸을 때부터 전쟁을 하면 안 된다고 배운다. 그러나 지금도 휴전 상태일 뿐 여전히 전쟁이 끝나지 않은 한반도에서는 이와 같은 말이 압도적인 현실감으로 들려 온다.

---

* 다부동전적기념관의 구국용사충혼비에는 해당 인물의 이름이 새겨져 있다. 소속은 제1사단 공병대대, 계급은 하사로 확인된다.

다부동 전투의 격전지가 된 칠곡군 가산은 한국 남부의 대구 중심부에서 차로 1시간 정도 걸리는 곳에 있다. 우리들이 방문한 날도 비가 내렸다.*

현지 가이드인 이순희李順姬 씨가 우리들을 안내해 주었다. 이순희 씨는 지역에서 일어난 전쟁을 지금 세대에 전달하는 활동을 하는데, 유해의 발굴 작업에 대해서도 상세히 알고 있었다. 데루마사 씨가 형이 여기서 죽었다고 들었다는 이야기를 하니 이순희 씨는 이렇게 말했다.

"수많은 희생 위에 오늘날의 한국이 있습니다. 특히 가산 전투에서 졌다면 현재의 한국은 없었을 것입니다. 정말로 의의가 깊은 장소입니다."

가산에서는 지금까지 몇 차례에 걸쳐 유해 발굴 작업이 행해졌다. 최초의 발굴 작업은 2000년 4월에 행해졌지만, 이 때는 유해가 발견되지 않았다. 두 번째인 2011년 4월의 발굴 작업에서 26구의 유해가 발견되었다.

우리들은 다부동 전적기념관을 방문했다. 이곳에는 전쟁 사진이나 병사들이 실제로 사용한 군복이나 총이 전시되어 있다. 기념관 정면에 있는 광장 한 구석에는 그동안 발굴된 유해를 모시는 위령비가 있었다. 여기에는 신원 불명의 유해 259구가 합장되어 있다. 가산을 비롯하여 다부동 전투에서 목숨을 잃은 병사들의 유해였다. 그 내역은 한국군 제1사단, 제8사단 제10연대, 제7사단 제3연대, 그리고 미 육군 제1기병사단, 제25보병사단 제27연대, 제2보병사단 제23연대 등(의 출신 장병들의 것이다－역자주). 히라쓰카가 있었던 제8기병연대가 소속된 제1기병사단이 포함되어 있다. 위령비에는 김영삼金泳三 대통령재임기간 1993~1998년의 비

---

* 히라쓰카가 가산 전투 중에 포탄의 직격으로 사망한 1950년 9월 4일 역시 비가 많이 내렸다고 맥클레인 대위는 자신이 남긴 『수기』에서 언급하였는데, 저자는 날씨에서 의미를 찾고자 한 것으로 보인다.

문이 새겨져 있다.

여기 자유의 제단에 조국 위해 목숨 바친 영령을 모시노라. 가신 님의 짧은 인생을 겨레와 함께 영원히 살아가리.

이순희 씨에 따르면, 유골 대부분은 포탄에 맞아 심하게 훼손되었다. 완전한 형태로 발굴된 것은 거의 없었다. 팔 하나, 다리 하나만 남은 유골도 있었다고 한다.

미군 장병의 제복을 착용하고 죽은 히라쓰카도 여기에 매장되었을 가능성이 있을까, 이순희 씨에게 물었다.

"예. 합장되어 있을 것입니다. 미군이나 한국군 병사가 매장되어 있으니까요. 복장으로 판단해서 매장하고 있습니다."

지금도 한국에서는 전사자 DNA 감정이 계속되고 있다. DNA 감정은 본인의 모발 등 신체 일부로 하는 경우 가장 정밀도가 높다. 단 전사자의 경우 그것이 남아 있는 것은 거의 없으므로, 남성의 경우 부친이나 아들 등 1촌의 DNA와 대조한다. 그 다음으로 정밀도가 높은 것이 2촌인 형제이다. 훗날 데루마사 씨가 DNA 감정을 받을 수 있는지 이를 소관하는 한국 국방부에 문의했지만, 정식 유엔군 소속으로 인정되지 않으면 감정을 받을 수 없다는 대답이었다.

다부동 전적기념관의 위령비에 히라쓰카의 유골이 매장되어 있는지는 알 수 없다. 그러나 데루마사 씨는 나지막히 위령비를 마주하고 눈을 감고 합장했다. 돌아갈 때 어떤 생각으로 합장했는지 물었다.

"유골 일부만 남아 있다니 꺼림칙했습니다. 그래도…감사했습니다. 이야기를 들으면서, 형이 (위령비) 안에 모셔져 있다면 좋았겠지만, 감사

하게 여겨지네요. 고이 장사를 지내 주셨으니까."

위령비 너머로 히라쓰카가 죽어간 가산이 보였다. 비는 한층 강해져 데루마사 씨의 머리 위에 세차게 내리부었다.

69년만의 재회

한국 방문 마지막 날, 우리들은 가산의 숲속에 있었다.

산길 옆으로는 거대한 암석이 잘려 나간 채 나뒹굴고 있었다. 바위로 된 강고한 성벽을 두른 이 산성은 약 400년 전 조선왕조 시기에 세워졌다. 1592년, 97년에는 도요토미 히데요시에 의한 조선 출병이 있었고 (분로쿠·게이초의 역文祿·慶長の役),* 1636년에는 청이 조선에 쳐들어왔다병자호란—역자주. 두 차례나 외적의 침공을 받은 것이 성을 쌓은 계기였다. 산마루는 내성內城이 감싸고, 산기슭은 외성外城으로 둘러싸여 있다. 몇 겹이나 되는 암석이 쌓여 있고, 성내에는 군량이 비축될 수 있는 구조였다. 그리고 약 70년 전, 이곳은 한국전쟁의 격전지가 되었다.

전날에 내린 비 때문이었을까, 지면은 질퍽거렸고 타이어는 자꾸 미끄러졌다. 도로 폭은 차 한 대가 겨우 지나갈 정도였다. 급경사 길에 접어들자 브레이크를 걸어도 차체가 주르르 미끄러져 내려갔다.

---

*   일본에서 각각 임진왜란과 정유재란을 부르는 명칭 중 하나다. 분로쿠, 게이초는 당시 일본의 연호였으며, 역(役)이란 국가가 백성을 대규모로 군사 동원하는 행위를 가리키는 용어이기도 하다. 전쟁이라는 국제 관계보다는 국가 내부의 권력 발동에 초점을 맞춘 용어로 볼 수 있다. 한편, 이를 조선 출병이라고 표현하기도 하여 한국으로부터 침략 행위를 호도한다는 비판이 제기되기도 한다. 이는 한일 역사교육을 둘러싼 갈등 중에서도 중요한 논점 중 하나였다.

한 발짝이라도 틀리면 왼쪽의 비탈에 굴러떨어질 수밖에 없다. 해발 902m인 가산을 3분의 2 정도 갔는데, 차로 이 이상 올라가면 위험하다고 판단했다.

차에 동승한 데루마사 씨에게 "조금 걸어 보시지 않겠습니까?"라고 말을 걸었다. 창 밖을 바라보고 있던 그는 조용히 끄덕이며 차에서 내렸다. 한국을 떠나기 전에 산마루를 보고 싶다고 데루마사 씨가 말했기 때문이다.

"와서 다행이었던 것 같습니다. 형이 이런 곳에 있었다고는 생각도 못했으니까요."

69년 전 형이 걸었을지도 모르는 그 길을 83세의 데루마사 씨가 걸어갔다. 지금도 현직 경비원으로 주 5일, 1일 8시간, 실외에서 내내 서 있는 데루마사 씨의 걸음걸이는 힘이 있다. 10분 정도 걸어가니 산마루 앞에 경치가 확 트인 곳이 나왔다. 산비탈을 내려다 보니 듬성듬성 늘어선 나무 사이로 거대한 바위가 몇 개나 보였다.

갑자기 데루마사 씨는 발을 멈추고 비탈 쪽으로 조금씩 다가갔다.

"뭔지 모르겠지만 이 근처에서 당했던 것 같은데……. 형이 이름을 부르고 있는 것 같아서요. 여기 왔을 때 형이 박격포에 당했구나, 싶어요. 형 옆에서 터져서, 형은 여기서……."

그때였다. 산비탈을 기어오는 듯이, 아래쪽에서부터 짙은 안개가 밀려 오고 있다. 방금 전까지는 보이지 않았던 바위가 안개에 휩싸이고 있다. 마치 **산이 그 광경을** 보여 주려는 듯이.[*]

히라쓰카는 미군과 동일한 무장을 몸에 걸치고, 미군과 함께 산꼭

---

[*] 바로 아래 내용과 같이 히라쓰카가 포연과 탄우 속에 죽어 간 것을 표현하고자 한 것으로 보인다.

대기에 위치한 북한군의 진지를 탈환하여 우군을 구출하려 하고 있었다. 산 위에서 북한군이 박격포를 폭풍처럼 쏘아댔다. 산의 나무가 모두 불타 없어질 만큼 격렬한 전투였다. 미군도 반격을 시도했지만, 비 때문에 시계 불량으로 우군을 오인사격할 가능성이 있어서 중화기는 사용할 수 없었다.

　우리 부대는 무시무시한 수의 포탄에 휩쓸리면서 산마루의 적 진지로 다가가고 있었다. 네오는 내 가까이에 있었는데, 조금 떨어진 장소로 이동시켰다. 그곳이 좀 더 안전한 장소라고 생각한 탓이다.

—『맥클레인 대위의 수기』

위험하다는 느낌이 들었던 맥클레인 대위의 불안은 적중한다.

　나는 짧은 보고를 받았다. 날아온 포탄이 네오를 직격했다고. 이 소식에 부대원 모두는 당황했다. 그러나, 우리들은 나아갈 수밖에 없었다.

—『맥클레인 대위의 수기』

미군 보고서에 히라쓰카는 '전사했다'라고 쓰여 있었다. 본래 전사라는 말은 국가가 참전한 전쟁에서 싸우다 죽은 것을 의미한다. 한국전쟁에 일본은 참전하지 않았다. 그러나 이 가산의 숲속에서 한 사람의 일본인이 '전사'한 것이다.

데루마사 씨에게 "만약 (형님에게−역자주) 이야기하실 수 있다면 어떤 말씀을 드리고 싶으세요?"라고 물었다.

"아버지랑 어머니가 형을 많이 걱정했었어, 라고 말해 주고 싶어요.

살아 돌아왔다면 무엇보다도 좋았겠지만, 지금은 안 계시니까 어쩔 수 없지요. (형의—역자주) 목소리를 들었다고 하면 이상하게 들릴지도 모르지만, 데루마사, 라고 (형이—역자주) 부른 것처럼 느껴져서……."

눈물이 나오자 목소리는 떨렸고, 그 이상은 말을 잇지 못했다. 데루마사 씨는 눈물을 씻어 내듯이 감사합니다, 라고 힘주어 말하면서 산마루를 뒤로 하고 지나왔던 길을 되돌아갔다. 나는 그 뒷모습을 조용히 바라보았다.

어느 일본인의 발자취를 따라간 긴 여행이, 이렇게 일단락되려 하고 있었다.

역사에 묻힌 '최초의 전쟁 협력'

한국전쟁에 대해 생각한다면, 그 배경에 존재한 냉전 구조를 결코 무시할 수 없다.

제2차 세계대전 후 미소의 패권 경쟁은 공통의 적이었던 파시즘이 모습을 감춘 독일에서 처음으로 드러났다. 독일은 미국, 영국, 프랑스, 소련의 전승 4개국에 의해 분할 점령되었고, 동쪽에 있던 수도 베를린도 4개의 관리지구로 나눠졌다. 자본주의와 공산주의라는 이 두 진영의 대립이 첨예화한 결과, 1949년에 서독과 동독이 성립하였다.

한편, 아시아의 냉전은 국가의 분단이 '열전'으로 이어졌다. 중국에서는 국민당 정부와 공산당 정부 사이의 국공 내전을 거쳐 1949년에 중화인민공화국이 탄생하였다. 국민당 정부는 대만으로 도망쳐서 정권을 유지했다. 다음 해 분할 통치가 행해진 한반도에서는 한국전쟁이 발발했다. 미국, 소련, 중국 등 강대국의 개입으로 비극적으로 수많은 희생자를

낳은 최초의 대리전쟁*이 되었다. 그리고 일본은 '천우天佑'**라고도 불린 막대한 경제적 이익을 얻어 고도 경제성장으로 나아갔다.

겉으로는 평화헌법을 표방하는 일본. 그러나 일본은 점령국인 미국의 의도에 따라 이 한국전쟁에 전쟁 협력이라는 형태로 '참전'했다. 미국의 일본 점령 방침은 전환되었고 재군비가 추진되었다. 일본은 그 지정학적 위치로 인해 아시아의 '반공의 보루'로서 미국의 안전보장전략 속에 통치되었다. 국가에 의한 전쟁협력, 그리고 지상전에 일본인이 참가했고, 심지어 전사한 사람이 있었다는 사실에 생각이 미치자, 전쟁 포기라는 평화헌법의 이념은 모래 위의 누각으로 보이기 시작했다.

심문 기록은 단지 당사자가 한반도에서 얻은 가열찬 전쟁 체험만을 알려 주는 데 그치지 않았다. 그것은 이를테면 문서가 공표되지 않으면서 생겨난 역사의 공백이며, 혹은 개인을 희생시키고 그 존재마저도 없었던 것으로 간주하려는 국가의 악의라고도 말할 수 있는 것이다.

당초 유엔군의 빈 자리를 메울 인적 자원으로서 일본인의 존재는 묵인되었으나, 전투 참가 사실이 발각됨에 따라 최고 기밀로 변모하였다. 미 육군의 대형 예인선 LT636호가 북한 해역에서 침몰하여 희생된 일본인 선원 22명은 극비리에 장사지겼고, 유족에게는 함구령이 내려진 사실이 있다. 그리고 어느 일본인이 전사한 사실은 공식적으로는 결코

---

* 서로 갈등 관계에 있는 강대국들이 전면전을 피하기 위해 자기 진영의 다른 국가를 내세워 치르는 전쟁을 의미한다. 핵무기의 등장 이후 이러한 양상의 전쟁이 점차 증가되었으며, 특히 한국전쟁은 여러 미디어에서 대리전쟁으로 묘사된다.

** 하늘이 보우한다는 용어로 동아시아 사회에서 오랫동안 쓰여 온 표현이었으나, 일본에서는 메이지 유신 이래 제국주의적인 슬로건으로 사용되었으며, 청일전쟁에서 태평양전쟁에 이르기까지 일본의 선전 포고의 첫머리에 등장하였다. 한국전쟁이 발발했을 때 당시 일본의 총리대신이었던 요시다 시게루가 '이것이야말로 천우(天佑)'라고 외쳤다는 소문은 마치 사실처럼 여겨지고 있다.

인정되지 않았다.

　한국전쟁으로 일그러진 젊은이들의 삶의 궤적. 그들의 존재를 인정하지 않고 은폐하여 역사상 없었던 일로 만들려 해도, 가족의 기억까지 빼앗을 수는 없을 것이다. 데루마사 씨와 유족들이 품어 온 '형의 최후를 알고 싶다'라는 당연한 마음, 여기에 일본 정부가 답할 방법은 정말로 없었던 것일까? 미국의 국책을 따라 이들을 이용하고, 결과적으로 그 존재를 은폐한 국가의 논리는 냉전 시기 일본의 진정한 모습을 속속들이 드러내고 있다.

　한국전쟁에서 쌓은 일·미의 협력 관계는 그 뒤 베트남전쟁, 그리고 냉전 붕괴 후의 이라크전쟁에 이르러서도 계속되었다. 그러한 중에 전직 LST 선원이었던 산노미야 가쓰미 씨는 자신의 전쟁 체험을 토대로 '전장에서는 최전방도 후방도 구별이 없다'라는 확신에서, 전쟁 협력은 헌법 위반이라고 호소했던 것이다.

　미국의 전쟁을 추종하면서 생겨난 일본인 희생자. 그들의 존재를 은폐함으로써 '평화헌법 하의 전쟁 협력'은 마침내 기정 사실이 되었다. 이러한 일들은 일본이 다시 '전쟁 가능한 국가'로 변모하는 과정에서 커다란 둑에 생겨난 작은 개미 구멍 하나가 되진 않을까? 전쟁 협력은 언제나 전쟁 참가의 위험을 품고 있다.

　역사에 묻힌 '최초의 전쟁 협력'은 검증되지 않은 채 한국전쟁 개전으로부터 70년이 지났다. 한반도에서 휴전상태가 계속되고 있듯이, 일본에서도 한국전쟁은 아직 끝나지 않았다.

2019년 5월 27일, 미국 워싱턴 DC에서 메모리얼 데이^{전몰 장병 추도 기념일}

식전이 열렸다. 남북전쟁의 전몰자 추도를 행하고자 개최된 것을 시작

으로, 지금까지는 제2차 세계대전이나 베트남전쟁 등 미국이 싸운 전쟁

에서 사망한 모든 병사를 추도하는 날이 되어 있다. 한국전쟁의 추도식

이 행해진 곳은 웨스트포토맥공원 일각에 있는 전몰자 위령비의 주변에

서다. 재미 한국인이나 한국전쟁에 출병한 전직 미군 장병, 그리고 장병

들의 유족이 참배했다.

식전이 시작되자 사망자의 혼을 불러오기 위한 트럼펫이 연주되어 전

미군 병사들은 다 함께 경례한다. 엄숙한 분위기가 감돈다. 발치의 석판

에는 영어 비문이 새겨져 있다. "우리나라는 그때까지 알지 못했던 나라

와 한 번도 만나지 않았던 사람들을 지킨다는 부름에 응한 아들과 딸들

에게 경의를 표한다." 그리고 근처의 조영물로 세워진 벽에는 "자유는

거저 주어지지 않는다Freedom is not free"라고 새겨져 있었다.

자유는 수많은 병사의 희생 위에 세워지는 것이라는 함의를 지닌 이

잠언이 나에게는 어딘가 공허하게 느껴졌다. 한국전쟁에서 유엔군으로

서 싸운 미군 사망자는 3만 6,574명. 한국전쟁에서 민간 일본인의 공식

사망자는 제5장에서 쓴 항만 노동자와 선원 등 56명이었다. 그 어느 쪽

이든 미군 병사와 함께 종군한 지상전에서 사망한 히라쓰카나 요시하라

는 포함되어 있지 않다.

　그보다도 내 눈길을 끌었던 것은 19기의 미군 병사의 조각상이었다. 한 기 한 기가 각각 곁의 칠흑의 석벽에 비치면서, 남북을 나누었던 38도선과 전쟁이 이어진 38개월을 상징한다. 병사들은 비로부터 무기를 지키는 판초를 입고 있다. 눈은 텅 비어 있어 참가한 전쟁의 의미를 찾아 내려 하는 듯했다. 수많은 시체 위에 획득한 자유라는 것은 도대체 무엇일까. 군상을 바라보며, 큰 비가 내린 날에 포탄에 스러진 히라쓰카를 생각했다.

　미국에서 메모리얼 데이가 행해지고 있었을 때 트럼프 대통령은 일본의 요코스카 해군기지에 있었다. 아베 수상과 함께 사실상 항공모함화가 결정된 헬리콥터 탑재호위함 '가가かが'를 시찰하기 위해서였다. 일본이 미국으로부터 조달하기로 약속한 F-35B 전투기는 단거리 이륙, 수직 착함이 가능한 기체로, '가가'도 이러한 최신예 전투기의 탑재를 예상한 개수改修를 하기로 되어 있었다. 함상에서 연설을 한 아베 수상아베 신조 安倍晋三를 가리킴—역자주은 "일·미동맹은 이제까지 없었을 만큼 강고해졌다"고 말했다. 한편, 트럼프 대통령은 그 후 미군 병사들 앞에서 "우리들에게는 힘에 의한 평화가 필요하다"라고 연설했다.

　냉전 종결로부터 30여 년. 그러나 일·미 관계의 형태에 변화는 볼 수 없었고, 아베 수상의 연설에서 분명해진 것처럼 일본의 대미 의존, 대미 종속의 경향이 강고해지고 있는 것은 말할 것도 없다.

　전쟁 협력의 실태가 검증되지 않는 채로는 일본의 외교의 미래는 결코 밝다고는 할 수 없다.

　이 책은 2019년 8월 18일에 방송된 BS1 스페셜 〈숨겨진 '전쟁협력',

한국전쟁과 일본인〉을 책으로 펴낸 것이다. 집필에 임해서는 대폭 추가 취재를 감행했다.

이 책의 목적은 한국전쟁의 전모를 나타내는 것은 아니다. 또한 일본의 전쟁 관여에 대해서도 그 모든 것을 망라하진 않았다는 것을 분명히 해 둔다. 실제로 유엔군의 출격이나 보급을 지원했던 일본 내 기지의 중요한 역할에 대해서는 거의 언급하지 못했다. '한국전쟁에 간 한 사람의 일본인'이라는 극히 작은 한 개의 시점으로부터 한국전쟁과 일본의 관계를 그려내려고 했다.

일본인이 한국전쟁에 간 것이 옳았는지, 옳지 않았는지를 검증하는 것이 취재의 목적은 아니었다. 심문 기록에 쓰여진 '전쟁에 스스로 갔다'라는 그들의 말을 직시하여 그 말의 주변이나 이면을 탐구하는 것이 되어, 한국전쟁에 간 사람들—태평양전쟁 중과 전후를 살아간 일본인의 모습을 그려내는 것이 집필의 주된 동기였다. 그런 의미에서 이 책은 한국전쟁에 관한 책일 뿐만 아니라, 태평양전쟁에 관한 책이라고도 할 수 있다. 그들이 살아온 발자취를 여기에 써서 남겨 두지 않으면 역사로부터 사라진 채로 되어 버리고 만다. 그 절박감이 항상 있었다.

2019년에 방송된 프로그램은 홋카이도의 시민 그룹에 의해 창설된 미디어앰비셔스상メディアアンビシャス賞의 미디어 상에 선발되었다. 이 상의 취지는 '뜻을 지니고, 개개의 양심에 따라 전해 보도하고자 하는 (보도 관계의) 인물들을 자체적으로 표창해서 응원하자'라고 하는 것이라고 한다. 풀뿌리 활동을 하는 시민 그룹의 여러분에게 높이 평가받은 것에 제작진 일동이 진심으로 감사드리고 싶다. '양심에 따라' 취재할 수 있었던 것일까. 자문자답을 반복하는 나날이다. 이 책이 미디어앰비셔스상에 부끄럽지 않은 것이 되고 있기를 바란다.

방송 제작, 또는 본서 집필에 있어서는 심문 기록에 이름이 기재된 일본인 및 그 유족, 또한 한국전쟁에 관계된 선원들, 각계 각 씨의 다대한 협력이 없었다면 숨겨진 역사의 사실에 다가가는 것은 불가능했을 것이다. 아래에 (그 성함을—역자주) 써서 감사드리고 싶다. 시노지마 미야코, 우에노 유쿠오, 우에노 다카시, 나카지마 가요코, 사사키 마스미, 아리요시 미치코, 야마사키 마사토, 이노우에 준노스케, 사와가시라 로쿠조, 와시노 쇼조, 쓰쓰이 가즈코, 히라쓰카 데루마사, 히라쓰카 사다코, 요시자와 마쓰네, 사와자키 치요코, 마쓰시타 에이코, 군지 히로시, 우치다 마사토시.

그리고 윌버트 에스터브룩, 스튜어트 사이즈모어, 힐 에스리지, 야스오 타카사키, 제이 히다노, 정재춘, 백선엽 등 전직 미군 장병, 한국군 장병의 증언이 없었다면 일본인이 체험한 전장을 파악하기는 불가능했을 것이다.

한국전쟁의 당사자 각 분은 이 책 속에서는 경칭을 생략했다. 양해를 바란다.

또 도쿄대학의 와다 하루키 명예교수, 오스트레일리아국립대학의 텟사 모리스 스즈키 명예교수, 애리조나대학의 마이클 샤라, 서울대학교 일본연구소의 남기정 교수, 국문학자료관의 가토 기요후미 준교수에게 다대한 조언을 받았다.

신형 코로나 바이러스의 영향으로 취재가 생각한 대로 되지 않는 중에 오쓰 역사박물관大津歷史博物館의 다카하시 다이키高橋大樹 씨, 히노시 향토자료관日野市鄕土資料館의 하타 데쓰코秦哲子 씨에게는 자료의 송부나 조사 등 큰 신세를 졌다.

미국에서는 야나기하라 미도리 씨, 한국에서는 이인석의 취재가 몇몇

새로운 사실을 밝혀 냈다. 방대한 자료의 발굴, 정리에 힘을 빌려 준 이타바시 고타로 씨, 한국 가산의 현지 가이드 이순희 씨, 한국의 산속을 목숨을 걸고 운전해 준 운전자 김준희 씨에게도 감사를 전하고 싶다.

프로그램에 정열을 쏟아 준 제작진의 존재가 없었다면 이 책의 집필에 이르는 일은 없었을 것이다. 카메라맨인 샤카노 마사히코釋河野公彦, 조명·음성을 담당한 시모가키 게이조下垣圭三, 편집의 마쓰모리 다쿠미松森巧, CG·텔롭으로 세계관을 표현해 준 와다 다케아키和田岳秋, 미야자와 시로宮澤司朗, 마사오카 다쿠야正岡卓哉, 드라마로 일본인의 체험을 재현해 준 이시카와 지로石川二郎, 아이바 히로키饗庭宏樹, 다무라 다쿠미田村卓海 그리고 2명의 프로듀서 마쓰모토 다쿠오미松本卓臣와 스즈키 다쓰야鈴木達也는 기획을 세우던 당시부터 방송까지 항상 함께 달려 와 주었다.

마지막으로, 편집자인 이노우에 유스케井上雄介 씨에게 진심으로 감사드리고 싶다. 프로그램 방송 후로부터 1년 가까이에 걸쳐 왕복 서한과 같이 계속되는 의견 교환을 통해 제작 중에 알아채지 못했던 관점을 얻게 되었다. 무엇보다 방대한 취재 성과를 써서 남길 기회를 얻었다.

이 책의 집필을 시작했을 때에는 상상하지도 못했던 신형 코로나 바이러스의 위협이 계속되고 있다. 고령자가 중증화하기 쉽다고 하는 중에, 전쟁체험자에 대한 취재는 극히 곤란하여, 지금 이 순간에도 사라지고 있는 '목소리'가 있다. 그러나 미래를 위해 역사를 응시하며 바로잡으려는 의지가 있다면 어떤 형태로든 그 바통을 다음 세대에 물려주는 것은 가능할 것이다. 아직 보이지 않는 시대를 살아갈 아이들에게 이 책을 바치고 싶다.

2020년 11월
후지와라 가즈키

연표

	한국전쟁/해외에서 일어난 일	일본/종군 일본인에게 일어난 일
1945	● 10.24 국제연합 발족	● 8.14 포츠담 선언 수락 ● 9.2 항복 문서 조인 ● 10.9 시데하라 기주로 내각 발족
1946		● 우에노 다모쓰, 캠프 코쿠라에서 일하기 시작하다 ● 5.22 제1차 요시다 시게루 내각 발족 ● 11.3 일본국 헌법 공포
1947		● 5.3 일본국 헌법 시행 ● 5.24 가타야마 데쓰 내각 발족
1948	● 8.15 이승만 대통령이 대한민국 성립 선언 ● 9.9 김일성 수상이 조선민주주의인민공화국 성립 선언	● 3.10 아시다 히토시 내각 발족 ● 5.1 해상보안청 발족 ● 10.15 제2차 요시다 시게루 내각 발족
1949	● 10.1 중화인민공화국 건립	● 2.16 제3차 요시다 시게루 내각 발족
1950	● 1.12 방어선은 필리핀·오키나와·일본·알류산열도로 하는 '애치슨 라인'을 표명 ● 6.25 북한군의 침공 ● 6.27 유엔, 비난 결의(소련 결석) ● 6.28 서울 함락 ● 6.30 미국, 지상군 투입 결정 ● 7.7 유엔군 결성, 다음날 맥아더 원수가 최고사령관에 임명되다 ● 7.14 대전 전투(~7.21) ● 7.15 이승만, 한국군의 지휘권을 유엔군사령관에 이양 ● 8.1 다부동 전투(~9.24) ● 9.15 인천상륙작전	● 1.20경 히라쓰카 시게하루, 점령군 기지에서 일하기 시작하다 ● 7월 산노미야 카쓰미가 LST에 타고 한국 구룡포로 향하다 ● 7.4 제19보병연대에 종군하고 있던 요시하라 미네후미와 A가 부산 도착 ● 7.4 제63야포병대대, 하카타를 출발. 쓰쓰이 기요히토 등 일본인도 동행 ● 7.8 맥아더 원수가 일본에 경찰 예비대 창설과 해상보안청 증강 지시 ● 7.9 우에노, 부산에 도착, 철도로 대전으로 향하다 ● 7.14 대전 전투(~7.21), 우에노 등 일본인 참가. 쓰쓰이, 북한군의 포로가 되다

한국전쟁/해외에서 일어난 일	일본/종군 일본인에게 일어난 일
1950	

한국전쟁/해외에서 일어난 일	일본/종군 일본인에게 일어난 일
1950 • **9.28** 유엔군 서울탈환 • **10.1** 한국군 38도선 돌파 • **10.10** 한국군, 원산 점령 • **10.18** 중국인민지원군(중공군), 압록강을 도하 • **10.20** 유엔군, 평양 점령 • **10.25** 유엔군과 중공군, 북한 북서부에서 최초 충돌 • **10.26** 원산 상륙 작전 • **11.27** 장진호 전투(~12.11) • **12.5** 북·중 연합군 평양 탈환 • **12.31** 북·중 연합군 공세로 나오다	• **7.14** 히라쓰카가 있던 제8기병연대가 일본을 출발 • **7.15** 요시다 총리가 "정신적으로 협력한다"고 국회에서 대답 • **7.20** 대전에서 요시하라가 행방불명되다 • **7.24** 유엔군 사령부가 도쿄에 설치(57년 7월 한국 서울로 옮겨졌으며, 일본에는 후방 사령부 설립) • **8.1** 다부동 전투(~9.24), 히라쓰카 참가 • **8.3** 가토 게이지, 마쓰시타 아키라 등 일본인 27명이 LT636호에 승선 • **8.10** 경찰 예비대 발족 • **8.25** 요코하마에 재일병참사령부 설치 • **9월** 다카쓰 겐조, 요코하마를 출발 • **9.4** 히라쓰카 전사 • **10.2** 버크 미 해군 참모부장이 원산 해역 소해를 요청 • **10.7** 제1소해대, 시모노세키 출항 • **10.10** 맥클레인 대위가 히라쓰카 가를 방문, 히라쓰카가 전사했음을 전하다 • **10.16** 북한이 유엔 안보리에 대해 미국이 일본인을 사용한다고 항의 성명 • **10.17** MS14호 침몰, 사망자 1명(나카타니 사카타로) • **11.2** 극동위원회에서 소련이 미국에 일본인을 사용한다고 비난 • **11.15** LT636호 침몰, 일본인 22명 사망 • **11.16** 극동위원회에서 미국은 일본인을 사용했음을 인정하지 않다. • **11.27** 장진호 전투(~12.11), 다카쓰 참가 • **12.16** 히라쓰카 모토지가 맥아더 원수 앞으로 상신서를 보내다 • **12.18** 다카쓰의 심문 • **12.20** 다카쓰의 보고서가 작성되다
1951 • **1.4** 북·중 연합군 서울 돌입 • **2.10** 유엔군 인천 점령 • **2.13** 지평리 전투(~2.15)	• **1~2월** 일본인에 대한 심문이 많이 행해지다 • **1~3월** 히라쓰카의 조사가 실시되다

한국전쟁/해외에서 일어난 일	일본/종군 일본인에게 일어난 일
1951 ● 3.15 유엔군 서울 재탈환 ● 3.27 한국군 38도선을 재돌파 ● 4.11 유엔군사령관, 맥아더에서 리지웨이로 교체 ● 4.23 북·중 연합군 38도선을 재돌파 ● 5.24 유엔군 3번째 38도선 돌파 ● 6.23 소련 유엔 대사, 휴전 회담 제창 ● 6.30 리지웨이 유엔군 사령관, 북·중 연합군에 휴전 협상 제안 ● 7.10 휴전회담, 개성에서 시작 ● 8.22 북·중 측 교섭 중단을 선언 ● 10.7 북한군이 판문점에서의 휴전회담을 제안 ● 10.25 판문점에서 휴전회담 재개 ● 11.27 휴전회담, 군사 경계선 협정 성립 ● 12.27 휴전 회담, 협상 기한 만료	● 2.15 우에노 귀국 ● 2.17 우에노 심문 ● 3.19 미군 당국의 답신이 히라쓰카 가에 도착 ● 3.24 히라쓰카 모토지가 미군 당국에 편지를 보내다 ● 9.8 샌프란시스코 강화조약 조인, 구 일·미안보조약 서명 ● 12.18 포로가 된 딘 소장의 생존이 확인. 북한이 포로 이름을 공표하여, 쓰쓰이 등 일본인 3명의 존재가 판명
1952 ● 4.28 휴전회담 재개 ● 5.9 유엔군 사령관, 리지웨이에서 클라크로 교체 ● 5.23 유엔군, 평양·진남포를 폭격 ● 10.8 휴전 회담, 무기 휴회	● 4.28 샌프란시스코강화조약, 구 일·미안보조약, 일·미행정협정 발효, 일본 독립 ● 7.9 히라쓰카 모토지가 외무성 국제 협력국에 탄원서를 보내다 ● 8.19 외무성이 일·미합동위원회를 통해 히라쓰카에 관한 한 건을 신청 ● 9.17 일·미합동위원회에서 히라쓰카에 관한 한 건에 대해 각서 작성 ● 10.15 경찰예비대, 보안대로 조직 개편 ● 10.30 제4차 요시다 시게루 내각 발족
1953 ● 1.20 아이젠하워 대통령 취임 ● 3.5 스탈린 사망 ● 4.26 휴전회담이 재개 ● 5.25 한국, 회담 불참을 표명 ● 7.13 북·중 연합군, 최종 공세 ● 7.27 판문점에서 휴전협정 체결·발효 ● 7.30 유엔군, 북·중 연합군, 비무장지대에서 완전철수 발표 ● 8월 포로교환 '빅스위치' 개시	● 5.21 제5차 요시다 시게루 내각 발족 ● 8.17 쓰쓰이 해방 ● 8.23 쓰쓰이 귀국 ● 9.4 딘 소장 해방 ● 9.18 딘 소장이 후쿠오카를 방문하여 우에노와 재회

미국 국립공문서관^{NARA}에 보관된 어느 1급 비밀^{TOP SECRET, 이는 최고 등급}
^{의 기밀로 분류됨을 의미한다}이 최근에서야 그 존재가 드러났다. 총 분량이 1,033
매나 되는 이 방대한 보고서는, 한국전쟁이 발발하자 미군을 따라 한반
도로 들어와 지상전에 참가한 일본인 70명에 대한 심문 기록이었다. 이
책은 그들이 어떤 삶을 살아 왔으며, 한국전쟁은 그들의 삶을 어떻게 바
꿔놓았는지를 유족과 동료들의 증언을 통해 파고든 것이다. 그리고 미
군과 일본 정부는 이들의 존재를 어떻게 은폐해 왔으며, 오늘날의 평화
헌법 체제와 개헌 문제에 시사하는 바는 무엇인지 근본적인 의문을 제
기하였다.

한·일 무역분쟁 발발과 일본 NHK 다큐 〈숨겨진 '전쟁협력'〉 방영

2019년 7월 1일, 일본 정부는 한국에 대하여 반도체·디스플레이 핵
심 소재 수출을 규제하였다. 훗날 '한·일 무역분쟁'이라 불리는 역사적
사건은 이렇게 막이 열렸다. 그로부터 얼마 지나지 않아, NHK^{일본방송협회}
는 〈隱された'戰爭協力'－朝鮮戰爭と日本人^{숨겨진 '전쟁 협력'－조선전쟁과 일본인,}
^{이하 숨겨진 '전쟁협력'}〉이라는 다큐멘터리를 방영한다.

그 주요 내용은 미 국립공문서관에서 무려 1,033쪽에 달하는 1급 비
밀 보고서 및 부속 문건에 관한 서류철에 관한 것이었다. 서류철에는 미

군을 따라 비밀리에 한국전쟁의 지상전에 참가한 일본인들에 대한 미군 측 심문 기록 등이 담겨 있었다.

다큐 제작진은 비밀 보고서 내용에 언급된 일본인들의 신원을 토대로 그들을 찾아 나섰다. 그들 대부분은 사망하였고 일부 생존자들과 그 동료들, 그리고 유족들을 만나며 그들이 한국전쟁에 참전하기까지의 삶, 참전 당시의 행적들, 그리고 그 이후의 삶과 죽음을 일본 국내·외 정세와 연관지어 추적하였다.

다큐는 한국전쟁 당시 최대의 격전지, 다부동의 가산 전투에서 북한군 진지를 공격하다 폭사한 히라쓰카 시게하루의 이야기에서 정점에 이른다. 특히 이 부분에서는 수습되지 못한 히라쓰카의 유해, 노구로 한국을 찾은 히라쓰카의 동생 데루마사 씨와 다부동 전투에 참전한 한국군 노병의 만남, 데루마사 씨의 다부동 전적지 참배 장면 등을 차례로 비춘다. 이러한 연출의 의도는 히라쓰카의 죽음이 단지 어느 일본인의 죽음을 넘어, 한국을 위한 희생이기도 하였음을 주장하려는 것이 아닌가 하고 생각하게 한다.

공교롭게도 이 다큐가 한·일 무역분쟁 발발 직후 방영되었다는 점은 의미심장하다. 이 책의 저자이기도 한 NHK 사회부 디렉터 후지와라 가즈키는 2018년 7월 시점에 위 비밀 심문 보고서의 발견자, 즉 테사 모리스-스즈키 교수를 취재하면서 이미 해당 다큐를 기획하고 있었다. 또한 일반적인 다큐 제작 기간을 고려한다면 다큐 방영 시점과 한·일 무역분쟁과의 관계는 단순히 우연의 일치일 수도 있을 것이다. 그러나 그렇지 않다면 파국으로 치닫는 한·일 관계의 한가운데서, 이 다큐는 무엇을 의미하는 것일까?

한국전쟁과 일본의 관계에 대한 일반적인 인식

일본이 한국전쟁 시기 무엇을 했냐고 묻는다면, 많은 한국인들과 일본인들은 한국전쟁을 계기로 경제 부흥을 이루었다고 말한다. 이를 반영하듯 한국전쟁이 발발했을 때 일본의 요시다 시게루 총리가 "이제 일본은 살았다!"라고 외쳤다는 이야기는 그 사실 여부를 떠나 널리 알려져 있다. 실제로도 일본 기업이 한국전쟁 발발로부터 3년간 미군에게 받은 발주 금액 규모만으로도 10억 달러, 여기에 전후 유엔군이 일본에 휴양으로 와서 소비한 간접 수요까지 합하면 36억 달러에 이르는 전쟁 수요가 발생하였다.

일본은 이를 '조선 특수'라고 불렀다. 상공대신 이시이, 일본은행 총재 이치마다를 비롯해 대부분의 일본인들은 이를 '구원'이라 여기는 한편, 마루야마 마사오 등은 "불난 집에서 도둑질하기"라며 혀를 차는 등, 일부는 죄책감마저 느낄 만큼 일본은 한국전쟁으로 확실히 부활했다. 대장성 경제기획청에서 1952년에 편찬한 『경제백서』는 한국전쟁을 "헤아릴 수 없는 행운"이라 언급한 점에서도 볼 수 있듯이, 일본은 이 전쟁으로 패전 이후의 경제난을 일거에 타개하였으며, 건국 이래 최대 호경기라 불리는 '진무 경기神武景気'를 시작으로 한 고도 경제 성장으로 나아갔다. 이와 같이 일본의 '구원'이라는 이야기에서 한국전쟁은 일본인에게는 마치 바다 건너편에서 터진 일 정도로 서술된다.

일본은 한국전쟁에 사실상 '참전'하였다

일본은 한국전쟁에 사실상 참전하였다. 전쟁 기간 미군을 비롯한 유엔군의 해상 수송 및 항만 하역 등에 동원된 일본인들은 약 8,000명에 달하였으며, 이들 중 사망자 수는 56명이었다. 이와는 별도로 구 일본 해군 출신들로 구성된 특별소해대원 약 1,200명이 기뢰 제거 임무에 투입되었으며, 그중 1명이 사망하였다. 특별소해대의 규모는 한국전쟁 당시 유엔 전투병력 지원국 16개국 중 11위인 프랑스를 상회한다. 이 밖에도 수많은 일본인들이 미군의 작전에 직·간접적으로 참여하였다.

일본이 한국전쟁에 사실상 참전하였다는 중대한 사실은 일본은 물론 국내에서도 여러 차례 언론 및 출판을 통해서도 알려졌지만 그때마다 번번히 무시되거나 망각되었다. 한번 드러난 역사적 사실이 이처럼 묻혀버리는 기이한 현상의 원인은 무엇일까?

그 원인은 당시 일본의 상황과 한국전쟁이라는 서사의 구조 때문으로 보인다. 좀 더 구체적으로 살펴보면, 첫째로, 당시 일본이 놓인 특수한 상황 때문이다. 일본은 태평양전쟁 패전 후 주권을 잃었고, 맥아더를 최고사령관으로 하는 점령군 당국인 GHQ^{연합국 최고사령부}의 지배를 받았다. GHQ는 일본군을 해체하였고 일본의 재무장을 금지한 '평화헌법', 즉 일본국헌법이 제정되도록 하였다. 그러나 한국전쟁이 발발하자, 전쟁에 미처 대비하지 않았던 미국은 개전 초기에 인원 및 장비 부족을 겪자 일본인들을 동원하였다. 미군 기지의 일본인과 직접 교류하던 장병들은 일본인들을 전장에 동행해도 좋다는 '상부'의 허가를 얻는 방식으로, 기지 내 일본인들을 전장으로 동행하도록 하였다. 당시 일본은 독립국이 아니었으며, 1951년 4월 28일 샌프란시스코 강화조약이 체결되어 이듬

해 발효되고 나서야 비로소 독립, 즉 주권을 회복하였다. 일본인의 한국 전쟁 참전은 대부분 주권 회복 이전의 일이었다. 이 시기 일본인들은 미군의 요구에 따라 참전하였다. 그러나 그들의 존재가 밝혀질 경우, 이는 일본 국내적으로는 헌법 위반이 되는 것이다. 또한 대외적으로는 미군의 점령 상태에 있었던 일본이라는 국가 그 자체의 참전으로 여겨질 수 있으며, 그것은 포츠담 선언을 비롯하여 중대한 국제 협정들을 위반하는 것이 된다. 그런 일본이라는 국가의 국민들이었던 일본인들의 존재는 미군에 의해 철저히 은폐되었고, 그들의 활동은 미군 활동으로조차 인정받지 못하였다.

둘째 이유부터는, 특히나 한국에서도 무시되었던 이유들을 언급해보고자 한다. 한국전쟁에서는 일본을 연상하기 어렵다. 한국전쟁에서 북한군의 남침이라는 말은 이 전쟁 자체를 가리킬 만한 무게감을 지녔다. 한편으로는 한국전쟁이 동족상잔이라는 전제 아래 '자유 수호를 위한' 전쟁이 강조되는 한편, 전쟁 중 발생한 민간인 학살에 주목하기도 한다. 그러나 어디까지나 그 주역은 국군과 북한군이다. 인천상륙작전을 강조하는 서사에서는 유엔군의 역할에 주목하나, 그마저도 미국 이외의 국가들에 대한 존재감은 거의 없다시피 하다. 한국전쟁 관련 수업 당시 학생들은 당시 한국을 지원한 국가를 미국 이외에는 거의 말하지 못했는데, 갑작스레 '형제국'으로 불리게 되는 튀르키예나 황실 근위대를 파병한 에티오피아 정도만이 그나마 언급될 뿐이다. 에티오피아가 언급될 수 있었던 배경은 여전히 아프리카 대륙에 대한 편견이 남아 있는 가운데, 이 대륙에서 우리나라를 도와주었다는 사실이 의외로 여겨지기 때문이었다.

셋째로, 참전 주체가 다름 아닌 '일본'이기 때문이다. 여전히 한국과

일본은 식민 지배와 강제 동원 문제를 중심으로 첨예하게 대립하고 있다. 그리고 한국에서는 피해국－한국, 가해국－일본이라는 구도가 뚜렷하다. 그런 가운데 일본이 한국전쟁에 참여하였다는 사실, 즉 정부 수립 이후 최대의 위기에 직면한 대한민국을 지원했다는 사실은, 이후 일본에 과거사에 대한 사죄와 배상을 요구하는 데 불필요하거나 심지어 불리한 것으로 간주되기도 한다. 일본의 참전 사실을 확대해석할 경우, 피해국-가해국이라는 기존 한·일 관계의 구도를 뒤흔드는 주장으로 이어질 수 있기 때문이다. 앞서 언급하였듯이, 많은 일본인들은 한국전쟁을 당시에 '구원'으로 인식하였다. 한편, 한국전쟁에 참전한 일본인들 중에는 장교를 비롯하여 심지어는 '특공대' 출신 남성이 참전 의사를 밝히기도 하는 등 구 일본군 관계자들이 많았다. 이들은 물론, 일본 정부 또한 한국전쟁에 사실상 참전하는 행위를 '국가를 위해', 즉 일본 자국을 위한 것이라고 하였는데, 이는 '국제적 평화와 안전'을 명분으로 내세운 유엔군과 대비된다. 그리고 일본 정부는 한국전쟁이 발발하자 점령군 당국의 요구에 응하여 경찰예비대를 창설하는 등 한국전쟁을 재무장의 계기로 삼았다. 이런 점에서 일본은 참전했다기보다는 어디까지나 전쟁을 이용한 세력으로 인식된다.

즉, 일본인의 한국전쟁 참전 사실은 일본이나 미국에서 알려지기 어려웠다. 일본에서는 자칫 헌법 위반이라든지, 포츠담 선언 위반이 되므로 당연히 감추거나 미국의 강요에 의한 것임을 주목하기 때문이다. 실제로는 적극적으로 개입하여 주권 회복의 계기로 삼았지만, 이는 일본의 현행 헌법이기도 한 평화헌법과 그 이상에 대한 도전이 되므로, 일본은 굳이 한국전쟁에서의 일본인 참전 사실에 주목하지 않았다. 뿐만 아니라 한국에서는 더더욱 불편한 사실이었다. 특히 한국 측에서 국군의

분전, 미군을 중심으로 한 유엔군의 희생으로 이 전쟁을 기억한다. 여기에 그들이 벌인 민간인 학살에 주목하는 경우가 많다. 일본의 참전을 다룰 경우, 그들의 조력과 연루를 어떻게든 모두 다룰 수밖에 없으므로, 어느 쪽에서도 환영받지 못한다. 위와 같은 이유 등으로 인하여 일본이 한국전쟁에 사실상 참전했다는 내용은 잘 알려지지 않았으며, 한국에서는 더더욱 알려지기 어려웠던 것으로 보인다.

일본의 '참전' 문제를 다룬 국내 저작들

그럼에도 불구하고 몇몇 저작들이 일본의 '참전' 문제를 깊이 있게 다루었다. 그중에서도 MBC 〈이제는 말할 수 있다〉 35회 '6·25 일본 참전의 비밀'²⁰⁰¹·⁶·²² 방영은 방송을 통해 관련 사실을 널리 전파하였다. 이 방송에서는 주로 구 일본군 관계자들 위주의 활동을 다루었으며, 731부대 관련자들이 한국전쟁에서 활동했을 가능성에 대한 의혹을 제기하는 한편, 일본의 '참전'이 독도 침탈 야욕으로까지 이어진다고 평가하였다. 방송의 클로징 곡으로는 웅장한 분위기로 편곡된 일본 전통 민요 〈사쿠라 사쿠라ㄹ﹤ㄹㅋ﹤ㄹㅋ﹥가 사용되어, 방송의 불안한 분위기가 더욱 전해진다.

그리고 서울대학교 일본연구소 남기정 교수가 자신의 박사논문을 토대로 쓴 『기지국가의 탄생 ─ 일본이 치른 한국전쟁』²⁰¹⁶·⁵·³⁰ ᄎ²ᄂ은 한국전쟁을 계기로 일본이 그 자체를 후방 지원을 위한 거대한 기지, 즉 '기지국가'로 전환하였다는 점을 강조하였다. 일본인의 '참전' 문제 자체도 중요하게 다뤄지는 한편, 한국전쟁 이후 일본 사회의 국내·외적 변화를 구조적으로 분석하였다. 특히 한국전쟁의 정전마저도 우려하고 있었던

일본 경제계의 동향은 한국인들을 전율시키기에 충분하다. 남기정은 이 책의 취재원으로도 다시 한번 등장하였다. 여기서 일본의 '기지국가'로의 재편이 한·일 양국에서 충분히 고찰되지 않았던 점은 오늘날 악화된 한·일 관계에도 일정 수준 영향을 미치고 있음을 지적한다.

　『마이니치신문』 기자였던 니시무라 히데키의 책『'일본'에서 싸운 한국전쟁의 날들』국내 2020.7.25 출간, 번역자는 심아정·김정은·김수지·강민아은 한국과 일본이라는 두 국가 사이에서 외면되어 온 재일조선인들이 한국전쟁을 어떻게 받아들였고, 이에 어떻게 대응하였는지를, '스이타 사건'을 중심으로 다룬다. 이 사건은 한국전쟁이 발발한 지 2년 만이자 여전히 전쟁 중이었던 1952년에 오사카에서 일어났으며, 이 일본이 미군의 '기지국가'로 전환되는 과정에서 재일조선인들을 중심으로 한 시위대가 일본의 후방지원을 저지하려 한 사건이었다. 해당 책에서는 이 사건의 배경으로 일본인들의 한국전쟁 '참전'이 깊이 있게 다뤄진다. 일본인의 '참전'은 일본인 그들 자신뿐만 아니라, 그곳에서 살고 있었던 재일조선인들의 운명과도 직결된 문제였다. 재일조선인들은 해방 이후에도 일본 내에서 여전히 식민 지배 시기와 마찬가지로 차별적 구조에 처한 가운데, 그리고 고국인 한반도의 이념 대립과 그로 인한 전쟁을 '일본'에서 겪게 된다. 일본이 한국전쟁에 사실상 참전하고 있었기 때문이다. 이 때 재일조선인들이 펼친 스이타 사건을 비롯한 반전 운동은 정치적 주체로서의 재일조선인의 자각과 결집, 한반도 및 각 정부와의 관계 설정, 일본인들과의 연대 가능성과 한계를 동시에 모색하는 활동이었다.

이 책의 주요 내용

제1장 「1,033쪽의 극비 심문 기록」은 앞서 언급한, 일본인 참전자들에 대한 미군 측의 심문 보고서를 소개한다. 이제까지는 한국전쟁과 일본의 관계는 대개가 한국전쟁을 계기로 일본이 경제 부흥을 이루는 '조선 특수' 위주로만 언급되어 왔다. 일본인들이 전방 및 후방에서 소해, 해상 수송에 참여하였으며, 일부는 미군을 수행하면서 통역을 맡거나 심지어 전투에도 참여하였다는 점이 다뤄지기도 하였다. 다만 이들에 관한 기록은 사적인 성격의 기록이었다는 점에서 한계가 있었다. 사적인 성격의 기록조차도 충분하지 않았다. 미군은 일본인 요원 및 그의 동료, 가족들에게 철저한 함구령을 내렸으며, 전쟁이 끝난 지 60여 년이 지난 시점까지도 그 함구령을 거역하지 못했던 이들조차 있었다. 미군 측이 심문 보고서를 작성하게 된 경위도 일본인 요원들의 존재를 숨기고자 한 데에 있었다. 그러나 바로 그 심문 보고서를 통해 일본인 요원들의 존재는 확실히 밝혀졌으며, 심지어 그 전모가 드러나게 된다.

일본인이 한국전쟁에 간 것은 개전으로부터 반년도 되지 않은 기간. 규슈 출신자가 많았고, 미 육군과 함께 행동하고 있었다. 그리고 그 대부분이, 20세 전후의 기지 노동자였다.27쪽

심문 보고서의 첫 심문 사례는 홋카이도 출신 다카쓰에 관한 내용이다. 다카쓰는 태평양전쟁 무렵 고아가 되었으나 패전 이후 미군 기지에서 일자리를 얻었으며, 한국전쟁이 발발하자 일자리를 유지하기 위해 출병하는 미군을 따라 한반도로 건너갔다. 이후 장진호 전투에서 생환하

였다. 그리고 저자는 다카쓰 심문 기록, 그리고 다카쓰의 여동생으로부터 받은 회고록을 읽으면서 한국전쟁에 참여한 일본인들의 삶은 태평양전쟁에까지 이어지고 있음을 깨닫게 된다.

제2장 「대전 전투-후쿠오카에서 한반도로 향한 사나이들」은 다카쓰 이외에도 많은 이들이 전투에 참여하였음을 증언한다. 우에노를 비롯, 규슈 후쿠오카 주둔 미 육군 24사단에서 일하던 일본인 청년들은 한국전쟁 개전 초기인 1950년 7월 중순경, 전쟁 중인 한반도로 함께 가자는 미군의 의뢰를 받는다. 경제적 이유, 일부는 호기심으로 미 24사단과 함께 한반도로 건너갔다. 그러나 부대는 대전 전투에서 북한군에게 기습을 당한다. 전황이 급박해지는 가운데, 그때까지 통역, 취사 등 비전투 임무만 맡아 온 일본인들에게도 싸우라는 지시와 함께 총이 지급된다.

당시 일본인은 상사가 "너는 조리원이다"라고 하면 조리원이 되고, "보병이다"라고 하면 보병이 되었소. 그때까지 어떤 훈련을 받았는지, 종군할 때 어떤 일에 지원했는지는 관계 없었소. 군의 명령에 따를 뿐이었소.84쪽

대전 전투에 참가한 일본인들은 대부분 이 때 처음으로 총을 지급받았다고 하였다. 참전한 일본인들 중에서도 가장 먼저 전투를 치른 이들이었을 것이다. 이노우에의 증언처럼 한반도에 오기 전부터 이미 무기를 지급받았은 이들도 있었을 것이지만99쪽, 처음으로 전투에 참여하게 되자 상황은 마찬가지였다.

예를 들어 제가 밤중에 유탄에라도 맞아서 죽어버려도, 미군 병사들은 독택

을 걸고 있었으니까 인식번호가 있지만, 우리는 전혀 없어서 죽으면 거기까지 인거죠. 그런 점에서는 "여기서 죽으면 안 돼"라는 생각이 있었습니다.101쪽

그들은 미군 복장으로 미군 임무를 수행했지만, 인식표별칭은 '독택'를 부여받지 못한 것으로 상징되듯 그들의 신분은 불안하였다. 만약 전사할 경우, 그들의 존재 자체도 사라져버리게 된다. 존재의 소멸이라는 불안을 짊어진 채로 그들은 전장으로 뛰어든 것이다.

야마사키는 20초쯤 침묵하고 입을 열었다.
"전쟁…… 무섭습니다."
(…중략…)
태평양전쟁까지 겪은 일본인이 그 뒤에 일어난 전쟁을 '무섭다'라고 평가했다. 그 한마디는 나의 마음에 깊이 울려 퍼졌다.109쪽

제3장 「고아들은 미국을 동경했다」는 전반부에서 태평양전쟁으로 인해 고아가 된 일본인 소년들이 미군들에게 거둬진 뒤 한국전쟁에 참전하게 되는 내용으로, '고아들의 전쟁사'라 할 만하다. 그 점에서 제3장은 앞장의 내용보다도 훨씬 무겁게 다가온다.

도쿄 대공습, 히로시마 원폭 투하, 그에 이은 패전과 수용소 억류 등으로 인해 생겨난 전쟁 고아들에게는 패전이란 '부모의 죽음' 그 자체로 받아들여졌을지 모른다. 그런데 그 '부모의 죽음'을 초래한 미군들에게 거둬진 고아들이 있었다. 그때는 미군 기지에서 일하는 것으로도 '배신자'라고까지 불렸던 시대였으니, 이는 전쟁 고아들의 운명이 어느 정도로 절박하였는지를 상징하는 장면이다.

전쟁 고아 출신으로 미군을 따라 종군, 불과 12세의 나이로 총을 잡게 된 하루야마는 지평리 전투에서 중공군 수 명을 쓰러뜨리기도 했다. 그러나 이는 '무훈'이 되지 못했다. 미군이 일본인의 한국전쟁 참전을 은폐하면서, 하루야마는 도쿄도 민생국의 아동과에 맡겨졌다. 그는 결코 고아의 처지를 벗어나지 못했던 것이다.

한편, 태평양전쟁 말기 가족과 함께 태국을 떠난 다이라는 한반도 북부에서 소련군에 억류되었다가 탈출한다. 그러나 그 사이에 고아가 되었고 여동생마저 잃어버렸다. 혼자 살아남은 다이라는 일본으로 돌아간 뒤 미군의 보급 창고에서 일하였다. 그러나 여동생을 찾기 위해 다시 한번 한반도로 건너갔으나 끝내 재회하지 못한 채 일본으로 송환된다. 수많은 이산가족을 낳은 한국전쟁의 서사 바깥에는 이 서사와 연결되는 또 하나의 이산이 존재했던 것이다.

한편, 이 장의 후반부는 '특공' 훈련생 출신으로 미군 기지에서 일하다 한국전쟁에 참전한 쓰쓰이 기요히토의 삶에 주목한다. 고아 출신도 아니었던 데다, 참전 동기가 '모험심'이었다고 한 쓰쓰이가 이 장에 포함된 것은 일면 부자연스럽기까지 하다. 그러나 한국전쟁 시기 포로로 잡혔다가 풀려난 후에는 온갖 비난과 제재를 당하면서 '사회적 고아'가 되었다. 그 상태를 벗어나고자 미국으로 건너갔으나, 그곳에서도 언어, 인종, 그리고 경제적으로 고립되는 등 다시 한번 사회적 고아가 되었다. 이 때 쓰쓰이는 다시 미군 부대를 찾는다. 이번에는 정식 입대라는 방식으로.

이 장에서 소개된 인물들은 모두 어떠한 의미에서든 '고아'였다. 그리고 마찬가지로 그들이 한국전쟁에 참전했다는 사실 또한 역사에서도 버림받았다. 그 점에서 볼 때 이들, 그리고 이들의 행적 모두가 '역사적 고아'였던 것이다.

제4장 「그들은 왜 이용되었는가」는 일본인의 한국전쟁 참전 문제에 관한 일본과 미국, 그리고 한국의 의도와 반응을 분석한다.

> 북한이 한국을 침공한 것에 우리들은 관심이 없었고, 다음날 아침 부모님 앞으로 보내는 편지에 다음 주말 [소프트볼] 시합이 얼마나 재미있을지 썼다. 그러나 다음 주말, 우리들은 소프트볼을 하지 못했다. 일본에 없었기 때문이었다.
>
> ─제21보병연대 하사 171쪽

미국은 한국전쟁을 대비하지 않았다. 태평양전쟁 승전 이후 미국 정부는 국방 예산을 대규모로 삭감하였다. 물론 전쟁이란 발발하고 나서야, 그것이 전쟁인 줄 깨닫게 되는 것이지만, 한국전쟁이 발발했다는 소식을 들은 어느 미군 장병은 '송사리들의 전쟁'이라 불렀다. 처음엔 설마 자신들이 전장에 투입되리라고는 생각조차 못했고, 자신들이 싸우게 될 북한군의 전력조차 몰랐다. 이는 곧 대전 전투에서 대패하고 낙동강 전선에서의 사투가 벌어지는 배경이 된다. 그와 함께 북한군 남침의 계획성과 주도면밀함은 부각된다.

한국전쟁이 발발하자 미군 기지에서 일하던 일본인들은 미군의 '권유'를 받고 급작스레 전장으로 떠났다. 당시 일본인의 해외 도항은 점령군인 미군 당국도 금지하고 있었으나, 현지 부대에서는 전쟁 발발이라는 긴박한 상황에서 부대 내 일본인을 적극 활용하게 되었다. 단, 이와 같은 일이 공개될 경우 부대 책임자 처벌이나, 샌프란시스코 강화 조약을 위반하고 전쟁협력에 나섰다는 외교적 문제는 피할 수 없어, 일본인들의 존재는 은폐되었다.

한국전쟁이 발발하자 북한군 격퇴를 위해 유엔군이 창설되었고 그 사

령관에는 당시 점령군 최고사령관이었던 더글러스 맥아더가 임명되었다. 한편 당시 일본에서는 미군이 유엔군으로 한국전쟁에 참전하면 일본도 다시 전쟁에 휘말리는 것이 아닌가 하는 불안이 커지고 있었다. 그러나 일본 정부는 '정신적 협력'이라는 기이한 명분 아래 미군의 지령에 '복종'하였다. 그리고 이를 계기로 일본은 그 자체가 후방 지원을 위한 거대한 기지, 즉 '기지국가'로 전환하였다. 일본은 그 대가로 막대한 경제 부흥, 즉 '조선 특수'를 누렸고, 경찰예비대훗날의 자위대를 설치하는 등 점령 상태에서 벗어나 독립국을 지향하였다. 그 결과는 샌프란시스코 강화조약, 즉 독립이었다. 그렇지만 '독립'이라는 말이 무색하게 정치, 경제적으로는 미국에 의존, 종속하게 되었다.

한국전쟁 중 도쿄에 설치된 유엔군 사령부는 정전 후 서울로 이전했다. 그러나 일본의 후방 지원 역할이 끝난 것은 아니었다. 정전 1년 뒤인 1954년에 국제연합은 일본과 유엔군 지위협정을 체결한다. 이 협정은 유엔군이 주일미군 기지를 사용할 수 있도록 한 것으로, 전쟁이 재개될 경우 유엔군이 주일미군 기지를 사용함으로써 일본은 또다시 전쟁에 협력하게 된다. 이를 상징하듯 유엔군 지위협정 체결 3년 뒤인 1957년 도쿄 요코타 기지에 후방지원사령부가 설치되었다. 그 목적은 다음과 같다.

휴전 시에도 유엔 참가국이 일본이나 한반도에 접근할 수 있는 능력을 유지한다.203쪽

한편 북한, 소련은 미군이 한국전쟁에 일본인을 이용하고 있다면서 국제 사회에서 미국의 책임을 추궁하였고, 미국은 해당 사실을 부정하였다. 일본인의 한국전쟁 참전이 인정될 수 없었던 상황에서 그들의 죽

음의 내용은 조작되기까지 한다. 유엔군의 의뢰로 일본 정부가 결성한 '일본특별소해대' 대원 나카타니는 원산 소해 작전 중 사망했으나, 그의 죽음은 처음에는 일본 서부의 내해인 세토 내해에서 사망한 것으로 처리되었다. 즉 한국전쟁과의 일체의 관련성을 부정한 것이며, 참전 사실을 지워 버린 것이다. 나카타니 건에 대한 처리는 일본인의 한국전쟁 참전 문제 전체를 은유하는 듯이 여겨진다.

일본인이 한국전쟁의 지상전에 참가했다는 사실은 전쟁 기간 육군참모총장 등 주요 지휘관을 역임한 백선엽조차도 모르는 일이었다. 다만 백선엽은 자신이 직접 카투사KATUSA 병력이 일본 내 미군 기지에서 훈련받을 수 있도록 조치하였다는 사실을 증언하였다. 그러나 한국은 일본의 한국전쟁에 대한 '정신적 협력'을 '정신적으로' 받아들일 수 없었다 (그 때문에 일어난 한국전쟁 시기 일본인의 참전에 따른 긴장감은 번역자의 말 뒷부분에서 다루려 한다). 미·일, 그리고 한국 그 어느 나라도 일본인이 한국전쟁에 참전했다는 사실을 결코 인정할 수 없었다. 그리고 인정할 수 없었던 참전 속에 적지 않은 일본인들이 사망했다.

제5장 「평화헌법하의 해상 수송 ─ 선원들의 전후사」는 한국전쟁에서 해상 수송 임무 중에 사망한 일본인 선원들의 이야기이다. 가토는 중일전쟁 시기 양쯔강에서 미군의 공습을 당했으나 살아남았고, 그리고 태평양전쟁 시기 도요하시 공습에서 가족들을 지켜냈다. 패전 이후 3년간 실업자로 지내다 마침내 다시 선원 일을 하게 되었다. 그가 탄 예인선 LT636은 지방 당국이 관리했으나 사실상 미군에 파견되었다. 한국전쟁이 발발하자 가토 역시 출항하였는데, 얼마 지나지 않아 가토의 가족들은 그가 '해난'으로 순직했다는 전보를 받는다. 그러나 실제는 원산

해역에서 기뢰 접촉으로 인한 사망이었다. 그의 죽음과 한국전쟁과의 관련성 자체를 은폐한 것이다. 미군이 사실 공표를 엄금한 가운데, 지방 당국이 유족의 원망 속에 보상, 위령제 등 온갖 뒤처리를 감당해야 했다. 위령제에는 유족들조차 참여받지 못한 채, LT636 탑승 선원 22명의 빈 유골함만으로 치러졌다. 위령제 후 저마다의 가족 묘지에 묻힌 빈 유골함은 선원들의 유해가 심해에 잠겨 버렸을 뿐만 아니라, 그들의 참전 사실과 죽음조차도 역사의 심연에 가라앉아버렸음을 상징하는 듯하다.

한편, 일본의 식민지였던 조선의 진남포현재의 남포 출신 산노미야는 패전 이후 미군 기지 간 해상 수송 활동에 종사했다. 그러나 한국전쟁 발발로 인해 가토와 마찬가지로 산노미야 또한 미군 임무에 투입되었다. 일본의 선원들은 태평양전쟁 시기에도 군의 임무에 징발되었으나, 민간 선박 및 선원들은 제대로 보호받지 못한 채 미군의 공격으로 막대한 사상자를 내었다. 전쟁을 겪어 본 선원들은 크게 동요했으나 점령군에 반항할 수는 없었다. 그렇게 한국전쟁에 참여한 산노미야는 자신들이 수송한 군사들과 무기들이 전장에서 살상을 하는 것을 목도하며 전율한다. 특히 한반도를 자신이 태어난 고향으로 여긴 산노미야의 충격은 더욱 큰 것이었다. 그러나 비극은 여기서 끝나지 않는다. 한국전쟁 이후에도 일본인 선원들은 일본, 오키나와, 한국, 대만, 필리핀의 미군 기지 간 수송을 담당하면서, 베트남전쟁이 발발하자 인도차이나 반도로의 수송에 동원된다. 그들이 싣고 간 무기 중에는 고엽제도 있었다. 그리고 급기야 일본인 선원 중 사망자가 발생하기도 하였다.

산노미야는 한국전쟁의 체험을 통해 전장에는 후방도 최전선도 없다는 것과, 그리고 전쟁으로 누가 이익을 얻는 것인가 하는 물음을 바탕으로 훗날 일본 고이즈미 정권이 이라크 참전을 결정하자 위헌 소송을 제

기하기도 하였다.

그럼에도 불구하고, 일본 방위성은 민간 페리의 이용 계약을 맺고, 민간 선원을 예비자위관보 채용하는 등 스스로 민간에 전쟁협력을 요구하였다. 저자는 태평양전쟁, 한국전쟁, 베트남전쟁, 그리고 이라크전쟁에 이르는 민간 선원들의 전쟁협력의 역사를 더듬으며, 일본을 비롯한 동북아시아 일대에 고조되는 군사적 긴장이 다시 한번 선원들의 희생을 강요하게 될 것임을 불안하게 전망하고 있으리라.

제6장 「어느 일본인의 전사」는 가산 전투에서 사망한 히라쓰카의 생애, 그리고 그에게 강요된 '밀항자'라는 불명예를 회복하고자 일생을 걸었던 유가족들과 동료들의 이야기이다. 이번 장은 이 책의 최종장이자 가장 비중 있고 극적으로 다뤄졌다. 히라쓰카가 한국전쟁 사상 가장 중대하다고 평가되는 전투에 참가하였으며, 그곳에서 전사하였다.

히라쓰카는 일가족의 자랑이었고 그림을 잘 그렸다. 그는 태평양전쟁 말기 뉴기니 전선으로 징집되었으나 기적적으로 생환하였다. 종전 후에는 한 때 적으로 맞섰던 미군의 기지에서 일하게 되었으나, 미군들로부터 '네오'라는 별칭으로 불리며 그 성실함을 인정받았다. 그러나 히라쓰카는 한국전쟁이 발발하면서 부대와 함께 한반도로 이동하였고, 3개월 뒤인 1950년 10월 10일, 아버지를 비롯한 식구들은 히라쓰카가 전사했다는 소식을 들었다.

히라쓰카의 죽음으로 식구들은 모두 유가족이 되었다. 그에 더하여 유가족들은 히라쓰카가 밀항을 했다는 미군 당국의 대답을 듣게 된다. 일본 정부는 히라쓰카의 죽음으로 유가족이 정부 비난 여론에 이용될 것을 두려워한 나머지 값싼 동정을 하듯 위로금 지급을 고려한다.

가족들은 히라쓰카의 죽음은 물론 그의 불명예를 받아들일 수 없었다. 아버지는 홀로 수행의 길을 걸었고, 어머니는 히라쓰카가 죽었다는 사실을 받아들이지 못한 채 사망하였다. 막내동생은 자신의 아내와 함께 죽은 형의 흔적을 찾으러 한국까지 갔으나 결국 눈을 감았다. 남은 이는 히라쓰카의 또다른 동생, 데루마사뿐이었다.

데루마사는 형의 죽음에 복잡한 심경을 품고 있었다. 어린 시절에는 형을 동경했지만, 그 형이 가족들을 내버려둔 채 멋대로 참전, 그리고 전사한 것이 아닐까 하는 생각에 사로잡히는 한편, 남들에게도 그런 소리를 들을까 두려워했다. 가족들의 삶은 서로 다른 것처럼 보이기도 하였다. 그들은 히라쓰카의 죽음이라는 현실을 받아들일 수 없었으면서도, 현실을 살아갈 수밖에 없었다.

그동안 데루마사를 비롯한 유족들은 히라쓰카가 죽은 곳은 북한의 해주로 잘못 알고 있었다. 히라쓰카의 상관이었던 맥클레인으로부터 그렇게 전해들었기 때문이다. 그러나 저자가 미 국립공문서관 별관에서 맥클레인의 소속 부대인 제8기병연대 E중대의 전투 일지를 확보하는 등의 노력으로, 히라쓰카가 죽은 곳이 거의 70년만에 밝혀지게 된다. 즉, 경상북도 칠곡군에 위치한 가산^{해발 902m}이었다.

히라쓰카의 동생 데루마사는 처음에는 취재에 적대적인 태도를 드러냈다. 그동안 히라쓰카의 죽음, 그리고 유족들의 호소는 미군 당국, 일본 정부, 그리고 사회로부터 철저히 외면되었으며, 그러한 내력이 데루마사의 태도에 응축되어 있었던 것이다. 저자 또한 이번의 취재 과정에서 그간 자신이 방송 관계자로서 중단한 취재들이 역사를 은폐하는 행위였음을 통감하게 되었다. 이를 통해 독자들 또한 방송이란 역사적 진실을 은폐할 수도, 또 바로잡을 수도 있으며, 이를 순식간에 확산시킬 수 있다

는 점을 절감하여 방송 관계자들의 책무를 생각해 볼 수 있게 된다.

저자가 히라쓰카의 최후를 파고들자, 그와 같은 부대 소속의 일본계 미국인과도 접촉하게 되었다. 그는 저자를 통하여 유족에게 맥클레인의 수기, 즉 그와 히라쓰카의 최후를 기록한 문서와 함께 제8기병연대 뱃지를 건네주었다. 이 두 가지 물품은 유족들이 평생을 바쳤던 것들, 즉 히라쓰카의 최후에 관한 진실, 그리고 그의 명예 회복을 상징한다. 특히 부대 뱃지는 미군은 물론 자국 정부로부터도 버림받은 히라쓰카의 명예를 개인적으로나마 회복시켜주고자 했던 옛 전우의 우정이었다. 그러나 이는 결코 공식적인 명예 회복이 여전히 이뤄지지 않았음을 더욱 부각시키는 것이기도 하였다.

히라쓰카의 동생 데루마사를 데리고 저자는 한국으로 갔다. 데루마사는 가산 전투를 포함하는 다부동 전적지에 방문, 한국군 노병과 그리고 현지 가이드를 만나고, 그들로부터 가산 전투의 실상을 듣는 한편 형 히라쓰카의 참전에 대한 감사와 추모의 뜻을 전해듣는다. 앞서 제8기병연대 뱃지가 히라쓰카의 죽음을 명예로운 전사로 격상시키는 장면이었다면, 이 다부동 전적지 방문 장면은 히라쓰카의 죽음이 일부 한국인들에게나마 '대한민국을 위한 희생'으로 인정받았음을 연출하고자 하는 장면으로 느껴진다.

가산 전투에서 전사한 히라쓰카는 북한군 박격포탄에 직격을 당했다고 하였으므로 유해를 찾을 만한 가능성은 극히 드물었을 것이다. 그러나 히라쓰카가 당시 미군 군복을 입고 있을 터였으므로, 그는 다른 유엔군 전사자들과 함께 수습되었으리라는 희망을 품는다. 단, 한국 국방부의 비협조로 인하여 실제 DNA 감정은 불가능하였다고 술회하는 부분은, 앞서 한국인 노병과 현지 가이드가 히라쓰카의 전사를 기렸던 부분

과 대조되면서 저자의 아쉬움과 원망이 짙게 느껴진다.

데루마사가 저자의 안내로 가산의 산마루에 올랐을 때, 마치 히라쓰카가 전사한 그 순간을 드러내듯 안개로 자욱했다고 한다. 그때 데루마사는 형이 자신을 부르는 듯한 소리를 듣고, 그곳이 형이 쓰러진 곳이었음을 직감하고는 회한의 눈물을 흘린다. 마지막 유족의 눈물로부터 저자는 국가의 논리에 의한 전쟁 협력이 인간의 존재마저도 지워버리려 했던 사실을 상기한다. 그러나 이는 단지 '최초의 전쟁협력'에 지나지 않았음을, 장차 닥쳐올지도 모르는 또다른 '전쟁협력'을 경계한다.

이 책 『조선전쟁에서 싸운 일본인』 출간이 지니는 의의

이 책은 앞서 언급한 NHK 다큐 〈숨겨진 '전쟁협력'〉을 대대적으로 보완한 논픽션 저작물이다. 앞서 국내에서 출간된 저작물들에 비하여 미군 기지에 고용되어 직접 한반도로 간 일본인들의 이야기를 중점적으로 다루고 있다는 점이 두드러진다. 이들은 한반도에서 지상전을 겪었고, 일부는 실제로 총을 들고 싸웠다. 즉, 전투원으로도 활동한 것이다. 그렇기에 '참전'한 다른 일본인들보다도 극비리에 취급되었던 이들의 존재를 드러낸다는 점에서 의의가 있다. 일단 일본인들이 '참전'했다는 사실은 지금까지도 거의 알려지지 않았다. 물론 당사자 혹은 그들의 유족이나 동료들이 증언하고, 그 내용이 일부 신문 기사에 실리기도 하였으나 역시 망각되거나 무시되었다. 일본인들조차 알지 못했던 이 사건은 당연히 국내에서는 더더욱 알려지지 않았다. 심지어 한국전쟁 당시 주요 지휘관이었던 백선엽조차도 미처 파악하지 못했던 사실이었다.

뿐만 아니라, 이 책은 미군 측이 작성한 심문 기록을 바탕으로 한다는 점에서 중대한 의의를 지닌다. 이 점은 물론 당시에 일본을 점령한 미군 및 일본 정부 측의 은폐, 관계자들의 사망은 물론 평화헌법 체제 하에서 '조선 특수'를 누리는 일본의 정치, 경제적 상황에도 기인하겠으나, 이를 증명한 공문서가 드러나지 않았다는 점에서도 기인한 바 크다. 역사적 사건에 대한 공문서의 존재는 중대한 의의를 지닌다. 그것은 어떤 사건이 실재했음을 확실히 증명하는 것이 된다. 그렇기 때문에 역사 문제를 둘러싼 갈등, 예를 들어 독도 문제, 일본군 '위안부' 문제 등 한·일 간의 역사 갈등에서도 공문서의 존재를 밝히고 이를 해석하는 것이 중대한 의미를 지녔다. 심문 기록이 발견됨으로써 미군은 물론 일본 정부도 은폐하려 했던 '참전' 일본인들의 존재와 활동 양상은 마침내 그 실체를 뚜렷이 드러내게 되었다. 1차 사료라고 할 수 있는 심문 기록 및 증언 다수가 직접 인용되어 있다는 점에서도 이 책은 귀중한 사료적 가치 또한 지닌다.

한국전쟁에 일본이 관여했다는 사실은 주로 이 전쟁을 이용해 특수를 누렸다는 인식이 대부분이다. 그래서 일본인이 소해 활동 등 실전에 투입되었다는 사실이 보도될 때 큰 반향을 일으켰다. 그럼에도 여전히 많은 사람들은 이를 직접적인 전투 활동으로 생각하지 않는 경향이 있다. 그러한 점에서 미군의 요구로 직접 한국전쟁의 지상전에까지 참가한 일본인들에 관한 내용은 파격적이라 할 수 있다. 일본인이 실탄을 지급받고 직접 북한군 및 중국군과 교전했다는 사실을, 1급 기밀 해제를 통해 밝혀냈기 때문이다. 일본인 전투원이 활동했다는 사실 그 자체뿐만 아니라 미군 점령 하에 있었던 일본인들의 삶, 그리고 태평양전쟁을 겪은 일본인들의 한국전쟁에 대한 태도와 인식을 다뤘다는 점에서, 그리고 저널리스트인 저자가 일반 대중을 대상으로 평이한 문체로 저술했

다는 점에서 이 책의 가치는 매우 높다고 할 수 있다. 이 책은 일본인의 한국전쟁 참전과 관련된 사건들을 제시함으로써 전쟁의 이면을 드러낸다. 이를 통하여 한국전쟁이 일본인에게조차 비극이기도 하였음을, 결코 '구원'과 '부흥'의 서사만으로는 이야기할 수 없는, 일종의 비극의 서사였음을 깨닫게 한다.

2019년 한일 무역분쟁이 시작되자 NHK는 BS1스페셜을 통해 이 책의 모체가 되는 방송인 〈숨겨진 '전쟁협력'〉을 방송했으며, 다음 해에는 이 책이 출간되기에 이르렀습니다. 해당 문제가 공적 차원에서 잘 언급되지 않았던 것과는 달리 매우 이례적이다. 2019년 이래 한일관계는 악화일로를 걷고 있으며, 아베-스가-기시다 내각으로 이어지는 현재에도 역사 문제는 해결되지 않았다. 일본인의 한국전쟁 참전 문제는 일본은 우리에게 무엇이었는가를 묻는 근본적인 질문을 제기할 수 있으리라 생각한다.

수업 현장 및 학술 연구서로서의 활용 가능성

지금까지 한일 역사 교육 교류는 기존에 많이 다뤄져 온 백제와 왜 왕실과의 교류, 조선통신사, 독립운동, 일본군 '위안부', 근로정신대 등 징용 문제를 중심으로 이뤄져 왔다. 그러던 중 번역자는 2021년 8월 9일 경상남도 진주에서 개최된 〈2021년 한일역사교육교류회〉에서 「바다와 그 저편의 한국전쟁 – 한국전쟁기 일본인 참전과 한일관계에 관한 어느 고등학교의 수업이하 바다와 그 저편의 한국전쟁」 보고서를 발표하였다. 이 보고서는 이 책 『조선전쟁에서 싸운 일본인』의 내용을 소재로 다룬 수업 사

례를 포함, 한일 양국 역사교사들 앞에서 발표되었다.

보고서 발표 및 토론을 통하여 일본인의 한국전쟁 지상전 '참전' 사실은 잘 알려지지 않은 사실이라는 점을 다시 한번 절감하였다. 한국 교사들은 일본이 사실상 '참전'했다는 사실조차 알지 못한 경우가 대부분이었고, 일본 교사들 중에서도 일본인의 지상전 참가 및 교전 사실을 몰랐던 이들이 많았기 때문이다.

일찍이 수업 단계에서도 번역자가 가르치는 학생들은 일본이 사실상 '참전'했다는 사실조차 알지 못했으며, 때문에 해당 수업의 주제에 높은 관심을 갖고 참여하였다. 이 책은 원래 일본인 '참전자'들과 그들이 따라 간 미군 부대원들, 그리고 본국의 가족들과의 관계가 중심을 이루고 있었다. 그러나 번역자가 행간 읽기를 통해 기획한 수업을 거쳐, 학생들은 일본인 '참전자'가 한국인과 직간접적으로 접촉하고, 이를 통해 상호작용한 사실에 주목하여 다양한 견해를 펼치며 인식의 지평을 넓혔다. 특히 이 책 제6장에 소개된 히라쓰카 시게하루가 다부동 전투의 소전투 중 하나였던 가산 전투에서 활약하다 사망, 신원 확인이 되지 않은 채 사망한 것에 대하여 학생들은 히라쓰카의 죽음을 한국인으로서 어떻게 인식할 것인가를 함께 고민할 수 있었다.

이 책이 번역됨으로써 일본인의 한국전쟁 '참전' 문제라는 뜻밖의 사실이 학생, 교사들 사이에서도 많이 알려지게 된다면 한일교류와 관련해 수많은 수업 기회를 제공할 것이며, 이 주제에 관한 중요한 텍스트가 될 것이라 생각한다. 또한 이 책이 수많은 증언으로 구성되어 있다는 점에서 수업으로 활용할 만한 여지는 충분하고도 남음이 있다고 생각한다. 이를 통해 학생들은 '한일관계를 바라보는 새로운 전망대'를 얻게 되어, 다각적으로 한일 역사 문제를 바라볼 수 있게 될 것이다. 나아

가 한국전쟁을 치른 나라, 즉 한국과 일본, 나아가 중국, 미국 등의 젊은 이들 역시 전쟁을 두고 좀 더 겸허한 자세로 사고할 수 있지 않을까.

덧붙여 한국전쟁은 국내 수많은 연구자들이 중점적으로 연구했던 분야였다. 그러나 그것은 주로 한미관계, 북미관계에 중점을 두었으며, 그에 비해 한국전쟁 시기의 한일관계에 대한 연구는 희소하였다. 이 책은 국내에서는 본격적으로 한국전쟁 시기 일본인의 지상전 참가와 그들의 생애를 다루었다. 또한 기밀 해제된 중요 문서를 바탕으로 작성되었을 뿐만 아니라, 전장에서의 개인, 그것도 조명되지 못한 일본인 참전자의 삶과 죽음, 그리고 이와 관련한 참전자, 그들의 유족 및 동료들의 증언을 매우 중시하였다. 기밀 해제된 심문 보고서의 가치, 그리고 구술사를 중시하는 현재의 연구 동향을 살펴볼 때 책의 내용은 시의적절한 것으로 보인다. 특히 이 문제와 관련해 여러 언론 보도, 다큐 등을 통해서 알 수 있는, 일본인들의 한국전쟁 참전 문제에 대해 사람들이 느끼는 당혹감과 충격을 보면, 일본인 참전 문제에 대하여 여러 연구자들도 관심을 보일 것이라 생각한다. 이와 관련해 원서의 출판사인 NHK출판에서 언급한 두 지식인들의 소개 또한 주목할 만하다. 재일조선인 출신의 학자로 국내에서도 명망이 높은 강상중도쿄대 명예교수은 이 책을 "지금 개봉되는 전후사의 '불편한 진실', 평화국가라는 '의제'를 찌르는 증언은 너무나도 충격적이다"라고 언급했다. 또한 이라크, 남수단에 파견된 자위대가 작성한 문건을 내각에 보고하지 않았던 중대한 은폐 사건을 폭로했고, 평화신문 편집장을 역임한 저널리스트 후세 유진은 "일본이 전쟁하는 미국의 '일부'가 되었던 한국전쟁. 이것은 결코 '옛날 이야기'가 아니다"라고 언급하였다.

당시 한국인들과의 관계

이 책에 등장하는 일본인들은 다수가 통역 요원으로 활동하였다. 그들은 일본에 주둔한 미군 기지에서 일하면서 영어를 사용할 수 있었다. 그리고 그들이 일하던 미군 기지의 장병들은 훗날 한반도로 급파된다. 한편 그들이 향한 곳에는 일본으로부터 독립한 지 불과 5년밖에 지나지 않은 한반도가 있었다. 당시 한국인들 중 상당수는 여전히 일본어를 사용할 수 있었다. 이와 같은 상황에서 미군은 실용적인 이유로 일본인을 통역으로 데려가게 된다.

일본인들은 한국군과 미군 사이의 연락, 현지 정보를 주민으로부터 획득하여 미군에게 전달하는 등의 임무를 맡았다. 이에 대하여 제4장에서 증언한 사와가시라의 상관인 리처드 대위가 '한국군이 하는 말, 즉 일본어를 이해한다는 능력에서 다대한 공헌'이라고 평하였듯이, 한반도에서의 언어 소통이 극히 곤란하였던 미군에게는 일본인들을 매개로 한 통역이 필요불가결한 존재였다. 그 과정에서 일본인들과 한국인들의 상호 접촉이 일어난다. 상호 접촉의 실상은 일본인 통역들, 한국인들, 그리고 미군들의 증언을 통해 직접 또는 정황상 드러난다.

정병욱[2010]은 일본인의 한국전쟁에서의 통역을 '일본인, 일본어의 참전', '전장에서의 식민지 질서 재생', '식민주의의 그림자'로 표현하며, 식민지 시기 '국어'로 강제되었던 일본어에 한국전쟁으로 인하여 5년 만에 매달려야 하는 한국인들의 처지를 언급하였다.

여기에 덧붙여, 한국전쟁 시기 일본인의 통역을 매개로 한 언어의 위계에 관하여도 주목할 필요가 있다. 한국전쟁 시기, 미군 활동 범위 내에서는 언어 위계상 최상부에 영어가 있었다. 미군은 지시, 명령을 하는

입장이었던 만큼, 그들의 언어인 영어 또한 지시어, 명령어로서 활용되었다. 당시에는 영어를 구사하는 한국인들도 있었으나, 한국인과 미군이 직접 영어로 소통하는 경우에 비해, 일본어를 거쳐 통역을 하는 경우의 사례가 많이 드러나고 있다.

그리고 영어 아래의 위계에는 일본어가 있었다. 일본인들은 영어로 내려진 지시어, 명령어를 일본어로 전달하여 한국인들에게 전달하였다. 또한 한국군과의 연락을 담당하는 한편, 척후 활동을 하는 경우도 적지 않았다. 한국전쟁 시기 한반도 지도의 다수가 일본어로 표기되어 있었던 데서 상징하듯이, 한국 및 한국인에 관한 정보는 일본어를 거쳐 영어로 전달되었다. 그리고 그 정보는 미군이 다시 지시, 명령을 위한 의사결정을 하는 데에 활용되었다. 통역을 위한 언어라는 점에서, 일본어는 매개하는 언어로 존재하였다. 그러나 반대로 일본인들이 한국인들에게 정보를 전달하는 사례는 잘 드러나지 않는다. 정보 전달의 방향 및 상호작용의 양상은 쌍방향이라기보단, 하층부에서 상층부로 전달되는 일방적인 형태였다. 한국전쟁 초기 미군은 통역 요원을 고용하려 할 때 현지의 한국인 중에는 다수의 간첩이 있을 것이라 판단하였다. 반면에 기지 내 일본인들은 바로 동원 가능할 뿐만 아니라 이미 신뢰를 얻어 통역 요원으로 가게 되었는데, 이를 통하여 일본인들과 그들의 언어인 일본어는 더욱 신뢰할 수 있는 언어가 되었다. 제3장에 등장하는 터틀은 현지의 한국인을 고용하는 업무를 맡았는데, 한국인 2~3명씩을 면담하여 총 47명을 고용하였으며, 면담 시에는 통역을 붙였다고 한다. 여기서 말하는 통역이란 일본인 통역을 가리킨다. 이 사례에서는 한국인들을 고용하는 문제도 일본어를 매개로 이루어졌다.

그리고 한국어는 언어 위계상 가장 최하부에 위치하였다. 한국인들은

주로 정보를 제공하는 입장이었다. 극단적인 경우에는 호소, 애원하는 언어였다. 그리고 그때에도 스스로의 의사를 전달하기 위하여는 자신의 언어 대신에 일본어를 사용해야 하였다. 일본인 통역을 매개로 하지 않으면 한국어는 일시적으로 알아들을 수 없는 '불완전한 언어'가 되었다. 일본인들은 언어를 비롯해 식민 지배에서 형성된 차별적인 구조를 바탕으로 활약한 것이다.

일본인들은 당시 일본어를 한국인에게 사용하면서 어떤 생각을 하였을까? 정병욱이 인용한 사례 중 기쿠모토 가쓰토시가 북한군 포로를 신문하면서 "너희들 나이면 일본어를 모를 리가 없다"라는 발언은 식민 지배를 매개로 한 일종의 우월감마저 보여 주고 있으며, 제4장에서 사와가시라는 "(조선반도에는) 일본어를 할 수 있는 사람이 많았으니까요. 그런 점에서 다행이었죠"라며 안락함을 느끼고 있었다. 특별소해대로 참전한 아리야마 미키오는 1951년 5월 18일 부산으로 입항하는데, "사람들은 일본어를 알아듣고 우리는 외국에 와 있다는 생각이 들지 않는다"라고 느꼈다고 하여 역시 편안함을 느끼고 있다. 이러한 사례에서는 일본어와 한국어 사이의 위계가 두드러진다.

그러나 당시 미군은 일본인들에 대한 한국인들의 감정을 고려하지 못하였다. 그리고 그 과정에서 우군이기도 한 미군의 통역인 일본인, 그리고 한국인 사이에서는 괴리된 감정들이 나타난다.

일본인이 우월감, 편안함을 느꼈다면, 전장에서 일본어를 들은 한국인들의 감정은 당혹감, 불안감을 느꼈다. 후지오카 간지가명가 미군에게 험한 일을 겪은 여인에게 일본어로 사정을 묻자 그 여인은 방금 전까지 자신의 겪은 일은 제쳐두고 일본어, 즉 일본어가 있다는 사실에 충격을 받은 듯이 보였다. 이러한 태도의 이면에는 일본인에 대한 반감이 자리잡

고 있었으리라고도 생각해 볼 수 있다.

일본어와 한국인의 관계를 살펴볼 수 있는 또다른 사례는 정구헌이 증언한[2007] 노근리 사건에서도 드러난다. 당시 일본계인 듯한 미국인 2명이 무선 교신을 하고 있어서 "보꾸따지오 다스게레구다사이[우리 좀 살려주세요]", "가와이 소데스테[불쌍하네요]" 등의 대화를 주고받았다고 한다. 여기서 일본인 통역들은 지시, 명령을 내리기보다는 이를 전달하거나 직접 수행하는 입장이었으며, 그들이 보인 최대한의 태도는 동정하는 발언이었다.

그러나 이 상황은 뒤바뀌기도 한다. 제3장에서 언급된 쓰쓰이 기요히토와 미군 동료들이 북한군의 포로가 되었을 때 쓰쓰이는 일본인이라는 이유로 갖은 학대를 당한다. 쓰쓰이의 여동생은 이를 태평양전쟁 당시 일본인의 학대를 겪은 북한인들의 보복으로 이해한다.

언어상 북한군 활동 영역 내에서 일본어는 다시 한번 매개 언어로 활용된다. 미군들이 '바보 같은 짓'[제3장의 표현]을 하면 쓰쓰이는 통역으로 불려갔던 것이다. 미군이 일본인을 통역으로 고용한 이유에서도 알 수 있듯이 그들은 한국어를 할 수 없었기 때문이다. 일본인 통역은 북한군에게 포로가 된 미군에게는 더욱 절실한 존재였다. 그렇지만 앞서 미군 활동 영역에서와 마찬가지로 중간 위계에 있었다고만은 할 수 없다. 미군들이 잘못을 하였을때 그 책임은 쓰쓰이에게 돌아갔고, 쓰쓰이는 그 때문에 구타를 당하였던 것이다.

일본인들의 통역 활동은 한국인들 사이에서 일본군이 참전하였다는 소문과도 관련을 맺는다. 일본군 참전설은 북한의 외상 박헌영이 1950년 10월 16일 유엔 안전보장이사회 의장 앞으로 미국이 일본군을 활용하고 있다고 항의 서한을 보낸 점, 이어 소련이 11월 2일 극동위원회에서 '일본인의 전쟁 활용은 포츠담 선언 위반'이라는 견해를 표명하면서

구체화한다. 그리고 1950년 12월경 전시의 한국 사회에 널리 확산되어 큰 동요를 일으켰다.

역사학자 김성칠은 1950년 12월 5일, 일본군이 상륙한다는 소문이 거리에 확산되는 모습을 목격하는데, 그중에는 '일본말로 길을 묻는 일본군 대부대'를 목격했다는 소문도 있었다고 한다. 이 중 '일본말로 길을 물었다'란 점은 일본인의 통역 활동을 가리키는 것으로 보인다.

물론 일본인의 통역 활동이 일본군 참전설이 등장하는 계기가 되었는지는 분명하지 않다. 그러나 일본인의 통역 활동은 확산되는 일본인 참전설을 입증하는 역할을 하였다고 볼 수 있다. 더욱이 일본인 통역들이 미군과 동일한 군복 및 장구를 착용하였으므로, 한국인들은 이들을 미군 기지에서 일하는 '일본인'이 아닌 '일본군'으로 인식하는 경향이 있었을 것으로 여겨진다.

『조선일보』 또한 1950년 12월 12일 자 기사로 「수도방위계획협의」에도 일본 병정이 인천에서 서울로 들어오고 있다는 풍설이 서울 시내에 확산되고 있다는 내용을 보도했다. 앞서 언급된 김성칠의 일기에는 일본군 참전설에 관한 두 가지 반응이 언급되어 있다. "설사 그일본—역자주보다 더한 것이라도 와서 우리를 구원해주어야겠다"라는 반응과, "죽어도 게다짝 끄는 소리를 다시 듣고 싶지는 않다"라는 반응이었는데, 이와 관련하여 이 책의 제4장에서도 언급된, 일본군이 참전한다면 먼저 일본군과 싸우겠다던 이승만 대통령의 이른바 '왜관 발언'이 있었다는 주장이 널리 알려져 있기도 하다.

이러한 반응들은 당시 절박하였던 전황을 드러내는 한편, 북한군 및 중공군을 향한 적대감에도 불구하고 반일 감정은 여전하였음을 보여준다. 일본인 통역의 존재를 매개로 한 일본군 참전설로 폭발하였다

고 볼 수 있다.

이 책은 이와 같이 전장에서의 언어와 그 위계, 그리고 변화와 영향을 이해할 수 있는 몇몇 사례를 제공한다.

'새로운' 민간인 학살의 증언(?)

이제껏 드러나지 않았던 민간인 살상 사건이 이 책을 통하여 밝혀지기도 한다. 대전 전투 당시 미 육군 제24보병사단 제19연대에 소속이었던 힐 에스리지가 1950년 7월경, 금강을 사이에 두고 북한군과 대치 중일 때, 금강 북안에서 다리를 건너 남쪽으로 넘어오려는 대규모의 피난민들에게 집단 사격을 했다는 증언이 제2장에 언급되어 있다.

소속 부대 및 정황으로 볼 때, 이는 미 육군 제1기병사단 및 제25보병사단에 의해 발생한 노근리 사건과는 별개의 사건일 것이다. 이 사건이 발생한 이유는 당시의 지휘자가 피난민들 가운데 북한군 유격대가 섞여 있으리라 판단하였기 때문이다. 그런데 북한군 역시 피난민들에게 집단 사격을 하였다.

에스리지가 몹시 괴로워하면서도 증언한 이 내용이 사실일 경우, 이제껏 알려지지 않은 새로운 민간인 살상 사건이자, 북한군 부대와 미군 부대가 동시에 민간인을 살상하였다는 유례를 찾기 힘든 사건1950년 7월경 미 육군 제19연대 및 북한군의 집단 사격에 의한 금강 일대 민간인 다수 살상의 건이 될 수 있다.

그러나 저자가 밝힌 바와 마찬가지로, 그 무렵 금강 일대에서 다리를 건너던 대규모의 피난민들이 미 육군 19연대 및 북한군의 집단 사격으로 다수 살상되었다는 내용을 교차 검증할만한 다른 기록 및 증언들은

확인되지 않고 있어 섣불리 사실이라고 인정할 수도 없는 내용이다. 저자는 이 사건의 실재 여부까지는 입증하지 않은 채로 취재를 마무리하였다. 그렇다면 이 사건은 미군 당국 및 우리 측에서 실재 여부를 규명할 수 있을 것으로 보인다.*

한국전쟁에 참전한 일본인들을 어떻게 기억할 것인가?

또한 한국전쟁에 참여한 일본인들을 어떻게 기억할 것인가 하는 문제 역시 결론을 내리기 힘든 문제이다. 여기서 기억이란 성급하게 '기억', '계승'이라는 방향으로만 내딛는 것이 아닌, 오히려 새로운 의문을 제기하는 과정이기도 하다.

한국전쟁의 지상전에 참가한 일본인들은 참가 동기와 양상 또한 다양하다. 전쟁을 체험하지 못한 일부 일본인들이 호기심이라든지 모험심 같은 이유로 건너가기도 하였으며, 직접 교전하지 않거나 전투와는 관련 없는 업무에만 종사한 경우도 적지 않다. 뿐만 아니라 생환자가 있는가 하면 전사자가 있으며, 그 실상도 각각 상이하다. 유엔 참전국 및 장병에 대한 기념 사업의 대상으로 일본 및 일본인들이 포함되는 것 역시 국민 감정을 고려하면 불가능한 일이었다.

---

* 역자는 해당 사건의 실재를 확인하기 위하여 국방부 군사편찬연구소에 해당 사건의 실재 여부를 문의하였다. 2022년 9월 20일, 군사편찬연구소는 '미 제24보병사단 정보(G-2) 및 작전(G-3) 보고서, 한국군의 『6·25전쟁사』 등을 검토한 결과, 미 제19보병연대가 1950년 7월 13일부터 7월 16일까지 금강 지구에서 작전을 수행한 사실이 확인'되지만, '해당 작전에서 민간인 피해가 발생한 내용은 확인되지 않'는다고 답변하였다.

그러나 히라쓰카의 경우 그 자신이 패잔병으로서 전투의 무서움을 뼈저리게 겪었을 뿐만 아니라, 실질적인 가장이었음에도 불구하고 적극 지상전에 참가하였고 결국 전사하였다. 그러한 점 때문인지 저자는 참전한 여러 일본인들 중에서도 히라쓰카의 일에 가장 마음을 썼으며, 그에 대한 평가를 중시하였다. 자연히 독자들의 마음도 히라쓰카에게 집중되기 쉽다.

번역에 앞서 히라쓰카에 대한 기억의 방식을 고민한 적이 있었다. 이는「바다와 그 저편의 한국전쟁」발표 준비 과정에서 히라쓰카의 전사를 둘러싸고 학생들과 주고받았던 이야기를 통해 구체화되었다. 거기에 일본인은 참전해서는 안 되는 입장이었으므로, 유엔군과 같은 전사자 대우는 기대하기 어렵다는 반응이 있었다. 또한 여러 학생들은 일제 강점기로 인하여 생겨난 일본 및 일본인에 대한 원한으로 히라쓰카가 결코 다른 유엔군처럼 기념될 수 없으리라 판단하였다.

반면, 히라쓰카를 비롯한 일부 일본인들이 '한국전쟁에서 참여하여 싸운 것은 사실'이라거나, '유엔군처럼 일본인들도 같이 합쳐서 전쟁을 했기 때문'이라고 하여 히라쓰카를 유엔군의 일원으로 인식하는 것에 긍정하는 학생들도 있었다. 한 학생은 '일본인이지만 우리나라의 전쟁을 위해서 노력한 것은 사실이고, 사실 돈 때문이라고 해도 전쟁에서 우리나라를 도와준 것은 폄하할 수는 없기에 기념될 수 있다고 생각한다'라며, 이제는 히라쓰카 등의 참전 사실들도 공식 기록을 통하여 공개된 이상 기념할 수 있다고 보았다.

그밖에도 '비록 우리나라에 일제 강점기의 고통을 주었던 일본이지만 한국을 돕기 위해 참전한 일본인들 또한 유엔군처럼 기억해줘야 한다'라고 하거나, '일본인도 정식 유엔군도 우리나라를 위해서 싸웠으니까', '(한국이 일본에) 도와달라 한 적 없지만 어쨌든 도와줬으므로'라고 대답

한 학생들 또한 있었다.

각각의 입장을 떠나 전체적으로는 히라쓰카에게 동정적인 의견이 많았다. 이는 당시 수업에 활용한 자료들이 히라쓰카를 희생자, 피해자로 다루었기 때문일 것이다. 그리하여 학생들에게는 다음과 같은 추가 질문을 제기하였다. 일본에서도 기념하지 않는데, 굳이 한국에서 기념할 필요가 있을까?

그에 대해, 히라쓰카는 '한국에 도움을 줬으므로 일본이 (기념을) 하지 않아도 한국은 하는 게 맞다'라고 한 학생이 있었다. 그렇다면 기념은 어떤 식으로 하는 게 좋을까, 라고 묻자 '미군부대 소속의 일본인'이라는 자격으로, '개개인'이라는 자격으로 기념할 수 있다는 주장 등이 나왔다.

학생들은 히라쓰카의 전사를 바라보는 입장은 다를지라도, 그를 '미군부대 소속의 일본인', '개개인'으로 파악하는 경향이 강하였다. 이는 일본 정부와의 관련성이 희박하다고 판단한 데서 비롯된 것이라 여겨진다. 히라쓰카를 비롯한 일본인 참전자들은 일본 정부로부터도 외면받았던 만큼, 일본 정부가 이들의 존재를 이용하여 한·일 관계에서 기존에 비해 좀 더 유리한 입지를 점하고자 하는 것은 불합리하게 여겨질 것이라 볼 수 있다.

나는 학생들에게 가장 어려운 질문을 던졌다. 히라쓰카가 만약 '위안소'를 다녀갔다고 가정하면, 여러분들은 그에 대해 어떤 생각이 드는가, 하고. 실제로 히라쓰카는 일본 육군 유격 7중대로 5월 19일에 인도네시아 동부의 일본군 병참 기지가 위치한 할마헤라 섬에 도착하여 그곳에서 경비 임무를 수행하였다. 한편, 일본 시민단체인 '여성들의 전쟁과 평화 자료관WAM'은 위안소 지도에서 할마헤라 섬에 존재한 18개의 위안소를 공개하였으며, 당시 1943년에서 1944년 사이, 위안부의 대부분은

조선인이었다고 증언하였다. 이후 히라쓰카가 옮겨간 뉴기니에도 무수한 위안소가 존재하였으므로 단순한 가정이라고만은 이야기할 수 없는 입장이 되었다.

비슷한 사례로, 특별소해대원으로서 원산상륙작전에 앞서 기뢰 제거 임무에 투입되었다가 사망한 나카타니의 경우가 있다. 그는 구 일본 해군 출신으로, 태평양전쟁 패전 후에도 소해 업무를 하던 중 특별소해대원으로 편성되었다. 그가 탑승한 소해정 MS-14가 기뢰에 닿아 침몰하면서 나카타니는 특별소해대원 중 유일한 희생자로 유해조차 찾지 못하게 되었다. 나카타니의 추도식은 전통적으로 선원들은 물론 태평양전쟁 당시 해군들을 신으로 섬기는 고토히라 궁에서 치러졌다.

특별소해대 활동은 당시 요시다 총리가 승인한 것이었으나, 그는 훗날 이에 대한 공식 답변을 거부하기도 했다. 그러던 중 전 해상보안청장의 회고록을 통해 특별소해대 활동과 나카타니의 죽음이 공표되었고, 나카타니에게는 일본 정부로부터 훈8등이 수여되기에 이르렀다.

동생의 죽음이 계기가 되었을까? 일본의 집단적 자위권, 예를 들어 대한민국이 북한의 공격을 받을 경우 일본도 집단으로 공격을 받은 것으로 간주하고 북한에 대하여 자위권을 발동할 수 있는 권리에 대하여, 나카타니의 형 도이치는 "(논의과정에서) 국민은 없는 상태에서 이론만으로 논의가 진행되고 있다"라고 하여, 집단적 자위권에 대해 국민적 합의가 이뤄지지 않았다는 점을 비판했다. 또한 "전사자가 나오는 것뿐만이 아니라 자위대가 해외에서 사람을 죽이게 될지 모른다는 각오가 모든 일본인에게 있는가?"라고 하여, 집단적 자위권 행사로 인해 일본인이 전투를 치르게 될 것임을 우려했다. 『아사히신문』, 2014년 5월 17일 자

또한 "지금은 평화 시기이지만, 언젠가 전쟁에 직면하여 동생과 같은

희생자도 나오겠지요. 억울한 죽음을 좋아할 리는 없지만, 일본인의 전사는 피할 수 없으리라고 생각합니다"라고 하는 등『고베신문』, 2016년 12월 22일 자, 집단적 자위권이 또다른 일본인을 죽음으로 이끌 것을 경계하였다.

그러나 한편으로는 도이치는 동생 나카타니를 야스쿠니 신사에 합사하고 싶어했다. 그는 그 이유를 이렇게 말했다. "(동생에게) 서훈이 수여되었으므로 동생은 자동으로 야스쿠니 신사에 합사된다고 생각했습니다. 나라의 명령이란 방식으로 전투 행위에 참가했으니까요. 그런데 끝내 합사를 시켜 주지 않아서 2006년에 신청하러 갔습니다", "나라를 위해 죽는다는 마음으로 소해정에 탔던 동생의 심정을 헤아리고 싶었습니다."『고베신문』, 2016년 12월 22일 자

그러나 2006년, 야스쿠니 신사는 태평양전쟁 전사자까지만 합사를 한다며 거부했다. 2009년에 다시 합사를 신청했을 때도 거부당했고, 위 기사에서 세 번째 신청을 준비한다는 소식 이후로 추가 보도된 내용은 없다. 한국인에게 야스쿠니 신사는 태평양전쟁의 A급 전범을 비롯한 전쟁 범죄자들이 합사되어 있는 한편 극우 사관의 온상으로 간주되고 있는 곳인데, 나카타니의 명예를 회복하려는 움직임의 최종 목표가 야스쿠니 신사라는 점은 나카타니에 대한 객관적인 접근을 어렵게 만든다.

일본인이 한국전쟁에 사실상 참전하였다는 사실은 한·일 관계의 정립에도 도움을 줄 것으로 여겨진다. 그러나 한편으로는 히라쓰카, 나카타니의 경우와 마찬가지로 일제 강점기의 식민 지배로 인하여 일본인의 '참전'조차 적극적으로 평가할 수 없다. 해결되지 못한 과거사는 또다른 과거사에도 영향을 미치고 있으며, 특히 역사 속의 일본인들에 대한 평가마저도 가로막고 있음을 일본인들 스스로도 인식할 필요가 있을 것이다.

주석

프롤로그_ 그들은 역사에서 지워졌다

1 Tessa Morris-Suzuki, "Post-War Warriors : Japanese Combatantsin the Korean War", *The Asia-Pacific Journal*, 2012, https://apjjf.org/2012/10/31/Tessa-Morris-Suzuki/3803/article.html

2 横浜市総務局市史編集室 編, 『横浜市史 II』第二巻(下), 横浜市, 2000.

제1장_ 1,033쪽의 극비 심문 기록

1 '북조선'이라는 표기는 속칭이며 정식 약칭은 아니라는 견해가 있으나, 이 책에서는 굳이 '북조선'이라는 약칭을 사용한다. 독자 중에는 '북조선'이라는 말에는 핵개발이나 납치를 하는 위험한 나라라는 이미지를 가진 사람도 있을 것이다. NHK가 '조선민주주의인민공화국, 북조선'이라고 병기하는 것을 '북조선'이라는 약칭으로 바꾼 것이 2002년 고이즈미 수상의 북한 방문에 따라 납치 문제를 인정한 뒤인, 2003년부터였던 점도 그러한 인상을 더욱 짙게 하였을지도 모르겠다. 영어권에서는 간단히 'North Korea'라고 부르기도 하지만, 이것은 'South Korea(=한국)'에 대응하는 호칭이므로, 일본어의 '북조선'과는 함의하는 뉘앙스가 다르다. 조선민주주의인민공화국 정부는, 자기 국명의 약칭을 '조선'이라 하고 있다. 그러나 이 책은 조선전쟁이라는, 조선반도를 남북으로 나눈 전쟁을 다루므로, 그 호칭에는 신중할 수밖에 없다. 한국을 포함한 조선반도 전체를 가리키는 것으로도 들리기 때문이다. 또한, 영어 표기인 'Democratic People' Republic of Korea'의 약칭, 'D.P.R.K.'를 사용하는 것도 검토하였으나, 위화감은 지울 수 없었다. 일본에서 사람들 입에 자주 오르내리는 약칭은, 현재 '북조선'밖에 없어서, 이 용어를 사용하기로 선택했다.

2 和田春樹, 『朝鮮戦争全史』, 岩波書店, 2002.

3 "Memorandum by the Department of the Army to the Department of State," FRUS, 1950, Korea, Volume VII, https://history.state.gov/historicaldocuments/frus1949v07p2/d266

4 田中宏, 『在日外国人 第三版－法の壁、心の壁』, 岩波新書, 2013.

5 法務府, 「民事局長通達(民事甲第四三八号)」, 1952年 4月 19日.

6 金賛汀, 『在日義勇兵帰還せず－朝鮮戦争秘史』, 岩波書店, 2007.

7 青木深, 「日本『本土』における米軍基地の分布と変遷－占領期からベトナム戦争終結まで」, 同時代史学会 編, 『同時代史研究』 제4호에 수록, 日本経済評論社, 2011.

8 赤澤史朗・北河賢三・由井正臣 編, 『資料 日本現代史 13－太平洋戦争下の国民生活』, 大月書店, 1985.

9 広田純, 「太平洋戦争におけるわが国の戦争被害－戦争被害調査の戦後史」, 『立教経済学研究』 第45巻 第4号에 수록, 立教大学経済学研究会, 1992.

10 相良竜介 編,『ドキュメント昭和史6－占領時代』, 平凡社, 1975.

11 戦後の女性記録継承プロジェクト 編,『福岡－女たちの戦後』第1号, 福岡女性史研究会, 2016.

12 Roy E. Appleman, *Escaping the Trap : The US Army X Corps in Northeast Korea, 1950*, Texas A&M University Press, 2000.

13 国立国会図書館リサーチ・ナビ,「高級副官部(略称：AG)文書」, https://rnavi.ndl.go.jp/kensei/entry/AG.php

제2장_ 대전 전투-후쿠오카에서 한반도로 향한 사나이들

1 週刊朝日 編,『値段史年表－明治・大正・昭和』, 朝日新聞社, 1988.

2 陸戦史研究普及会 編,『朝鮮戦争1－国境会戦と遅滞行動』, 原書房, 1966.

3 Department of the Army the Adjutant General's Office 63rd Field Artillery Battalion War Diary, RG407 E429 24th Inf Div Box 3479 25 Jun-22 July 50 63FA.

4 『朝鮮戦争1－国境会戦と遅滞行動』.

5 Ibid..

6 William Frishe Dean, William L. Worden, General Dean's Story, Greenwood, 1954.

7 Andrew Glass, "Truman orders U.S. military intervention in Korea, June 27, 1950," Politico, June 27, 2018, https://www.politico.com/story/2018/06/27/this-day-in-politicsjune-27-1950-665397

8 "Department of The Army Inspector General No Gun RiReview," 2001, https://permanent.fdlp.gov/websites/armymil/www.army.mil/nogunri/default.htm

9 毎日新聞社編,『激動二十年－福岡県の戦後史』, 毎日新聞社, 1965.

10 Frank A. Reister, *Battle casualties and medical statistics : U.S. Army experience in the Korean War*, University of Michigan Library, 1973.

11 東区歴史ガイドボランティア連絡会 編,『悠久の歴史と万葉のロマン－志賀島 西戸崎 志賀島・西戸崎地区歴史ガイドマップ(第4版)』, 福岡市東区総務部生涯学習推進課, 2020, https://www.city.fukuoka.lg.jp/data/open/cnt/3/12460/1/sikanosimasaitozaki.pdf?20201126130231

12 NHK,〈ふるさとの証言 福岡市西戸崎(サイトザキ)－昭和25年朝鮮戦争にまき込まれた町〉, 1982년 3월 2일 방송.

13 有吉武夫,「私の南鮮従軍記 トラックの下で九死に一生を得る」,『潮』1965년 7월호 에 수록, 潮出版社.

제3장_ 고아들은 미국을 동경했다

1 週刊朝日編, 『値段史年表－明治・大正・昭和』, 朝日新聞社, 1988.

2 陸戦史研究普及会 編, 『朝鮮戦争1－国境会戦と遅滞行動』, 原書房, 1966.

3 Department of the Army the Adjutant General's Office 63rd Field Artillery Battalion War Diary, RG407 E429 24th Inf Div Box 3479 25 Jun-22 July 50 63FA.

4 『朝鮮戦争1－国境会戦と遅滞行動』.

5 Ibid..

6 William Frishe Dean, William L. Worden, General Dean's Story, Greenwood, 1954.

7 Andrew Glass, "Truman orders U.S. military intervention in Korea, June 27, 1950," Politico, June 27, 2018, https://www.politico.com/story/2018/06/27/this-day-in-politicsjune-27-1950-665397

8 "Department of The Army Inspector General No Gun RiReview," 2001, https://permanent.fdlp.gov/websites/armymil/www.army.mil/nogunri/default.htm

9 毎日新聞社 編, 『激動二十年－福岡県の戦後史』, 毎日新聞社, 1965.

10 Frank A. Reister, *Battle casualties and medical statistics : U.S. Army experience in the Korean War*, University of MichiganLibrary, 1973.

11 東区歴史ガイドボランティア連絡会 編, 『悠久の歴史と万葉のロマン－志賀島 西戸崎 志賀島・西戸崎地区歴史ガイドマップ(第4版)』, 福岡市東区総務部生涯学習推進課, 2020, https://www.city.fukuoka.lg.jp/data/open/cnt/3/12460/1/sikanosimasaitozaki.pdf?20201126130231

12 NHK, 〈ふるさとの証言 福岡市西戸崎(サイトザキ)－昭和25年朝鮮戦争にまき込まれた町〉, 1982년 3월 2일 방송.

13 有吉武夫, 「私の南鮮従軍記 トラックの下で九死に一生を得る」, 『潮』, 1965년 7월호에 수록, 潮出版社.

14 生田惇, 「陸軍学徒兵のすべて」, 毎日新聞社編『別冊一億人の昭和史－学徒出陣 日本の戦史別』 巻9에 수록, 毎日新聞社, 1981.

15 德島市史編さん室 編, 『德島市史 第六巻－戦争編・治安編・災害編』, 德島市役所, 2020.

16 http://24thida.com/books/books/Guns_of_%20Korea_63rd_FA_BN.pdf
MSgt R. L. Hanson, *The Guns of Korea : The US Army Field Artillery Battalions in the Korean War*라는 서적의 발췌로 여겨진다.

17 "Ike was in Farmington 65 years ago", Daily Bulldog, June 22, 2020, http://www.daily-bulldog.com/db/features/ike-was-infarmington-65-years-ago/comment-page-1/

제4장_ 그들은 왜 이용되었는가-일본·미국·한국의 의도

1 "The Acting Political Adviser in Japan (Sebald) to the Secretary of State," FRUS, 1950, Korea, Volume VII, https://history.state.gov/historicaldocuments/frus1950v07/d73

2 *Escaping the Trap : The US Army X Corps in Northeast Korea, 1950*.

3 "The Commander in Chief, Far East (MacArthur) to the Secretary of State," FRUS, 1950, Korea, Volume VII, https://history.state.gov/historicaldocuments/frus1950v07/d167

4 芦田茂, 「朝鮮戦争と日本ー日本の役割と日本への影響」, 『戦史研究年報』, 第8号에 수록, 防衛研究所, 2005.

5 Donald Knox, *The Korean War, an Oral History: Pusan to Chosin*, Harcourt Brace Jovanovich, 1985.

6 Department of the Army the Adjutant General's Office Unit Historical Report 8th Cavalry Regiment 1st Cavalry Division for the Month of September 1950, RG 407 E429 Box 4432 8th Cav Regt Sep 1950.

7 D.M Giangreco and Kathryn Moore, "Are New Purple Hearts Being Manufactured to Meet the Demand?", http://historynewsnetwork.org/article/1801

8 ロバート・マーフィ, 古垣鉄郎 訳, 『軍人のなかの外交官』, 鹿島研究所出版会, 1964.

9 第8回国会衆議院本会議 第3号 昭和25年7月14日.

10 第8回国会衆議院本会議 第4号 昭和25年7月15日.

11 第8回国会衆議院外務委員会 第4号 昭和25年7月26日.

12 『朝鮮戦争全史』.

13 Ibid..

14 第8回国会衆議院外務委員会 第4号 昭和25年7月26日.

15 昭和25年7月8日付吉田内閣総理大臣宛連合国軍最高司令官書簡.

16 吉田茂, 『回想十年』第二巻, 新潮社, 1957.

17 "Memorandum by the Consultant to the Secretary (Dulles) to the Director of the Policy Planning Sta (Nitze)," FRUS, 1950, East Asia and The Pacific, Volume VI, https://history.state.gov/historicaldocuments/frus1950v06/d733

18 「私の南鮮従軍記 トラックの下で九死に一生を得る」.

19 読売新聞戦後史班 編, 『昭和戦後史ー「再軍備」の軌跡』, 読売新聞社, 1981.

20 防衛庁海上幕僚監部防衛部, 『航路啓開史 自1945(昭和20年月15日至1960(昭和35)年3月31日』, 1961.

21 본문 속의 미군 소해정의 척수에 대해서는 Malcolm W. Cagle & Frank A. Manson, *The Sea War In Korea*(Naval Inst Press, 2000)을 참조했다. 또한, 『「再軍備」の軌跡』에 따르면, 미 극동해군사령부 알레이 버크 소장은, "우리 측의 소해정은 극동 방면에서는 12척"이라 말했다고 한다.

22 『「再軍備」の軌跡』.

23 大久保武雄, 『海鳴りの日々ーかくされた戦後史の断層』, 海洋問題研究会, 1978.

24 「JACAR(アジア歴史資料センター)Ref.C14061053300, 終戦処理関係特別書類綴 昭20・8・21~20・9・5(防衛省防衛研究所)」

25 鈴木英隆, 「朝鮮海域に出撃した日本特別掃海隊ーその光と影」, 『戦史研究年報』第8号에

수록, 防衛研究所, 2005.

26 『朝日新聞』, 1991년 6월 6일 자 석간.

27 NHK特集, 〈日本特別掃海隊－朝鮮戦争秘史〉, 1978년 9월 11일 방송.

28 『「再軍備」の軌跡』.

29 第19回国会衆議院外務委員会 第24号 昭和29年3月24日.

30 赤木完爾, 「朝鮮戦争－日本への衝撃と余波」, 『戦史特集 朝鮮戦争と日本』에 수록, 防衛研究所, 2013.

31 W・J・シーボルト, 野末賢三 訳, 『日本占領外交の回想』, 朝日新聞社, 1966.

32 『軍人のなかの外交官』.

33 「朝鮮戦争－日本への衝撃と余波」.

34 Ibid..

35 経済安定本部 編, 『経済白書－昭和二十七年度、年次経済報告』, 東洋書館, 1952.

36 有沢広巳・稲葉秀三 編, 『資料戦後二十年史2－経済』, 日本評論社, 1966.

37 経済企画庁調査部統計課, 「特需契約五ヶ年の実績」, 1955.

38 時事通信, 「朝鮮国連軍後方司令官－インタビュー」, https://www.jiji.com/jc/v4?id=201806cwunfc0001

39 Pak Hon-yong "United Nations Security Council S/1849 16 October 1950", https://digitallibrary.un.org/record/477508?ln=en

40 "Transcript of 203rd Meeting of the Far Eastern Commission Held in Main Conference Room,2516 Massachusetts Avenue, N.W. Thursday, November 2, 1950," RG43 Far Eastern Commission E A1 1068 Box 3 Verbatim Minutes 203-204 partial.

41 「ふるさとの証言 福岡市西戸崎(サイトザキ)」.

42 尾高元, 『思互会会員だより』第10号, 2005년8月; 椛澤陽二, 「朝鮮戦争と日本人船員〈其の二〉」(『海員』, 2007년9月号에 수록, 全日本海員組合)에서 재인용.

43 日本国有鉄道 編, 『鉄道終戦処理史』, 大正出版, 1981.

44 南基正, 「朝鮮戦争と日本－『基地国家』における戦争と平和」, 東京大学大学院総合文化研究科, 2000.
　　＊ 또한, 이 논문은 한국의 서울대출판문화원에서 2016년에 『기지국가의 탄생－일본이 치른 한국전쟁』으로 서적화되었다.

45 『鉄道終戦処理史』.

46 미군이 이용한 국철의 운행 수는, 한국전쟁 개전으로부터 2주간에 열차수 245대, 사용 객차수 7,324량, 화물열차 5,208량이었다(『鉄道終戦処理史』). 이는, 태평양전쟁을 상회하는 것으로, 일본의 군사수송 사상 최대 규모의 것이었다.

47 Mark Wayne Clark, *From the Danube to the Yalu*, Tab Books, 1988.

48 白善燁, 「韓国戦争を顧みて－韓国戦争勃発40周年目の教訓」, 『防衛学研究』第4号에 수록, 防衛大学校防衛学研究会, 1990.

1 石丸安藏,「朝鮮戦争と日本の関わり−忘れ去られた海上輸送」,『戦史研究年報』第11号에 수록, 防衛研究所, 2008.

2 横浜市, 横浜の空襲を記録する会 編,『横浜の空襲と戦災 5−接収・復興編』, 横浜市, 1977.

3 総務省,「豊橋市における戦災の状況(愛知県)」, https://www.soumu.go.jp/main_sosiki/ daijinkanbou/sensai/situation/state/tokai_07.html

4 宗川元章,「日本戦後史秘話−朝鮮戦争物語(上)」.

5 宗川元章,「日本戦後史秘話−朝鮮戦争物語(下)」.

6 NHK特集,「日本特別掃海隊−朝鮮戦争秘史」.

7 "Embarkation of X Corps "Baker" Phase," Japan Logistical Command Activities Report, RG407 E429 AYUT 8000 Transp JLC 25 Aug-Sep 50 Sec V

8 "Loss of United States Army Tug LT 636," Japan Logistical Command Command Report 1-30 November 1950, RG407 E429 AYUT 8000 Annex 25 Transp JLC Nov50-A

9 占領軍調達史編さん委員会 編,『占領軍調達史−占領軍調達の基調』, 調達庁, 1956.

10 「25渉労第263号」, 1950年12月1日

11 Ibid..

12 『朝日新聞』, 1977년 4월 18일 자.

13 『横浜の空襲と戦災 5−接収・復興編』.

14 Ibid..

15 Ibid..

16 三宮克己,「一船乗りの朝鮮戦争体験記−日本は朝鮮戦争で何をしたのか」,『社会評論』제 135호에 수록, 小川町企画, 2003.

17 厚生省援護局 編,『引揚げと援護三十年の歩み』, 厚生省, 1977.

18 「朝鮮戦争と日本の関わり−忘れ去られた海上輸送」.

19 第8回国会衆議院運輸委員会 第9号 昭和25年7月31日/

20 Ibid..

21 「国際紛争と船員の歴史(戦後版)」,『海員』2003년 8월호에 수록, 全日本海員組合.

22 第61回国会衆議院外務委員会 第33号 昭和44年7月23日.

23 アジア・アフリカ研究所 編,『ベトナム 下巻−政治・経済』, 水曜社, 1978.

24 第48回国会衆議院予算委員会 第一分科会 第3号 昭和40年2月24日

25 第48回国会衆議院予算委員会 第21号 昭和40年5月31日.

26 外務省,「極東の範囲(昭和35年2月26日政府統一見解)」, https://www.mofa.go.jp/mofaj/ area/usa/hosho/qa/03_2.html

27 第34回国会衆議院日米安全保障条約等特別委員会 第4号 昭和35年2月26日.

28 第48回国会衆議院予算委員会 第21号 昭和40年5月31日.

29 水野均,「ベトナム戦争・沖縄返還問題と法制官僚 日米安保協力をめぐる政府解釈の検証 (3)」,『千葉商大紀要』第52巻 第1号에 수록, 千葉商科大学国府台学会, 2014.

30 第55回国会衆議院決算委員会 第5号, 昭和42年4月21日.

31 「1965年3月23日 第163号」.

32 『毎日新聞』, 1981年3月, 日付夕刊.

33 「東京地方裁判所 昭和49年〈行ウ〉101号 判決」.

34 Ibid..

35 Ibid..

36 Ibid..

37 Ibid..

38 第161回国会国家基本政策委員会合同審査会 第2号 平成16年11月10日

39 全日本海員組合,「民間船員を予備自衛官補とすることに断固反対する声明」, http://www.
   jsu.or.jp/les/pdf/pdf_20160128.pdf.

40 『共同通信ニュース』, 2016년 3월 17일 자.「有事輸送で民間船2隻契約 船員組合,『徴用』
   と反発」.

41 『毎日新聞』, 2016년 1월 30일 자.

제6장_ 어느 일본인의 전사

1 武村雅之,『関東大震災を歩く－現代に生きる災害の記憶』, 吉川弘文館, 2012.

2 JACAR(アジア歴史資料センター) Ref.C12122485300, 西部ニューギニア方面部隊略歴
   (防衛省防衛研究所)」.

3 平塚元治,「愛児を奪った米軍に訴う」,『日本週報』第230号(1952년 12월 5일 발행), 日本
   週報社.

4 2010년에 제정된「外交記録公開に関する規則」에서는, 작성·취득한 때로부터 30년이
   경과한 행정문서는 공개한다는 원칙이 정해졌다. 이 원칙에 기초하여 설치된, 정무
   레벨 및 외교부 유식자가 참가하는 외교기록공개추진위원회가 심사한 다음에, '국민
   의 관심이 높은 외교기록을 1년에 한 번 빈도로 일괄하여 자주적으로 공개'하고 있다
   (외무성 웹 사이트 ウェブサイト,「外交記録公開」, https://www.mofa.go.jp/mofaj/ms/
   dr_id/page25_001087.html).

5 吉田敏浩,『「日米合同委員会」の研究－謎の権力構造の正体に迫る』, 創元社, 2016.

6 満鉄会 編,『満鉄社員終戦記録』, 満鉄会, 1997.

7 Department of the Army the Adjutant General's Office Unit Historical Report 8th Cav-
   alry Regiment 1st Cavalry Division for the Month of September 1950

8 국방부전사편찬위원회 편,『다부동전투』국방부전사편찬위원회, 1981.
   * 田中恒夫,『若き将兵たちの決戦－朝鮮戦争·多富洞の戦い』, かや書房, 1998에서 재인용.

9 児島襄,『朝鮮戦争』1, 文春文庫, 1984.

10 Louis Baldovi, *A Foxhole View: Personal Accounts of Hawaii'Korean War Veterans*, University of
   Hawaii Press, 2002.

11 "Major William Albert McClain," The Washington Post, December 2, 2004, https://

www.legacy.com/obituaries/washingtonpost/obituary.aspx?fhid=2160&n=william-al-bertmcclain&pid=2876263

* 게재한 URL 주소는 2020년 11월부터의 주소이다.